“十三五”应用

金融市场学

许纯榕　编　著

清华大学出版社
北　京

内 容 简 介

本书是针对高职高专学生毕业后工作岗位能力的需要、学生认知规律等进行编写而成的。首先，概括性地介绍了金融市场的功能、分类、参与者与交易对象等理论知识；其次，对各个金融市场进行了详细的讲述；最后，对金融市场的资产证券化、证券投资基金、有价证券的投资价值分析、金融理论的发展、国际金融机构做了详细的阐述。

本书内容由浅入深，由实践到理论，再从理论到实践，将理论与实践密切结合，反映了高等职业教育的特点，也符合初学者学习和掌握金融知识的规律。本书可作为高职高专院校的教材，也可以作为金融从业者和自学人员的参考用书。

图书在版编目(CIP)数据

金融市场学/许纯榕编著. —北京：清华大学出版社，2018
(“十三五”应用型人才培养规划教材)
ISBN 978-7-302-49313-6

Ⅰ. ①金… Ⅱ. ①许… Ⅲ. ①金融市场－经济理论－高等学校－教材 Ⅳ. ①F830.9

中国版本图书馆 CIP 数据核字(2018)第 004258 号

责任编辑：张龙卿
封面设计：徐日强
责任校对：李 梅
责任印制：宋 林

出版发行：清华大学出版社
网 址：http://www.tup.com.cn，http://www.wqbook.com
地 址：北京清华大学学研大厦 A 座 **邮 编**：100084
社 总 机：010-62770175 **邮 购**：010-62786544
投稿与读者服务：010-62776969，c-service@tup.tsinghua.edu.cn
质量反馈：010-62772015，zhiliang@tup.tsinghua.edu.cn
课件下载：http://www.tup.com.cn，010-62770175-4278
印 装 者：三河市少明印务有限公司
经 销：全国新华书店
开 本：185mm×260mm **印 张**：22.25 **字 数**：510 千字
版 次：2018 年 5 月第 1 版 **印 次**：2018 年 5 月第 1 次印刷
定 价：49.80 元

产品编号：073484-01

前言

随着经济全球化和市场经济体制的不断完善，金融市场发生了巨大的变化，社会经济的发展急需具备知识、能力、素质协调发展，具有创新精神、较强实践能力和可持续发展能力的金融人才。因此，要求金融教育实现由"理论灌输"到"实践操作"的转变，将理论知识与实践能力有机结合，培养市场经济所需要的上手快、素质高、业务精、技能强的金融专业人才。

本书围绕培养实践能力强、素质高的技能型专门人才的要求编写而成。在总结长期教学经验和金融实践的基础上，借鉴国内外金融市场理论研究和实践的最新成果，形成了一个具有较强可操作性的金融市场理论体系。

培养高素质的应用型人才，除了建立完善的教学计划和高水平的课程体系之外，还需要与之相配套的适用教材。本书就是切合应用型人才的培养目标，在广泛的企业调研和毕业生就业信息反馈的基础上编写的。本书特点如下。

(1) 理论具有针对性。在编写的过程中，考虑学生毕业后就业的工作岗位对素质和技能的要求，本书重视金融市场基本原理的阐述，力求概念、原理表述准确、通俗易懂，便于学生理解和掌握。本书注重吸收新知识，采用新准则，强化理论知识，帮助学生打下坚实的理论基础，以便学生通过专业理论能分析并解决实际问题。

(2) 每章都配有相关阅读和案例分析。本书的案例与金融市场的实际情况密切相关，供学生运用所学的金融市场基本原理，分析其中的成败得失；案例分析设置了相关问题，让学生根据所学的理论进行讨论分析，提出解决方案，以此锻炼和提高学生解决实际问题的能力。

(3) 本书结构清晰。首先，对金融市场进行了概述，让学生概括性地了解金融市场；其次，针对概述中提及的金融市场的分类进行详细的讲述，学生可以具体地学习金融市场的详细内容。这种结构清晰明了，便于学生掌握金融市场学的相关知识。

本书由许纯榕编著，张帆、徐文杰、刘静、毕雨亭、李浚猷、马晶、冯书亭、冯倩、孙亭亭、庄惠凤、张琦、陈嫱、张永涛、丁明玉、顾姝月、张炜、常秉乾、林婕、孔德胜、孙晓波、刘向宇、陈珊珊、张俊艳、申小平也参与了本书的编写工作。

本书编写过程中参考了大量的国内外专家和学者的专著、报刊文献、网络资料，借鉴了部分国内外专家、学者的最新研究成果，在此对所涉及的专家、学者表示衷心的感谢！

虽然本书各作者通力合作，但因编写时间和理论水平有限，书中难免有不足之处，我们诚挚地希望读者对本书的错漏之处给予批评指正。

编　者

2018 年 2 月

目录

第1章　金融市场概述

【本章学习目标】

1. 了解金融市场的概念与功能。
2. 理解金融市场的参与者与交易对象、金融市场的分类。
3. 掌握金融创新与金融市场的发展趋势。

【导入案例】

SAIF金融市场与宏观政策研讨会在沪举行

近日,SAIF金融市场与宏观政策研讨会暨2016第一财经金融价值榜启动公开课在沪举行,本次研讨会由上海交通大学上海高级金融学院(SAIF)与第一财经研究院联合主办,邀请中国人民银行调查统计司司长盛松成,SAIF金融学教授、中国金融研究院副院长钱军,复旦大学经济学院原院长袁志刚等嘉宾,共同探讨中国金融市场风险和宏观经济政策走向。

盛松成指出,社会融资规模已经成为中国金融宏观调控的重要指标,编制社会融资规模,有利于加强宏观审慎管理和形成统一综合的金融监管体制。盛松成介绍称,社会融资规模由金融机构表内贷款、金融机构通过表外提供的融资、直接融资和其他融资四大类融资构成,我国社会融资规模增量的结构趋势和特点表现为人民币贷款占比大幅下降,但近期明显回升;实体经济通过金融机构表外的融资迅速增长,近期波动较大;直接融资快速发展,市场配置资金的作用不断提高;非银行金融机构对实体经济支持力度明显加大。

盛松成认为,社会融资规模是反映金融支持供给侧结构性改革的重要指标。从总量看,社会融资规模反映了资金的总供给;从全社会资金供给的角度,则反映了金融体系对实体经济的支持;而从结构看,社会融资规模的结构十分丰富。

钱军则以"波动中的国际金融体系:2016下半场"为题,深入分析了国际金融体系走势对中国经济和金融的影响。在钱军看来,美联储加息与否仍要看市场,预计今年最多加息一次。"对于美国经济来说,最大的不确定性是美国总统大选的结果。"钱军表示。

对于中国宏观经济环境与政策,钱军认为,由于金融传导机制问题,中国宽松货币政策刺激经济效果有限,而资产泡沫以及破灭时可能会引发危机,并且低息环境对企业提高国际竞争力不利。因此,目前更有效的政策仍以财政政策为主,即为"企业减税+财政赤字"。而中国中长期经济增长的关键则在于金融体系改革,包括构建多元化的资本市场以更好配置社会资源,引入国际金融机构竞争以及推动人民币的国际化。

对于市场广泛关注和担忧的中国债务问题,袁志刚表示,中国债务水平处于高位并且持续上升,但金融稳定的关键是债务分布,而不是债务水平。袁志刚认为,地方政府债务置换、债转股和不良资产证券化，是缓解债务问题的多种政策工具。短期来看，中国发生债务危机的可能性极低，投融资体制的改革则是中国经济转型的关键所在。

一桥大学经济学教授、第一财经研究院高级学术顾问伍晓鹰指出，严重的产能过剩也许是好事。“因为它第一次迫使政府真正面对经济结构问题，当看到‘去产能’已经别无选择，而且肯定会导致经济进一步减速时，决策者才醒悟到‘产能过剩’最终必然会影响(各级)政府的经济增速目标。而且，目前严重的产能过剩虽有市场的原因，但最主要的原因是政府长期参与和干预经济造成的资源错配所致。”伍晓鹰认为，“解决产能过剩，必须依靠市场，不能再依靠政府，更不能采取行政手段。”

Upright Capital 董事长、第一财经研究院客座高级研究员刘陈杰分享了对于“中国金融风险及其化解机制”的思考，在他看来，潜在的金融风险值得高度重视和关注。“国内的金融风险主要在于非金融企业的高负债；地方政府融资平台，特别是最新的 PPP 形式融资；房地产行业的高库存和一、二线城市的泡沫；以及新兴金融业态。”刘陈杰表示，“用供给侧改革化解潜在金融风险，首先要回到经济基本面，从供给侧改革出发；其次要守正出奇，呼唤市场起决定性作用的改革；最后，担忧不会马上转变为危机。”

资料来源：马翠莲. SAIF 金融市场与宏观政策研讨会在沪举行[EB/OL].(2016-08-19). http://www.prnews.cn/common/NewsShow4647467.htm.

【思考提示】 金融市场对经济会产生哪些方面的影响？

1.1 金融市场的概念与功能

1.1.1 金融市场的概念

一般来说，市场价值或生产价格决定价格，价格决定供求；反过来，供求决定价格，并通过调节不同生产条件下的生产，影响市场价值的形成与决定。因而市场价值或生产价格、价格与市场供求关系形成一种辩证关系。

市场供求与价格的关系，首先是市场价值或生产价格决定价格，市场价值或生产价格是价格形成与运动的内在基础和实体，是市场价格波动的中心，价格调节着市场供求关系，而市场供求关系反作用于价格，成为支配或影响市场价格形成与运动的基本因素。因此，它们相互影响，相互制约。

金融市场即资金融通的市场，是指资金供应方和资金需求方通过信用工具进行交易而形成的融通资金的市场；广义上来说，就是实现货币借贷和资金融通、办理各种票据和有价证券交易活动的市场。金融市场是交易金融资产并确定金融资产价格的一种机制。

金融市场是商业信用发展到一定程度的产物。但是由于商业信用的局限性，这些信用工具只能存在于商品买卖双方，缺乏广泛的流动性。随着商品经济的发展，社会上存在着庞大的资金需求与供给，在商业信用的基础上，又逐渐产生了银行信用和金融市场。

金融市场又称为资金市场，包括货币市场和资本市场，是融通资金的市场。所谓资金融通，是指在经济运行过程中，资金供需双方运用各种金融工具对资金进行最大化调配的活动，是所有金融交易活动的总称。

在金融市场上交易的是各种金融工具，如股票、债券、金融证券等。资金融通一般分为直接融资和间接融资两种。直接融资是资金供求双方直接进行资金融通的活动；间接融资则是指通过银行等金融中介机构所进行的资金融通活动。金融市场对经济活动的各个方面都有着深刻影响，如个人财富、企业的经营、经济运行的效率、现代化国家的整体经济发展，都依赖于金融市场的活动。

金融市场是由许多不同的市场组成的一个庞大体系，一般根据金融市场上交易工具的期限，把金融市场分为货币市场和资本市场两大类。货币市场是融通短期(一年以内)资金的市场，包括金融同业拆借市场、回购协议市场、商业票据市场、银行承兑汇票市场、短期政府债券市场、大面额可转让存单市场等；资本市场是融通长期(一年以上)资金的市场，包括债券市场、股票市场、基金市场等。

1.1.2 金融市场的功能

1. 资金积蓄和融通功能

资金融通(Financing)是在经济运行过程中，资金供求双方运用各种金融工具调节资金盈余的活动，是所有金融交易活动的总称。在金融市场上，资金融通是通过金融产品来进行的，所谓金融产品也就是资金融通过程的各种载体，例如货币、黄金、外汇、有价证券等。也就是说，这些金融产品就是金融市场的买卖对象，供求双方通过市场竞争原则形成金融产品价格，如利率或收益率，最终完成交易，达到融通资金的目的。

金融市场也能够引导社会众多分散的资金汇聚而成，并投入社会再生产的资金集合。金融市场有着资金“蓄水池”的作用，可以调剂余缺。金融市场之所以具有资金的积聚功能，合理引导资金流向和流量，促进资本集中并向高效益单位转移，并且金融市场上多样化的融资工具为资金供应者的资金寻求到了最优化的配置。

2. 资源配置功能

相对稀缺的资源在各种不同用途上加以比较做出的选择就是资源配置。资源是社会经济活动中人力、物力和财力的总和，是社会经济发展的基本物质条件。在社会经济发展的一定阶段上，相对于人们的需求而言，资源总是表现出相对的稀缺性，从而要求人们对有限的、相对稀缺的资源进行合理配置，以便用最少的资源耗费，生产出最适用的商品和劳务，获取最佳的效益。资源配置合理与否，对一个国家经济发展的成败有着极其重要的影响。

社会资源的配置是通过一定的经济机制实现的。包括动力机制、信息机制和决策机制。①动力机制就是资源配置的目标是实现最佳效益，在资源配置是通过不同层次的经济主体实现的条件下，实现不同经济主体的利益，就成为它们配置资源的动力，从而形成资源配置的动力机制。②信息机制是为了选择合理配置资源的方案，需要及时、全面地获取相关的信息作为依据，而信息的收集、传递、分析和利用是通过一定的渠道和机制实现的，如信息的传递可以是横向的或者是纵向的。③决策机制即资源配置的决策权可以是集中的或分散的，集中的权力体系和分散的权力体系有着不同的权力制约关系，因而形成不同的资源配置决策机制。

金融市场的配置功能表现在三个方面：资源的配置、财富的再分配、风险的再分配。

在经济的运行过程中，拥有盈余资产的部门并不一定是最有能力和机会做最优化投资的部门，现有的资产在这些盈余部门得不到有效的利用，金融市场通过将资源从低效率利用的部门转移到高效率的部门，从而使一个社会的经济资源能实现最有效的配置，最终达到稀缺资源的合理配置和有效利用。市场本身具有自主性，资金总是流向最有发展潜力，能够为投资者带来最大利益的部门和企业，这样，通过金融市场的作用，有限的资源就能够得到合理的利用。

财富是各经济单位持有全部资产的总价值。政府、企业及个人通过持有金融资产的方式持有的财富，当金融市场上的金融资产价格发生波动时，其财富也会随之发生变化，一部分人的财富随金融资产价格的升高而增加，而另一部分人则由于其持有的金融资产价格下跌，所拥有的财富也相应减少。这样，社会财富就通过金融市场价格的波动实现了财富的再分配。

金融市场同时也可以实现风险再分配。在现代经济活动中，风险随时、随地跟随，且不同的经济主体对风险的厌恶也因各种因素的影响呈现出不同的程度。在金融市场中利用各种金融工具，调节风险在不同风险喜好的领域流动，从而实现分散风险，降低交易成本。

3. 经济调节功能

金融市场对宏观经济起着重要的调节作用。金融市场一边连着资金供应方，另一边连着资金需求方。金融市场的运行机制通过对资金供应方和资金需求方的影响而发挥着调节宏观经济的作用，不仅利于增强宏观调控的灵活性，而且加强了部门之间、地区之间、国家之间的经济联系。

在金融市场大量的直接投融资活动中，投资者为了自身利益，一般会谨慎、科学地辨识投资的国家、地区、行业、企业、项目及产品，只有符合市场需要且效益高的投资对象，才能获得投资者的青睐。而且投资对象在获得资本后，只有保持较高、较好的发展势头，才能继续生存并进一步扩张。金融市场通过其特有的资本引导方式及合理配置的机制对微观经济部门首先产生影响，随着经济自有的传导机制进而影响宏观经济活动。

金融市场的逐步完善为政府实施对宏观经济活动的间接调控创造了条件。例如，货币政策是调节宏观经济活动的重要宏观经济政策，其具体的调控工具有存款准备金政策、再贴现政策、公开市场操作等。随着现代化经济的高速发展，一国财政政策的实施越来越依赖金融市场，政府通过对金融工具的运用对各经济主体的市场行为加以引导和调节，对宏观经济活动产生着巨大的影响。

4. 经济信号功能

通常我们都会在媒体上看到类似于什么“中国经济八大信号”的，经济信号就是国家、区域内的一切有关生产、分配、流通、服务和消费等活动的系统信息真实释放。作为金融市场具有的定价功能，金融市场价格的波动和变化反映出经济活动状况。

资产的内在价值，通过金融市场交易中买卖双方不断地相互作用，从而得出价格，该价格就是市场共同认可的资产的价值，而不是单纯以某一方面提供的如财务报表等做出反应。例如，证券的买卖都是通过交易所进行的，投资者搜集各种资料，了解交易行情，并通过多次交易完成。

金融市场的交易还直接和间接地反馈宏观经济运行的信息，例如国家货币政策实施时，金融市场会出现波动，表现出紧缩或放松的程度。

随着互联网技术的发展，世界金融市场已连成一体，四通八达，人们可以及时了解世界经济发展变化的情况。

1.2 金融市场的参与者与交易对象

1.2.1 金融市场的参与者

金融市场的参与者包括金融市场的资金筹措者和投资者、金融市场的中介和金融市场的监管组织。

1. 资金筹措者和投资者

资金的筹措者包括政府部门、企业（国有或私营企业，包括独资企业、合伙企业和公司等）和金融机构等；金融市场的投资者包括个人和机构等资金盈余者。政府部门在协调经济时需要筹措资金，在进行基础设施建设时也需要筹措资金；各种类型企业则是金融市场中资金筹措的主力，为了扩大再生产，为了创新，为了更替生产线，看见了更好的市场机会等都需要筹措资金。

政府部门和各种类型企业又都是金融市场中的投资者。例如养老基金、基础建设基金等都是金融市场中炙手可热的大型投资机构，一点风吹草动都会影响金融市场的走向；各种类型企业在经营有盈余的同时也会考虑让资金转动起来，在投资市场中也是广受欢迎，但一般情况下，企业的短期资金会喜欢短期货币市场的投资产品，若有长远考虑才会将资金投资于长期的资本市场。

2. 金融市场的中介

美国斯坦福大学经济系的著名教授约翰·G. 格利和爱德华·S. 肖认为金融中介机构的主要职能是从最终借款人那里买进初级证券，并为最终贷款人持有资产而发行间接债券。主要功能“是在盈余单位把未支用的收入向赤字单位转移过程中发挥中介作用，在贯彻这一功能时，它们有助于提高投资和储蓄水平，并在可供选择的投资项目中最佳地配置稀缺的储蓄”。

约翰·G. 格利和爱德华·S. 肖还认为金融中介机构利用了借贷款中规模经济的好处。从贷款方面看，中介机构从事投资或经营初级证券投资，其单位成本可以远远低于大多数个人贷款者的投资。仅就其资产规模而言，就可以通过多样化大大降低风险。

货币系统作为中介机制，购买初级证券和创造货币；非货币的中介机构只履行购买初级证券和创造对自身的货币债权的中介作用，这种债权采取储蓄存款、股份、普通股票和其他债券形式。

金融市场的中介就是在金融市场上资金融通过程中，在资金供求者之间起媒介或桥梁作用的人或机构。金融市场中介一般分为交易中介和信息中介，交易中介中有大家较为熟知的证券承销人、证券交易经纪人、各类金融产品交易所和金融结算公司等;信息中介主要包括信息咨询、投资咨询、征信、信用评级机构等。

有一种分类法是把金融市场中介分成银行金融中介及非银行金融中介,具体包括商业银行、证券公司、保险公司以及信息咨询服务机构等中介机构。

3. 金融市场的监管组织

金融市场的监管组织有政府部门专门设立的维护金融市场秩序的监管组织,例如中央银行、银行业监管组织、证券业的监管组织和保险业的监管组织等。另外还有行业性的自律组织,介于政府、企业之间,起到服务、咨询、沟通、协助监督的公平、公正、自律、协调的社会中介组织,作为补充,共同维护金融市场的稳定繁荣发展。

1.2.2 金融市场的交易对象

金融市场中的交易对象主要包括货币、债券、股票、保险、外汇、黄金及贵金属、基金、融资租赁及金融衍生品等。

1. 货币

每个人心里对物品都有一个心理价值,我觉得我的一只羊等于你的两袋大米,可是你又觉得你的两袋大米等于他的一头牛,他却看上了我的羊,可是我们都相隔千里,最后大家约定用海里美丽的贝壳暂时代替一下我的羊、你的米和他的牛,我拿贝壳跟你换米,你拿贝壳跟他换牛,他最后用当初我给你的贝壳换到了我的羊,我们都得到了自己想要的东西。贝壳就是货币,它代表着信任,代表着我们对于物品的估值,代表着我们的共识,代表着我们对美好生活的期待。

货币本质上是一种所有者与市场关于交换权的契约,根本上是所有者相互之间的约定。货币的契约本质决定货币可以有不同的表现形式,如一般等价物、贵金属货币、纸币、电子货币等。它可以用作交易媒介、储藏价值和记账单位。

金融市场交易对象中的货币是指广义的货币,是融通短期资金的货币市场,包括同业拆借、回购协议、商业票据、银行承兑汇票、短期政府债券、大面额可转让存单。

2. 债券

甲方向乙方借了100元,写了张欠条交由乙方保存,欠条写明了借款时间地点人物,也约定了还款的时间地点人物,还写了如果甲方不还款,乙方可以凭着欠条去甲方家催债或者去甲方家搬走计算机抵债,当然计算机也得起码与借款金额不相上下,这张欠条就是一种契约,一种金融契约,也就是债券。

概念上讲,债券就是政府、金融机构、工商企业等直接向社会筹措资金时,向投资者发行,同时承诺按一定利率支付利息,并按约定条件偿还本金的债权债务凭证。债券投资者与发行者之间是一种债权债务关系,债券发行人即债务人,投资者即债权人。

3. 股票

股票是股份公司发行的所有权凭证,是股份公司间接筹集资金的一种有价证券。投资人通过购买股份公司的股票分享股息和红利。每股股票都代表股东对企业拥有一个基本单位的所有权。每个股东所拥有的公司所有权份额的大小，取决于其持有的股票数量占公司总股本的比重。股票是股份公司资本的构成部分，是资本市场的主要长期信用工具，不能要求公司返还其出资，可以转让或者买卖。

同一类别的每一份股票所代表的公司所有权是相等的。每个股东所拥有的公司所有权份额的大小，取决于其持有的股票数量占公司总股本的比重。股票是股份公司资本的构成部分，可以转让、买卖或作价抵押。

股票本身没有价值，但它可以当作商品出卖，因为它是代表着一种价值，并且有一定的价格。股票价格(Stock Price)又叫股票行市，是指股票在证券市场上买卖的价格。股票价格分为理论价格与市场价格。股票的理论价格不等于股票的市场价格，两者甚至有相当大的差距。但是，股票的理论价格为预测股票市场价格的变动趋势提供了重要的依据，也是股票市场价格形成的一个基础性因素。

4. 保险

人类有趋利避害的本能，在很早以前人类就从与大自然的抗争中萌发了互助保险的想法。最早可追溯到公元前三千多年前。古巴比伦王国国王命令僧侣、法官、村长等收取税款，作为救济火灾的资金。古埃及的石匠成立了丧葬互助组织，用交付会费的方式解决收殓安葬的资金。古罗马帝国时代的士兵组织，以集资的形式为阵亡将士的遗属提供生活费，逐渐形成保险制度。随着贸易的发展，大约在公元前1792年，正是古巴比伦第六代国王汉谟拉比时代，商业繁荣，为了援助商业及保护商队的骡马和货物损失补偿，在汉谟拉比法典中，规定了共同分摊补偿损失之条款。

现代保险源于海上借贷。到中世纪，意大利出现了冒险借贷，冒险借贷的利息类似于今天的保险费，但因其高额利息被教会禁止而衰落。1384年，比萨出现世界上第一张保险单，现代保险制度从此诞生。

保险从萌芽时期的互助形式逐渐发展成为冒险借贷，发展到海上保险合约，发展到海上保险、火灾保险、人寿保险和其他保险，并逐渐发展成为现代保险。

保险是规划人生财务的一种工具，是市场经济条件下风险管理的基本手段，是金融体系和社会保障体系的重要支柱。

保险是指投保人根据合同约定，向保险人支付保险费，保险人对于合同约定的可能发生的事故因其发生所造成的财产损失承担赔偿保险金责任，即被保险人死亡、伤残、疾病或者达到合同约定的年龄、期限等条件时承担给付保险金责任的保险行为。

保险是分散风险的一种财务安排，是社会经济保障制度的重要组成部分，是社会生产和社会生活的稳定器从风险管理角度看。当然从法律角度看，保险是一种契约，一种合同行为，是一方同意在约定的条件下补偿另一方的损失。另外，保险是现代风险管理的一种重要方法。

5. 外汇

外汇即一国拥有的一切以外币表示的资产。外汇是指货币在各国间的流动以及把一个国家的货币兑换成另一个国家的货币，借以清偿国际间债权、债务关系的一种专门性的经营活动。实际上就是货币行政当局以银行存款、财政部库券、长短期政府债券等形式所保有的在国际收支逆差时可以使用的债权。用于国际间债权债务结算的支付手段必须具备可支付性、可获得性和可交换性。

所以两国相互外汇的概念就有动态和静态之分。外汇的动态概念就是把一个国家的货币兑换成另外一个国家的货币，借以清偿国际间债权、债务关系的一种专门性的经营活动。它是国际间汇兑(Foreign Exchange)的简称。外汇的静态概念就是以外国货币表示的可用于国际之间结算的支付手段。这种支付手段包括以外币表示的信用工具和有价证券，如银行存款、商业汇票、银行汇票、银行支票、外国政府库券及其长短期证券，等等。

国际货币基金组织的解释为："外汇是货币行政当局(中央银行、货币管理机构、外汇平准基金组织和财政部)以银行存款、财政部国库券、长短期政府债券等形式保有的、在国际收支逆差时可以使用的债权。"

按照中国1997年1月修正颁布的《外汇管理条例》规定：外汇是指下列以外币表示的可以用作国际清偿的支付手段和资产。

6. 黄金及贵金属

金是最稀有、最珍贵和最被人看重的金属之一。国际上一般黄金都是以盎司为单位，中国古代是以两作为黄金单位，是一种非常重要的金属。不仅是用于储备和投资的特殊通货，同时又是首饰业、电子业、现代通信、航天航空业等部门的重要材料；贵金属主要指金、银和铂族金属(钌、铑、钯、锇、铱、铂)8种金属元素。由于贵金属的变现性和保值性高，被公认为可以抵御通胀带来的币值变动和物价上涨。

金融市场中的黄金和贵金属投资分为实物投资和电子盘交易投资。其中实物投资是指投资人在对黄金和贵金属市场看好的情况下，低买高卖赚取差价的过程，或者是在不看好经济前景的情况下所采取的一种避险手段，以实现资产的保值增值；电子盘交易是指根据黄金、白银等贵金属市场价格的波动变化，利用杠杆套取较大的回报。

随着近几年全球经济形势的动荡，具有避险保值功能的贵金属投资需求呈现出增长趋势。

7. 基金

基金是指为了某种目的而设立汇聚的一定数量的资金。主要包括信托投资基金、公积金、保险基金、退休基金，以及各种基金会的基金。我们平常所说的基金是指证券投资基金。基金是经济发展到一定阶段的产物，基金的发展进一步推动了市场经济的完善。

通俗地说，就是大家把资金汇聚到一个池子里，然后由专业的人士组成投资团队，针对大家约定的最初的目的，对池子里的资金进行运作，或投资到资本市场，或投资实业，或扶植贫穷落后的生产生活都可以。例如，国际货币基金组织这样的国际机构，也可以理解成一个超级大型的基金，为各个国家的经济发展劳心劳力。

狭义上的基金就是大家平常接触到的证券投资基金，如货币基金、债券型基金、股票型基金、天使基金、风险投资基金，等等。

8. 融资租赁

融资租赁是指实质上转移与资产所有权有关的全部或部分风险和报酬的租赁，是集融资与融物、贸易与技术更新于一体的金融产业。由于其融资与融物相结合的特点，出现问题时租赁公司可以回收、处理租赁物，因而在办理融资时对企业资信和担保的要求不高，所以非常适合中小企业融资。

融资租赁是现代化大生产条件下产生的实物信用与银行信用相结合的新型金融服务形式，是集金融、贸易、服务为一体的跨领域、跨部门的交叉行业。大力推进融资租赁发展，有利于转变经济发展方式，促进第二、第三产业融合发展，对于加快商品流通、扩大内需、促进技术更新、缓解中小企业融资困难、提高资源配置效率等方面发挥重要作用。积极发展融资租赁业，是现代经济发展的必然选择。

现代融资租赁产生于“二战”之后的美国。“二战”以后，美国工业化生产出现过剩，生产厂商为了推销自己生产的设备，开始为用户提供金融服务，就是以分期付款、寄售、赊销等方式销售自己的设备。由于所有权和使用权同时转移，资金回收的风险比较大。于是有人开始借用传统租赁的做法，将销售的物件所有权保留在销售方，购买人只享有使用权，直到出租人融通的资金全部以租金的方式收回后，才将所有权以象征性的价格转移给购买人。这种方式被称为“融资租赁”，1952 年美国成立了世界第一家融资租赁公司——美国租赁公司(现更名为美国国际租赁公司)，开创了现代租赁的先河。

融资租赁在近年来频繁出现在我国国家经济议题中，2015 年 9 月 7 日，我国国务院办公厅印发《关于加快融资租赁业发展的指导意见》，全面系统地部署加快发展融资租赁业。随着融资租赁行业规模的扩大，各类融资租赁企业间竞争日趋激烈，国内优秀的融资租赁企业正在迅速崛起，逐渐成为融资租赁行业中的新星。

2016 年是我国财税政策改革的重要一年，金融行业“营改增”时间短、任务重，作为深化财税体制改革的重头戏和推进供给侧结构性改革的有力措施，全面“营改增”试点推行以来，融资性售后回租被重新界定为贷款服务，不动产租赁被纳入增值税征税范围，这些政策变化对融资租赁行业业务产生了重要影响。

9. 金融衍生品

金融衍生品是指一种金融合约，其价值取决于一种或多种基础资产或指数，合约的基本种类包括远期、期货、掉期(互换)和期权，金融衍生品还包括一种或多种特征的混合金融工具。

金融衍生产品的作用有规避风险，价格发现，它是对冲资产风险的好方法。但是，任何事情都是有两面性的，一方规避了风险，就一定是有人去承担的。衍生产品的高杠杆性就是将巨大的风险转移给了愿意承担的人手中，换句话就是将风险转嫁给了愿意冒险得到高收益的投资者的手中。通常金融衍生品的交易者可以分为三类：对冲者(hedger)、投机者(speculator)以及套利者(arbitrageur)。对冲者采用衍生产品合约来减少自身面临的由于市场变化而产生的风险。投机者利用这些产品对今后市场变量的走向下赌注。套利者采用两个或更多相互抵消的交易来锁定盈利。这三类交易者共同维护了金融衍生产品市场上述功能的发挥。

金融衍生产品是与金融相关的派生物，近 30 年来国际金融衍生品的交易规模一直迅猛增长，复杂的国际金融环境更加刺激了金融衍生品市场的发展，金融衍生品市场组织逐步完善，产品不断创新，投资主体范围也在不断扩大，投资全球化近一部分促进衍生品金融市场的发展。

【相关阅读】

特朗普"满嘴跑火车" 解读其言论将成金融市场新的"危险游戏"?

FX168财经报社(香港)讯,作为美联储(FED)主席,耶伦(Janet Yellen)的讲话一直最受华尔街关注并被仔细解读,但现在她有了一个挑战者,这个人就是刚刚爆冷赢得美国总统大选的特朗普(Donald Trump)。所有新出炉的美国总统当选人都会受到金融市场密切关注,以捕捉他们的政策对于市场会产生何种影响的蛛丝马迹,由于特朗普以"大嘴巴"闻名,解读他的更加具有挑战。

但特朗普经常使用省略句或不完整句子的讲话风格,给外界留下解读空间,加之其含义模糊或自相矛盾的竞选承诺,这使解读特朗普言论成为分析师和投资人新的"危险游戏"。

卡内基梅隆大学研究美联储历史的学者暨政治经济学教授 Allan Meltzer 表示:"特朗普发表的声明有些疯狂。他会说一些根本不会成真的奇谈怪论,比如在美国与墨西哥边境竖起高墙,而且让墨西哥支付费用,与他的声明相比,他的行为却很有节制。"

他过去曾批评耶伦,说她应该为自己的政策行动感到"羞愧",还曾说她是出于政治原因而维持低利率。如果他在候任期内重复这样的批评和言论,就可能搅得市场不得安宁。

周三(11月9日)特朗普大选获胜后发表具有安抚意味的演说,就是一个让决策者和投资者推敲他所说的每一个字的例证。

因投资者初步认为特朗普有些模糊的经济刺激政策纲领将推动企业获利和通胀上升,债券重挫、股市飙升。

特朗普曾承诺要大幅减税,提高基础设施支出,放松经济管制,还想废除奥巴马医改法案。他称这些措施将促进经济增长,帮助提高那些因全球化而遭受挫折人员的工资。

美国的预算赤字在国内生产总值(GDP)中仅占比3.2%,大大低于2009年时的9.8%,而且当前利率也接近纪录低位,因此至少在短期内特朗普就有了实行大规模财政刺激的空间。

他在胜选演讲中暗示基础设施是优先项目。特朗普声称,他会"重建公路、桥梁、隧道、机场、学校、医院(和)我们的基础设施,这一点将是头等大事"。

在竞选过程中,特朗普的演讲充满了各种"最"以及不成熟的想法,这些只会令交易商和经济政策观察人士陷入混乱。

尽管这种煽动性加大的演说最终助推特朗普入主白宫,但他究竟能否做到则是高度不确定的事情。

对冲基金管理公司 SPAG Funds 执行长 Brian Shapiro 认为,若真要根据他的言论进行投资,将面临超乎寻常的风险。

Shapiro 说道:"我不会对他的话做出反应,但其他人会,我想如果对特朗普说的每个字都有反应,大家会心脏病发作。"

Sri-Kumar Global Strategies 总裁 Komal Sri-Kumar 称:"市场正在等着看我们将见到的究竟是那个危言耸听的竞选版特朗普,或是一个采取更为务实做法的特朗普总统。"

经济分析师、基金经理人及美联储官员都迫切希望了解，哪些议题会成为特朗普的优先考量。目前为止，迹象显示他会推动减税、增加军事支出、整顿奥巴马总统的平价医疗法案。

凯投宏观(Capital Economics)驻多伦多的首席美国经济分析师 Paul Ashworth 说："以现在的情况看，特朗普的财政计划非常模糊，也不太合理，预计一些财政计划会纳入议程，但规模可能比特朗普最初设想的要小得多。"

资料来源：FX168 财经网. 特朗普"满嘴跑火车"解读其言论将成金融市场新的"危险游戏"？[EB/OL]. (2016-11-11). http://www.fx168.com/forex/usd/1611/2047035.shtml.

1.3 金融市场的分类

通常意义上大家默认将金融市场分为短期的货币市场和一年期以上的资本市场，但近年来随着金融市场的逐步探索和金融产品的丰富，金融市场的分类不再只局限于货币市场和资本市场的划分。

1. 金融市场按地理范围划分

(1) 国际金融市场。由经营国际间金融业务的金融机构组成，其经营内容包括资金借贷、外汇买卖、证券买卖、资金交易等，随着互联网技术的发展，国际金融市场的影响和反馈越来越迅速，大洋彼岸的一场暴风雪，第二天就能在各国的期货交易所、股票交易所等体现得淋漓尽致。

在国际领域中，国际金融市场显得十分重要，商品与劳务的国际性转移，资本的国际性转移、黄金输出入、外汇的买卖以至于国际货币体系运转等各方面的国际经济交往都离不开国际金融市场，国际金融市场上新的融资手段、投资机会和投资方式层出不穷，金融活动也凌驾于传统的实质经济之上，成为推动世界经济发展的主导因素。

(2) 国内金融市场。由国内各类型金融机构组成，分为全国性、区域性、地方性的金融市场。换言之，就是本国居民之间发生金融关系的场所，仅限于有居民身份的法人和自然人参加，经营活动一般只涉及本国货币，既包括全国性的以本币计值的金融交易，也包括地方性金融交易。

2. 金融市场按经营场所划分

(1) 有形金融市场。指有固定场所和操作设施的金融市场，如股票交易所、银行营业厅等。

(2) 无形金融市场。以网络运营的形式存在，交易双方无须见面，通过电子通信、互联网等技术传输交易数据即可达成交易，如证券交易商开发的股票交易软件、股票交易手机 APP 等，都可以方便快捷地实现交易，节约交易成本。

3. 金融市场按交易性质划分

(1) 发行市场。也称一级市场，是新证券发行的市场。一级市场产品并不公开募集，只针对特定投资者和投资对象的发行，投资银行是一级市场协助证券首次售出的重要金融机构。

(2) 流通市场。也称二级市场，是已经发行、处在流通中的证券的买卖市场，即可针对公众公开发行的证券买卖市场，如百姓通常在证券营业厅所买卖的股票都是二级市场上发行的。

发行市场是流通市场的基础和前提，流通市场又是发行市场得以存在和发展的条件。发行市场的规模决定了流动市场的规模，影响着流通市场的交易价格。没有发行市场，流通市场就成为无源之水。在一定时期内，发行市场规模过小，容易使交易市场供需脱节，造成过度投机，金融产品价格盲目飚升；发行节奏过快，市场上供过于求，对交易市场形成压力，金融市场价格低落，市场低迷，反过来影响发行市场资金的筹措。所以，发行市场和流通市场是相互依存、互为补充的整体。

4. 金融市场按交易对象划分

按交易对象划分为拆借市场、贴现市场、大额定期存单市场、股票市场、债券市场、证券投资基金市场、外汇市场、黄金市场、保险市场和金融衍生品市场等。

拆借是拆放的对称，它们是从不同的角度对拆款活动的描述。拆借市场(Lending Market)也称“银行同业拆借市场”“同业拆借市场”，是银行及其他金融机构之间相互进行短期资金拆借交易的场所。

贴现市场就是为客户提供短期资金融通，对未到期票据进行贴现的市场。是商业票据市场的重要组成部分。贴现市场的参加者主要是商业票据持有人、商业银行、中央银行以及专门从事贴现业务的承兑公司和贴现公司。商业银行、承兑公司和贴现公司对企业及个人办理贴现业务，中央银行则对商业银行、承兑公司和贴现公司办理现贴现业务。可用于贴现的票据主要有商业本票、商业承兑汇票、银行承兑汇票、政府债券和金融债券等。贴现市场是商业银行运用资金的有利场所，商业银行办理贴现比直接放款更有利。

商业银行为吸收资金发行了一种新的金融工具，即可转让大额定期存单(Negotiable Certificates of Deposit)，简称CD或NCDs。

5. 金融市场按交割期限划分

(1) 现货市场。融资活动成交后立即付款交割。现货市场(Spot Markets) 是指对与期货、期权和互换等衍生工具市场相对的市场的一个统称。现货市场交易的货币、债券或股票是衍生工具的标的资产(Underlying Instruments)。在外汇和债券市场，现货市场指期限为12个月左右的债务工具(如票据、债券、银行承兑汇票)的交易。

(2) 期货市场。投融活动成交后按合约规定在指定日期付款交割。广义上的期货市场(Future Market)包括期货交易所、结算所或结算公司、经纪公司和期货交易员；狭义上的期货市场仅指期货交易所。期货交易所是买卖期货合约的场所，是期货市场的核心。比较成熟的期货市场在一定程度上相当于一种完全竞争的市场，是经济学中最理想的市场形势。所以期货市场被认为是一种较高级的市场组织形式，是市场经济发展到一定阶段的必然产物。期货市场是交易双方达成协议或成交后不立即交割，而是在未来的一定时间内进行交割的场所。

6. 金融市场按融资方式划分

(1) 直接融资市场。资金需求者与资金提供者不通过金融中介达成协议，主要包括商业信用、国家信用、民间个人信用。

直接融资也称“直接金融”。没有金融中介机构介入的资金融通方式。在这种融资方式下，在一定时期内，资金盈余单位通过直接与资金需求单位协议，或在金融市场上购买资金需求单位所发行的有价证券，将货币资金提供给需求单位使用。商业信用、企业发行股票和债券，以及企业之间、个人之间的直接借贷，均属于直接融资。直接融资是资金直供方式，与间接金融相比，投融资双方都有较多的选择自由。

(2) 间接融资市场。即资金通过金融中介机构取得，主要为银行信用。

间接融资是直接融资的对称，也叫“间接金融”。是指拥有暂时闲置货币资金的单位通过存款的形式，或者购买银行、信托、保险等金融机构发行的有价证券，将其暂时闲置的资金先行提供给这些金融中介机构，然后再由这些金融机构以贷款、贴现等形式，或通过购买需要资金的单位发行的有价证券，把资金提供给这些单位使用，从而实现资金融通的过程。

1.4 金融创新与金融市场的发展趋势

纵观整个金融发展的历史，就是金融不断创新的历史，金融业的每项重大发展都离不开金融的创新，金融创新是一个为盈利动机所推动、缓慢进行、持续不断的发展过程。

金融市场创新主要是体现在金融机构经营者根据一定时期的经营环境所造成的机会开发出新的市场，即在微观经济主体开辟新的金融市场或宏观经济主体建立新型的金融市场。

金融创新就是变更现有的金融体制和增加新的金融工具，以获取现有的金融体制和金融工具所无法取得的潜在利润。金融创新背后的根本经济力量是竞争，它通常导致了执行金融功能的方式的改进。

著名的美籍奥地利政治经济学家约瑟夫·熊彼特(Joseph Alois Schumpeter)，其被誉为“创新理论”的鼻祖。1912年，其发表了《经济发展理论》一书，提出了“创新”及其在经济发展中的作用，轰动了当时的西方经济学界。

《经济发展理论》创立了新的经济发展理论，即经济发展是创新的结果。约瑟夫·熊彼特的代表作还有《经济发展理论》《资本主义、社会主义与民主》《经济分析史》等，其中《经济发展理论》是他的成名作。

近年来在中国只要一谈到“创新”，一定会提到熊彼特教授。熊彼特的“五种创新”理念时常被人引用和提及，几乎到了“言创新必称熊彼特”的程度。不仅是中国，作为“创新理论”和“商业史研究”的奠基人，熊彼特在西方世界的影响也正在被“重新发现”。据统计，熊彼特提出的“创造性毁灭”，在西方世界的被引用率仅次于亚当·斯密的“看不见的手”。

熊彼特教授认为，创新就是建立一种新的生产函数，也就是说，把一种从来没有过的关于生产要素和生产条件的“新组合”引入生产体系。这种新组合包括五种情况，包括采用一种新产品或一种产品的新特征；采用一种新的生产方法；开辟一个新市场；掠取或控制原材料或半制成品的一种新的供应来源；实现任何一种工业的新的组织。因此“创新”不是一个技术概念，而是一个经济概念，它严格区别于技术发明，而是把现成的技术革新引入经济组织，形成新的经济能力。

金融创新是金融机构的天然职能，但同样也应是监管机构的职责。例如，随着金融创新，越来越多的金融衍生品和银行业务方式成为洗钱的工具，在这种情况下，金融监管层的视角就不应该还只是停留在金融传统业务上；在LIBOR(London InterBank Offered Rate，伦敦银行间同业拆借利率)变革问题上，若不能摒弃对传统报价方法的固守态度，就无法通过增加报价数量、采用实际交易利率等新方法封堵银行的操控空间。金融制度创新包括金融组织体系、交易技术、调控体系、市场体系的变革及发展。它影响和决定着金融产权、信用制度、各金融主体的行为及金融市场机制等方面的状况和运作质量。

金融市场未来的发展趋势一定是走向四化，即金融全球化(市场交易国家化和市场参与者国际化)；金融自由化；金融工程化；金融证券化。

近年来，随着科技的发展变化，金融市场也呈现出新的发展趋势，货币的虚拟化带来了前所未有的体验，各国之间的汇率波动越加强烈，资本跨国流动的规模和速度大大增加，金融工具不断创新，虚拟经济的迅速膨胀给当局者带来了更大挑战。金融全球化的浪潮正以一种不可抗拒的趋势席卷世界，在为全球金融市场带来活力的同时，也对各国的金融安全提出了更严峻的挑战。

【相关阅读】

业界称中国与中东新兴金融市场交往日趋紧密

中新社上海8月19日电 (记者 姜煜)阿布扎比国际金融服务监管局首席执行官邓伟政，以及阿布扎比证券交易所(ADX)首席执行官拉希巴陆士19日在上海表示，中国与阿布扎比这个中东新兴的金融市场的交往正日趋紧密。

阿布扎比是阿联酋的首都。2021年，在阿联酋的GDP中，石油占比将降至5%(2014年石油占比为35%)，当前该国正大力发展非石油行业，尤其注重金融业。阿布扎比国际金融中心(ADGM)于2015年10月21日投入运营，已成为中东地区新兴的国际金融中心，其战略核心是在当地、地区和国际上发展长期合作伙伴关系及合作。

邓伟政介绍说，目前有30万中国籍人员在阿联酋工作生活，4000家中国企业、249家中国贸易代理机构落户阿联酋，在阿联酋存在的中国品牌达5451种。2015年，约有50万中国人前往阿联酋，同比增长近三成。

在金融领域，中阿两国之间更是不断推出合作举措。邓伟政说，2015年12月，阿联酋宣布成立中国—阿联酋共同投资基金，总额100亿美元，由两国共同出资，今年4月，宣布基金总额将高于100亿美元，当年中国和阿联酋签署的重大协议还包括货币兑换协议、建立人民币清算中心协议、两国驾照互通协议、推动双方科技领域合作协议等，阿联酋并获批500亿元人民币合格境外机构投资者额度。

“而阿布扎比拥有两个世界最大的主权财富基金，其中总资产近8000亿美元的阿布扎比投资局，已经将中国列为其主要的投资市场之一”，邓伟政说：“中国已经是阿联酋第二大贸易合作伙伴，双边贸易量自2009年以来年增约16%，今年贸易总额预计可达600亿美元。”

拉希巴陆士称，目前在ADX的投资分布中，来自非阿联酋的投资占了四成，亚洲投资者非常活跃，2015年来自亚洲的投资为11亿美元，其中以机构投资者为主的中国投资达到 8900 万美元。值得一提的是，ADX 的总股息收益率为 5.8%，为全球各资本市场最高。

拉希巴陆士表示，两国在金融领域的合作拥有无限可能。比如，中国机构投资者可在 ADGM 建立子公司或基金，投资当地的基础设施、房地产和私有股权项目。阿联酋的投资者也可同样通过在 ADGM 建立基金，购买中国上市公司发行的股票和债券。

资料来源：姜煜. 业界称中国与中东新兴金融市场交往日趋紧密[EB/OL].（2016-08-19）. http://www.chinanews.com/cj/2016/08-19/7978218.shtml.

本章小结

本章主要针对金融市场概述比较进行了详细的阐述，涉及了金融市场的概念与功能、金融市场参与者与交易对象、金融市场的分类、金融创新与金融市场的发展趋势。完成本章的学习，应该理解和掌握以下内容。

（1）金融市场是商业信用发展到一定程度的产物。但是由于商业信用的局限性，这些信用工具只能存在于商品买卖双方，缺乏广泛的流动性。随着商品经济的发展，社会上存在着庞大的资金需求与供给，在商业信用的基础上，又逐渐产生了银行信用和金融市场。

（2）金融市场的四大功能包括：资金融通功能、资源配置功能（资源的配置、财富的再分配、风险的再分配）、经济调节功能、经济信号功能。

（3）相对稀缺的资源在各种不同用途上加以比较做出的选择就是资源配置。资源是社会经济活动中人力、物力和财力的总和，是社会经济发展的基本物质条件。在社会经济发展的一定阶段上，相对于人们的需求而言，资源总是表现出相对的稀缺性，从而要求人们对有限的、相对稀缺的资源进行合理配置，以便用最少的资源耗费，生产出最适用的商品和劳务，获取最佳的效益。

（4）金融市场对宏观经济起着重要的调节作用。金融市场一边连着资金供应方，另一边连着资金需求方，金融市场的运行机制通过对资金供应方和资金需求方的影响而发挥着调节宏观经济的作用，不仅利于增强宏观调控的灵活性，而且加强了部门之间、地区之间、国家之间的经济联系。

（5）金融市场的参与者包括金融市场的资金筹措者和投资者、金融市场的中介和金融市场的监管组织。

（6）金融市场中的交易对象主要包括货币、债券、股票、保险、外汇、黄金及贵金属、基金、融资租赁及金融衍生品等。

（7）货币本质上是一种所有者与市场关于交换权的契约，根本上是所有者相互之间的约定。货币的契约本质决定货币可以有不同的表现形式，如一般等价物、贵金属货币、纸币、电子货币等。它可以用作交易媒介、储藏价值和记账单位。

（8）股票本身没有价值，但它可以当作商品出卖，因为它是代表着一种价值，并且有一定的价格。股票价格又叫股票行市，是指股票在证券市场上买卖的价格。

（9）人类有趋利避害的本能，在很早以前人类就从与大自然的抗争中萌发了互助保险的想法。

(10) 通常意义上大家默认将金融市场分为短期的货币市场和一年期以上的资本市场,但近年来随着金融市场的逐步探索和金融产品的丰富,金融市场的分类不再只局限于货币市场和资本市场的划分。

(11) 直接融资市场。资金需求者与资金提供者不通过金融中介达成协议,主要包括商业信用、国家信用、民间个人信用。直接融资也称"直接金融"。没有金融中介机构介入的资金融通方式。

(12) 间接融资市场。即资金通过金融中介机构取得,主要为银行信用。间接融资是直接融资的对称,也叫"间接金融"。是指拥有暂时闲置货币资金的单位通过存款的形式,或者购买银行、信托、保险等金融机构发行的有价证券。

(13) 著名的美籍奥地利政治经济学家约瑟夫·熊彼特(Joseph Alois Schumpeter),其被誉为"创新理论"的鼻祖。1912 年,其发表了《经济发展理论》一书,提出了"创新"及其在经济发展中的作用,轰动了当时的西方经济学界。《经济发展理论》创立了新的经济发展理论,即经济发展是创新的结果。

(14) 纵观整个金融发展的历史,就是金融不断创新的历史,金融业的每项重大发展都离不开金融的创新,金融创新是一个为盈利动机所推动、缓慢进行、持续不断的发展过程。金融市场创新主要是体现在金融机构经营者根据一定时期的经营环境所造成的机会开发出新的市场,即在微观经济主体开辟新的金融市场或宏观经济主体建立新型的金融市场。

案例分析

杨御麟:负利率对全球金融市场的影响不可忽视

今年以来,有关数据显进入 2016 年实施负利率政策的国家和地区在扩大,负利率程度在增加,其覆盖范围从商业银行在央行的存款,进一步扩展到银行间市场和国债市场,而且更多的国家还在酝酿减息或者执行负利率政策的可能性为 14%,英国"退欧"、美联储暂缓加息也进一步推升黄金的避险保值功能。

对此,金融分析师杨御麟表示,在全球经济增长停滞、各大经济体持续货币宽松、主要央行步入负利率时代的大背景下,追逐短期利润甚至生息资产回报是一种必然趋势。沉寂了几年的大宗商品市场再现价格上升,以及黄金等避险资产获得了国际资本的高度青睐,意味着新一轮资本流入卷土重来。究其根源,则是负利率时代特征下造就的大宗商品市场虚假繁荣,由于流入市场的货币量增加,加之市场的不稳定性上升,使大宗商品的避险属性进一步凸显。

杨御麟指出,为了遏制通缩,推动本币贬值,欧洲、丹麦、瑞士、瑞典和日本央行先后实行了负利率政策,"负利率"正在成为当前全球金融格局的一大显著特征。他表示,今年以来,实施负利率政策的国家和地区在扩大,负利率程度在增加,其覆盖范围从商业银行在央行的存款进一步扩展到银行间市场和国债市场,而且更多的国家还在酝酿减息,或者考虑执行负利率政策的可能性。

负利率政策长期供给廉价资金，大大增加了资产泡沫和投机风险。负利率政策是在全球经济增长停滞以及通货紧缩的双重压力下产生的，其背后的结构性问题是长期资本和投资回报率的下降。杨御麟分析指出，本质而言，全球这场负利率货币实验看起来是非常规的宽松政策，然而，实际上银行的信贷紧缩风险却未得到根本解除，其对全球金融市场的长期结构性影响绝不能忽视。

首先，负利率政策绝非最优。因为在名义利率为负的情况下，相比以定期存款等财富形式，持有货币会带来额外收益，个体会过多地持有货币。虽然负利率政策在理论上可以在一定程度上促进银行放贷，降低融资成本，促进消费与投资，但事实上，银行的信贷是否扩张取决于银行放贷意愿、市场经济的需求、市场的信心、资产负债表的健康状况，负利率在根本上解决不了“流动性陷阱”问题。

其次，负利率政策长期供给廉价资金将大大增加资产泡沫和投机风险，进一步推升债务压力。比如，欧洲央行的LTRO带来了低成本的资金，银行可以购买政府债券通过套利交易获利。一方面，资金淤积在金融体系，银行剩余资金可转向投资资产投报率较高的高风险领域，或是从事较高风险资本操作来实现短期的资本利得。另一方面，由于政府债券成为银行可抵押品的重要部分，成为金融机构趋之若鹜的投资品，进一步加剧了政府债券供给的增加，从而推升了整体债务总规模。

再次，负利率政策是在全球经济增长停滞，以及通货紧缩的双重压力下产生的，其背后的结构性问题是长期资本和投资回报率的下降，因此，如果负利率政策持续下去还将通过实体投资回报率的下滑降低长期实际利率水平，并导致名义利率进一步下降，因此形成了一个相互影响，相互加强的“负向循环”。

最后，负利率政策还将通过汇率和国际资本流动渠道释放出来，在逆全球化趋势以及负利率政策预期影响下，各国竞争性货币政策还会卷土重来，这使全球资产价格的波动变得更加动荡。

资料来源：FX168财经. 杨御麟：负利率对全球金融市场的影响不可忽视[EB/OL].(2016-08-17). http://mt.sohu.com/20160817/n464641382.shtml.

【问题讨论】 为何一个国家的利率变动会影响全球资产价格的变动？

思考题

1. 什么是金融市场？
2. 金融市场的功能包括哪些？
3. 试论述金融市场的经济调节功能。
4. 金融市场都有哪些分类？
5. 什么是无形市场？
6. 什么是融资租赁？
7. 一级市场与二级市场有何不同？
8. 金融市场都有哪些参与者与交易对象？

第2章　金融市场参与者

【本章学习目标】

1. 了解金融市场的参与者。
2. 理解金融市场的参与者的组成。
3. 掌握金融市场参与者在金融市场中的作用。

【导入案例】

脱欧给英国经济埋下的“炸弹”暂时没有引爆

尽管6月公投决定退出欧盟的结果颇有震撼力，但在英国的主要商圈，购物者依然万头攒动，也没有见到什么大企业陷入困境的迹象，一些喜欢哗众取宠的小报甚至在谈论退欧之后的经济荣景。

经济学家一边倒地认为，现在判断英国如何应对退欧带来的长达数年的不确定性还为时过早，然而有越来越多人相信，几周前还被认为有可能出现的衰退，现在看来英国似乎可以避免。

表面上看，初期的乐观情绪同公投前的警告形成鲜明对比。英国前首相卡梅伦曾警告，退出欧盟将给“经济埋下炸弹”。

英国工业联盟(CBI)周四公布的数据显示，8月零售销售创出六个月来最强表现，收复了英国公投决定退欧后最初的多数失地，部分因为英镑贬值吸引了海外购物者。上周公布的官方数据显示，英国7月请领失业金人数意外下降。

在6月23日公投之前，英国财政部警告称，若公投结果为脱欧，意味着房主将面对借贷成本的上升，经济会陷入“自制的衰退”，股市也有可能下跌。

不过，英国央行8月4日的降息之举措令近一半的抵押贷款者获益，同时英国股市已经上涨。

英国一些支持退欧的报纸对类似这样的消息高呼欢迎。“留在欧盟就是错误的！”每日快报(*Daily Express*)本月稍早宣称道，并称“退欧带来英国的繁荣”。

不过多数分析师并非这么乐观，提醒称这些正面迹象恐难长久，围绕英国退欧带来的不确定性将持续数年。

英国新任首相特雷莎·梅曾表示过，在英国同欧盟开始正式谈判前，今年她将不会启动第50条退欧条款。

“事实上英国虽然避开了眼前的危机，但并没有透露接下来的故事会怎么发展，”贝伦贝格银行首席经济分析师 Holger Schmieding 说道，并补充道他认为英国将有可能避开技术性衰退，即经济产出连续两个季度出现下滑。

企业调查和一些通胀的前瞻性指标也表明，小心驶得万年船不是没有道理。

英镑在公投后的暴跌已令工厂的价格压力攀升，从而威胁到消费者未来的购买力。

在英国公投后，某市场研究公司所编撰的消费者信心指数也告大跌。这份调查通常预示着未来几季家庭支出的变化。

周四出炉的路透调查显示，英国公投退欧将对该国房价及成交量造成不利影响。这显示英国消费财富的基石——房地产市场的前景不明。

前英国央行货币政策委员会(MPC)委员古哈德表示，到目前为止，几乎未见投资、库存水准及建筑等经济关键领域的数据出炉。

"我想不论是认为一切都没问题、过度担忧、抑或认为这些疑虑是有道理的，都是很危险的立场，"现任伦敦政经学院教授的古哈德指出，"坦白说，答案是我们并不知道。"

尽管经济学家的看法仍为一大疑虑所在，但金融市场却是一片光明。

在英国公投退欧后，投资者原本准备迎接全球经济面的重大冲击；但英国富时 100 指数却在公投后上涨约 8%，主因企业海外收益因英镑贬值而受惠。

以英国国内中型企业为主的富时 250 指数目前上涨约 5%。

一些大型雇主，以汽车生产商日产汽车为例，表示他们在英国的投资计划要看其与其他国家达成的交易协议而定。

英国公投退欧后英镑跌势惠及一些企业；英镑兑美元一度下跌近 15%。例如，英镑下跌提振了制造业者的出口，但英镑跌势也反映出英国经济前景疲弱。

"大体上说，汇市走势显示所有英国资产价值低于原先水平，"英央行前副总裁 Rupert Pennant-Lea 在金融时报上撰文称。

"英国人比 6 月 23 日公投计票那天之前更穷了，而这一现实情况在后来的这几个月变得日益明显。"

但对近期乐观数据做出反应的投资者本周削减了英镑空头部位，这提振英镑并使之上扬。英镑兑主要货币已开始小涨，但兑美元较公投前水准仍低约 11%，凸显投资者如何看待英国经济面临的挑战。

许多国际投资者担忧英国脱欧或将削弱欧盟，并损害整个欧元区的企业和市场信心。但各项调查显示，目前几乎尚无影响。

因此，多家银行都在修正对欧洲央行实施进一步刺激措施的预期。摩根大通称，坚实的经济增长数据出炉后，预计欧洲央行不再降息，或是在 9 月宣布扩大购债计划。

美联储曾广泛地发出警告，称英国公投脱欧将引起金融混乱的风险，这也是其今年维持当前利率、不升息的原因之一。但英国公投之后，美国经济几乎毫无退缩。

目前，经济学家们正把眼光放远。下月将发布的官方数据将为英国经济脱欧后的韧性提供更好的判断，并提供 7 月制造业、服务业和建筑业更为详细的分项数据。

"任何短期的增长放缓都很重要，但脱欧后更主要的是经济的长期走势，"美银美林经济师 Robert Wood 说道，"我们认为，离开欧洲单一市场可能降低英国对外贸易的开放程度，而且会因此在长期损及经济表现。"

资料来源：路透早报. 脱欧给英国经济埋下的"炸弹"暂时没有引爆[EB/OL]. (2016-08-29). http://business.sohu.com/20160829/n466471413.shtml.

【思考提示】 上述材料中体现了多少金融市场参与者？

2.1 政府部门

政府部门在金融市场上扮演的角色主要是四种，一个是金融市场上主要的资金需求者，第二种是金融市场上重要的投资者，第三是金融市场上的协调者，最后是金融市场上的监督者。

1. 主要的资金需求者

政府部门的资金需求者角色最明显的体现是，在政府部门税收淡季时，因先支后收，常向金融市场作短期性的融通；如果入不敷出，发生赤字时，则需向金融市场作长期性的融通，即发行中长期公债，弥补其财政赤字。

政府部门为了适应和推动区域经济和国民经济的发展，满足社会的文化、生活需要，完成基础设施及市政公共事业的建设，一般都通过金融市场筹措所需资金，因而需要以资金需求者的身份在金融市场上活动。政府部门通过财政投资、发行国债或地方债、利用外国政府馈赠款、国家财政担保的金融组织贷款等方式筹集资金。

在任何社会中，社会总投资都是由政府部门投资和非政府投资两大部分构成的。政府投资是政府为了实现其职能，满足社会公共需要，实现经济和社会发展战略，投入资金用以转化为实物资产的行为和过程。

2. 重要的投资者

政府投资是国家宏观经济调控的必要手段，在社会投资和资源配置中起重要宏观导向作用。政府投资可以弥补市场失灵，协调全社会的重大投资比例关系，进而推动经济发展和结构优化。

在市场经济条件下，尽管政府投资量不占据主要地位，但对社会投资总量的均衡能起到调节作用。当社会投资量呈扩张势头、通货膨胀趋势严重时，政府投资主体通过减少投资量，缓解投资膨胀。当经济不景气、社会投资低迷时，政府投资主体采取增加投资量的途径，扩大社会需求，推动经济发展。

政府投资对调节投资结构、引导社会投资方向等方面起着重要作用。国家在经济发展的不同时期需要制定不同的产业政策，确定产业发展次序，投资的基本方向是国家产业政策规定优先发展的产业，特别是国民经济薄弱环节，对社会效益大而经济效益并不显著的产业予以重点扶持，这有利于优化投资结构，协调投资比例关系。在市场经济条件下，政府已不是唯一的投资主体，即使是国家需要重点扶持的基础设施及其他重要产业也需要鼓励社会投资的介入，但政府投资起到了一种先导和示范作用，它通过运用直接投资和间接投资手段(如投资补贴、投资抵免、投资贷款贴息等)，引导全社会投资更多地投入国家鼓励发展的产业和领域。

投资的环境好坏，很重要的一个方面是公用设施和社会基础设施完善与否。公用设施和社会基础设施及软环境建设，有相当部分无法实现商品化经营或商品化程度很低，即不能实现投资经济活动投入产出的良性循环，因此这方面的投资是政府投资主体的义务和责任，是政府投资的一个重点。

政府投资从资金、移民搬迁、劳动力供给等方面为重点项目的建设提供保障，承担区域内公益性项目投资，集中力量投资于基础项目和支柱产业的项目，同时通过各项政策和经济手段，推动资产的重组，进行存量调整，推进现代企业制度建设，使企业成为投资的基本主体。

3. 协调者

为促进市场经济，防止政府部门过度干预从而妨碍市场机制、降低经济效率，政府部门调控金融市场的一个重要举措就是通过财政政策和货币政策施加影响。各国中央银行通过国库券的买卖来调节市场货币的供应量，财政部则是通过发行国库券引导资金的结构。让金融领域微观主体最大限度地调动其积极性，使市场丰富的金融资源成为提升实体经济资源配置效率的引导性力量，保障市场经济稳步、有效运转。

随着市场经济的不断发展，政府部门调控市场资金的方式也在不断地与时俱进，例如，国内随着政府支持"双创"力度的进一步加大，大量早期设立的政府引导基金。从 2016 年起进入投资阶段，政府部门通过参与设立股权投资基金的方式支持具有核心竞争力的高科技产业以及关系到国计民生的基础设施产业也已进入关键阶段，不仅撬动了更多社会资本的参与，更为大量具有发展潜力的中小企业提供了充足的资金和资源帮助，达到了筹措资金和有效引导社会资金、资源的双赢效果。

4. 监督者

政府部门的监督身份主要体现在各金融监督协调机构，例如，"全球央行"，2009 年在伦敦举行的 G20 金融峰会中更名为金融委员会，全球中央银行的成员机构包括 20 多个国家的中央银行、财政部和监管机构以及主要国际金融机构和专业委员会，中国财政部、中国人民银行、银监会以及中国香港金融管理局均为该委员会的成员机构。全球中央银行的具体职能包括评估全球金融系统脆弱性，监督各国改进行动；促进各国监管机构合作和信息交换，对各国监管政策和监管标准提供建议；协调国际标准制定机构的工作；为跨国界风险管理制定应急预案等。在当下世界经济和国际金融市场面临严峻挑战之际，多国领导人商讨加强合作，共同努力恢复全球经济增长，实现世界金融体系的有效运转。

除了国际金融市场的监督协调机构，各国政府部门对金融市场的监管还有具体的负责部门。例如，国内主要负责监督证券市场的中国证券监督管理委员会，监督银行业的中国银行业监督管理委员会，监督保险业的中国保险监督管理委员会等，在国内金融市场中发挥着重要的监督作用。同时政府部门也积极推动金融的法治建设，中国先后制定了多部包括《中国人民银行法》《商业银行法》《证券法》《保险法》和《银行业监督管理法》在内的金融相关法律，并且建立了包括金融法规、金融规章和规范性文件三个层次的政府金融规制金融规则体系，推进金融改革，维护金融市场信用制度建设，推动市场经济的高效稳定发展。

2.2 工商企业

工商企业是指从事产品生产和提供服务活动的营利性的经济组织，是经济市场中的主要成员，既是金融市场中的资金需求者，也是金融市场中的资金供应者。工商企业既通过金融市场筹措短期资金用于企业调节因临时性、季节性等造成的资金周转问题，提高企业财务杠杆比例、增加盈利，通过金融市场发行股票或中长期债券等方式筹措资金用于扩大再生产；工商企业也是金融市场上的资金供应者。

1. 工商企业的资金筹措方式

工商企业的资金筹措方式，按期限长短可分为短期资金筹措方式和中长期资金筹措方式。

工商企业的短期资金筹措方式主要包括商业信贷、银行借贷、商业票据、短期融资证券和典当抵押融资等。商业信贷在资产负债表中表现为应付账款，来源于企业的日常赊销活动，方便快捷且节约成本，但缺乏正规性；工商企业向银行举借的短期款项主要用于生产资金周转，可分为信用贷款（无须抵押物）和抵押贷款，偿还方式可以是一次性偿还或分期还款，银行借贷相对效率高，但筹资利率也相对较高；商业票据是信用较高的企业开出的担保短期票据，可背书转让、贴现，对出票企业信誉审查十分严格且利率高于同期银行存款利率；短期融资券是银行间债券市场发行和交易并约定在一年之内还本付息的有价证券，无须担保、抵押，但是对发行企业有较高的要求，一般的中小企业无法满足发行条件；典当抵押融资方式一般取决于典当抵押品的价值和变现能力及资金提供者的风险偏好，通常风险较高的企业采取此种方式，可短期筹集到资金，但是资金筹措成本高。

工商企业中长期资金筹措方式包括发行股票、发行中长期债券、融资租赁等方式。股票发行时工商企业筹措中长期资金的主要方式，股票是投资者对一个公司所有权的有价凭证，可以买卖和抵押，股票发行公司无须返还投资者股本资金，但需要与投资者分享企业红利；工商企业发行中长期债券的目的是获得长期稳定的资金，成本相对较低，主要是大型国企发行；融资租赁是现代化大生产条件下产生的实物信用与金融机构信用相结合的新型金融服务形式，融资方式灵活、期限长，还款方式灵活、压力小，适合生产、加工型企业。

2. 工商企业是资金提供者

工商企业在金融市场中还有另外一个角色，就是金融市场中的资金提供者。工商企业除了把资金投放于自身的生产经营环节获取营利，也进行对外投资获取投资收益，实现企业的财务目标，实现资本转移的投资，扩充规模和市场；战略性投资，控制相关企业；维持现有的市场占有；提高质量，降低成本；实现风险分散，应对经营风险；承担社会义务；短期闲余资金最大化利用。

工商企业投资包括对内投资和对外投资。在对外投资上又称间接投资，或者证券投资，是指把资金投放于证券等金融性资产，以期获得股利或利息收入的投资。随着我国证券市场的完善和多渠道筹资的形成，企业的间接投资会越来越广泛。企业对内投资主要是固定资产投资，就是把资金投放于生产经营环节中，以期获取利益的投资。在非金融性企业中，直接投资所占比重较大。

工商企业对外投资是将企业的资金在一定时间内让渡给其他企业。这种让渡必须以不影响本企业生产经营所需资金正常周转为前提。如果企业资金短缺，尚不能维持正常生产，筹资能力又较弱，对外投资必将受到极大限制。对外投资决策要求企业能够及时、足额、低成本地筹集到所需资金。

市场经济条件下的投资环境具有构成复杂、变化较快等特点。这就要求财务管理人员在投资决策分析时，必须熟知投资环境的要素、性质，认清投资环境的特点，预知投资环境的发展变化，重视投资环境的影响作用，不断增强对投资环境的适应能力、应变能力和利用能力，根据投资环境的发展变化，采取相应的投资策略。

工商企业在金融市场中无论是募集资金还是对市场进行投资，根本动机是追求较多的收益和实现最大限度的资金增值，形成社会有益资产，推动市场经济高效发展。

2.3 商业银行

商业银行是金融市场中的中介机构，代理中间业务，将存款人的存款贷给借款人，起着社会资金融通的作用。现代商业银行的最初形式是资本主义商业银行，它是资本主义生产方式的产物。

商业银行的概念区别于中央银行和投资银行，是一个以营利为目的，以多种金融负债筹集资金，多种金融资产为经营对象，具有信用创造功能的金融机构。一般的商业银行没有货币的发行权，传统的商业银行的业务主要集中在经营存款和贷款业务，即以较低的利率借入存款，以较高的利率放出贷款，存贷款之间的利差就是商业银行的主要利润。商业银行的主要业务范围包括吸收公众、企业及机构的存款、发放贷款、票据贴现及中间业务等，是储蓄机构。

1. 商业银行的经营模式

从商业银行的发展来看，商业银行的经营模式有两种。

一种是英国模式，商业银行主要融通短期商业资金，具有放贷期限短、流动性高的特点。此种经营模式对银行来说比较安全可靠。

另一种是德国式，其业务是综合式。商业银行不仅融通短期商业资金，而且还融通长期固定资本，即从事投资银行业务。

中国实行的是分业经营模式。根据《中华人民共和国商业银行法》的规定，中国商业银行可以经营下列业务：吸收公众存款，发放贷款；办理国内外结算、票据贴现、发行金融债券；代理发行、兑付、承销政府债券，买卖政府债券；从事同业拆借；买卖、代理买卖外汇；提供信用证服务及担保；代理收付款及代理保险业务等。按照规定，商业银行不得从事政府债券以外的证券业务和非银行金融业务。

2. 商业银行的主要职能

商业银行的主要职能包括信用中介、支付中介、信用创造、调节经济和金融服务等。

（1）信用中介。信用中介是商业银行最基本、最能反映其经营活动特征的职能。这一职能的实质，是通过银行的负债业务，把社会上的各种闲散货币集中到银行里，再通过资产业务，将其投向各经济部门；商业银行是作为货币资本的贷出者与借入者的中介人或代表，实现资本的融通，并从吸收资金的成本与发放贷款利息收入、投资收益的差额中，获取利益收入，形成银行利润。商业银行通过信用中介的职能实现资本盈余和短缺之间的融通，并不改变货币资本的所有权，改变的只是货币资本的使用权。

（2）支付中介。商业银行除了作为信用中介，融通货币资本以外，还执行着货币经营业的职能。通过存款在账户上的转移，代理客户支付，在存款的基础上，为客户兑付现款等，成为工商企业、团体和个人的货币保管者、出纳者和支付代理人。以商业银行为中心，形成经济过程中无始无终的支付链条和债权债务关系。

（3）信用创造。商业银行在信用中介职能和支付中介职能的基础上，产生了信用创造职能。商业银行吸收各种存款，然后将各种存款发放贷款，在支票流通和转账结算的基础上，贷款又转化为存款，在这种存款不提取现金或不完全提现的基础上，就增加了商业银行的资金来源，最后在整个银行体系，形成数倍于原始存款的派生存款。以通过自己的信贷活动创造和收缩活期存款，而活期存款是构成货币供给量的主要部分，因此商业银行就可以把自己的负债作为货币来流通，具有信用创造功能。

（4）调节经济。调节经济主要体现在调节社会各部门的资金短缺，同时在央行货币政策和其他国家宏观政策的指引下，实现经济结构、消费与投资比例、产业结构等方面的调整。此外，商业银行通过其在国际市场上的融资活动，还可以调节本国的国际收支状况。

（5）金融服务。金融服务则是因为随着经济的发展，工商企业的业务经营环境日益复杂化，银行间的业务竞争也日益剧烈化，商业银行由于经济网络联系较广，信息比较灵通，特别是电子计算机、互联网在银行业务中的广泛应用，使其具备了为客户提供信息服务的条件。工商企业生产和流通专业化的发展，又要求把许多原来企业自身的货币业务转交给银行代为办理，例如，发放工资，代理支付其他费用等。另外随着互联网的高速发展，个人消费也由原来的单纯钱物交易，发展为转账结算，例如，现在在商场、超市都可以手机刷二维码支付等。现代化的社会经济生活，从多方面给商业银行提出了金融服务更高的要求，金融服务已经成为商业银行的重要职能。

【相关阅读】

助力企业“降成本”鼓励更多投资者入场
银行间债市非金融机构合格投资人准入门槛调整

10月26日，中国银行间交易商协会发布《关于调整银行间债券市场非金融机构合格投资人准入要求的公告》(以下简称《公告》)。根据央行批复，在资金准入门槛方面，《公告》将此前执行的“净资产不低于3000万元”调整为“依法在有关管理部门或者其授权的行业自律组织完成登记的投资公司或者其他机构持有或管理的金融资产净值不低于1000万元，其他组织净资产不低于1000万元”。

一位接近交易商协会的人士告诉本报记者：“非金融机构投资人入市要求的调整是顺

应银行间市场发展需要，更好满足市场投融资需求的一项举措。通过引入更为广泛的合格机构投资人投资银行间债券市场，在当前大力推动‘三去一降一补’的背景下，对活跃债券市场交易、降低企业融资成本具有积极推动作用。”

非金平台运行平稳初见成效

为了更好地规范银行间市场的非金融机构及其交易行为，2014 年 10 月，中国人民银行金融市场司发布了《中国人民银行金融市场司关于非金融机构合格投资人进入银行间债券市场有关事项的通知》（以下简称《通知》）。《通知》一方面规定了非金融机构投资者的入市门槛，其中在资金门槛上要求“净资产不低于 3000 万元”；另一方面，要求建立非金融机构合格投资者交易平台，跟踪监测这类交易主体的交易行为。

在充分征求相关主要市场成员意见的基础上，交易商协会会同外汇交易中心、上海清算所及北京金融资产交易所，建设了非金融机构合格投资者交易平台（以下简称“非金平台”），于 2014 年 11 月 3 日正式上线。

据记者了解，非金平台平稳运行近两年来，在牢牢把握风险的前提下，为具有真实投资意愿的非金融机构进入银行间畅通投资渠道，丰富市场投资需求，初见成效。从主体评级看，报价券种覆盖从 AA－级至 AAA 级的债务融资工具品种；从剩余期限看，报价券种覆盖 1 年以内、1～3 年、3 年以上等各剩余期限的债务融资工具。从投资人方面来看，投资人陆续入场，类型多元化，包括投资管理公司、一般工商企业等。

一位接近交易商协会的人士告诉本报记者：“非金平台交易机制的设计有效防范了利益输送，确保了债券交易的公开、安全和规范，进一步保证了交易平台的平稳运行。一是在交易前检查环节，非金平台对非金融机构合格投资人的点击指令进行足资足券检查；二是在结算环节，交易双方实行券款对付结算；三是非金融机构合格投资人之间不得直接进行交易。”

实现多层次债券市场合格投资人制度的有效衔接

业内人士表示，非金平台的上线运行，解决了 2013 年规范债券市场发展后非金融机构等投资人入市开户不畅的问题。为吸引更多具有真实意愿的非金融机构投资人入市，推动银行间债券市场有序扩容，有必要根据形势变化调整投资人入市条件，并与债券柜台业务对非金融机构的要求有所衔接。

2016 年 2 月 14 日，中国人民银行发布《全国银行间债券市场柜台业务管理办法》。根据规定，符合一定条件的非金融机构可投资柜台业务的全部债券品种和交易品种。非金融机构入市的条件具体包括“依法在有关管理部门或者其授权的行业自律组织完成登记，所持有或管理的金融资产净值不低于 1000 万元的投资公司或者其他投资管理机构”和“净资产不低于 1000 万元的企业”。

此次调整后，银行间市场非金融机构合格投资人的入市标准将与柜台市场基本一致：现行的“净资产不低于 3000 万元”将调整为“依法在有关管理部门或者其授权的行业自律组织完成登记的投资公司或者其他机构持有或管理的金融资产净值不低于 1000 万元，其他组织净资产不低于 1000 万元”。

“通过借鉴柜台市场对于非金融机构的要求，适时调整非金融机构合格投资人的准入门槛，体现了人民银行对于银行间市场参与者准入框架的统筹考虑，实现了银行间债券市场合格投资人制度的有效衔接，有利于多层次债券市场的健康有序发展。”上述人士表示。

更好地满足市场投融资需求，促进融资工具市场全面发展

此次调整非金融机构合格投资人的准入门槛，不仅有利于吸纳更为广泛的合格机构投资人投资银行间债券市场，而且还可以进一步发挥标准化债券市场合规透明的优势，缩短企业融资链条，减少市场风险，并引导社会资金合理合规流动，向经济发展的重点领域和薄弱环节倾斜，进一步增强和改善宏观调控能力，提升金融服务实体经济的水平，促进金融与实体经济良性互动。

与此同时，还将进一步优化投资人结构，促进债务融资工具市场全面发展。非金融机构合格投资人群体的扩容，将进一步推动债务融资工具投资主体多元化，丰富市场投资需求，改善市场对非金融机构等非专业投资人供给相对不足的局面，促进债务融资工具市场全面持续发展。

前述人士表示，“非金平台上线以来，主承销商持续报价，投资人陆续入场，取得了阶段性的成果，但总体来说非金融机构债券交易业务仍处于市场培育期，相信随着非金融机构合格投资人入市要求的调整，将吸引更广泛的投资者参与进来，预期未来非金平台债券成交量将有所提升。”

资料来源：李光磊. 助力企业“降成本”鼓励更多投资者入场 银行间债市非金融机构合格投资人准入门槛调整[EB/OL].(2016-10-27). http://finance.sina.com.cn/roll/2016-10-27/doc-ifxxfuff6930897.shtml?cre=financepagepc&mod=f&loc=4&r=9&doct=0&rfunc=100.

2.4 非银行金融机构

在市场经济高速发展的条件下，社会分工越来越细，经济上的交往越来越多，人事与商务关系越来越复杂，人们为了有效地经营和处理自己力不能及的财产及经济事务，商业银行已经无法满足市场需求，就需要更多专门的金融机构为之服务。非银行金融机构是随着金融资产多元化、金融业务专业化而产生的。非银行金融机构以发行股票和债券、接受信用委托、提供保险等形式筹集资金，并将所筹集的资金用于长期性投资的金融机构。非银行金融机构本质上是金融市场上的中介机构。

非银行金融机构与银行的区别在于信用业务形式不同，其业务活动范围的划分取决于国家金融法规的规定。非银行金融机构在社会资金流动过程中所发挥的作用是：从最终借款人那里买进初级证券，并为最终贷款人持有资产而发行间接债券。通过非银行金融机构的这种中介活动，可以降低投资的单位成本，通过多样化投资降低风险，最大化调配和利用资金的期限。

非银行金融机构是除商业银行和专业银行以外的所有金融机构，主要包括基金业、信托业、证券业、保险业等行业的金融机构，也包括典当行、担保公司、融资租赁公司等金融机构以及财务公司等。

1. 基金业金融机构

基金又分为公募基金和私募基金两种，公募基金是向公众募集资金的基金管理公司，公募基金是向合格投资人募集资金的基金管理公司。目前社会大众在银行或者公开市场上购买的基本都是公募基金。公募基金和私募基金各有千秋，它们的健康发展对金融市场的发展都有至关重要的意义。

2. 信托业金融机构

信托是专门办理金融信托业务的金融机构，是委托人基于对受托人的信任，将其财产权委托给受托人，由受托人按委托人的意愿以自己的名义，为受益人的利益或为特定目的，进行管理或者处分的行为，是一种团体受托的组织形式。信托是来源于公元前2548年古埃及人写的遗嘱。但具有原始特性的信托，则起源于英国的“尤斯制”，英国是信托业的发源地。但英国现代信托业却不如美国、日本发达。信托与银行、证券、保险并称为金融业的四大支柱，其本来含义是“受人之托、代人理财”。

在欧美国家，将个人财产及金融资产委托给信托投资公司进行管理，已经成为一种非常普遍的现象。在发达的市场经济国家，信托业已经发展成为现代金融业的重要支柱之一。信托业在欧美发展已有3800年的历史，信托一边连着货币市场、资本市场，一边连着产业市场，既能融资又能投资，这一特殊性被誉为具有无穷的经济活化作用。美国信托权威思考特说：“信托的应用范围，可以和人类的想象力相媲美。”

3. 证券业金融机构

从事证券发行和交易服务的专门行业，是证券市场的基本组成要素之一，主要由证券交易所、证券公司、证券协会及金融机构组成，为双方证券交易提供服务，促使证券发行与流通高效地进行，并维持证券市场的运转秩序。这些专门办理证券业务的金融机构，是随着证券市场的发展而成长起来的，主要有证券公司、证券投资信托公司、证券投资基金公司、证券金融公司、评信公司、证券投资咨询公司等。

各类非银行证券服务机构通过为企业发展筹集巨额资金进行资源分配，促进了众多公司以重组方式发展壮大；帮助公司的治理水平、风险控制能力和企业文化建设等方面大步提升；同时提供了不同的投资工具，有助于金融服务业的发展。证券投资产品的数量和种类成倍增长，为投资者提高了差别化的投资选择。同时，证券业的发展对银行业的改革、增加金融基础设施建设和加强服务都有促进作用。

4. 保险业金融机构

保险通过契约形式集中起来的资金，用以补偿被保险人的经济利益业务。保险市场是买卖保险即双方签订保险合同的场所。它可以是集中的有形市场，也可以是分散的无形市场。

保险从经济角度看，是分摊意外事故损失的一种财务安排；从法律角度看，是一种合同行为，是一方同意补偿另一方损失的一种合同安排；从社会角度看，是社会经济保障制度的重要组成部分；从风险管理角度看，是风险管理的一种方法。

保险业的组织形式依照经营主体的不同，可分为四种类型，包括国家经营的保险组织、公司经营的保险组织、保险合作组织和个人经营的保险形式。世界保险业发展的趋势越来越向市场自由化、业务国际化、从业人员专业化、保险管理现代化、展业领域广泛化、组织形式多样化和保险业务规模化发展。

5. 典当行

典当行就是最早的当铺，现在都是以典当公司的形式出现。典当行主要以财物作为质押进行有偿有期借贷融资，其实就是典型的抵押贷款的非银行金融机构。典当行作为一种既有金融性质又有商业性质的、独特的社会经济机构，融资服务功能是显而易见的。

融资服务功能是典当公司最主要的，也是首要的社会功能，是典当行的货币交易功能。在典当实践中，当户可以借助典当融资。无论当户是否回赎当物，典当的资金融通功能都是显而易见的。典当的资金融通功能既可以独立发挥作用，也可以与典当的其他功能一起发挥作用。钱物互换的法律本性决定资金融通功能是典当首要的社会功能。

另外，典当公司还发挥着当物保管功能和商品交易功能，在质押当中，当物（动产、权利凭证或证书）的保管功能，一方面来自赎当时典当双方当事人维护自身权利以及履行自身义务的需要；另一方面来自绝当时典当经营机构弥补自身损失或变现盈利的需要。在抵押当中，当物的保管功能并未体现出来。典当的当物保管功能作用，要么与典当的其他功能同时发挥，要么先于典当的其他功能而发挥。

典当行还有其他一些金融机构不具备的功能，例如，提供对当物的鉴定、评估、作价等服务功能。当户借助典当融资，在不能回赎或不愿回赎当物而出现死当时，典当经营机构就可通过变卖、拍卖、折价或直接归自己所有等法律许可的方式处理当物，这其中就涉及对当物的销售。典当公司的发展为中小企业提供快捷、便利的融资手段，促进了生产的发展，繁荣了金融市场，同时还在增加财政收入和调节经济等方面发挥了重要的作用。以物换钱是典当的本质特征和运作模式。

6. 担保公司

担保公司是随着银行贷款的发展衍生出的金融市场的补充，主要为中小企业在银行贷款时提供担保，分摊和转移银行的风险，担保公司的优势在于门槛低，效率高，放款速度快，接受各种形式的抵质押物作为反担保措施，例如房产、车辆、商标、股权等抵质押物，在中小企业贷款过程中起到重要作用。

个人或中小企业在向银行借款时，银行为了降低风险，要求借款人找到第三方（担保公司或资质好的个人）为其做担保。担保公司会根据银行的要求，让借款人出具相关的资质证明进行审核，之后将审核好的资料交到银行，银行复核后放款，担保公司收取相应的服务费用。

担保公司以前归类为准金融类机构，如今属于非金融机构，而银行是属于纯金融行业，两者形式上类似，功能上都能够为企业融资，但还是有本质的区别。

担保公司不是以自有资金放贷，而是为企业信誉做担保，由银行放贷。也就是说企业在银行资信度不够达到贷款标准，可以找担保公司担保，那么担保公司做的就是银行不愿意做的那部分业务，风险由担保公司来承担。担保公司的优势就是门槛低，办事效率高，放款速度快，接受各种形式的抵质押物作为反担保措施，比如房产、车辆、商标、股权等抵质押物。

如今许多投资担保公司，在贷后管理和贷款风险化解方面的规范和高效运营，获得了银行充分信任，一些合作银行把贷后催收、贷款资产处置外包给担保公司，双方都取得了比较好的合作效果。

7. 融资租赁公司

融资租赁公司是市场经济发展到一定阶段而产生的一种适应性较强的融资方式，是20世纪50年代产生于美国的一种新型交易方式，20世纪六七十年代在全世界发展迅速，如今已成为企业更新设备的主要融资手段之一，被誉为"朝阳产业"。我国20世纪80年代初引进这种业务方式，但发展较为缓慢，租赁的优势还远未发挥出来，市场潜力很大。

融资租赁可以在各个行业创新开发，例如，在德国汽车市场，大约75%的新车是通过汽车金融或者租赁销售出去的。汽车企业的银行或者融资租赁公司称为"专属金融机构"占据德国大部分汽车金融份额。全服务融资租赁是新兴的融资租赁服务模式，其客户忠诚度高于专属金融机构和银行金融服务的客户。

8. 财务公司

财务公司又称金融公司，是为企业技术改造、新产品开发及产品销售提供金融服务，以中长期金融业务为主的非银行机构。各国的名称不同，业务内容也有差异。但多数是商业银行的附属机构，主要吸收存款。中国的财务公司不是商业银行的附属机构，是隶属于大型集团的非银行金融机构，例如，宝钢集团财务有限公司。

财务公司是20世纪初兴起的，主要有美国模式和英国模式两种类型。美国模式财务公司是以搞活商品流通、促进商品销售为特色的非银行金融机构。它依附于制造厂商，是一些大型耐用消费品制造商为了推销其产品而设立的受控子公司，这类财务公司主要是为零售商提供融资服务的，主要分布在美国、加拿大和德国。美国财务公司产业的总资产规模超过8000亿美元，财务公司在流通领域的金融服务几乎涉及从汽车、家电、住房到各种工业设备的所有商品，对促进商品流通起到了非常重要的作用。

英国模式财务公司基本上都依附于商业银行，其组建的目的在于规避政府对商业银行的监管。因为政府明文规定，商业银行不得从事证券投资业务，而财务公司不属于银行，所以不受此限制，这种类型的财务公司主要分布在英国、日本和中国香港。

财务公司在我国分为两类，一是非金融机构类型的财务公司，是传统遗留问题；二是金融机构类型的财务公司，或者称为企业集团财务公司。

非银行金融机构的有效发展，进一步完善了金融市场的相应制度，推动金融市场的创新，促进金融市场的健康有序发展，为全球金融市场发展低迷的环境下探索新的发展道路提供了思路，实现金融市场资金来源多元化，金融市场稳定化起了重要作用。

2.5 居民个人

居民个人作为金融市场的参与者，主要体现为资金的提供者，即通过银行储蓄存款、购买债券、购买股票、参与信托等，将消费剩余资金提供给资金的需求方。

居民个人投资首先是为了追求财富，由于生存、享受和发展这三大需要的客观存在，人们对生活追求是无止境的，由此而衍生出人们对物质财富与精神财富的追求，正是人类社会不断进步的一个根源。来自居民收益与风险的对称，拥有货币或其他资产而不投资，那么这个市场主体就永无致富的可能。居民能够参与投资，不仅在于他看到投资能够带来收益，而且在于他能够承担这种投资的风险和不确定性。

居民投资的直接目的是其资产的保值和增值。通常一国的居民储蓄率是反映一个国家（或地区）储蓄发展水平的重要指标。它是指储蓄存款的增加额占城乡居民、单位职工货币收入的百分比，可借以分析和研究一个地区城乡居民或一个单位职工在一定时期内，参加储蓄的意愿和趋势，是制订储蓄计划的一项重要依据。

从历史和现实都在表明中国居民对保值性资产的偏爱，但随着居民收入的提高，各种市场的发育成熟，以及人们观念中更能容许风险的挑战，那么，中国居民的增值性资产的比重将会稳步提高。截至2015年的年底，中国企业部门存款余额占GDP的64%，明显大幅高于美国和日本不到15%的占比，表明中国企业储蓄率偏高。从统计局住户调查数据来看，中国居民储蓄率（即（居民人均收入－居民支出）÷居民人均收入）约为30%，仍然在全球领先，且高于其他新兴市场国家（如其他金砖国家）和日本等发达国家的历史转型期（如日本的20世纪70—80年代）。

居民投资的渠道可分为直接投资渠道和间接投资渠道两种。居民参加社会集资是居民的间接投资渠道。在间接投资活动中，居民依据自己参加社会集资的份额而获得利息、股息等收入。居民购买生产资料，投入劳动（包括管理劳动）进行生产经营，获取利润，是直接投资渠道。

居民个人部门作为金融市场的参与者中的资金提供者，有利于解决国内建设资金的短缺，实现国家产业结构的协调发展，调整资产存量和增量，调整市场机制。国家有效引导该部门资金有利于引导消费，调节积累机制。数以亿计的居民进入投资领域，成为投资主体，对于充分动员投资基金，提高投资效益和改善投资结构，都将起到巨大的作用。

居民个人作为金融市场的参与者也体现为是资金的需求方，在金融市场中获得购房消费贷款、教育消费贷款等，例如，消费金融市场上的消费金融品存在形式有不同透支额度的信用卡、短期信用贷款、综合消费贷款等消费信贷，还有为了满足人们日益增长的消费需求而逐步发展起来的住房按揭分期、购车分期、家居装修分期、信用卡现金分期和信用卡账单分期等。居民金融意识的增强必然也带来对于低成本资金的持续需求，从而也带来金融市场资金需求的进一步释放。

2.6 金融协助机构与金融媒体

金融媒体主要分成两大类，一类是金融协助机构，例如，公证处、律师事务所、会计师事务所等。另一类是金融信息的提供者，也是金融市场上不可或缺的参与者，包括起桥梁作用的信息中介，例如，网络借贷、第三方财富管理公司等；金融信息的传播者，例如电视、互联网、广播等。

2.6.1 金融协助机构

金融协助机构有公证处、律师事务所、会计师事务所。

1. 公证处

公证处是国家司法证明机构，依法设立，不以营利为目的，依法独立行使公证职能、承担民事责任的证明机构，提供公证法律服务。我国现行公证法没有规定公证处的性质，就现在而言，有些公证处是行政单位，有些是事业单位，还有些是合伙性质(试验阶段)。公证行业能够切实在防范化解法律风险、保障交易安全、预防和减少诉讼等方面发挥独特的优势和功能，成为社会多元治理中重要的法律保障机制。

在对金融服务方面，公证的发展逐步覆盖银行、信托、资管、融资租赁、基金、小贷公司等各个领域，以及覆盖金融机构所需的从前端到后端的全流程服务，为金融机构提供了更多的服务增值点。

例如，上海浦东公证处出具的公证书在全世界100多个国家和地区使用。近年来，公证办证量也在逐年增长，2011年浦东公证处办证量为25 000多件，到2015年已经发展到5万多件，公证服务需求不断增长。近年来，根据中国司法部和上海市司法局便民、利民的指示要求，积极采取措施，为居民群众和浦东的企业提供便捷高效的公证服务，科学布点，方便居民群众和企业就近办理公证。

中国司法部和中国公证协会也为推动金融公证法律服务所发布的若干举措。

(1) 要围绕规范金融机构的合规管理，做好签约环节的审查确认工作。

(2) 要针对金融债权安全，做好担保主体、担保条款及担保措施的审核核查工作。

(3) 要立足减少不良债权，确实做好强制文书的执行工作。

(4) 为促进金融机构的转型发展，做好各类新型金融合同的公证，为非政府监管下的非金融机构积极提供服务，迅速化解金融合同纠纷，调解和保全证据公证。

2. 律师事务所

律师事务所，在组织上受司法行政机关和律师协会的监督和管理。它在规定的专业活动范围内，接受中外当事人的委托，提供各种法律服务；负责具体分配和指导所属律师的业务工作；根据需要，经司法部批准，可设立专业性的律师事务所，有条件的律师事务所可按专业分工的原则在内部设置若干业务组。

在金融市场上，各家金融机构都会有聘请的专业律师，有些机构是跟律师事务所合作。因为金融市场各个方面都是需要法律的支持。金融市场中涉及法律的各方面是需要有专门人士指点如何去操作的，金融行业功利性、追求利润的非理性有时需要用理性的、规范化的方法予以引导和论证。有了律师及律师事务所的存在，可以降低违规的现象发生，使金融行业更好地发展。

完善的金融市场上的法律与金融的关系是非常紧密的，需要由律师事务所围绕公司法、税法、物权法、知识产权法等一系列法律问题为商业活动保驾护航。另外，企业上市、企业合并，也不能缺少由会计师事务所提供财务方面的咨询服务。

3. 会计师事务所

会计师事务所依法独立承担注册会计师业务的中介服务机构，是由有一定会计专业水平、经考核取得证书的会计师(如中国的注册会计师、美国的执业会计师、英国的特许会计师、日本的公认会计师等)组成的、受当事人委托承办有关审计、会计、咨询、税务等方面业务的组织。中国对从事证券相关业务的会计师事务所和注册会计师实行许可证管理制度。

在世界发达国家,会计中介机构被形象地比喻为"经济警察"。由于社会经济资源的稀缺性和微观主体经营活动的逐利性,国家总是通过立法和政府制定的财政政策、货币政策、收入政策、人力政策及一系列行政法规实施对经济的调控,而会计师事务所的基本职能就是依据这些法律、法规和政策,对市场微观主体的行为和经营结果进行规范调整,从而使国家的意志在社会经济活动中得到实现,使"法制"过渡到"法治","以法治国"转变为"依法治国",把企业的经营活动纳入法制轨道,最终达到社会资源充分利用和优化配置的目标。因此,会计中介机构在国家经济政治生活中起着重要作用,担当着不可替代的角色。

在美国、英国、日本、法国、加拿大、澳大利亚等经济发达国家,会计师事务所发展很快,而且许多会计师事务所联合起来组成规模庞大的合伙公司。有些公司已成为国际性组织,分支机构遍及世界各地,其业务从过去的审计、代申报税金、公司登记、股票管理、公证、诉讼代理人、遗嘱执行人、破产清算人等,发展到全面提供经济管理和技术管理的咨询服务,业务内容已大大超出会计范围。其中,一些较大的国际性合伙公司在中国已设立了常驻代表处或派驻了常驻代表。

2.6.2 金融媒体

在金融市场中,除了需要商业银行和非银行金融机构这样的交易中介存在,信息中介也是金融交易过程中不可忽视的力量。长期以来金融信息中介都不被学术界所重视,因为金融信息中介的效果无法具体估算,但是在金融市场的交易中这股力量如影随形。

随着大数据、云计算等互联网技术的提高,金融行业对大数据征信的需求提升,金融信息中介机构利用互联网信息技术,不受时空限制,使资金提供方与资金需求方在平台上直接对接,进行投融资活动,拓宽了金融服务的目标群体和范围,有助于为社会大多数阶层和群体提供可得、便利的普惠金融服务,进一步实现了小额投融资活动低成本、高效率、大众化,对于"稳增长、调结构、促发展、惠民生"具有重要意义。与传统金融机构相互补充、相互促进,在完善金融体系,提高金融效率,弥补小微企业融资缺口,缓解小微企业融资难以及满足民间投资需求等方面发挥了积极作用。

金融信息的传播者主要由广播、电视、网络等大众传媒构成,在金融市场中的舆论作用也越来越引起重视,大众传媒不仅能够影响今日监管的决策,而且如果引导得当,还能起到监管当局所不能达到的监管作用。

目前,大众传媒已成为各国金融监管部门必备的信息来源和重要参考。大众传媒不仅提供信息的及时、全面等,其所拥有的强大的信息分析队伍,以及社会知名人士、专家学者和金融投资者对现行金融监管政策所发表的诠释、评论和政策建议,金融监管部门都可以通过大众传媒,及时、广泛地听取社会各界的意见和反映,从而提高金融监管决策的准确性。

由于金融市场上金融机构为数众多,投资者甚众,因此,仅仅依靠政府金融监管部门有限的人力、物力显然力不从心,需要借助社会力量,借助市场的力量。大众传媒作为各类行为主体披露和传递信息的主要载体,能够方方面面影响和反映广大投资者和金融机构,因此，提高金融市场的透明度，发挥大众传媒的作用，既能够辅助金融监管部门实施有效监管，又能够强化市场机制的约束作用。

大众传媒还可以对金融监管部门及其官员进行监督，督促金融监管部门及其官员依法行使监管权力，防范腐败的产生。有研究表明，增加对金融监管部门的官员的媒体曝光，能够更好地起到约束和端正官员的作用。

大众传媒可以反映民意，成为金融监管部门与社会公众之间相互沟通的重要渠道。金融监管部门在制定或推出金融政策时，可以事先通过大众传媒向社会公众传递一些信号，以试探公众的反应，然后再根据公众的反应对即将出台的政策措施做出及时修正和调整。这样有利于防止决策出现偏差，使新的政策措施更能够贴近现实、更加符合国情民意。

金融监管部门的政策方向及政策措施直接影响各类金融机构和广大投资者的切身利益，任何政策措施只有赢得广大金融机构、投资者和社会公众的理解和支持才能够得到很好的贯彻落实。通过大众传媒的协助，有效引导社会舆论走向，营造有利于政策出台的良好氛围，提高社会公众对新政策的可接受程度，为新政策的顺利出台和贯彻实施做好铺垫。

大众传媒是一种方便快捷的舆论工具，可以起到金融监管部门所不能起到的重要作用。但如果管理不善或运作不规范，就有可能对金融市场产生负面影响。由于大众传媒也是利益主体，也有自身的特殊需求，一旦缺乏应有的自律机制和外部监督机制，就可能左右决策部门，误导投资者和社会公众，从而对金融市场的健康发展起到阻碍甚至是破坏的负面作用，例如，大众传媒的过分渲染和炒作会加剧和放大金融市场的波动，近年来我国股票市场的大起大落，各大众传播媒体也是在其中推波助澜。

另外，社会上的其他经济主体为了其自身利益需要，往往也需要借助于大众传媒的力量，宣传其服务、推销其商品、扩大其影响。如果缺乏应有的制约机制、监督机制和必要的制度安排，某些大众传媒就有可能因小失大，为追求一己之利而忽视广大投资者和社会公众的根本利益。例如，2015 年年底的“e 租宝”事件，该非法集资集团就曾重金打造电台、电视、网络甚至是地面系列媒体宣传，误导广大社会投资者。此类事例在发达国家的早期金融史上早已屡见不鲜。尽管这种状况后来逐步得到改善，但“这条道路充满了困难与曲折”。由于我国金融市场起步较晚，相关的法律法规和金融市场基础设施建设尚不完善，因此，改善对金融市场上大众传媒的管理，建立和完善大众传媒的自律机制，更好地发挥其在金融市场中的积极作用，更好更尽责地扮演金融市场参与者的角色，已经到了刻不容缓的地步。

【相关阅读】

毋剑虹：资本市场参与者应向专业化、机构化转变

2014 年 5 月 9 日，国务院发布《关于进一步促进资本市场健康发展的若干意见》（以下简称新“国九条”），这是继 2004 年后，中央对于中国资本市场的又一份顶层设计，其意义重大、影响深远。德意志交易所集团驻华首席代表毋剑虹在接受新华网记者采访时表示，资本市场的发展需要积淀，市场改革实际是结构上的改革。未来，市场参与者主体应向专业化、机构化转变。

中国资本市场的对外开放,相对于经济改革开放是滞后的。毋剑虹认为,资本市场开放面临的难题,实际上是自己的难题。它需要利率市场化、汇率市场化,以及人民币资本项目可兑换等条件的配合。虽然目前国外使用的诸多衍生品工具可以引入国内,但国内金融市场的配套条件和使用环境并不具备。所以需要通过改革,创造新的环境,而在当前,进行环境的协调也很重要。

毋剑虹认为,资本市场的改革,实际上主要是结构的改革,也包括市场参与者的改革。未来,市场的参与主体将更加专业化,他们的交易需求,既有投机,也有套期保值。"目前德意志交易所的会员,包括银行等大量的金融机构,也有生产企业的资产管理部门,以及自营法人",他说,机构投资者应该成为交易所市场的主要参与者。培育机构投资者,对市场发展有重要意义。

据悉,新"国九条"针对期货市场发展进行了专门部署,其中提到要壮大专业机构投资者。支持全国社会保障基金积极参与资本市场投资,支持社会保险基金、企业年金、职业年金、商业保险资金、境外长期资金等机构投资者资金逐步扩大资本市场投资范围和规模。

除了市场参与者的变革外,毋剑虹还谈到了对于股票发行制度改革的理解。他认为,资本市场的发展需要沉淀。注册制,要远也远,要近也近,上市的保荐机构非常重要。在德国,很多金融机构不敢做保荐,因为其"犯错成本"很高,保荐机构必须与上市企业"同呼吸,共命运"。

在股票发行改革方面,此次新"国九条"提出,要积极稳妥推进股票发行注册制改革。建立和完善以信息披露为中心的股票发行制度。证券监管部门依法监管发行和上市活动,严厉查处违法违规行为。相信,随着市场化、法治化程度的不断提高,资本市场将逐渐走向成熟。

目前,我国有几十万家的中小企业,肯定无法全部获得有效融资。毋剑虹认为,中国小企业也可以考虑去境外上市融资,如何让它们敢于走出去非常重要。运用境外资金来解决部分中国中小企业的融资难问题,实现资本和财富的积累,在未来或许是一条途径。

资料来源:李苑. 毋剑虹:资本市场参与者应向专业化、机构化转变[EB/OL]. (2014-05-11). http://news.xinhuanet.com/fortune/2014-05/11/c_126485959.htm.

本章小结

本章主要针对金融市场参与者比较进行了详细的阐述,涉及了金融市场参与者中的政府部门、工商企业、商业银行、非银行金融机构、居民个人和金融协助者与金融媒体等的介绍。完成本章的学习,应该理解和掌握以下内容。

(1) 政府部门在金融市场上扮演的角色主要有四种,第一种是金融市场上主要的资金需求者,第二种是金融市场上重要的投资者,第三种是协调者,第四种是金融市场上的监督者。

(2) 为促进市场经济,防止政府部门过度干预从而妨碍市场机制、降低经济效率,政府部门调控金融市场的一个重要举措就是通过财政政策和货币政策施加影响。中央银行通过国库券的买卖来调节市场货币的供应量，财政部则是通过发行国库券引导资金的结构。

(3) 商业银行主要职能包括信用中介、支付中介、信用创造、调节经济和金融服务等。

(4) 非银行金融机构是除商业银行和专业银行以外的所有金融机构，主要包括基金、信托、证券、保险、典当行、担保公司、融资租赁公司等金融机构以及财务公司等。

(5) 典当行就是最早的当铺，现在都是以典当公司的形式出现。典当行主要以财物作为质押进行有偿有期借贷融资，其实就是典型的抵押贷款的非银行金融机构。典当行作为一种既有金融性质又有商业性质的、独特的社会经济机构，融资服务功能是显而易见的。

(6) 居民投资的渠道可分为直接投资渠道和间接投资渠道两种。居民参加社会集资是居民的间接投资渠道。在间接投资活动中，居民依据自己参加社会集资的份额而获得利息、股息等收入。居民购买生产资料，投入劳动(包括管理劳动)进行生产经营，获取利润，是直接投资渠道。

(7) 金融媒体主要分成两大类，一类是金融协助机构，例如，公证处、律师事务所、会计师事务所等。另一类是金融信息的提供者，也是金融市场上不可或缺的参与者，包括起桥梁作用的信息中介，例如，网络借贷、第三方财富管理公司等；金融信息的传播者，例如，电视、互联网、广播等。

案例分析

要让资本市场参与者 从骨子里树立诚信观念

信用卡逾期不还的后果是什么？银行除了让你连本带息还清欠款，还会给你记上一个不良信用记录。

A股市场上也不乏缺失诚信者。对于这些失信者，监管层同样有制度上的一些安排。

例如，中国证监会与中国人民银行征信系统联网共享，证券期货监管中产生的信用信息将被纳入征信平台系统。根据合作安排，征信平台将收录证券期货监管中产生的三类公开信息，分别是行政许可决定信息，行政处罚决定、市场禁入决定信息，以及行业自律组织做出的纪律处分决定信息。证监会及派出机构在履行证券期货监管职责工作中，可以查询信用报告，了解监管对象在履行法定义务、接受行政管理或行业自律管理等方面的遵纪守法情况。

又如，证监会与最高人民法院联合发布的《关于加强信用信息共享及司法协助机制建设的通知》，对共同推进国家社会信用体系建设等也作了明确规定。在纳入共享的失信执行人中，有的是资本市场参与者，有的是拟申请公开发行股票的企业，有的是将来可能进入资本市场的企业或个人。建立信息共享机制后，这些机构人员的上述失信状况将在资本市场中予以“曝光”。通过监管执法和市场选择，对失信者形成有力的约束限制，从而进一步提高资本市场的诚信水平。另外，2015 年 6 月 22 日起施行的修订后的《证券市场禁入规定》，其实对失信者就已经有所限制。

信用是市场经济的基石，是资本市场的“生命线”，更是资本市场健康稳定发展的命脉。

不管是上市公司还是中介机构，都应以诚信为本。

对上市公司而言，至少可以从两方面带头推进诚信建设。一是要加强公司治理和企业文化建设，形成各方制衡、约束的机制，塑造诚信、规范的文化；二是要切实做好信息披露，要本着为公众投资者负责的意识，持之以恒地披露信息，确保"没水分""不掺假"。

对中介机构而言，一方面要建立健全自己内部的诚信宣传教育机制，让守法、诚信、勤勉、尽责的行为以及行为主体受到表彰、得到尊重、获得荣誉；另一方面要带头讲诚信，因为诚信是证券公司的立身之本、发展之道，作为证券市场的中介服务机构，证券公司不诚信，就难以在竞争中立于不败之地。

对投资者而言，同样需要拥有一颗诚信的心。要知道什么事情能做，什么事情不能做。

资本市场需要诚信。对于资本市场上的失信者，要进一步加强监管执法，提高市场主体的失信成本，用足、用好现有的法律法规，加强对违法失信行为的处罚力度，让造假者付出沉重高昂的代价，让存在侥幸心理、铤而走险的人，实实在在受到惩戒，从骨子里树立起诚信观念。

资料来源：朱宝琛. 要让资本市场参与者 从骨子里树立诚信观念[EB/OL]. (2016-06-01). http://zqrb.ccstock.cn/html/2016-08/26/node_2.htm.

【问题讨论】 作为市场参与者的监管机构在金融市场中起什么作用?

思 考 题

1. 金融市场的参与者包括哪些?
2. 金融市场参与者中的政府部门主要起哪些作用?
3. 工商企业在金融市场中扮演什么角色?
4. 居民个人在金融市场中主要起什么作用?
5. 试论述会计师事务所的作用。
6. 金融媒体主要有哪两个部分?
7. 作为金融市场参与者，大众传媒在金融市场中起什么作用?

第3章　货币市场

【本章学习目标】

1. 了解货币市场的基本情况。

2. 理解同业拆借市场、商业承兑汇票市场、大额可转让存单市场、短期国债市场、证券回购市场、短期消费信贷市场等概念及其应用。

3. 掌握货币市场中各子市场的作用。

【导入案例】

美国货币市场基金监管新规推升 LIBOR　美加息添新变数

美国监管机构推出的货币市场基金监管新规将于10月生效，在更严苛的要求下，面临流动性压力的优质货币市场基金开始回避短期债券投资，导致很多依靠货币基金获取美元流动性的银行陷入"美元荒"。受此影响，衡量银行间借贷成本的伦敦银行间同业拆借利率(London InterBank Offered Rate，LIBOR)近期飙升至2009年以来新高。分析师认为LIBOR上涨令美国金融环境收紧，可能阻止美联储进一步加息。

1. 美加息或遇阻

2016年6月底以来，LIBOR大幅飙升，全球最常用的拆借利率品种美元三个月期LIBOR目前已经达到0.8334%的七年来最高水平。花旗策略师预计，到2016年底三个月期LIBOR可能达到1.05%～1.1%。

LIBOR上升通常意味着银行认为向同业放款的风险上升，也预示着金融系统存在不稳定的可能性。在2008—2009年金融危机期间，美欧银行业濒临崩溃边缘，LIBOR就曾急速飙升。

但这一次LIBOR的走高并未伴随着全球金融市场的紧缩，因而市场人士普遍将背后推手归咎于即将实施的美国货币市场基金监管新规。去年7月，美国证券交易委员会(SEC)通过了一项货币市场基金新规，将在今年10月14日正式生效。新规要求面向机构投资者的优质货币基金采用浮动净值，不再维持每单位1美元的固定价格，以避免出现大规模赎回现象并引发金融市场动荡；此外还允许所有货币市场基金在赎回压力大时，征收流动性费用并设置赎回门槛，以降低挤兑风险。

在新规影响下，大量投资于短期公司债券包括银行债务在内的优质货币市场基金，开始转向投资美国国债等资产，以提升高流动性和高安全性资产的占比。这使依靠货基获取美元流动性的银行融入美元的难度增加，再加上英国公投"脱欧"进一步挫伤银行拆出资金的意愿，银行不得不支付更高利率，用更优惠的条件获得同业拆借，从而推升LIBOR。

据德银的数据，2015年10月以来美国优质货币市场基金持有的商业票据和存款平均每月减少250亿美元。另据惠誉的数据，截至2016年8月5日，优质货币市场基金持有的资产余额已降至5400亿美元，为有记录以来最低。

有分析师认为，当前的LIBOR水平已经相当于美联储又加了一次息，因此美联储在考虑下一步行动时应会将货币市场的最新变化纳入考量。摩根士丹利全球外汇策略主管里德科尔认为，本次由监管推动的LIBOR上涨令美国金融环境收紧，因此可能阻止美联储近期加息。

道明证券策略师则认为，LIBOR上升不会被美联储计入下次加息的影响因素，因为上升是在预期之内的，而货币政策对于缓解美元融资压力而言"是太钝的工具"。预计美联储不会过于担忧LIBOR上升，因为这并非系统性银行问题的信号。

2. 对中企债务影响可能有限

值得注意的是，LIBOR不只是银行间拆借美元的价格，更是全球最重要的美元贷款基准定价利率，仅在美国以LIBOR定价的债务就高达28万亿美元。据彭博数据，中国企业以美元计价的债券和贷款共计有5851亿美元，在其全部外币计价债务中占比高达85%。有分析师指出，LIBOR走高意味着贷款成本的上升，这可能给中国企业还债和继续借贷的计划带来压力。

不过兴业证券发布的最新报告认为，从自身影响和主导原因来看，目前LIBOR上升对中国债市影响有限。历史表现上来看，LIBOR与中国债券走势直接的相关性比较差，由美元利率走高引发的境内债市调整风险较小。此外影响本次LIBOR上行的主要原因是监管新规，背后反映的是流动性在不同的美元资产中流动，从而产生结构性缺失的问题，这种变化不会增加美元资产整体的吸引力，从而对其他币种的资产造成冲击，因此中国以人民币计价的债券受其影响比较小。

但兴业证券分析师也指出，如果在10月新规落地后资金利率继续走高，背后的主要动力将会是美联储加息预期的提升，这将推动美元升值，提高美元资产的投资回报率预期。那么对于全球新兴市场而言，则会面临流动性转移的风险，人民币汇率和资金面受到的压力也可能会出现变化。在这种情况下，中国国内债市受外围因素影响的变化需要投资者加以关注。

资料来源：东方网. 美国货币市场基金监管新规推升LIBOR　美加息添新变数[EB/OL]. (2016-08-31). http://finance.sina.com.cn/stock/t/2016-08-31/doc-ifxvitex9364325.shtml.

【思考提示】 货币市场新政是如何影响其他金融市场的？

3.1 货币市场概述

3.1.1 认识货币市场

微观经济行为主体最基本的、最经常的资金需求体现为短期性、临时性的资金需求，这是由于社会日常必然的经济行为的频繁性造成的。货币市场为季节性、临时性资金的融通提供了可行之径，短期资金融通是货币市场的一个基本功能，维系着社会再生产的方方面面。

货币市场产生和发展的原始动力就是为了保持资金的流动性，它借助于各种短期资金融通工具将资金需求者和资金提供者联系起来，在满足了资金需求者的短期资金需求的同时，又为资金有余者的暂时闲置资金提供了获取盈利的机会，带活了整个社会资金市场。货币市场最大特点是时间短，融资期限一般在一年以内，就其结构而言，分为同业拆借市场、商业承兑汇票市场、大额可转让存单市场、短期国债市场、证券回购市场、短期消费信贷市场等子市场。货币市场为机构和个人投资者均提供了强大的稳定性保障，在金融市场和市场经济的良性发展中都发挥着重要的作用。

货币市场是微观主体和宏观经济正常运行的基础环节。有效的货币市场具有广度、深度和弹性，其市场容量大，信息流动迅速，交易成本低，交易活跃且持续，并吸引众多的投资者和投机者参与。例如，发达的同业拆借市场具有广泛的参与主体、频繁而广泛的交易行为、随行就市的市场价格，发达的票据市场的票据行为主体信用良好、票据行为合法规范。

另外，货币市场还具有传导政策的功能。这个功能的有效发挥需要借助金融市场的其他子市场，市场经济中国家的中央银行实施货币政策主要是通过再贴现政策、法定存款准备金政策、公开市场业务等的运用，影响市场利率和调节货币供应量，实现宏观经济调控目的。在市场经济条件下，利益关系的变化引起经济行为的改变基本上都是借助货币这个载体。货币市场传导功能的发挥，最早反映在一国中央的银行货币政策变化，进一步作用于资本金融市场进而作用于更广泛的市场经济。例如，中央银行通过货币政策工具的操作，首先传导影响同业拆放利率，继而影响整个市场利率体系，从而达到调节货币供应量和调节宏观经济的目的；中央银行提高再贴现率，票据市场收缩，以此调节市场货币供应量，实现货币政策的最终目标。

市场经济行为主体的良性发展需要短期资金市场的依托，同时协调货币市场和资本市场的发展，货币市场是金融市场和市场经济良性发展的前提，金融市场和市场经济的完善又为货币市场的正常发展提供了条件，三者相辅相成。在这一关系中，货币市场起着基础性作用。若金融市场发展发生偏颇，造成大量本应属于货币市场的资金流向资本市场，货币市场会因资金缺乏日渐萎缩，另外，不断膨胀的资本市场积聚过多的短期游资，资本市场的泡沫成分将日渐明显。

因此，货币市场的良性发展减少了由于资金供求变化对社会造成的冲击。从长期市场退下来的资金有了出路，短期游资对市场的冲击力大减，投机活动达到了最大可能的抑制。因此，健全货币市场的发展，金融市场上的资金才能得到合理的配置，从世界上大多数发达国家金融市场的发展历程中，可以总结出“先货币市场，后资本市场”是金融市场发展的基本规律。

3.1.2 影响货币市场价格的因素

1. 宏观经济层面的变化

宏观经济层面的变化是影响货币市场的重要短期因素。货币市场是批发性资金交易的场所，也是货币政策传导的蓄水池，因此，货币市场的资金面的松紧状况与宏观经济的形势和货币当局的政策意图有密切联系。

货币当局一般关注的目标包括经济增长、物价稳定和外部均衡。经济增长的基本原理是通过短期利率和长期利率的运动影响实体面的资金需求。就物价目标而言，从"货币长期中性"的理论角度和各国中央银行货币操作范式的转变来看，物价相对于增长成为越来越重要的关注目标。在通货膨胀高涨的阶段，货币市场利率一般保持在高位；在经济下行的阶段，货币市场利率一般也相应下行；在滞涨阶段，货币政策的操作也相对谨慎，维持高利率以应对物价上涨，同时通过谨慎地增加货币供给，满足实体面的信贷需求。就外部均衡而言，如果实施的是钉住汇率政策，那么中央银行在货币市场上进行冲销干预不可避免。

反映宏观方面的最直观的就是经济数据，例如，一个国家的经济数据，如国内生产总值(GDP)、工业生产值(IP)、消费者价格指数(CPI)、失业指数、工业管理协会的制造业指数、零售销售、国际贸易和房地产统计指数等，这些经济数据都直接反映着货币的价值。这些数据定期由政府或私人组织发布，用来追踪经济表现。这些经济数据反映了一个国家的经济是否健康。

2. 中央银行的货币政策操作

除了宏观环境会影响货币市场的资金价格，中央银行(简称央行)的货币政策操作也会影响货币市场价格，主要包括存款准备金率、央行的公开市场操作和国库现金管理。

(1) 存款准备金率的提高意味着货币回笼，降低意味着货币投放。

(2) 央行的公开市场操作包括央行票据的发行、正回购和逆回购等，央行票据的发行和正回购意味着货币回笼，央行票据到期和逆回购意味着货币投放。

(3) 国库现金管理中国库现金存款到期意味着货币回笼，存款招标意味着货币投放。

3. 一国利率的变化

另外一国利率的变化是直接影响货币价格的重要因素。如果国家提高利率，那么该利率相对于其他国家的价值和需求都会提升。当国家降低利率，人们将会从他们的存款和投资中获取较低利息，降低了对存储的激励。他们会倾向于买有较高利率的别国货币。

4. 影响货币市场价格的其他因素

影响货币市场价格的其他因素还包括改变国家政治条件或者其他类似的新闻。如果国家政府修改其贸易政策，这样会严重影响交易者和商人们交易动向，货币需求会立即下降。遇到灾难，例如地震、飓风和洪水，对货币市场也有负面的影响。

最后，有市场就有人，有人的存在，情绪就在所难免。人们对国家或者国际事件的看法，人民对一个国家的实力是否有信心，这些情绪都会对市场产生影响。即使国家发生的事件不是一个高风险事件，不会影响国家的货币，但是市场中的交易者如果出于对风险厌恶的考虑，即使出现风吹草动，也会出售该货币做出更安全的投资，如果这样的情绪出现大面积扩散，也将对货币市场价格产生影响。

3.2 同业拆借市场

同业拆借市场最早出现于美国，其形成的根本原因在于法定存款准备金制度的实施。按照美国1913年通过的《联邦储备法》的规定，加入联邦储备银行的会员银行，必须按存款数额的一定比率向联邦储备银行缴纳法定存款准备金。由于清算业务活动、日常收付数额的变化、汇兑收支增减等原因，往往出现资金收支不平衡的情况，资金不足者向资金多余者融入资金以平衡收支，金融机构之间有了短期资金相互拆借的需求。存款准备金多余的银行需要把多余部分运用，以获得利息收入，而存款准备金不足的银行又必须设法借入资金以弥补准备金缺口，否则就会因延缴或少缴准备金而受到中央银行的经济处罚。在这种情况下，存款准备金多余和不足的银行，在客观上需要互相调剂。于是，1921年在美国纽约形成了以调剂联邦储备银行会员银行的准备金头寸为内容的联邦基金市场。

在经历了20世纪30年代的第一次资本主义经济危机的浩劫之后，西方各国普遍强化了中央银行的作用，相继引入法定存款准备金制度作为控制商业银行信用规模的手段，同业拆借市场得到较快发展。在经历了长时间的运行与发展过程之后，同业拆借市场拆借交易不仅发生在银行之间，还扩展到其他金融机构之间。

同业拆借交易模式一般有两种：①借贷双方直接商谈并达成交易；②借贷双方通过经纪人达成交易。拆出银行通知中央银行将款项从其准备金账户转到拆入银行账户，中央银行借记拆出银行账户，代记拆入银行账户，合同期初交割完成；到期日拆入方还本付息，则全部拆借合同结束。

同业拆借市场就是金融机构之间进行短期、临时性资金拆借、头寸调剂的金融活动的市场。同业拆借，又叫同业拆放、资金拆借，是指具有法人资格的金融机构及经法人授权的金融分支机构之间进行短期资金融通的行为，包括本币和外币拆借业务，目的在于调剂临时性资金余缺和外汇头寸。中国人民银行令(2007)第3号《管理办法》中定义，同业拆借是指经中国人民银行批准进入全国银行间同业拆借市场的金融机构之间，通过全国统一的同业拆借网络进行的无担保资金融通行为。

金融机构的资金多余者向资金不足者贷出款项，称为资金拆出；资金不足者向资金多余者借入款项，称为资金拆入。金融机构的资金拆入大于资金拆出称为净拆入；反之，称为净拆出。同业拆借市场有两个利率，拆进利率和拆出利率。拆进利率表示金融机构愿意借款的利率，拆出利率表示愿意贷款的利率。拆进利率永远小于拆出利率，其差额就是得益。在直接交易情况下，拆借利率由交易双方通过直接协商确定；在间接交易情况下，拆借利率根据借贷资金的供求关系通过中介机构公开竞价或从中撮合而确定。同业拆借利率是拆借市场的资金价格，是货币市场的核心利率，也是整个金融市场上具有代表性的利率，它能够及时、灵敏、准确地反映货币市场，乃至整个金融市场短期资金供求关系。当同业拆借率持续上升时，反映资金需求大于供给，预示市场流动性可能下降；当同业拆借利率下降时，情况相反。

目前在货币市场上较有代表性的同业拆借利率有：美国纽约的联邦基金利率、伦敦同业拆借利率(LIBOR)、新加坡同业拆借利率(SIBOR)、中国香港同业拆借利率(HIBOR),目前我国内地银行间拆借利率用的是上海银行间同业拆借利率。

美国纽约的联邦基金市场又称同业隔夜拆放市场,是美国金融机构之间相互拆借存在联邦准备银行的储备资产准备金的市场。根据法律规定,美国所有金融机构均须向联储银行交存一定比例的存款准备金,以防止因金融机构的过度放贷活动而引发信用膨胀。金融机构在联储银行存放的准备金账户存款和联储会员银行收存的负债资金即构成联邦基金。联储银行对金融机构的存款准备金数额的规定,取决于其存款的增减变化。由于各银行每日的存款余额变化不等,它们的法定存款准备金数额随之相应变化,有些银行准备金不足,而有些银行却存在多余准备金,为调剂资金余缺,金融机构可互相拆借,从而形成联邦基金市场。

联邦基金利率的变动能够敏感地反映银行之间资金的余缺,美联储瞄准并调节同业拆借利率就能直接影响商业银行的资金成本,并且将同业拆借市场的资金余缺传递给工商企业,进而影响消费、投资和国民经济。联邦基金利率是在金融市场的重要基准利率,也是美联储的政策利率。

伦敦同业拆借利率,是大型国际银行愿意向其他大型国际银行借贷时所要求的利率。LIBOR 已成为全球贷款方及债券发行人的普遍参考利率,是目前国际间最重要和最常用的市场利率基准。它是在伦敦银行内部交易市场上的商业银行对存于非美国银行的美元进行交易时所涉及的利率。LIBOR 常常作为商业贷款、抵押、发行债务利率的基准。同时,浮动利率长期贷款的利率也会在 LIBOR 的基础上确定。LIBOR 同时也是很多合同的参考利率。

上海银行间同业拆放利率(Shanghai InterBank Offered Rate,SHIBOR)是由信用等级较高的银行自主报出的人民币同业拆出利率计算确定的算术平均利率,是单利、无担保、批发性利率,目前品种包括隔夜利率、1 周利率、2 周利率、1 个月利率、3 个月利率、6 个月利率、9 个月利率及 1 年利率。SHIBOR 报价银行团现由 18 家商业银行组成。报价银行均为公开市场一级交易商或外汇市场做市商。中国人民银行成立 SHIBOR 工作小组,依据《上海银行间同业拆放利率(SHIBOR)实施准则》确定和调整报价银行团成员、监督和管理 SHIBOR 运行、规范报价行与指定发布人行为。全国银行间同业拆借中心授权 SHIBOR 进行报价计算和信息发布。每个交易日根据各报价行的报价,剔除最高、最低各 4 家报价,对其余报价进行算术平均计算后,得出每一期限品种的 SHIBOR,并于交易日 9:30 对外发布。

我国规定可以进入同业拆借市场的参与者有:政策性银行、中资商业银行、外商独资或中外合资银行、城市信用合作社、农村信用合作社县级联合社、企业集团财务公司、信托公司、金融资产管理公司、汽车金融公司、证券公司、保险公司、保险资产管理公司、中资商业银行(不包括城市商业银行、农村商业银行和农村合作银行)授权的一级分支机构、外国银行分行、中国人民银行确定的其他机构。

2016 年我国全国银行间同业拆借中心发布《国务院关于取消 13 项国务院部门行政许可事项的决定》和《全国银行间同业拆借市场业务操作细则》,这是监管层发布的与同业拆借市场有关的监管政策,给拆借市场带来一股清流,引来新的变革。

具体的变化包括权力由中国人民银行下放至同业拆借中心，申请流程简化，审核耗时明显缩短，由 20 日缩短至 5 日；更加注重行业自律性与法律意识的培养，只需由同业拆借中心对提交资料进行形式核对的方式将令拆借市场大幅扩容，拥抱更具竞争性的市场环境；风控更为严格，强调信息披露的及时性与完整性，其中信托公司、金融资产管理公司、金融租赁公司、汽车金融公司、保险公司、保险资产管理公司等非银行金融机构应按要求在同业拆借中心平台披露除定期与不定期的财务信息以外，还要就偿付能力、股东情况、关联交易等事项进行专项说明。

这些新政策目的在于努力培育和营造具有活力和自律性的同业拆借市场，明确好监管当局与市场参与者的义务和承担的法律责任，让更多的金融机构便捷地参与拆借市场的竞争，做好信息披露，给市场一个良好的氛围，会是同业拆借市场不断发展完善的契机与基石。

3.3 商业汇票市场

3.3.1 商业汇票市场概述

商业汇票是指出票人签发的，委托付款人在指定日期无条件支付确定的金额给收款人或持票人的票据。商业汇票属于商业票据的一种，在货币市场中主要体现为银行承兑汇票和商业承兑汇票，这两种票据最长期限一般为 6 个月，近几年出现的电子票据最长期限可达一年，但依然符合货币市场一年以内的短期特点。在票据期限内商业汇票可以进行背书转让。银行承兑汇票由银行承兑，商业承兑汇票由银行以外的付款人承兑。

商业汇票市场的主要参与者是承兑机构、金融市场经纪人和投资者。该市场由发行市场和二级市场构成，发行市场实际的票据行为有出票和承兑，二级市场上有贴现和再贴现。商业汇票市场是为方便商业交易活动而创造的一种工具，在对外贸易中运用较多。

3.3.2 银行承兑汇票市场

银行承兑汇票是商业汇票常见的一种，由在承兑银行开立存款账户的存款人出票，向开户银行申请并经银行审查同意承兑的，保证在指定日期无条件支付确定的金额给收款人或持票人的票据。

银行承兑汇票具备信用货币的特性，所以其流通或贴现市场的管理权属于中央银行。一般中央银行都是用再贴现的方式，直接调节货币市场余缺，流通中的银行承兑汇票与中央银行的货币政策直接发生着联系；中央银行办理再贴现，通过对票据的最后买断，享受着与任何票据的持票人一样的票据权利。

银行承兑汇票主要具有以下特点：①无金额起点的限制；②第一付款人是银行；③出票人必须在承兑银行开立存款账户；④可以贴现；⑤可以背书。银行承兑汇票市场就是以银行承兑汇票为交易对象所形成的市场。银行承兑汇票分为纸质银行承兑汇票和电子银行承兑汇票两种，其中纸质银行承兑汇票的最长期限为 6 个月，电子银行承兑汇票的最长期限可以长达一年，但不会超过一年。

商业汇票的承兑银行必须具备如下条件：与出票人具有真实的委托付款关系；具有支付汇票金额的可靠资金；内部管理完善，经其法人授权的银行审定；银行承兑汇票的出票人或持票人向银行提示承兑时，银行的信贷部门负责按有关规定和审批程序，对出票人的资格、资信、购销合同和汇票记载的内容进行认真审查，必要时可由出票人提供担保；符合规定和承兑条件的，与出票人签订承兑协议。

银行承兑汇票的出票人需具备如下条件：在承兑银行开立存款账户的法人以及其他组织；与承兑银行具有真实的委托付款关系；能提供具有法律效力的购销合同及其增值税发票；有足够的支付能力，良好的结算记录和结算信誉；与银行信贷关系良好，无贷款逾期记录；能提供相应的担保，或按要求存入一定比例的保证金；出票人有良好的信用保证。

由于有银行担保，所以银行对委托开具银行承兑汇票的单位还会有一定的要求，一般情况下会要求企业存入票据金额等值的保证金至票据到期时解付，也有些企业向银行存入票据金额百分之几十的保证金，但必须银行向企业做银行承兑汇票授信并在授信额度范围内使用信用额度。银行承兑汇票是企业间相互结算的重要形式之一。

银行承兑汇票一式三联。第一联由承兑银行作为底卡进行保存；第二联由收款人开户行向承兑银行收取票款时做银行往来账户付出传票；第三联为存根联，由签发单位编制有关凭证。银行承兑汇票应由在承兑银行开立存款账户的存款人签发。

“银行承兑汇票”字样是汇票文句。在实务中，它是印刷在汇票的正面上方，出票人无须另行记载。无条件支付委托是支付文句。在实务中，它也是印刷在银行承兑汇票的正面，通常以“本汇票于到期日付款”“本汇票请予以承兑于到期日付款”等类似文句来表示，出票人无须另行记载。

另外，汇票上记载的出票金额必须确定，并且只能以金钱为标的，记载的汇票金额必须按《支付结算办法》附件一的规定来书写。出票大写金额必须与小写金额一致，两者不一致的，票据无效。出票金额不得更改，更改的汇票无效。付款人是银行承兑汇票的出票人在汇票上记载的委托其支付汇票金额的银行，付款人并非因出票人的支付委托即成为当然的票据债务人，而是必须经其承兑。在汇票承兑之前的付款人为出票人，在承兑之后的承兑银行就是付款人，是银行承兑汇票的主债务人。收款人是汇票上记载的受领汇票金额的最初票据权利人。收款人名称不得更改，更改的银行承兑汇票无效。出票日期必须按照《支付结算办法》附件一的规定书写。出票日期不得更改，更改的银行承兑汇票无效。出票人在汇票上注明“不得转让”字样的汇票丧失流通性，其后手不得再转让。银行承兑汇票出票人必须签章，签章必须清楚。出票人将签发好的银行承兑汇票交给收款人后，出票行为即告完成。

在付款时会有提示付款的行为，提示付款是票据的持票人在票据的付款期限内向票据付款人提示票据，要求票据付款人偿付票据金额的行为。银行承兑汇票的持票人应当自汇票到期日起十日内向付款人提示付款。持票人应当在提示付款期限内通过开户银行委托收款或直接向付款人提示付款。持票人超过提示付款期限提示付款的，持票人的开户银行不予受理。通过委托收款银行或者通过票据交换系统向付款人提示付款的，视同持票人提示付款，其提示付款日期以持票人向开户银行提交票据日为准。银行承兑汇票的持票人超过规定的提示付款期限提示付款的，丧失对其前手的追索权。持票人未按照上述规定期限提示付款的，在说明后，仍可以向承兑人请求付款，承兑人或者付款人仍应当继续对持票人承担付款责任。

银行承兑汇票的债务可以由保证人承担保证责任。保证人必须由汇票债务人以外的其他人担当。保证人对合法取得银行承兑汇票的持票人所享有的银行承兑汇票权利，承担保证责任，但是，被保证人的债务因银行承兑汇票记载事项欠缺而无效的除外。被保证的银行承兑汇票，保证人应当与被保证人对持票人承担连带责任。银行承兑汇票到期后得不到付款的，持票人有权向保证人请求付款，保证人应当足额付款。保证不得附有条件，若附有条件的，所附条件不影响对银行承兑汇票的保证责任。保证人为两人以上的，保证人之间承担连带责任。保证人清偿银行承兑汇票债务后，可以行使持票人对被保证人及其前手的追索权。

银行承兑汇票到期被拒绝付款的，持票人可以行使追索权。追索是指票据持票人在依照票据法的规定请求付款人承兑或者付款而被拒绝后向他的前手（出票人、背书人、保证人、承兑人以及其他票据债务人）要求偿还票据金额、利息和相关费用的行为。追索权的行使必须在票据法规定的期限内，并且只有在获得拒绝证明时才能行使。

为方便商业行为，银行承兑汇票又逐渐发展出贴现的金融行为。银行承兑汇票贴现是指银行承兑汇票的贴现申请人由于资金需要，将未到期的银行承兑汇票转让给银行，银行按票面金额扣除贴现利息后，将余额付给持票人的一种融资行为。

银行承兑汇票把企业之间的商业信用转化为银行信用，流通性强，灵活性高。银行承兑汇票可以背书转让，也可以申请贴现，不占压企业的流动资金，节约资金成本，深受企业的欢迎。

如今随着互联网的发展，出现了更加便捷的电子银行承兑汇票，这种形式的银行承兑汇票是在出票人（即承兑申请人）以数据电文形式向开户银行申请，以承兑银行审批同意承兑后，保证承兑申请人在指定日期无条件支付确定金额给收款人或持票人的票据。

电子银行承兑汇票以电文形式代替了纸质票据，以网络传输取代人工传递，以计算机录入代替手工书写，实现了出票、流转、兑付等票据业务过程的完全电子化。电子银行承兑汇票是纸质银行承兑汇票的继承和发展，电子银行承兑汇票所体现的票据权利义务关系与纸质银行承兑汇票没有区别。

电子银行承兑汇票在流传、集约化管理等方面与纸质银行承兑汇票相比具有较大优势，也将是未来商业银行业务争夺的重点之一。

3.3.3 商业承兑汇票市场

商业承兑汇票是指由出票人签发，委托付款人在指定日期无条件支付确定的金额给收款人或者持票人的票据。商业承兑汇票按交易双方约定，由销货企业或购货企业签发，由购货企业承兑。

与银行承兑汇票相比，商业承兑汇票的付款人一般是企业，既可以由付款人签发，也可以由收款人签发，付款期限，最长不超过 6 个月。与银行承兑汇票类似，商业承兑汇票也有提示付款，商业承兑汇票的提示付款期限，自汇票到期日起 10 天。商业承兑汇票可以背书转让,适用于同城或异地结算,持票人需要资金时,也可持未到期的商业承兑汇票向银行申请贴现,实付贴现金额按票面金额扣除贴现日至汇票到期前一日的利息计算,贴现期限自贴现之日起至汇票到期日止,最长期限不超过6个月。我国商业承兑汇票贴现利率采取在再贴现利率基础上加百分点的方式生成,加点幅度由中国人民银行确定。贴现利息(票面金额×贴现天数÷360×贴现率)通过合同约定。商业承兑汇票的贴现率一般要高于银行承兑汇票,但不超过同期限的贷款利率。

签发商业承兑汇票必须记载下列事项:①表明"商业承兑汇票"的字样;②无条件支付的委托;③确定的金额;④付款人名称;⑤收款人名称;⑥出票日期;⑦出票人签章。欠缺记载上述规定事项之一的,商业承兑汇票无效。

商业承兑汇票和银行承兑汇票的承兑人不同,决定了商业承兑汇票是商业信用,银行承兑汇票是银行信用。目前银行承兑汇票一般由银行签发并承兑,而商业承兑汇票可以不通过银行签发并背书转让,在信用等级和流通性上低于银行承兑汇票,在银行办理贴现的难度较银行承兑汇票高。

商业承兑汇票保贴是指对符合银行条件的企业,以书函的形式承诺为其签发或持有的商业承兑汇票办理贴现的一种授信行为。商业承兑汇票保贴是银行对企业发放的授信额度,可在额度内循环使用。申请保贴额度的企业既可以是票据的承兑人,也可以是票据的持票人或贴现申请人。授信承担人在取得了银行保贴额度的授信后,可以在签发或持有的商业承兑汇票后加具银行保贴函,由银行保证贴现,当持票人向银行提交票据要求贴现时,由银行扣除利息后向其融通资金。

由于我国的商业信用体系尚未完全建立,商业承兑汇票贴现较银行汇票难度大,不容易被持票人接受。但是附加保贴函后的商业承兑汇票的被接受性大大提高,基本功能上可视同于银行承兑汇票,可作为企业用于支付的资金融通的重要信用工具。

3.3.4 承兑汇票的二级市场

票据贴现是对持票人来说,贴现是将未到期的票据卖给银行获得流动性的行为,这样可提前收回垫支于商业信用的资本,而对银行或贴现公司来说,贴现是与商业信用结合的放款业务,票据贴现是一种票据买卖行为。承兑汇票的二级市场即票据贴现(含转贴现)市场,这个市场需要实现票据的流动、货币政策的传导、市场信息的反馈等功能,是票据流通关系人、投资机构、市场中介机构进行交易的场所。

近年来承兑汇票贴现业务发展迅速,银行发行承兑汇票方便商业活动,且银行承兑汇票不计入银行资产负债表,企业按合同发货后可以在未来某一时间凭票据到银行要求兑现。由于银行承兑汇票到期时,无论谁来兑现,银行都会付款,而且在二级市场,银行承兑汇票可以折价交易,因此该票据可以作为现金替代品不断转手。在美国,这也是一种常用的、成本相对较低的融资途径。中国的银行承兑汇票二级市场正在繁荣发展,从1996年起,我国票据贴现业务总量每年都在递增,承兑汇票的二级市场成为新的金融市场亮点。

2016年5月25日,中国人民银行(以下简称央行)牵头成立了筹建全国统一票据交易市场(以下简称票交所)的筹建小组。工商银行的全国性票据电子化交易平台和托管业务试验,与2016年年初票据大案频发,促成了票交所的筹建。从现有筹备情况来看,银行业内人士认为，票交所由央行牵头建立、选定几家银行机构做托管和对接的方案可行，这一建议也由一些商业银行向央行提出过。此次央行筹建票交所，被媒体认为央行着手筹建的是统一的票据交易“二级市场”。

【相关阅读】

资金“旱情”渐缓解　年底并非无忧

得益于央行持续的资金净投放，10 月 31 日市场资金面延续改善势头，多个期限回购利率走低。市场人士指出，伴随缴税冲击和月末效应扰动消退，资金面仍存在一定改善可能，但考虑到近期逆回购操作放量令到期压力积聚，且年底季节性影响因素多，货币政策又受制于稳汇率与降杠杆等，未来资金面仍可能再现波动，资金成本也难明显下行。

1. 资金面改善

10 月 31 日，央行开展 1900 亿元逆回购操作，当日有 900 亿元逆回购到期，另有 59 亿元中国人民银行票据顺延到期，故当日央行公开市场操作实际净投放资金 1059 亿元，为 10 月 19 日以来的连续第九次净投放。

昨日市场资金面延续了上一交易日午后出现的回暖势头。银行间市场上，多个期限回购利率走低，其中隔夜回购利率加权值报 2.39%，跌 5bp；指标 7 天回购利率则涨 9bp 至 3.07%，稍长期限的 14 天到 1 个月回购利率继续大幅下行。

2. 充裕也需“合理”

这一轮资金面“旱情”在持续近半个月之后，终于从 10 月 28 日午后开始出现缓解。10 月 28 日，银行间市场回购利率全线掉头下跌，7 天回购利率跌约 24bp 至 2.98%，而此前一日，该期限回购利率报 3.21%，创下 2015 年 4 月中旬以来的新高。

短期资金面能够止住紧势，离不开央行大力度“补水”操作的干预。据统计，自 10 月 19 日至 10 月 31 日，央行于公开市场共开展逆回购操作 17 200 亿元，累计实现净投放 9809 亿元。整个 10 月，央行公开市场操作共实现净投放 4414 亿元，另通过 MLF 操作净投放资金 2055 亿元。

业内人士认为，面对短期流动性紧张，央行连续实施大额资金净投放，显示了货币当局保持流动性合理充裕的态度。但与此同时，面对短期流动性供求矛盾，货币当局坚持运用逆回购、MLF 等操作进行调控，避免采取降准，显示其比以往更加注重稳定流动性与防范金融风险、维护汇率稳定等政策目标之间的平衡。

业内人士指出，当前既要保持流动性适度充裕和基本稳定，为经济增长创造适宜的货币条件，又要避免流动性过度泛滥刺激金融机构加杠杆、继续积聚金融风险，同时保持人民币汇率总体稳定也需构筑适当的中外利差“防线”。有鉴于此，货币当局虽有动力维护流动性继续“充裕”，但也希望流动性状况更为“合理”。

3. 年底波动风险犹存

伴随缴税冲击和月末效应扰动消退，市场人士预计短期资金面将继续改善，近期涨幅较高的资金利率也存在一定回落空间，但考虑近期逆回购操作放量令到期回笼压力积聚，且年底季节性影响因素多，货币政策又受制于稳汇率与降杠杆等，资金面改善程度可能有限，资金成本也难明显下行，而未来仍需提防资金面短时波动风险。

11 月企业缴税对短期流动性造成的扰动有望明显减轻，历史上，11 月财政存款余额变动通常都不大。但资金外流仍给流动性造成持续的紧缩压力，尤其是临近年底，市场对美联储升息预期逐渐升温，美元相对强势令人民币承压，资金外流压力恐难缓解。与此同时，近期央行明显加大逆回购操作后，未到期回购余额重新增加，对今后一段时间将造成回笼冲击。Wind 数据就显示，本周到期逆回购达到 7000 亿元，明显多于上一周的 4250 亿元。另外，年底季节性不利因素多，通常也是一年中流动性偏紧的时期。再考虑决策层更加关注抑制资产价格泡沫和防范经济金融风险，货币政策出现大幅放松的可能性很小。

总的来看，年底阶段流动性难言无忧，未来再现时点性波动的可能性仍存，短期内改善空间可能有限。

资料来源：张勤峰. 资金"旱情"渐缓解　年底并非无忧[EB/OL]. (2016-11-01). http://rmb.xinhua08.com/a/20161101/1667020.shtml.

3.4 大额可转让定期存单市场

大额可转让定期存单是由商业银行发行、可以在市场上转让的具有固定期限和一定利率的存款凭证。发行对象既可以是个人，也可以是企事业单位。这种金融工具的发行和流通所形成的市场称为大额可转让定期存单市场。

大额可转让定期存单最早产生于美国，美国的"Q 条例"规定，商业银行对活期存款不能支付利息，定期存款不能突破一定限额。20 世纪 60 年代，美国市场利率上涨，而美国商业银行受"Q 条例"的存款利率上限的限制，不能支付较高的市场利率，大公司的财务主管为了增加临时闲置资金的利息收益，纷纷将资金投资于安全性较好又具有一定收益的货币市场工具，如国库券、商业票据等，银行的企业存款急剧下降。为了阻止存款外流，1961 年美国花旗银行率先设计了大额可转让定期存单这种短期的有收益票据来吸引企业的短期资金。此后，这一货币市场工具迅速在各大银行得到推广。大额可转让存单一般由较大的商业银行发行，主要是由于这些机构信誉较高，可以相对降低筹资成本，且发行规模大，容易在二级市场流通。大额可转让定期存款存单除对银行起稳定存款的作用，变银行存款被动等待顾客上门为主动发行存单以吸收资金，更主动地进行负债管理和资产管理外，存单购买者还可以根据资金状况买进或卖出，调节自己的资金组合。

2013 年 7 月 19 日，中国人民银行宣布自次日起全面放开金融机构贷款利率管制。此后，存款利率何时放开就成为利率市场化改革下一步政策看点。市场预测大额可转让定期存单为最有可能优先放开的负债类产品，在此之前，银行间市场同业存单或将作为先遣步骤率先推出。纵观世界各国利率市场化的进程，无论是美国、英国，还是日本、韩国都曾将引入大额可转让存单作为重点。而在中国，由于协议存款等已经完全市场化，中国人民银行只能采取从同业向普通投资者开放的做法。

大额可转让定期存单的期限一般为 14 天到 1 年，金额较大。大额可转让定期存单无论单位或个人购买均使用相同式样的存单，分为记名和不记名两种。两类存单的面额均有

100 元、500 元、1000 元、5000 元、10 000 元、50 000 元、100 000 元、500 000 元共 8 种版面。购买此项存单起点，个人是 500 元，单位是 50 000 元。存单期限共分为 3 个月、6 个月、9 个月、12 个月四种期限。

大额可转让定期存单性质属于"一般性存款"，风险小，具有高稳定性。与一般意义上的定期存款相比，大额可转让定期存单具有期限短、面额大、可以转让以及收益性高等优势。另外，大额可转让定期存单可贷款抵押，可作出国保证金，可开存款证明。

大额可转让定期存单利率分为两种：一种为固定利率；一种为浮动利率。固定利率大额可转让定期存单采用票面年化收益率的形式计算，浮动利率大额可转让定期存单以上海银行间同业拆借利率为计息基准。

2015 年 6 月中旬，中国工商银行、中国建设银行、中国农业银行、中国银行、交通银行、中信银行、浦发银行、招商银行、兴业银行 9 家银行推出各自的首期大额存单。推出的大额存单产品具有三大亮点。一是利率比中国人民银行同期定存基准上浮 40%，3 个月、6 个月和 12 个月三个期限产品的利率分别为 2.60%、2.90% 和 3.15%，购买当日即起息。二是保本保息，大额存单产品纳入存款保险保障范围，因此存款安全无忧。三是支取灵活，大额存单产品可提前支取，客户急需用钱时不用等产品到期。

商业银行发行大额可转让定期存单将进一步丰富存款产品线，完善市场体系，满足投资者多样化的需求。同时，大额存单的推出也提高了商业银行存款定价的市场化程度和负债主动性，有利于提高风险定价能力，构建市场化的风险约束机制和激励机制，为中国商业银行进一步市场化经营创造条件。

3.5 短期国债市场

短期国债在英美被称为国库券，是一国政府为满足先支后收所产生的临时性资金需要而发行的短期债券。英国是最早发行短期国债的国家，19 世纪 70 年代，英国政府因为地方政府融资及开拓苏伊士运河的需要，经常缺乏短期周转资金，于是接受经济学家及财政专家 W. 拜基赫特的建议，于 1887 年发行了国库券。短期国债自英国创立以后，在美国得到极大的发展，成为重要的货币市场工具。

参与短期国债发行市场业务活动的有财政部、中央银行、政府证券承销商和一些较大的私人投资机构。中央银行通常既代理短期国债的发行，又为其本身或外国中央银行购买短期国债；政府证券承销商主要承销短期国债，然后再卖给投资者；私人投资者则为自己直接投标购买。

短期国债一般采用拍卖方式发行，即短期国债的认购者将所要认购的数量、价格等提交中央银行，由财政部根据价格优先的原则予以分配。

短期国债是政府的直接负债，政府在一国拥有最高的信用地位，一般不存在到期无法偿还的风险，因此，投资者通常认为投资短期国债基本上没有风险。短期国债的期限基本上是 1 年以内，有 3 个月、6 个月、9 个月和 12 个月等。按付息方式，可分为贴现国债和附息国债，短期国债大部分为贴现国债。

政府证券承销商一方面从财政部投标购入，另一方面广泛同客户进行买卖，使银行、个人等很方便地买进所需要的短期国债，既保证了收益又保证了流动性。由于短期国债的风险低、信誉高，工商企业、金融机构、个人都乐于将短期资金投资到短期国债上，并以此来调节自己的流动资产结构，为短期国债创造了十分便利和发达的二级市场。

国债收益率的决定因素包括潜在产出增速（决定资本回报率）和通货膨胀水平。当国债的价值或价格已知时，就可以根据国债的剩余期限和付息情况来计算国债的收益率指标，从而指导投资决策。

短期国债均在场外交易市场买卖，其买卖价格按照证券商公布的贴现率的变化而变化。

短期国债的发行与转让，对政府来说，解决了临时性资金的收支缺口；对投资者来说，为其短期资金提供了理想的投资工具；最重要的是，它为中央银行稳定通货和调节经济提供了理想的货币政策工具。

3.6 证券回购市场

3.6.1 证券回购市场概述

证券回购是证券的持有方（融资方）以持有的证券作抵押，获得一定数额的资金，在约定期满后归还借贷的资金，并按照约定支付一定的利息给资金供应方（融券方）。本质上证券回购是一种以有价证券为抵押品的借贷的信用行为。证券回购市场是短期的金融商品交易市场。

规范化的证券回购市场分为三个组成部分。

（1）中央银行公开市场操作的证券回购，是中央银行实施货币政策的重要工具之一，是开展公开市场业务的主要方式。中央银行向商业银行或证券交易商办理证券回购，其目的就在于满足商业银行或证券交易商对流动性即“头寸资金”的需要，或者说是中央银行向商业银行或证券交易商提供再融资的手段，进而起到调节市场货币供应量的目标，为货币市场确定一个较为合理的利率。

（2）同业拆借市场操作的证券回购，即商业银行、城市合作银行、农村合作银行，金融信托投资公司之间开展的证券回购交易，是同业拆借市场拆借短期资金的一种方式，即通过证券回购交易调剂商业银行、城市合作银行、农村合作银行、金融信托投资公司之间的“头寸”余缺。

（3）证券交易场所（证券交易所、期货交易所等）操作的证券回购。

我国证券回购交易业务的主要场所是沪、深证券交易所及经国务院和中国人民银行批准的全国银行间同业市场。沪、深证券交易所的证券回购券种主要是国债和企业债；全国银行间同业拆借中心的证券回购券种主要是国债、融资券和特种金融债券。我国证券回购的交易主体主要有商业银行、城市信用社以及信托投资公司、证券公司等非银行金融机构，回购交易品种主要是国库券、国家重点建设债券和金融债券，回购期限一般在1年以下。

证券回购可以分为隔日回购和定期回购。隔日回购是指最初出售者在卖出证券的第二天即将同一品牌的证券购回的交易行为。定期回购是指最初出售者在卖出证券时,与其购买者约定,在两天以后的某一特定日,再将该证券买回的交易行为。

上海证券交易所的国债回购品种共有6个:3天国债回购、7天国债回购、14天国债回购、28天国债回购、91天国债回购、182天国债回购。深圳证券交易所推出的证券回购品种共有9个:3天国债回购、4天国债回购、7天国债回购、14天国债回购、28天国债回购、63天国债回购、91天国债回购、182天国债回购和273天国债回购。

证券回购若按交易的方式不同,可以分为证券公司回购、委托回购和直接回购三种。证券公司回购是指证券公司为筹措资金而以附买回条件的方式卖出自己手持的证券。委托回购是指证券公司以外的证券保有者为筹措资金而通过证券公司以回购交易的形式卖出自己保有的证券。

证券回购作为一种短期融资的方式具有期限短、风险小、流动性高的特点。金融市场发达国家的银行、非银行金融机构和大公司常利用证券回购相互间大额流动资金的交易。另外,证券回购还可被中央银行用来实施国家货币政策,例如,美国联邦储备系统利用证券回购协议来开展公开市场业务活动,并用以影响整个银行系统的资金储备状况。

中国人民银行从1998年开始建立公开市场业务一级交易商制度,选用了一批能够承担大额债券交易的商业银行作为公开市场业务的交易对象,目前公开市场业务一级交易商共包括40家商业银行。这些交易商可以运用国债、政策性金融债券等作为交易工具与中国人民银行开展公开市场业务。从交易品种看,中国人民银行公开市场业务债券交易主要包括回购交易、现券交易和发行中央银行票据。

其中回购交易分为正回购和逆回购两种,正回购为中国人民银行向一级交易商卖出有价证券,并约定在未来特定日期买回有价证券的交易行为,正回购为中国人民银行从市场收回流动性的操作,正回购到期则为中国人民银行向市场投放流动性的操作;逆回购为中国人民银行向一级交易商购买有价证券,并约定在未来特定日期将有价证券卖给一级交易商的交易行为,逆回购为中国人民银行向市场上投放流动性的操作,逆回购到期则为中国人民银行从市场收回流动性的操作。例如,中国人民银行2016年9月5日以利率招标方式开展了300亿元逆回购操作,包括200亿元7天逆回购和100亿元14天逆回购,中标利率分别持平于2.25%和2.40%,由于周一逆回购到期量为600亿元,故当日公开市场实现资金净回笼300亿元,连续第四个交易日实现资金净回笼,中国人民银行倒逼债市去杠杆。

3.6.2 证券回购市场之国债逆回购

每次到月末、季度末、半年末时,国债逆回购会较多被提及。那么究竟什么是国债逆回购?我国的金融市场上国债逆回购又是如何操作的?

国债逆回购是指个人通过国债回购市场把自己的资金借出去,获得利息收益;而回购方,也就是借款人用自己的国债作为抵押获得这笔贷款,到期后还本付息。简单说就是将持有的国债作为抵押获取资金,到期后再还款,同时附加这段时间的利息。

国债逆回购具有高收益、低风险的特性。低风险是由于资金通过国债回购市场借出,有国债作为抵押,证券交易所监管,资金到期不能归还的情况很难出现,从而风险较低;收益率则跟市场的资金面有关，资金面越紧张，逆回购的收益率就越高。月末、季末、半年末，一般来说都会有一些专业投资机构在进行国债逆回购操作，是一个投资者较为关注的时间点，但这种投资只在短期内有优势，如果把时间拉长，国债逆回购的收益与银行理财产品、货币市场基金相比并没有明显的优势，甚至还会低于这两类产品。

国债逆回购的操作比较简单，先开立股票账户，准备好资金，就可以进行交易。操作时在股票账户上直接输入交易品种的代码，点击“卖出”。需要特别强调的是，因为整个过程相当于我们把资金卖出，而对方按约定利率买入我们的资金，所以一定要点击“卖出”而不是“买入”。交易起点沪深两市各不相同，沪市 10 万元起步并以 10 万的整数倍递增，单笔委托上限是 1000 万元；深市 1000 元起步并以 1000 的整数倍递增，没有最高限额。国债逆回购的交易费用是比较低的，按照持有天数的不同，从 0.001%到 0.03%不等，相比其收益率来说，成本较低。

3.7 短期消费信贷市场

为顺应国民日益增长的金融产品多元化需要，优化商业银行的信贷资产结构，增加商业银行的创利渠道，也有利于启动市场、扩大内需，增加消费品生产，形成“生产—消费—生产”的良性循环，促进国民经济持续、稳定、健康地发展，消费信贷市场应运而生。作为货币市场的边缘补充，消费信贷市场中的短期贷款也逐步登上舞台。

3.7.1 短期消费信贷市场的分类

1. 按接受贷款对象分类

短期消费信贷按接受贷款对象分为买方信贷和卖方信贷。

(1) 买方信贷是对购买消费品的消费者发放的贷款，如个人旅游贷款、个人综合消费贷款、个人短期信用贷款等。

(2) 卖方信贷是以分期付款单证作抵押，对销售消费品的企业发放的贷款，如个人小额贷款、个人汽车贷款等。

个人综合消费贷款是贷款人向借款人发放的不限定具体消费用途、以贷款人认可的有效权利质押担保或能以合法有效房产作抵押担保，借款金额在 2000 元至 50 万元、期限在一年之内的人民币贷款。

个人旅游贷款就是贷款人向借款人发放的用于支付旅游费用、以贷款人认可的有效权利作质押担保或者有具有代偿能力的单位或个人作为偿还贷款本息并承担连带责任的保证人提供保证，借款金额在 2000 元至 5 万元、期限在 6 个月至两年，且提供不少于旅游项目实际报价 30%首期付款的人民币贷款。

个人汽车贷款是贷款人向在特约经销商处购买汽车的借款人发放的用于购买汽车、以贷款人认可的权利质押或者具有代偿能力的单位或个人作为还贷本息并存担连带责任的保证人提供保证，在贷款银行存入首期车款，借款金额最高为车款的 70%、期限最长不超过 5 年的专项人民币贷款。

2. 按是否抵押分类

短期消费信贷按是否抵押分为短期信用贷款和短期抵押贷款。

(1) 短期信用贷款主要以商业银行和个别互联网平台短期信用贷款为主，该类型贷款对象主要为普通工薪阶层，是贷款人为解决借款人临时性需要而发放的，期限在一年以内、额度在 2000 元至 2 万元且不超过借款人月均工资性收入约定倍数的、无须提供担保的人民币信用贷款。该贷款一般不能展期。

(2) 短期抵押贷款略有不同，即因借款人信用较差，或者借款人需要拆借的金额超过 2 万元或 5 万元(但不超过 50 万元)，需要借款人提供抵押物，但借款期限依旧不超过一年的短期借贷。

3.7.2 短期消费信贷市场现状

2016 年 3 月底，中国人民银行(以下简称央行)联合银监会发布的《关于加大对消费金融领域支持的指导意见》指出，要积极培育发展消费金融的组织体系，加快推进消费信贷管理模式和产品创新，加大对新的消费重点领域金融支持等。央行数据显示，2013 年我国个人消费贷款额为142 万亿元，2014 年达到 171 万亿元，2015 年则直逼 300 万亿元，我国短期消费信贷市场进入爆发期。

因为缺乏在央行的信用记录，我国有相当数量的人群处于传统金融服务覆盖面的“灰色地带”。新型金融机构借助互联网和大数据技术，导入社保、商业保险、纳税等多元个人信息，使信用成为可以变现并创造价值的“交易货币”，从而让更多人得以平等地、有尊严地享受金融服务。中国短期消费信贷市场每年 20%以上的增幅，展现出惊人的潜力，预计 2019 年年末将超过 41 万亿元。而依托不断成熟的互联网金融，“线上”将成为消费信贷重要的增长极。

【相关阅读】

中国人民银行在货币市场出新招　交易员们如何拆招犯了难

据彭博新闻社报道，周三中国人民银行进行了 500 亿元人民币(75 亿美元)的 14 天期逆回购操作，是 2 月以来首次进行期限超过 7 天的公开市场操作。华侨银行和海通证券认为，官员们放出了信号，他们准备降低投资者拆借资金购买 10 年期国债的获利空间，以遏制债券市场的杠杆程度。但在法国外贸银行看来，中国人民银行此次行动是为了构建短期收益率曲线，不要过多解读。

在各方出现这种观点分歧之前，中国人民银行在近 6 个月的时间里一直主要通过公开市场操作来管理金融体系的流动性，没有降息降准。虽然中国人民银行是在努力调整流动性管理方式，但让凯投宏观感到不解的是，为什么选择 14 天期工具。

有关中国人民银行周二进行了 14 天期逆回购需求询量的报道让债券和利率互换市场不安起来。基准 10 年期国债收益率升高 4 个基点，达 2.72%，创下 2 月以来最大升幅。利率互换则创下一年多来最大单日涨幅，市场担心动用 14 天期逆回购操作的决定降低了全面货币宽松的可能性。

这次中国人民银行行动的意图不明，与最近加强市场沟通的努力形成反差。中国人民银行本月进行了相当多的表态，包括8月15日敦促市场避免就某个月的短期数据作过度解读。之前几天，在数据显示信贷增速为两年最低之后，中国人民银行研究局首席经济学家马骏称近期信贷和M2增速放缓并未明显影响经济增速。

“投资者正在期待中国人民银行放出更多信号，”第一创业证券固定收益部分析师Shen Bifan表示，“看起来中国人民银行想警告投资者不要加过多杠杆，但另一方面，中国人民银行希望手段缓和一些，避免吓到市场。”

1. 寻求避险

全球的避险风潮让中国主权债受益。比起日本和德国的负收益率，中国的收益率水平比较高，吸引全球基金大量增持中国债券，6月的增量为两年来最大。中国10年期国债收益率8月15日降至2.64%，是彭博10年前开始汇总中国中央国债登记结算有限责任公司数据以来的最低水平。

“中国人民银行的行动将在短期内给国内债券市场带来调整压力，”苏格兰皇家银行的中国经济学家胡振鹏在周三的研报中说，“高度杠杆的金融体系甚至对微小的政策变动都会非常敏感。”

中国人民银行今年已经收紧了对货币市场利率的控制，公开市场操作频率从每周两次提高到每天一次，并暗示7天期回购利率将成为新的基准利率。受此影响，隔夜回购利率今年一直保持在上下43个基点的区间内波动，这也让投资者拆借资金买债券变得更加容易。

2. 资金需求

通过隔夜回购协议的交易量可以看出资金需求的程度。7月，隔夜回购协议交易量达到创纪录的50.4万亿元人民币，而彭博汇总的数据显示，去年的平均水平只有31.8万亿元。

法国外贸银行高级大中华区经济学家Iris Pang认为，重新引入14天工具，可能说明中国人民银行试图微调流动性管理；同时也是为下个月的季末流动性需求做准备。

法兴银行亚洲(除日本外)利率策略主管张淑娴说，货币市场利率普遍升高，因为中国人民银行的行动说明近期不太可能降息或降准。

3. 泡沫风险

华侨银行认为，债券市场上涨引来了对泡沫风险的担心。该行经济学家谢栋铭说，因为14天期逆回购的融资成本高于7天和隔夜逆回购，中国人民银行可能是希望限制债券市场的杠杆。

中共中央政治局在7月的一次会议上指出要抑制资产泡沫，也让人们担心中国治理杠杆过高的问题。

资料来源：刘金磊. 中国人民银行在货币市场出新招　交易员们如何拆招犯了难[EB/OL].(2016-08-25). http://finance.sina.com.cn/china/2016-08-25/doc-ifxvixer7193431.shtml.

本章小结

本章主要针对货币市场进行了详细比较的阐述，涉及了货币市场、同业拆借市场、商业承兑汇票市场、大额可转让存单市场、短期国债市场、证券回购市场和短期消费信贷市场等内容。完成本章的学习，应该理解和掌握以下内容。

(1) 货币市场产生和发展的原始动力就是为了保持资金的流动性，它借助于各种短期资金融通工具将资金需求者和资金提供者联系起来，在满足了资金需求者的短期资金需求的同时又为资金有余者的暂时闲置资金提供了获取盈利的机会，带活了整个社会资金市场。

(2) 同业拆借市场最早出现于美国，其形成的根本原因在于法定存款准备金制度的实施。

(3) 同业拆借市场就是金融机构之间进行短期、临时性资金拆借、头寸调剂的金融活动的市场。中国人民银行令〔2007〕第 3 号《管理办法》中的定义，同业拆借是指经中国人民银行批准进入全国银行间同业拆借市场的金融机构之间，通过全国统一的同业拆借网络进行的无担保资金融通行为。

(4) 伦敦银行间同业拆借利率，是大型国际银行愿意向其他大型国际银行借贷时所要求的利率。LIBOR 已成为全球贷款方及债券发行人的普遍参考利率，是目前国际间最重要和最常用的市场利率基准。

(5) 银行承兑汇票是商业汇票常见的一种，由在承兑银行开立存款账户的存款人出票，向开户银行申请并经银行审查同意承兑的，保证在指定日期无条件支付确定的金额给收款人或持票人的票据。

(6) 商业承兑汇票是指由出票人签发，委托付款人在指定日期无条件支付确定的金额给收款人或者持票人的票据。

(7) 大额可转让定期存单是由商业银行发行、可以在市场上转让的具有固定期限和一定利率的存款凭证。发行对象既可以是个人，也可以是企事业单位。这种金融工具的发行和流通所形成的市场称为大额可转让定期存单市场。

(8) 短期国债一般采用拍卖方式发行，即短期国债的认购者将所要认购的数量、价格等提交中央银行，由财政部根据价格优先的原则予以分配。

(9) 我国证券回购交易业务的主要场所是沪、深证券交易所及经国务院和中国人民银行批准的全国银行间同业市场。

(10) 其中回购交易分为正回购和逆回购两种，正回购为中国人民银行向一级交易商卖出有价证券，并约定在未来特定日期买回有价证券的交易行为，正回购为中国人民银行从市场收回流动性的操作，正回购到期则为中国人民银行向市场投放流动性的操作；逆回购为中国人民银行向一级交易商购买有价证券，并约定在未来特定日期将有价证券卖给一级交易商的交易行为，逆回购为中国人民银行向市场上投放流动性的操作，逆回购到期则为中国人民银行从市场收回流动性的操作。

案例分析

外汇交易中心发布7月月报：货币市场利率稳中有降汇率指数小幅上升

银行间市场继续以迅速而稳健的步伐向前迈进。来自中国外汇交易中心的数据显示，2016年7月，银行间市场总成交91.4万亿元，同比增长30.2%。

业内人士向记者表示，通过多种货币政策工具的灵活运用，货币市场维持资金面平稳，债券收益率继续下降；人民币汇率指数则保持了相对稳定，小幅上升。

截至7月末，银行间本币市场成员13 860家，较上月末增加452家；外汇市场会员559家，较上月末增加5家。

1. 多项货币政策工具灵活运用

进入7月，受人民币汇率走低、MLF(中期借贷便利)到期以及企业所得税清缴等因素影响，市场一度担忧资金面趋紧。

“中国人民银行通过灵活开展逆回购、SLF(常备借贷便利)、国库定存操作以及MLF，确保市场资金面平稳。”业内人士向本报记者表示。

在此背景下，货币市场利率最终实现稳中有降。数据显示，7月末，隔夜信用拆借加权平均利率收于2.07%，与上月持平；7天和14天质押式回购加权平均利率分别收于2.47%和2.80%，较上月末分别下降2个和18个基点。

货币市场成交量则顺势继续增长。业内人士向记者提供的数据显示，7月货币市场成交69.5万亿元，同比增长33.2%。其中信用拆借成交10.3万亿元，同比增长53.7%。质押式回购成交56.2万亿元，同比增长30.7%；买断式回购成交2.9万亿元，同比增长21.4%。

“从货币市场融资结构和资金流向来看，资金净融出额排名前三位的机构是政策性银行、大型商业银行和股份制商业银行；资金净融入额排名前三位的机构是证券公司、农村商业银行和合作银行以及城市商业银行。”上述业内人士称。

2. 债券收益率继续下降

与此同时，银行间债市方面也同样面临着新的变化。“伴随着信用债违约、提前兑付以及债转股等风险事件的发酵，机构信用风险偏好下降，信用风险控制增强，高等级债券的信用溢价扩大。经济数据疲软下，实体经济再加杠杆较为困难，资产荒现象并未缓解，机构对稳健的利率债的需求上升，超长利率债也受到相当的关注。”业内人士分析称。

7月末，银行间市场3年期和10年期国债收盘到期收益率分别为2.48%和2.78%，分别较上月末下降8个和9个基点；3年期和5年期AAA级中期票据收盘到期收益率为3.01%和3.25%，较上月末分别下降18个和17个基点；9个月期AAA级短期融资券收盘到期收益率为2.72%，较上月下降21个基点。

整个7月，债券市场共成交11.6万亿元，同比增长27.2%。从交易券种看，政策性金融债、同业存单和国债的成交占比分列前三位，成交金额分别为5.5万亿元、1.6万亿元和1.1万亿元，市场占比分别为47.8%、14.4%和9.3%。从期限结构看，7年期以下品种共成交9.2万亿元，市场占比79.6%。

3. 人民币汇率指数小幅上升

中国外汇交易中心发布的7月末CFETS人民币汇率指数收报95.34，较上月末上升0.32。业内人士认为，7月全球经济环境充满挑战，下行风险持续存在，地缘政治冲突、恐怖主义和难民流动继续使全球经济环境复杂化，人民币汇率在此背景下保持了相对稳定。

在业内人士看来，当前我国经常项目持续顺差，外汇储备依然充裕，外汇市场供求趋向基本平衡，有能力保持人民币汇率的基本稳定。

在此过程中，人民币对美元汇率中间价先贬后升，交易汇率走势平稳。统计显示，7月末人民币兑美元即期交易汇率收报6.6401，较上月末升值79个基点，升值0.12%。银行间外汇市场人民币兑美元即期交易汇率保持在中间价上下0.5%范围内波动，日内波幅最大为243个基点，较上个月收窄198个基点。

外汇市场交易量同时稳定增长。7月银行间外汇市场交易量稳定增长，共成交1.41万亿美元，同比增长6.7%，环比增长7.5%。其中，人民币外汇市场成交1.40万亿美元，同比增长6.7%；外币对市场成交118.40亿美元，同比下降2.8%。

4. 外汇期权交易量明显增长

7月银行间市场外汇衍生品成交0.91万亿美元，同比增长0.6%。其中，掉期产品成交0.82万亿美元，同比下降4.4%；远期产品成交194.8亿美元，同比增长424.1%；货币掉期产品成交32.8亿美元，同比增长346.9%；期权产品成交614.1亿美元，同比增长67.7%。

业内人士认为，外汇期权产品成交放量表明随着外汇市场的发展，以及国际金融市场波动的加大，人民币外汇衍生品的风险管理功能得到进一步的发挥。

本币衍生品方面，利率互换成交量也同比上升。7月，利率互换成交8881.7亿元，同比增长23.3%。从期限结构看，1年及1年以下品种占比最高，达到84.7%，1～5年品种成交占比为15.3%。

“7月市场对利率走势预期仍然存在分歧，在管理利率风险需求的推动下，利率互换存续合约名义本金值继续上升。”业内人士分析称，截至7月末，利率互换存续合约名义本金总计8.6万亿元(单边计)，环比上升4.29%。

数据显示，中国外汇交易中心在7月组织了2016年第7轮利率互换冲销，共有28家机构参与，提前终止合约2387笔，名义本金1383.13亿元，其中上海清算所净额清算合约终止1375.48亿元，以名义本金计的冲销比例为68.6%，合约压缩效果良好。

截至7月末，共有134家机构及产品对利率互换交易进行电子化确认。7月，电子化确认利率互换交易总数为6479笔，占市场成交总数的98.2%。此外，7月双边授信点击交易平台X-Swap共成交2686笔，名义本金4664.3亿元。截至7月末，X-Swap上已有93家主要市场机构参与报价交易。

资料来源：刘泉江. 外汇交易中心发布7月月报：货币市场利率稳中有降汇率指数小幅上升[EB/OL]. (2016-08-24). http://finance.sina.com.cn/roll/2016-08-24/doc-ifxvcsrn9076411.shtml.

【问题讨论】 中国人民银行运用了哪些货币市场工具调节金融市场？

思考题

1. 货币市场包括哪些子市场？
2. 中国人民银行对同业拆借的定义是什么？
3. 上海银行间同业拆放率是指什么？
4. 我国规定可以进入同业拆借市场的参与者包括哪16个？
5. 银行承兑汇票与商业承兑汇票有什么区别？
6. 什么是逆回购？
7. 我国国债逆回购具体如何操作？
8. 什么是短期消费信贷市场？
9. 什么是电子银行承兑汇票？
10. 什么是伦敦同业拆借利率？

第4章 债券市场

【本章学习目标】

1. 了解债券市场概述。

2. 掌握政府债券、金融债券、公司债券国际债券的基本内容。

【导入案例】

10年期国债期货持续回调 债市调整尚未结束

自8月24日中国人民银行在时隔半年后重启14天逆回购操作以来，国债期货整体呈持续下跌态势。8月30日，10年期国债期货继8月23日大幅调整后，再次刷新3个月来最大单日跌幅；短端资金利率也在持续飙升，隔夜SHIBOR利率上涨1.4个基点，报2.063%，创半年多来新高。市场普遍预期，债券市场的调整远未结束。

1. 10年期国债期货再现大跌

昨日截至收盘，10年期国债期货主力合约T1612跌0.35%，报100.610；5年期国债期货主力合约TF1612收跌0.20%，报101.240，创7月20日以来最大跌幅。

昨日盘中，10年期国债期货主力合约T1612出现持续回调，午盘时已跌破30日均线，而5年期国债期货主力合约TF1612也已经连续两日下跌，触及30日均线。

自8月24日中国人民银行在时隔半年之后重启14天逆回购操作以来，国债期货整体呈持续下跌态势。昨日，中国人民银行进行了600亿元7天期和400亿元14天期逆回购，连续第5天进行14天逆回购操作，中标利率分别为2.25%、2.40%，均与上期持平。此外，昨日共有1000亿元逆回购到期，无资金投放或回笼。

有交易员向媒体表示，昨日中国人民银行就8月31日的7天期和14天期逆回购操作需求进行询量。Wind资讯数据显示，本周共有5350亿元逆回购到期，有515亿元央票到期，无正回购到期。

通常，14天期逆回购操作主要是为了满足金融机构对跨节资金的临时性需求，为何近期连续5天祭出这一举措，不乏业内人士猜测，中国人民银行加大逆回购力度的主要原因之一是为了提高资金成本，从而挤出债市泡沫。

面对市场的关切，中国人民银行副行长易纲8月26日在2016年中国普惠金融国际论坛上表示，14天逆回购让市场多了一个选择，这一举动有利于整个市场发展和流动性的充足，中国人民银行将充分利用公开市场操作保证市场流动性充裕。此外易纲还对记者称，7天逆回购将会继续保持。

对于“重启14天逆回购是为了降低债券杠杆”这一说法，国信固收团队在最新报告中也给出了不同观点。“我们认为站在中国人民银行的角度，之所以重启14天逆回购，在存在货币缺口的情况下，的确需要补充流动性，多增加一个投放工具是顺理成章的。”

此外，从商业银行的角度而言，长期拿 7 天逆回购的资金而融出隔夜资金的确有资金倒挂的问题，所以在公开市场报量中不够积极，重启 14 天逆回购后或许会适当调整融出资金的结构。因此，国信固收团队认为，重启 14 天逆回购是中国人民银行和商业银行共同需求的结果。随着资金结构的调整，未来加权资金利率可能会略有上升，但整体资金面依然是保持稳定的。

“债市流动性风险正在加剧。”中信证券固定收益主管明明分析称，美联储加息预期、SEC 监管新规即将生效、市场恐慌情绪等因素推动 LIBOR 不断抬升，全球以美元为代表的流动性总体偏紧。而“美元荒”的存在，LIBOR 的走高或导致人民币承受进一步贬值压力。当人民币承压使中国货币政策受到约束时，降息降准的宽松政策难以实行，最终使债市流动性风险加剧。

2. 债市做多热情终将重燃

尽管目前市场上对于债牛能否继续出现越来越多的质疑，但债市看多者仍坚定地认为，近日债市表现弱势与美联储加息预期波动、国内工业企业利润持续回升有关，均为短期影响，当资金面紧张问题得到缓解后，债市做多热情很快将会重燃。

“在缺乏新的经济数据的情况下，市场关注点比较分散，市场进入相对平淡的阶段，等待 8 月的经济数据。”国信固收团队预计，从目前来看，8 月投资、通胀等数据仍然处于下行当中，临近数据公布时点，市场焦点会更集中于国内基本面数据，届时债市做多热情将重燃。

资料来源：第一财经日报(上海). 10 年期国债期货持续回调　债市调整尚未结束[EB/OL]. (2016-08-31). http://money.163.com/16/0831/06/BVPE3CC7002580S6.html.

【思考提示】 债券市场的波动影响了哪些其他金融市场？

4.1 债券市场概述

一段时间以来，国内外金融市场动荡不已，全球债市方面，2015 年 4 月下旬的欧、美、日债券狂跌，2015 年 12 月中旬发生的美国高收益债券的集中抛售。

那么，什么是债券？什么是债券市场？

1. 债券概述

债券是一种有价证券，是社会各类经济主体为筹集资金而向债券投资者出具的、承诺在未来约定的日期，按一定利率定期支付利息，并到期偿还本金的债权债务凭证。债券体现的是债权人与发行人之间债权与债务的关系。对于投资者而言，债券的支出是购买其花费的价格，收入是未来利息加本金这样一系列现金流的组合，因此是一种成本收益相对确定的证券资产，风险相对较低，在金融市场上深受投资者的欢迎。

过去十年债券指数表现十分抢眼，在过去的 10 年中债券指数只有 3 年的当年收益为负，而股票指数有 6 年的当年收益为负。可见债券指数的波动更小，更容易实现绝对收益。债市的火热也吸引了大量资金。除传统的投资者外，大量的银行理财、债券信托、私募基金甚至特定委外资金等也纷纷加入。各种结构化分级产品纷纷涌现，其中很多产品的杠杆都多达数倍，若再叠加质押式回购，倍数会更高。局部较为活跃的机构，其杠杆率可能在10倍以上。

债券作为一种融资工具，融资的期限长短不等，有的债券不到一年期限，被划归为货币市场的短期债券；有的债券期限可长达10年，例如，10年期的国债券。一般的债券都有固定期限，但也有例外，例如，英国有一种国债就没有约定明确的到期日，英国政府具有随时归还本金的权利，但债券持有人却没有偿还请求权，同时政府也可以无限地支付利息而不还本金，这种债券被称为"永久债券"。

债券的票面年利率通常明确在发行募集说明书中，债券的收益通常高于银行存款利息，低于股票市场的平均收益，但也会有例外，例如，据海外媒体报道，2016年德国跨国日用品巨头汉高公司和法国制药商赛诺菲万安特近日以－0.05%的利率发行了短期债券，其中汉高发行5亿欧元的两年期债券，赛诺菲发行为期三年半、规模达10亿欧元的债券。欧洲银行人士认为，投资者之所以愿意忍受这种负利率债券，是因为相较于购买政府债券或者将资金放在银行账户，这种"伤害"更小一点。市场数据显示，两年期德国国债收益率为－0.67%，相较于这样无风险的主权债，汉高公司这次发行的公司债毕竟还溢价了52个基点。所以当期债券市场的利率走势还与当时的通胀走势、市场认可度等密切相关。

2. 债券的分类

(1) 债券按是否可转换划分为可转换债券和不可转换债券。

① 可转换债券是指在特定时期内可以按某一固定的比例转换成普通股的债券，它具有债务与权益双重属性，属于一种混合性筹资方式。由于可转换债券赋予债券持有人将来成为公司股东的权利，因此其利率通常低于不可转换债券。若将来转换成功，在转换前发行企业达到了低成本筹资的目的，转换后又可节省股票的发行成本。在深、沪证券交易所上市的可转换债券是指能够转换成股票的企业债券，兼有股票和普通债券双重特征。

② 不可转换债券是指不能转换为普通股的债券，又称为普通债券。由于其没有赋予债券持有人将来成为公司股东的权利，所以其利率一般高于可转换债券。

(2) 债券按付息的方式划分为零息债券、定息债券和浮息债券。

① 零息债券也叫贴现债券，是债券券面上不附有息票，在票面上不规定利率，发行时按规定的折扣率，以低于债券面值的价格发行，到期按面值支付本息的债券。

② 固定利率债券是将利率印在票面上并按期向债券持有人支付利息的债券，该利率不随市场利率的变化而调整。

③ 浮动利率债券的息票率是随市场利率变动而调整的利率，浮动利率债券往往是中长期债券。

(3) 债券按能否提前偿还划分为可赎回债券和不可赎回债券。

① 可赎回债券是指在债券到期前，发行人可以以事先约定的赎回价格收回的债券。

② 不可赎回债券是指不能在债券到期前收回的债券。

(4) 债券按偿还方式划分为一次到期债券、分期到期债券。

① 一次到期债券是发行公司于债券到期日一次偿还全部债券本金的债券。

② 分期到期债券可以减轻发行公司集中还本的财务负担。

(5) 债券按计息方式划分为单利债券、复利债券和累进利率债券。

① 单利债券指在计息时,不论期限长短,仅按本金计息,所生利息不再加入本金计算下期利息的债券。

② 复利债券与单利债券相对应,是指计算利息时,按一定期限将所生利息加入本金再计算利息,逐期滚算的债券。

③ 累进利率债券是指年利率以利率逐年累进方法计息的债券。累进利率债券的利率随着时间的推移,后期利率比前期利率更高,呈累进状态。

(6) 债券按是否记名划分为记名债券和无记名债券,按是否盈余分配划分为参加公司债券和不参加公司债券,按能否上市划分为上市债券和非上市债券。

3. 债券市场

债券市场是发行和买卖债券的场所,是金融市场的一个重要组成部分。债券市场是一国金融体系中不可或缺的部分。一个统一、成熟的债券市场可以为全社会的投资者和筹资者提供低风险的投融资工具。债券的收益率曲线是社会经济中一切金融商品收益水平的基准,债券市场也是传导中央银行货币政策的重要载体。统一、成熟的债券市场构成了一个国家金融市场的基础。

债券市场根据债券的运行过程和市场的基本功能,可将债券市场分为发行市场和流通市场。债券发行市场,又称一级市场,是发行单位初次出售新债券的市场。债券发行市场的作用是将为筹集资金向社会发行的债券,分散发行到投资者手中。

债券流通市场,又称二级市场,是指已发行债券买卖转让的市场。当债券持有人临时有资金需求或不想再持有债券,但债券还未到约定日期时,债券持有人可以通过交易所在二级市场出售。但能否顺利出售以及出售的价格如何,这就需要看当时的市场供需情况。在二级市场中,买卖双方都会从收益、风险和流动性综合考量即将要接手购买的债券,债券发行人是否能按时、足额支付债券本金和利息,投资者所期望的时间和价格变现是否会受市场影响而遭受损失等,这些因素都会影响债券在二级市场上的出售。

债券市场根据市场组织形式,债券流通市场可进一步分为场内交易市场和场外交易市场。证券交易所是专门进行证券买卖的场所,例如,伦敦证券交易所,在证券交易所内买卖债券所形成的市场,就是场内交易市场,交易所作为债券交易的组织者,本身不参加债券的买卖和价格的决定,为债券买卖双方创造条件,提供服务并进行监管;场外交易市场是在证券交易所以外进行证券交易的中场。柜台市场为场外交易市场的主体。许多证券经营机构都设有专门的证券柜台,通过柜台进行债券买卖。在柜台交易中场中,证券经营机构既是交易的组织者,又是交易的参与者。另外,场外交易中场还包括银行间交易市场,以及通过现代化的电子通信设备、移动互联网等手段形成的市场等。

我国债券市场自 20 世纪 90 年代成立以来,不断发展壮大。近年证券监管机构更传递出“要积极稳妥发展债券市场”“显著提高公司类债券融资在直接融资中的比重,研究探索和试点推出高收益企业债、市政债、机构债等债券新品种”等积极的信号。债券市场正面临着重大的发展机会，前途不可限量。

债券市场作为金融市场的一个重要组成部分，具有使资金从资金剩余者流向资金需求者，为资金不足者筹集资金的功能。我国政府和企业先后发行多批债券，为弥补国家财政赤字和国家的许多重点建设项目筹集了大量资金。例如，我国企业通过发行债券重点支持了三峡工程、上海浦东新区建设、京九铁路、沪宁高速公路、吉林化工、北京地铁、北京西客站等能源、交通、重要原材料等重点建设项目以及城市公用设施建设。

4.2 政府债券

4.2.1 中央政府债券

中央政府债券也称国债，是以国家信用为背书，一国中央政府为弥补财政赤字或筹措建设资金而发行的债券。国债是公债中的一种主要形式，因其安全性较高，所以又被称为“金边债券”。一般分为短期、中长期和长期三种，一年以内的为短期国债，一年至十年期限的为中长期国债，十年以上的为长期国债。国债作为一种特殊的债券，是国家财政分配的一种方式，对于调节国家财政收支状况和市场货币量、集中资金进行经济建设具有重要意义。

一国中央银行作为国家货币政策的制定与实施部门，主要依靠存款准备金、公开市场业务、再贴现和利率等政策工具进行宏观经济调控。其中，公开市场业务就是中央银行通过在证券市场上买卖国债等有价证券，从而调节货币供应量，实现宏观调控的重要手段。

中央银行或国家向银行或其他金融机构买入国债时，并无现金的交割，而是增加金融机构在中央银行的准备金账户，这样金融机构就能增加贷款，也等于发行了基础货币。在经济过热、需要减少货币供应时，中央银行卖出债券、收回金融机构或公众持有的一部分货币从而抑制经济的过热运行；当经济萧条、需要增加货币供应量时，中央银行便买入债券，增加货币的投放。

美国的国债由财政部发行，具体经办部门是美国财政部公债局。根据美国财政部的划分，持有国债者分为两大类，一类是“公众持有者”，另一类是“联邦政府内部持有者”。

美国国债的“公众持有者”包括外国政府、外国投资者、其他政府机构（例如，美联储以及州和地方政府）、共同基金、私人养老基金、银行、保险公司、企业以及个人投资者。在这一部分中，美联储所持国债最多。“联邦政府内部持有者”主要是指美国联邦政府各个部门及机构，估计约有230个联邦政府部门持有财政部发行的国债，其中持有国债数量最多的是社会安全保障署的“社会安全保障信托基金及联邦残障保险信托基金”，其他持有美国国债的机构包括联邦人事管理局、退伍军人管理部、卫生和公众服务部、能源部、劳工部等。

美国国债品种很多，大致分为短期、中期、长期以及通胀保值型、浮动利率型几种。美国人投资国债，所得利息除了要交联邦税外，可以免交州税及地方税。外国投资者则完全免税。

短期国债的期限有 4 个星期、13 个星期、26 个星期、52 个星期等几种。短期国债与其他几种国债不一样，并不在到期前付息，而是在面值基础上贴现销售。例如，面值 1000 美元、52 个星期到期的国债，根据到期当时的利息，可以按 990 美元出售。中期国债的期限有 2 年、3 年、5 年、7 年、10 年。中期国债每 6 个月付息一次，利率固定不变。长期国债年限为 30 年。长期国债每 6 个月付息一次，利率固定不变。通胀保值型国债的年限为 5 年、10 年、20 年。通胀保值型国债每年付息两次，利率固定。浮动利率国债的年限为 2 年，这是财政部最新推出的一种国债，2014 年 1 月开始发行，利率按季度计算，与其他品种的国债不同，利率不固定，每个季度浮动。

我国政府发行的国债分为记账式国债、凭证式国债和储蓄式国债。

(1) 记账式国债是主要针对机构投资者发行的一种电子国债。记账式国债的发行、交易、兑付都是通过计算机系统完成的，记账式国债不记名、可流通。记账式国债既可以通过证券交易所发行，也可以通过银行间债券市场发行，也可以在两个市场同时发行。

(2) 凭证式国债是主要针对个人投资者发行的一种国债，购买这种国债的投资者会拿到一张国家给你开的纸质收款凭证，题头是“中华人民共和国凭证式国债收款凭证”，在凭证上需要填上你的姓名、发行利率、购买金额等内容。凭证式国债可以记名，可以挂失，但不可流通。

(3) 储蓄式国债是仅针对个人投资者发行的、以电子形式记录债权的国债。储蓄式国债采用实名制，不可流通，与记账式国债的区别在付息方式多样，既有按年付息的，也有利随本清的，记账式国债只能到期一次还本付息。

投资国债有一个好处是可以在国债交易市场上买卖，当急需现金时，随时可以脱手换现。这也是许多投资者愿意投资国债的重要理由之一。是否可以随时兑现买卖，是衡量一个投资品种的重要考虑因素。国际上有不少对冲基金以及共同基金，都规定客户在一定的期限内，无论市场发生什么变动，都不可提早撤资兑现。

另外与股票及公司债券相比，国债的收益率相对较低，风险也较低。在经济形势不好的时期，投资国债是值得考虑的主要投资策略；在经济高速发展期，在投资组合中持有一定比例的国债，也不失为一种平衡投资的手段。

当前发达国家采取量化宽松政策，利率水平也不断下降，一些国家的国债收益率已经达到负利率。数据显示，2016 年 6 月 14 日，德国 10 年期国债收益率降至－0.001%；6 月 17 日，瑞士 30 年期国债收益率降至－0.057%，至此，瑞士所有国债收益率皆为负；日本 10 年期国债收益率早已沦陷；美国 10 年期国债收益率下滑至 1.6%左右。根据美银美林的统计，目前全球负收益率的国债规模达到 13 万亿美元，这一数据在英国“脱欧”公投前还是11 万亿美元。国际资本都在寻求既安全又低风险的投资领域，英国“脱欧”带来的全球金融市场的混乱，也凸显了中国经济的相对稳定性，中国国债受到了来自全球的投资者的青睐。近日，韩国国民年金管理公团(韩养老金管理机构)基金运营本部长姜勉旭表示，将于明年扩大对中国和印度，特别是中国的国债投资。韩国 10 年期国债利率仅 1.4%，而中国 10 年期国债利率为 2.6%。与此同时，世界银行计划于二十国集团(G20) 峰会前夕(8 月31 日)，在中国银行间市场发行总规模为 20 亿元的 SDR(特别提款权)债券产品。

4.2.2 地方政府债券

地方政府债券是某一国家中有财政收入的地方政府、地方公共机构发行的债券。地方政府债券一般用于交通、通信、住宅、教育、医院和污水处理系统等地方性公共设施的建设。地方政府债券是以地方政府的信用做背书，一般也是以由地方政府的税收能力作为还本付息的担保。

地方政府发债有两种模式，第一种为地方政府直接发债；第二种是中央政府发行国债，再转贷给地方，也就是中央政府发国债募集的资金给地方政府使用。

我国首期地方政府债券，2009 年新疆维吾尔自治区政府债券(一期)于 2009 年 3 月 30 日至 2009 年 4 月 1 日在上海证券交易所发行，发行结束后将于 2009 年 4 月 3 日上市。我国财政部与国家税务总局发布关于地方政府债券利息免征所得税问题的通知称，对企业和个人取得的 2012 年及以后年度发行的地方政府债券利息收入，免征企业所得税和个人所得税。经我国国务院批准，2014 年上海、浙江、广东、江苏、山东、北京、江西、宁夏试点地方政府债券自发自还，另外还包括深圳和青岛。这意味着我国地方债发行朝着市场化路径迈出了实质性步伐，我国金融市场得到进一步完善。

但随着时间的推移，目前我国经济增长存在较大压力，对财政收支也有了更高的要求，而一些地方政府又陆续进入了偿还债务的高峰期，在这个过程中引入了 PPP 模式来解决一些项目建设，特别是公共基础设施建设的融资问题，是我国经济体制改革的又一大步伐。

PPP 模式，即 Public-Private-Partnership 的首字母组合，是指政府与私人组织之间，为了合作建设城市基础设施项目，或是为了提供某种公共物品和服务，以特许权协议为基础，彼此之间形成一种伙伴式的合作关系，并通过签署合同来明确双方的权利和义务，以确保合作的顺利完成，最终使合作各方达到比预期单独行动更为有利的结果。PPP 模式吸引了民间投资，一定程度上改变了政府建设项目的单一财政投资主体的问题，提高了资金运营效率和项目运行效率，完全符合目前国家推行的混合所有制改革，这个过程中所节省出来的财政资金可以投入更重要和必要的国防、社会保障、教育、医疗、文化等领域，而且在大型项目的建设及运营中均不需要支付完全的资本投入及全额利息，这有助于提高财政资金的使用效率，同时有利于化解政府性债务。

4.2.3 城市建设投资公司债券

地方政府除了直接发行的债券外，还有一种特殊的地方债券叫作城市建设投资公司债券，简称城投债，也被称为“中国式的市政债券”。发行主体是某一地方政府的国资委控股的城市建设投资公司，从表面上看虽然属于企业债，但由于最终的信用主体是政府，所以城投债属于一种特殊的地方政府债。

城投债作为一种政府发行的债券，其融得资金主要用于投资城市基础建设。城投债不同于其他地方债，城投债期限一般为 5 年至 10 年(一般地方债期限在 3 年左右)。对于地方政府而言，发行城投债至兑付，其时间跨度较大。这虽然对地方政府而言不至于形成紧迫感，但却容易导致地方政府忽视未来的风险。

城投企业的劣势在于盈利能力弱，现金生产能力不强，短期偿债压力大，靠其自身实力并不足以支付利息和到期债务，必须依靠借贷维持资金周转。这种非企业内生的现金流具有天然的脆弱性，一旦融资紧缩将导致短期偿债指标迅速恶化，其流动性风险便会暴露。目前我国政府对于城投债问题的解决办法还是以PPP模式来进行转移、消化，并积极探索新的解决办法。

据Wind最新数据显示，中国城投债发行量出现井喷现象。2016年3月，中国城投债发行量同比增长1689亿元，环比增长2313亿元。2014年，中国发行城投债1393种，规模15 398.8亿元。2015年，中国发行城投债1420种，规模14 146.7亿元。因城投债利率高，投资者一度十分热捧，大量参与投资和交易。2016年9月5日至9日，一周时间城投债就发行了10种，总发行量为80亿元，总偿还量274.55亿元，净融资额为194.55亿元。发行利率方面，最高的是“16湖南环科债”(7年期，省级，债项为AA)，发行利率为4.17%；最低的是“16苏国信SCP007”(90D，省级，主体为AAA)，发行利率为2.68%。

4.3 金融债券

金融债券是由银行和非银行金融机构发行的按期还本付息的、代表债权债务关系的债券。在英国、美国等欧美国家，金融机构发行的债券归类于公司债券；在亚洲国家被称为金融债券，例如，中国、日本等国家。金融债券能有效弥补金融机构资金来源不足和期限矛盾等问题。

金融债券诞生于日本，是在日本特定的金融体制下产生的债券品种，中国从20世纪80年代引进金融债券。韩国前一个时期也引进了金融债券品种，也是一个较为特殊的概念。日本的金融债券遵循不同的法律法规，不同于该国的公司债券(公社债)。日本金融债券的发行主体主要有日本兴业银行、日本长期信用银行、日本债券信用银行、商工组合中央金库、农林中央金库、东京银行、全国信用金库联合会等，这些机构在日本的金融体系中虽属于“民间专业金融机构”，但具有浓厚的政府色彩。日本政府根据其经济发展的客观要求，不断地对需要发展的行业和企业给予强有力的支持，以提高其经营和竞争能力，从而为不同支持对象建立了稳定的资金供应渠道。

在我国，金融债券主要分为央行票据、证券公司债券、商业银行的次级债券、商业银行的次级债券、保险公司次级债券、证券公司短期融资债券和混合资本债券。

4.3.1 中国人民银行票据

中国人民银行票据简称央行票据，其实质是中国人民银行债券，是中国人民银行为调节商业银行超额准备金而向商业银行发行的短期债务凭证。央行票据的期限最短为3个月，最长为3年。中国人民银行发行的央行票据是调节基础货币的一项货币政策工具，目的是减少商业银行可贷资金量。商业银行在支付认购央行票据的款项后，其直接结果就是可贷资金量的减少。发行对象为公开市场业务一级交易商，个人不能直接投资。一般而言，中国人民银行会根据市场状况，采用利率招标或价格招标的方式，交错发行3月期、6月期、1年期和3年期票据，以1年期以内的短期品种为主。

2015年10月21日，中国人民银行在伦敦采用簿记建档方式，成功发行50亿元央行票据，期限1年，票面利率3.1%。这是中国人民银行首次在中国以外地区发行以人民币计价的央行票据。数据显示，美国和欧洲投资者合计占到了购买人数的49%，其余51%为亚洲投资者所购；按投资者类别划分，银行占47%，央行/公共部门占38%，基金管理公司占14%，私人银行占1%，这标志着离岸人民币债券市场投资参与者在逐渐多元化。离岸市场作为一个国家货币国际化的重要途径，一直颇受关注。作为传统的国际金融中心，伦敦在金融基础设施、市场深度等方面具有其他国际金融中心不可替代的优势。这次中国人民银行首选在伦敦发行央行票据，既表明了双方看好人民币国际化的发展前景，也为央行票据海外成功首发提供保障。中国人民银行海外发债有利于丰富人民币离岸市场投资品种，也是推进人民币国际化的重要步骤；与此同时，中国人民银行此举有利于扩大人民币使用和交易，此次票据发行利率最终可以为人民币离岸市场金融产品提供定价基准。

4.3.2 证券公司债券

证券公司债券是指证券公司依法发行的、约定在一定期限内还本付息的有价证券，但不包括次级债券和证券公司发行的可转换债券。证券公司债券期限最短为一年，实际发行债券的面值不少于5000万元，公开发行债券的担保金额应不少于债券本息的总额。定向发行债券的担保金额原则上不少于债券本息的50%，担保金额不足50%或者未提供担保定向发行债券的，应当在发行和转让时向投资者作特别风险提示，并由投资者签字。定向发行的债券只能向合格投资者发行。合格投资者必须是自行判断具备投资债券的独立分析能力和风险承受能力，且注册资本在1000万元以上或者经审计的净资产在2000万元以上。

证券公司债券由中国证券登记结算有限责任公司负责登记、托管和结算。经批准，中央国债登记结算有限责任公司也可以负责证券公司债券的登记、托管和结算。证券公司债券上市必须债券发行申请已获批准并发行完毕，实际发行债券的面值总额不少于5000万元，申请上市时符合公开发行的条件和证监会规定的其他条件。发行人应当聘请有主承销商资格的证券公司组织债券的承销。定向发行的债券，经中国证监会批准可以由发行人自行组织销售。

4.3.3 商业银行的次级债券

商业银行次级债券是商业银行发行的，本金和利息的清偿顺序列于商业银行其他负债之后、先于商业银行股权资本的债券。按照有关规定，符合条件的次级债务计入银行附属资本。商业银行的次级债券固定期限不低于5年，不用于弥补银行日常经营损失。

商业银行次级债券的发行可采取一次足额发行或限额内分期发行的方式。发行人根据需要，分期发行同一类次级债券，应在募集说明书中详细说明每期发行时间及发行额度。若有变化，发行人应在每期次级债券发行15日前将修改的有关文件报中国人民银行备案，并按中国人民银行的要求披露有关信息。发行次级债券时，发行人应组成承销团，承销团在发行期内向其他投资者分销次级债券。次级债券的承销可采用包销、代销和招标承销等方式；承销人应为金融机构，并且注册资本不低于2亿元人民币、最近2年内没有重大违法、违规行为。

商业银行次级债券到期前，发行人应于每年4月30日前向中国人民银行提交经注册会计师审计的发行人上一年度的年度报告。公开发行次级债券的，发行人应通过有关的媒体披露年度报告。对发行人进行财务审计、法律咨询评估及债券信用评级的会计师事务所、律师事务所和证券信用评级机构应客观、公正地出具有关报告文件并承担相应责任。对影响发行人履行债务的重大事件，发行人应在第一时间将该事件有关情况报告中国人民银行、中国银行业监督管理委员会，并按照中国人民银行指定的方式向投资者披露。

4.3.4 保险公司的次级债券

保险公司的次级债券，由保险公司发行，发行经过保险监管部门的审批，债务的偿还、提前赎回、延期等要及时向保险监管部门报告，并接受保险监管部门对次级债募集资金使用的监管，批准定向募集的、期限在5年以上，本金和利息的清偿顺序列于保单责任和其他负债之后、先于保险公司股权资本的保险公司债务。目前在中国，保险公司补充资本金的渠道非常有限，除中国人保、中国人寿和中国平安集团等大型集团公司通过海外上市筹集部分资本金之外，其他公司只能通过现有股东增资、吸引外资等私募方式扩充资本金。这些方式都存在时间长、成本高的问题，融资难已成为制约中国保险业发展的一个主要问题。

保险公司申请定向募集次级债的，经审计的上年度末净资产不低于5亿元人民币，且在募集后，累计未偿付的次级债本息额不超过保险公司上年度末经审计的净资产值，资产未被具有实际控制权的自然人、法人或者其他组织及其关联方占用，另外最近两年内无重大违法、违规行为。

长久以来，次级债一直是保险公司最偏爱的资本金补充方式之一，根据监管要求，次级债发行是有限额的——次级债补充附属资本的额度不能超过保险公司上年末净资产的50%。近年来，监管层不仅松绑了险企的投资渠道，也放开了多种融资工具。目前次级债仍然是保险业常规资本补充工具。

4.3.5 混合资本债券

混合资本债券属于混合型证券，是针对巴塞尔协议对于混合资本工具的要求而设计的一种债券形式，所募资金可计入银行附属资本。商业银行可通过发行一定额度的混合资本债券，填补现有附属资本不足核心资本100%的差额部分。巴塞尔协议按照资本质量及弥补损失的能力，将商业银行的资本划分为一级资本、二级资本和三级资本，其中二级资本又可以分为低二级资本和高二级资本。混合资本债就是属于二级资本中的高二级资本。

混合资本债券具有较高的资本属性，当银行倒闭或清算时，其清偿顺序列于次级债之后，先于股权资本。此外，混合资本债券在期限、利息递延、吸收损失等方面具有独特之处，债券期限要求在15年以上，且10年内不得赎回，10年后银行有一次赎回权，但需得到监管部门的批准；在某些特定情况下，例如，到期前如果发行人核心资本充足率低于4%，债券发行人可以申请延期付息，递延的利息将根据债券的利率计算利息。

【相关阅读】

富兰克林邓普顿：美国国债存泡沫　通膨上升压力或加剧

随着美国大选的结果在本周三宣布，全球多个市场的各资产类别反应激烈，有趣的是，随后欧洲市场开盘的反应和美国市场于选举第二日的交易情况有了一个明显的分叉。市场似乎在几个小时内迅速消化磨合这一"黑天鹅"事件，有些指数从最初的恐慌中逐渐修正，而有些指数则"渐行渐远"。

美国国债最初对特朗普的胜利做出了下意识的反应，国债收益率下跌，债券价格上涨。很快这些收益率发生反转，10年期国债收益率上升到2%以上，超出前几天的交易利率20个基点。

成立于1947年的老牌基金富兰克林邓普顿基金集团（Franklin Templeton Investments）是最大的上市基金管理公司，其基金经理Hasenstab在选举后发表观点称，国债利率的反应非常重要，这告诉市场两件事。首先，当市场遭受冲击，最脆弱的资产是存在泡沫的资产。Hasenstab此前曾多次提及美国国债被高估的问题。他认为选举并非是触发国债价格修正的关键，因为每当有冲击性事件发生时，扭曲的市场往往会反应最激烈，美国国债收益率的变化即是证明。其次，特朗普上台后最可能带来影响的建议之一是增加关税，而加税最直接影响是物价升高，随之通货膨胀。因此，Hasenstab认为美国国债的反应除内部存在泡沫的原因外，还受到通货膨胀压力加剧的影响。

值得注意的是，美债收益率上升并没有反映出市场对美联储加息的预期已经下降——实际利率几乎没有变化，市场预期的12月加息概率已恢复到80%左右(与大选前的概率基本持平)。实际上，债券价格下跌看起来是受通胀预期升高所驱动，因为市场预期特朗普上任后将实施更为宽松的财政政策。

全球市场方面，大选结果出台后首次出现日元和欧元大幅升值的景象，汇率上升不久便遭到修正，这些市场对美国国债收益率的上升做出的反应正如市场此前所预期的。

在新兴市场方面，几个亚洲重要市场在最初的大跌后全数或部分收复"失地"，而印度市场关盘时甚至比开盘前情况更理想，印尼市场同时表现可观。就负面影响而言，拉丁美洲似乎更严重得受到特朗普选前言论的冲击。

墨西哥有交易员们预测倘若特朗普当选，比索会反应强烈，并提前布置仓位。因此Hasenstab认为当大部分人对选举结果表示惊诧的同时，许多可能性已经被提前计价，众多市场参与者也在选举前大量做空比索。Hasenstab表示，大选结果公布后市场过度超卖并且下意识的避险情绪引发大跌，市场的反应同时证明，市场自身存在制衡和自我修正的系统。Hasentab认为，虽然选举前的言论和具体实现政策实施之间仍存在一定距离，许多美国公司和工人阶级都很依赖于两国的贸易，两国的贸易结构可能会随时间的推移逐渐调整，但两国不会停止贸易往来。

Hasenstab称，虽然其担心美国和欧洲的保护主义兴起，但仍然鼓励拉丁美洲的长期发展。大选后的市场反应似乎教会了大家很多东西，比如下意识地超卖显示市场是脆弱的，同时，混乱的市场永远存在长期的投资机会。

展望未来，富兰克林邓普顿预测美国通货膨胀将继续提振，国债收益率上升，日元和欧元或贬值，一篮子新兴货币存在升值空间。

资料来源：张苑柯．富兰克林邓普顿：美国国债存泡沫　通膨上升压力或加剧[EB/OL]．(2016-11-12)．http://www.yicai.com/news/5156580.html.

4.4 公司债券

4.4.1 公司债券概述

公司债券是企业依照法定程序发行并约定在一定期限内还本付息的债券。公司债券的发行主体是股份公司，但也可以是非股份公司的企业发行债券，在中国就有一部分发债的企业不是股份公司，一般把这类债券叫企业债。

公司债券的还款来源是公司的经营利润，但是任何一家公司的未来经营都存在很大的不确定性，因此公司债券持有人承担着损失利息甚至本金的风险。与风险成正比的原则，要求较高风险的公司债券需提供给债券持有人较高的投资收益。公司债券反映的是债权关系，不拥有对公司的经营管理权，但是可以于股东优先享有索取利息和优先要求补偿及分配剩余资产的权利。可转换债券是债券中的特殊债券，可转换债券是在原来公司债券的基础上，附加了一份期权，允许购买人在规定的时间范围内将其购买的债券转换成指定公司的股票。

公司债券融资凭借融资成本低、不分散企业控制权、抵税和财务杠杆作用等优点越来越成为一种重要企业融资手段。优质的公司债券为投资者带来了丰厚的回报，也受到了市场的热烈回应。例如，美国绩优公司发行的债券是少数能提供丰厚回报的证券。英博啤酒集团 2016 年 1 月发行 30 年期债券，是 2016 年迄今数一数二的发行规模。2016 年 7 月，据美银美林指数，年初买进这批债券的投资人已经获利逾 20%，高于同期限同等级公司债 17.5%的报酬率。

公司债券的完善在推动整个金融市场和金融体系的发展，提高市场直接融资比例，服务实体经济的发展中发挥了重要作用。

4.4.2 具有中国特色的另类公司债券——企业债券

企业债券诞生于中国，是中国存在的一种特殊法律规定的债券形式。按照中国国务院 1993 年 8 月颁布实施的《企业债券管理条例》规定，“企业债券是指企业依照法定程序发行、约定在一定期限内还本付息的有价证券”。从企业债券定义本身而言，与公司债券定义相比，除发行人有企业与公司的区别之外，其他都是一样的。

企业债券目前国内的报批程序：国家发展和改革委员会会同中国人民银行、财政部、国务院证券委员会拟定全国企业债券发行的年度规模和规模内的各项指标，报国务院批准后，下达各省、自治区、直辖市、计划单列市人民政府和国务院有关部门执行。

企业债券的主管部门是国家发改委，根据《企业债券管理条例》、发改财经〔2004〕1134 号文和发改财经〔2008〕7 号文的规定，企业债券发行人必须满足如下条件：筹集资金用途符合国家产业政策和行业发展方向，所需相关手续齐全，包括主管机关批文、土地、环评等；企业存续时间超过三年，近三年没有重大违法违规行为；已经发行的企业债券或者其他债务未处于违约或者延迟支付本息的状态；企业累计发行债券余额不得超过其净资产（不含少数股东权益）40%；近三年连续盈利，且近三年平均净利润足以支付债券一年的利息，现实审批时国家发改委一般要求近三年平均净利润能够覆盖债券一年利息的1.5倍；用于固定资产投资项目的，应符合固定资产投资项目资本金制度的要求，原则上累计发行额不得超过该项目总投资的60%，用于收购产权（股权）的，比照该比例执行；用于补充营运资金的，不超过发债总额的20%。

企业债券与公司债券的主要区别有几个方面。

(1) 发行主体不同。公司债券是由股份有限公司或有限责任公司发行的债券，我国2005年《中华人民共和国公司法》和《中华人民共和国证券法》对此也做了明确规定，因此，非公司制企业不得发行公司债券。企业债券是由中央政府部门所属机构、国有独资企业或国有控股企业发行的债券，它对发债主体的限制比公司债券狭窄得多。在我国各类公司的数量有几百万家，而国有企业仅有20多万家。在发达国家中，公司债券的发行属公司的法定权力范畴，它无须经政府部门审批，只需登记注册，发行成功与否基本由市场决定；与此不同，各类政府债券的发行则需要经过法定程序由授权机关审核批准。

(2) 发债资金用途不同。公司债券是公司根据经营运作具体需要所发行的债券，它的主要用途包括固定资产投资，技术更新改造，改善公司资金来源的结构，调整公司资产结构，降低公司财务成本，支持公司并购和资产重组，等等，因此，只要不违反有关制度规定，发债资金如何使用几乎完全是发债公司自己的事务，无须政府部门关心和审批。但在我国的企业债券中，发债资金的用途主要限制在固定资产投资和技术革新改造方面，并与政府部门审批的项目直接相关。

(3) 信用基础不同。在市场经济中，发债公司的资产质量、经营状况、盈利水平和可持续发展能力等是公司债券的信用基础。由于各家公司的具体情况不尽相同，所以，公司债券的信用级别也相差甚多，与此对应，各家公司的债券价格和发债成本有着明显差异。虽然，运用担保机制可以增强公司债券的信用级别，但这一机制不是强制规定的。与此不同，我国的企业债券，不仅通过“国有”机制贯彻了政府信用，而且通过行政强制落实着担保机制，以至于企业债券的信用级别与其他政府债券大同小异。

(4) 管制程序不同。在市场经济中，公司债券的发行通常实行登记注册制，即只要发债公司的登记材料符合法律等制度规定，监管机关无权限制其发债行为。在这种背景下，债券市场监管机关的主要工作集中在审核发债登记材料的合法性、严格债券的信用评级、监管发债主体的信息披露和债券市场的活动等方面。但我国企业债券的发行中，发债需经国家发改委报国务院审批，由于担心国有企业发债引致相关对付风险和社会问题，所以，在申请发债的相关资料中，不仅要求发债企业的债券余额不得超过净资产的40%，而且要求有银行予以担保，以做到防控风险的万无一失；一旦债券发行，审批部门就不再对发债主体的信用等级、信息披露和市场行为进行监管。

(5) 市场功能不同。在发达国家中，公司债券是各类公司获得中长期债务性资金的一个主要方式，是推进金融脱媒和利率市场化的一支重要力量。在我国，由于企业债券实际属于政府债券，它的发行受到行政机制的严格控制，不仅发行数额远低于国债、央行票据和金融债券，也明显低于股票的融资额，为此，不论在众多的企业融资中，还是在金融市场和金融体系中，它的作用都相对较小。

4.5 国际债券

国际债券是一个政府、金融机构或其他合法组织为筹集资金，在国外金融市场上发行的、以外国货币为面值的债券。即发行者与投资者分别属于不同的国家，涉及两个或者两个以上的国家。对于投资者而言，国际债券会涉及发行者的资信程度、偿还期限和方式、付息方式，以及和投资收益率相关的票面利率、发行价格等问题。对于发行方式，其一种是公募，另一种就是私募。

国际债券一般分为外国债券和欧洲债券。外国债券是指甲国发行人或国际机构在乙国债券市场上以乙国货币面值发行的债券。外国债券是传统的国际金融市场业务，已存在几个世纪，它的发行必须经发行地所在国政府的批准，并受该国金融法令的管辖。

通常外国债券都会有象征意义的名字，例如，国外主体在美国发行的美元债券叫“扬基债券”，国外主体在日本发行的日元债券叫“武士债券”，国外主体在英国发行的英镑债券叫“猛犬债券”，国外主体在荷兰发行的荷兰盾债券叫“伦勃朗债券”，国外主体在西班牙发行的比索债券叫“斗牛士债券”，国外主体在中国发行的人民币债券叫“熊猫债券”。

2016 年 8 月 25 日，由汇丰银行和中国银行担任联席主承销商的“波兰共和国 2016 年度第一期人民币债券”在银行间市场成功发行，发行规模 30 亿元（注册规模 60 亿元），期限 3 年，票面利率 3.4%，认购额逾 59 亿元，约为发行额的 2 倍。波兰人民币债券的发行，对于推动中波两国在经贸和金融领域的合作，促进人民币在中东欧国家的使用，助力国家“一带一路”战略实施具有深远意义。波兰人民币债券的发行，也进一步丰富了中国债券市场发行人类型，是中国债券市场对外开放历程中的重要事件。

欧洲债券并不是指在欧洲发行的债券，它并非局限于地理概念上的欧洲范围。对多国公司集团及发展中国家而言，欧洲债券是他们筹措资金的重要渠道。

欧洲债券市场主要筹资者都是大的公司、各国政府和国际组织，这些筹资者一般来说都有很高的信誉，每次债券的发行都需政府、大型企业或银行作担保，所以对投资者来说是比较安全可靠的，且欧洲债券与国内债券相比其收益率更高。在欧洲债券市场可以发行多种类型、期限、不同货币的债券，但欧洲美元债券、欧洲日元债券和欧洲马克债券所占的比重较大。欧洲债券的二级市场也比较活跃且运转效率高。欧洲债券的利息通常免除所得税或不预先扣除借款国的税款。

欧洲债券市场是一个无利率管制、无发行额限制的自由市场，且发行费用和利息成本都较低，没有太多的限制要求，能够满足各国政府、跨国公司和国际组织的多种筹资要求。

【相关阅读】

SDR 债券市场开启新投资渠道

2016 年 8 月 31 日，世界银行在中国银行间债券市场发行了首只 SDR 债券。首期发行规模为 5 亿 SDR(合 46.6 亿元)，期限为 3 年，以 SDR 计价，但以人民币结算。该债券发行利率为 0.49%，认购倍数达到 2.47，吸引了银行、证券、保险等境内投资者以及境外货币管理部门、国际开发机构等约 50 家机构认购。

1. 有利于推动人民币国际化

在我国发行 SDR 债券，将有助于扩大 SDR 的使用，也将拓展中国投资者在国内债券市场获得外币债券的渠道，并为在中国寻求优质投资产品的国际投资者创造新的投资机会。

SDR 也称"纸黄金"，最早发行于 1969 年，是国际货币基金组织根据会员国认缴的份额分配的，可用于偿还国际货币基金组织债务、弥补会员国政府之间国际收支逆差的一种账面资产。因为它是国际货币基金组织原有的普通提款权以外的一种补充，所以称为特别提款权。在中国发行 SDR 债券的新计划是世界银行开发和支持新市场发展战略的组成部分，它将拓展世界银行的产品种类，吸引新的国内和国际投资者购买世界银行债券。世界银行行长金墉表示，在中国发行 SDR 债券，将有助于扩大 SDR 的使用，也将拓展中国投资者在国内债券市场获得外币债券的渠道，并为在中国寻求优质投资产品的国际投资者创造新的投资机会。"考虑到该债券以人民币购买，此次发行将利于推动人民币国际化。"美国券商 Stifel 新兴市场主权策略总监傅伟国表示，SDR 的成功发行，受众是中国国内和国际投资者。对国内投资者的好处是，这种债券用人民币购买，但 SDR 可以兑换成美元、欧元、日元、英镑或人民币。德国商业银行亚洲高级经济学家周浩表示，在华发行 SDR 债券，对人民币国际化是长期利好的，将增加人民币适用范围。同时，中国金融机构的参与，也有利于这些中资机构提高自身的知名度。

作为国际货币基金组织创设的一种储备资产和记账单位，SDR 价值由美元、欧元、日元及英镑在内的一篮子货币决定。2015 年 12 月 1 日，国际货币基金组织宣布，人民币将于 2016 年 10 月 1 日加入 SDR，成为首个纳入 SDR 的新兴市场货币。在 2016 年国际货币基金组织的春季年会上，IMF 曾将如何扩大 SDR 的使用写入执董会的工作报告中。

"世界银行司库局感谢中国批准世界银行成为其国内市场首个 SDR 计价债券发行人，这是中国资本市场走向国际化的又一步骤。这表明了世界银行在开拓新市场和开发本地资本市场方面的重要作用。"世界银行副行长兼司库阿伦玛 · 奥特(Arunma Oteh)表示，"世界银行在中国市场发行以 SDR 计价的债券，为中国投资者通过新产品支持世界银行的可持续发展提供了一个绝佳的机会。这些债券对于寻求以 SDR 产品对冲 SDR 负债的国际投资者也很有吸引力。"

2. SDR 市场发展仍面临掣肘

SDR 债券代表投资中国的一种新方式，尤其对需要 SDR 产品以对冲 SDR 负债的投资者(如国外储备管理机构)具有吸引力。但是，SDR 在私人部门中的使用仍然非常有限。

"低利率是 SDR 债券首发的最大亮点。"中金公司首席经济学家梁红在接受中国商报记者采访时表示，本期发行利率接近世界银行指引利率0.4%～0.7%的下限，远低于中国3年期国债收益率2.4275%，仅约比SDR各货币政府债券收益率的加权平均高5个基点。作为新的投资工具，中金公司预计，SDR债券将主要由投资者持有到期，流动性较差。考虑到对流动性溢价的要求，这么低的发行利率有些超出预期，成为此次发行的最大亮点。在梁红看来，尽管SDR债券将丰富中国金融市场，但其直接影响较为有限。SDR债券提供一个预设的多元债券组合，与单币种债券相比，它能够降低汇率和利率风险，能提供更高的风险调整回报。SDR债券也可为外国投资者配置资本管制下的货币（如人民币）或资本管制下的国内投资者配置外国储备货币（如美元）提供一个渠道。

"SDR仅是众多货币组合中的一种，市场参与者完全可用现有投资工具以较低的成本复制所需的权重组合。"梁红告诉中国商报记者，在没有有效收益率曲线的情况下，SDR债券定价既要考虑信用风险，还要参考各货币的收益率曲线。而购买以五种货币计价的资产或承担相应债务，参与主体往往需要在资产负债表的另一端进行对应的操作或对冲相关的货币风险，资产负债表管理变得更为复杂。如果SDR债券主要由投资者持有到期，那么这一市场的流动性要比单币种债券市场差。

但尽管如此，发展SDR市场对人民币崛起有重要的战略意义。梁红认为，发行SDR债券将增加发行人和投资者对包括人民币在内SDR货币的敞口。对冲敞口必然要增加对人民币的使用，如果SDR债券用人民币结算，那么人民币在金融结算中的使用也会相应增加。虽然短期内人民币难以对美元的主导地位构成挑战，但是人民币有足够的空间和潜力在国际交易中获得更广泛的使用。当然，这一潜力的实现有赖于一个健康而且有韧劲的经济环境。此外，SDR债券将为境内投资者提供一个不需出国门的配置外汇资产的途径，可在一定程度上减轻资本流出压力。

在目前存在资本管制的情况下，SDR为境内投资者提供了一个配置外汇资产而不涉及跨境资本流动的途径。当预期人民币升值但又没有途径去境外发行美元债时，中国企业未来甚至也可以考虑发行SDR债券。由于中国已向外国投资者开放了银行间市场，该债券还代表了投资中国的一种新方式，尤其对需要SDR产品以对冲SDR负债的投资者（如国外储备管理机构）具有吸引力。但是，SDR在私人部门中的使用仍然非常有限，市场参与者还需面对SDR货币篮子每五年进行一次的可能调整，这些问题的复杂性将大大限制SDR市场的发展。

资料来源：白琳. SDR债券市场开启新投资渠道[EB/OL].(2016-09-07). http://bond.hexun.com/2016-09-07/185912974.html.

本章小结

本章主要针对债券市场进行了详细的阐述，涉及了债券市场的概述、政府债券市场、金融债券市场、公司债券市场、国际债券市场。完成本章的学习，应该理解和掌握以下内容。

(1) PPP模式，即Public-Private-Partnership的首字母组合，是指政府与私人组织之间，为了合作建设城市基础设施项目，或是为了提供某种公共物品和服务，以特许权协议为基础，彼此之间形成一种伙伴式的合作关系，并通过签署合同来明确双方的权利和义务，以确保合作的顺利完成，最终使合作各方达到比预期单独行动更为有利的结果。

(2) 央行票据即中央银行票据，其实质是中央银行债券，是中央银行为调节商业银行超额准备金而向商业银行发行的短期债务凭证。央行票据的期限最短为 3 个月，最长为 3 年。

(3) 证券公司债券是指证券公司依法发行的、约定在一定期限内还本付息的有价证券，但不包括次级债券和证券公司发行的可转换债券。证券公司债券期限最短为一年，实际发行债券的面值不少于 5000 万元，公开发行债券的担保金额应不少于债券本息的总额。

(4) 企业债券与公司债券的区别表现在发行主体不同，发债资金用途不同，信用基础不同，管制程序不同，市场功能不同。

(5) 欧洲债券是指一国发行人或国际机构，同时在两个或两个以上的外国债券市场上，以发行国货币以外的一种可自由兑换的货币、特别是欧洲货币单位发行的债券。

案例分析

尽管绿色金融已经取得一定进展，但目前还只有很小比例的银行贷款被明确界定为绿色贷款。贴标的绿色债券在全球债券市场中的占比低于1%

2016 年 9 月 5 日闭幕的二十国集团(G20)领导人杭州峰会发布公报(以下简称“公报”)，强调扩大绿色金融的重要性。这是 G20 领导人首次在峰会年度公报中提到绿色金融。

在中国的倡议下，绿色金融今年首次被纳入 G20 议程。G20 各国领导人对 G20 绿色金融研究小组提出的自愿可选措施表示赞赏。公报提到，欢迎绿色金融研究小组提交的《二十国集团绿色金融综合报告》(以下简称《报告》)和由其倡议的自愿可选措施，以增强金融体系动员私人资本开展绿色投资的能力。

中国人民银行行长周小川 4 月在华盛顿表示，全球金融系统需要发挥领导作用，积极动员社会资本在绿色领域的投资，并采取适当的激励措施。英国央行——英格兰银行行长马克·卡尼(Mark Carney)也表示：“气候变化的不利影响严重威胁经济恢复、增长和金融稳定。考虑到所需的投资资本规模，金融市场需要向低碳经济转型。”

什么是绿色金融？在 G20 杭州峰会前，中国人民银行研究局首席经济学家马骏介绍，“绿色金融”是指能产生环境效益以支持可持续发展的投融资活动。这些环境效益包括减少空气、水和土壤污染，降低温室气体排放，提高资源使用效率，减缓和适应气候变化并体现其协同效应等。环境保护部政策法规司副司长别涛告诉《第一财经日报》记者：“目前我国环境治理任务繁重，环保投资需求巨大，构建绿色金融体系正当其时。”

发展之绿：中国引领绿色金融发展

据《第一财经日报》记者了解，在中国的倡议下，2015 年 12 月 15 日，在三亚召开的 G20 财政与央行副手会议同意在中国担任 2016 年 G20 主席国期间建立 G20 绿色金融研究小组(以下简称小组)，由中国人民银行和英格兰银行共同主持，联合国环境规划署(UNEP)担任秘书处。小组参与者来自所有 G20 成员国、受邀国和六个国际组织，共计 80 多人。

2016 年 1 月，小组在北京召开的首次会议同意在五个领域开展研究，包括银行业、债券市场、机构投资者这三个专门领域，以及风险分析和指标体系这两个跨领域问题。在每个领域，研究小组对 G20 和全球经验进行了研究与分析，并提出可供各国考虑采纳和开展国际合作的可选措施。

在 2016 年 2 月发表的上海公报中，G20 财长与央行行长重申了小组的工作职责，并要求该小组"识别绿色金融发展所面临的体制和市场障碍，并在总结各国经验的基础上，提出可提升金融体系动员私人部门绿色投资能力的可选措施"。

此后，小组分别于 3 月、4 月和 6 月在英国伦敦、美国华盛顿和中国厦门举行了第二到第四次会议。小组完善综合报告后，将其提交至 7 月的成都 G20 财长与央行行长会议讨论。在这次 G20 峰会上，该小组专门提交了《报告》。

中国政府为什么如此重视发展绿色金融

十八届五中全会提出了"创新、协调、绿色、开放、共享"的五大发展理念，确定全面建成小康社会新的目标要求。"十三五"时期，国家将以改善环境质量为核心，打好大气、水、土壤污染防治"三大战役"。国务院相继发布的《大气污染防治行动计划》《水污染防治行动计划》《土壤污染防治行动计划》，提出了环境改善的具体指标。当前，我国正大力推行供给侧结构性改革，同时加强生态环境保护和生态文明建设。

中国近年来在绿色金融领域的发展令人瞩目。比如，中国的绿色信贷已经占国内全部贷款余额的 10%。我国是全球仅有的三个建立了绿色信贷指标体系的经济体之一。中国是第一个由政府支持的机构发布本国绿色债券界定标准的国家。从 2016 年年初到现在，中国发行的绿色债券已近 1200 亿元人民币，占全球同期发行的绿色债券的 45%，中国已成为全球最大的绿色债券市场。中国已经宣布 2017 年将启动全国性的碳交易市场。

在盛产花椒的四川茂县，"绿色金融"助力农民增收致富。据媒体报道，人民银行汶川县支行以信贷支持农村新型经营主体为切入点，实施精准扶贫，累计发放信贷资金 1560 万元用于支持"六月红专合社"花椒精选、花椒仓储、花椒油加工等资金需求，辐射带动周边 6000 多户农民增收致富。而在福建福清，绿色金融的发展出现了三大趋势：一是信贷资源向新能源产业倾斜。二是支持绿色工业园区改造建设。打造绿色供应链，实现能源梯级利用、土地集约利用和水循环利用。三是加快城市环保基础设施建设。以新能源为例，截至 7 月末，福清辖内的金融机构已对福清核电项目授信 323 亿元，同比增长 14.32%；对风电项目累计授信 19.8 亿元，同比增长 12.61%。

创新之绿：动员私人资本参与投融资

我国每年需要在绿色领域投资约 6000 亿美元，用于环境修复和保护、可再生能源、能源效率和绿色交通。其中不超过 15%的资金将来自公共或政府渠道。绿色金融的发展面临一系列挑战。尽管绿色金融已经取得一定进展，但目前还只有很小比例的银行贷款被明确界定为绿色贷款。贴标的绿色债券在全球债券市场中的占比低于1%，全球机构投资者持有资产中的绿色基础设施资产占比也低于1%。

公报提出，为支持在环境可持续前提下的全球发展，有必要扩大绿色投融资。绿色金融的发展面临许多挑战，包括环境外部性内部化所面临的困难、期限错配、缺乏对绿色的清晰定义、信息不对称和分析能力缺失等，但我们可以与私人部门一起提出许多应对这类挑战的措施。

据《第一财经日报》记者了解，在这次G20峰会上，小组提出了一系列供G20和各国政府自主考虑的可选措施，以提升金融体系动员私人部门绿色投资的能力。公报中表示，"我们相信可通过以下努力来发展绿色金融：提供清晰的战略性政策信号与框架，推动绿色金融的自愿原则，扩大能力建设的学习网络，支持本地绿色债券市场发展，开展国际合作以推动跨境绿色债券投资，鼓励并推动在环境与金融风险领域的知识共享，改善对绿色金融活动及其影响的评估方法。"

中国政府层面已在加紧搭建框架。就在G20杭州峰会召开前夕，8月31日，中国人民银行、财政部等七部委联合印发了《关于构建绿色金融体系的指导意见》。随着上述指导意见的出台，中国将成为全球首个建立了比较完整的绿色金融政策体系的经济体。

资料来源：章轲.尽管绿色金融已经取得一定进展，但目前还只有很小比例的银行贷款被明确界定为绿色贷款。贴标的绿色债券在全球债券市场中的占比低于1%[EB/OL].(2016-09-07).http://money.163.com/16/0907/07/C0BG5O4A002580S6.html#.

【问题讨论】 什么是绿色债券？

思考题

1. 什么是债券？
2. 简述债券的种类。
3. 什么是保险公司的次级债券？
4. 什么是混合资本债券？
5. 企业债券与公司债券有何区别？
6. 什么是欧洲债券？

第5章　融资租赁市场

【本章学习目标】

1. 了解融资租赁市场概述。
2. 理解融资租赁在国际上的发展状况。
3. 掌握我国融资租赁市场的现状。

【导入案例】

飞机保税融资租赁为国际航空枢纽建设再添动力

日前，南航 B-8640 号全新空客 321 客机从德国汉堡飞抵广州白云机场，即将投入广州航空市场运营。这是首架以保税融资租赁方式从南沙自贸区直接进口的航空运输器，广州海关隶属白云机场海关以“委托监管”方式对其进行了监管。

据业内人士介绍，飞机融资租赁是出租人购买承租人(航空公司)选定的飞机，享有飞机所有权，并将飞机出租给承租人在一定期限内有偿使用的一种具有融资、融物双重职能的租赁方式。该种方式充分体现了融资租赁和经营租赁的优势互补，提高了飞机租赁服务的灵活性，必将为广州打造国际航空枢纽增添新的动力。

而“委托监管”是广州海关隶属的广州白云机场海关和南沙海关强强联手、互认互通，针对融资租赁业务市场，构建“一体化”管理模式，推动广州空港海港联动发展的举措之一。据海关关员介绍，南沙自贸区在金融税收政策上有许多优惠政策，而广州白云机场综保区则有独特功能优势，通过两关互认互通，可以充分利用政策叠加优势，有利于企业因地制宜开展业务。以飞机保税融资租赁业务为例，融资租赁企业入驻南沙自贸区，注册公司开展飞机融资租赁业务，融资租赁飞机则通过机场综保区以保税方式进口，可以充分享受南沙自贸区金融税收政策与机场综保区“实际入区”的政策功能叠加优势，可以进一步降低成本，提高通关效率。

相关企业负责人介绍说：“保税融资租赁的模式降低了交易风险，既有利于银行寻找理想客户，更方便投资者找到合适的投资机会，海关为保税融资租赁提供的业务指导支持和快速高效的监管服务实实在在地帮企业解决了问题。”

今年以来，仅南航一家公司就累计以融资租赁贸易方式进口飞机 16 架，货值 97.4 亿元。业内人士指出，未来 20 年内，中国将需要 5580 架新飞机，总价值预计达 7800 亿美元，其中 45%将通过租赁方式获得，这意味着未来 20 年中国飞机租赁市场“蛋糕”将达 3510 亿美元，约为 2.1 万亿元人民币。

广州海关下属白云机场海关为确保飞机融资租赁业务有序开展，先后召开相关业务座谈会，制定飞机融资租赁业务操作指引，主动走访关区内相关航空公司及代理企业，对该业务的细节和规范操作进行沟通，积极助力广州打造“三中心一体系”格局。

资料来源：郑澍. 飞机保税融资租赁为国际航空枢纽建设再添动力[EB/OL]. (2016-09-09). http://news.cnr.cn/native/city/20160909/t20160909_523125804.shtml.

【思考提示】 什么是融资租赁？

5.1 融资租赁市场概述

5.1.1 融资租赁市场的特点

现代融资租赁起源于20世纪50年代的美国。1952年美国成立了世界第一家融资租赁公司——美国租赁公司（现名为美国国际租赁公司），开创了现代租赁的先河。融资租赁涉足的资产一般包括交通运输设备、通用机械设备、工业装备、建筑工程设备、基础设施及不动产、医疗制药设备、能源设备等。

融资租赁是一种反映债权债务关系的筹资方式，至少有三方参与者，包括出租人、承租人和供货人。融资租赁就是出租人根据承租人对出卖人、租赁物的选择，向供货人购买租赁物，提供给承租人使用，承租人支付租金的经济行为。融资租赁是实质上转移了与资产所有权有关的全部或绝大部分风险和报酬的租赁，资产的所有权最终可以转移，也可以不转移。例如，A厂因扩大生产需要引进设备，并且已经从C设备商那里选择好需要购进的设备，但苦于资金不足，于是找到B租赁公司，经过调研、协商，B租赁公司按照与A厂签订的融资租赁合同，出资购进C设备商的设备，然后租给A厂。当A厂与B租赁公司租赁期满后，若之前合同有约定买回，一般情况下A厂只要按照设备的残值将设备买回即可，若无特别约定，该设备在租赁期满后就归属B租赁公司。在上面这个例子中，C设备商是出卖人，B租赁公司是出租人，A厂是承租人，涉及仅三方的关系，但现实中的业务情况关系可能更复杂，一般还涉及资金方、担保方等。

在融资租赁的过程中都会涉及的是折旧和残值。折旧是指在固定资产使用寿命内按照确定的方法对应计折旧额进行系统分摊，是对固定资产因使用而产生的资本价值的下降做出的估价。折旧的提取是为了使拥有固定资产的所有权人收回其原始投资，即用于购置固定资产上的投资。折旧的实质是对不动产损耗的一种估算，而折旧费则是不动产的使用费用。在计算折旧费用时通常会加以考虑的因素包括购置成本、使用年限、残值和折旧方式。折旧有多种方式，不同性质的企业会采取不同的方式，但其最终目的是让折旧方式符合企业经营特征和企业利益。如果资产带来的收入是平均的，或者是很难确定的，直线法是比较合适的；如果资产带来的收入是呈递减状的，采用余额递减法则是比较合适的。例如，由于投入营运的船舶可能带来的收入基本上受市场的影响，很少会有船龄差异，因此适用于航运业的折旧方式一般是直线法。

在折旧之后，融资租赁合同期满，又会遇到“残值”问题。上面一个例子中，A厂购买的设备，即使在会计报表中体现的经济寿命已耗尽，但这并不意味着这个设备就一文不值了，设备还可以转卖给行业发展阶段较低且有该类型设备需求的企业，或者即使已经不能再使用，也是可以作为废铁出售的，这些方式的出售所得就是残值。残值对A厂来说同样是一种收入,因此在对设备折旧总额进行计算时应当扣除设备的残值。但是新设备在使用初期要估计出其在经济寿命终止时的残值,同样是比较困难的,可以用作参考的只能是历史上相似设备的大致经济寿命年限以及在经济寿命届满时的残值。

融资租赁的融资方式主要有直接融资和间接融资两种。直接融资就是融资租赁过程中出租人和承租人的债权债务关系,没有其他金融中介机构介入的融资活动;间接融资是指有闲余资金的投资人,通过在银行存款,或者购买银行、信托、保险等金融机构发行的有价证券,由这些金融机构通过贷款、贴现等形式参与的融资活动。

5.1.2 融资租赁市场的分类

融资租赁的类型有简单融资租赁、直接融资租赁、售后回租式融资租赁、国际融资租赁、融资转租赁、返还式租赁、杠杆租赁、税务租赁、百分比租赁、风险租赁、结构式参与租赁、合成租赁、委托租赁、经营租赁、混合性租赁等,但目前市面上普遍的主要是直接融资租赁、售后回租式融资租赁、经营租赁和国际融资租赁。

直接融资租赁是指租赁公司用自有资金、银行贷款或招股等方式,在金融市场上筹集资金,向设备制造厂家购进用户所需设备,然后再租给承租企业使用的一种最简单的融资租赁方式。直接租赁方式没有时间间隔,出租人没有设备库存,资金流动加快,有较高的投资效益。

售后回租式融资租赁是指承租人将自有物件出卖给出租人,同时与出租人签订融资租赁合同,再将该物件从出租人处租回的融资租赁形式。它使设备制造企业或资产所有人(承租人)在保留资产使用权的前提下获得所需的资金,同时又为出租人提供有利可图的投资机会。售后回租式融资租赁是承租人和供货人为同一人的融资租赁方式。这种融资租赁类似于抵押贷款且分期还款的贷款方式,其不同点体现在物品的所有权和会计报表中。例如,A 厂扩大生产需要资金,但因为最近刚购进一台新的设备,导致资金紧张,所以找到了 B 租赁公司,经过调研和协商,A 厂与 B 租赁公司签署合同将新设备卖给 B 租赁公司,B 租赁公司再将设备租给 A 厂。在这个过程中 A 厂的新设备没有发生实质的转移,但所有权已经属于 B 租赁公司。待合同约定的租赁期满后,A 厂可以将设备以残值购回或者不购回。在这里就没有了 C 设备商这样的角色,因为这种类型中,出卖人和承租人合成了一人。售后回租是目前中国国内融资租赁业务的主流,中国商务部《2015 年中国融资租赁业发展报告》中提到,2014 年我国融资租赁企业新增融资额 5374.1 亿元,直接租赁融资额占比 22.4%,售后回租融资额占比 61.7%,其他租赁方式占比 15.9%。

经营租赁又称为业务租赁,是为了满足经营使用上的临时或季节性需要而发生的资产租赁。经营租赁是一种短期租赁形式,出租人不仅要向承租人提供设备的使用权,还要向承租人提供设备的保养、保险、维修和其他专门性技术服务的一种租赁形式。该类型在学术上还有争议,因为单纯的融资租赁是不需要做类似经营租赁的服务工作,有些研究中将此类型租赁单独讨论。但从国际上融资租赁的发展趋势看,融资租赁企业能够提供单纯融资租赁外的增值服务更有利于赢得市场的认可。

国际融资租赁是跨国的融资租赁行为,是指由一国的出租人按照另一国承租人的要求购买租赁物并出租给承租人使用,而租赁物的维修和保养由承租人负责的一种租赁方式。

主要体现在跨国公司、国家间合作项目等，国际融资租赁属国际商业贷款管理范畴。国际融资租赁的出租人一般为专业性租赁公司或金融机构，它们通常也是商业银行的下属机构，具有良好的融资能力和融资渠道；在某些情况下，出租人也可以是制造商类的工商企业。

由于国际融资租赁为商业银行提供了有效而安全的贷款市场，因此无论具体的融资租赁项目是否采取杠杆租赁方式，商业银行实际上均可实现对租赁公司的金融支持。国际融资租赁中的供货商通常为大型设备的制造商或贸易商，国际融资租赁实际上为其跨国贸易提供了市场，因而在国际融资租赁业务中，它们通常依赖于租赁公司或租赁咨询公司。在某些国际融资租赁中，当事人基于风险和资金能力考虑，往往安排杠杆租赁结构。

从目前的实际操作情况来看，国际间租赁形式的多样化，使各类融资租赁合同的内容难以统一。在多数情况下，各国际性租赁公司通常使用自己的租赁协议文件。因国际融资租赁所处的外部环境，为有效开展国际业务，所以普遍引入了 SPV（Special Purpose Vehicle），即特殊目的的载体。SPV 分为特殊目的公司（Special Purpose Company，SPC）和特殊目的信托（Special Purpose Trust，SPT）两种主要表现形式。SPV 主要核心功能是风险隔离，一旦项目出现风险，可以有效地防范风险蔓延影响整个公司。SPV 还在税收、融资租赁业务期末权属转移手续等方面起到重要作用。

5.1.3 保理

随着融资租赁的演变，在现代融资租赁的金融行为过程中加入了保理商。保理，又称托收保付，就是卖方将其现在或将来的基于其与买方订立的货物销售或者服务合同所产生的应收账款转让给保理商，由保理商向其提供资金融通、买方资信评估、销售账户管理、信用风险担保、账款催收等一系列服务的综合金融服务方式。

保理一般分为买断式保理和非买断式保理，融资保理和到期保理，商业保理和银行保理。

买断式保理是指银行受让供应商应收账款债权后，即放弃对供应商追索的权利，银行独力承担买方拒绝付款或无力付款的风险；非买断式保理是指银行受让供应商应收账款债权后，如果买方拒绝付款或无力支付，银行有权要求供应商回购应收账款。

融资保理是指银行承购供应商的应收账款，给予资金融通，并通过一定方式向买方催还欠款；到期保理是指银行在保理业务中不向供应商提供融资，只提供资信调查、应收账款催收以及销售分户账管理等非融资性服务。

商业保理是指供应商将基于其与采购商订立的货物销售/服务合同所产生的应收账款转让给保理商，由保理商为其提供应收账款融资、应收账款管理及催收、信用风险管理等综合金融服务的贸易融资工具。商业保理的本质是供货商基于商业交易，将核心企业（即采购商）的信用转为自身信用，实现应收账款融资。

银行保理更侧重于融资，银行在办理业务时仍然要严格考察卖家的资信情况，并需要有足够的抵押支持，还要占用其在银行的授信额度，所以银行保理更适用于有足够抵押和风险承受能力的大型企业，中小商贸企业通常达不到银行的标准。而商业保理机构则更注重提供调查、催收、管理、结算、融资、担保等一系列综合服务，更专注于某个行业或领域，提供更有针对性的服务;更看重应收账款质量、买家信誉、货物质量等,而非卖家资质,可以做到无抵押和坏账风险的完全转移。因此,如果通过商业保理的形式把债权转嫁给保理公司,就可以实现对账款的盘活,提高其现金流的使用效率。

保理商就是提供保理服务的金融机构。保理商可以根据卖方的资金需求,收到转让的应收账款后,立刻对卖方提供融资,协助卖方解决流动资金短缺问题;保理商可以根据卖方的要求,定期向卖方提供应收账款的回收情况、逾期账款情况、账龄分析等,发送各类对账单,协助卖方进行销售管理;保理商有专业人士从事追收,他们会根据应收账款逾期的时间采取有理、有力、有节的手段,协助卖方安全回收账款;保理商可以根据卖方的需求为买方核定信用额度,对于卖方在信用额度内发货所产生的应收账款,保理商提供100%的坏账担保。

从营业额来看,目前我国保理市场的主力是银行。在银行类保理商中,不论国际保理还是国内保理,中资银行在市场上占比都超过了95%。

5.2 融资租赁在国际上的发展状况

全球融资租赁市场规模从1989年的2044亿美元扩增至2013年的8840亿美元,25年间融资租赁年业务量复合增长率6.3%,总体上呈现出稳健而持续的扩张态势。自2000年以来,全球融资租赁行业规模增长日益受到宏观经济环境的变化影响,体现出更大的波动性。1997年的亚洲金融危机、2001年爆发的"9·11"事件和2008年的全球金融危机重创了全球融资租赁市场的发展,使其在1997年、2001年、2002年、2008年和2009年甚至出现了负增长现象。但随后的经济回暖使全球的融资租赁业务量增长获得了较为迅速的反弹。

2015年5月White Clarke Group公布的全球融资租赁业的调查报告显示,美国在运输业、建筑业、医疗保健和汽车业蓬勃发展的带动下,贷款需求增加,银行业信心水平四年来首次大增;英国在机械、设备、购买软件这些关键资产行业持续发展;欧洲,2015年,随着汽车租赁行业的精彩表现,新增租赁业务达到自2007年以来最高年增长率;亚太地区,近几个月澳大利亚租赁市场有进步的迹象;新增的租赁市场,特别是汽车、摩托车租赁,在越南、柬埔寨和泰国等国家开市;南美,尽管巴西租赁市场持续下行,但在以墨西哥、哥伦比亚和智力为代表的该地区其他国家的租赁活动更加稳固。该报告提出了全球融资租赁业面临的主要外部挑战,主要是市场内的政治不确定性,法律法规变化的可能性是主要挑战。其中包括新国际租赁会计准则、潜在加息可能、欧元区不确定性,这些都是推迟重要投资决策的重要因素,而这些重要的投资决策有可能把融资租赁业推向新高。尽管存在挑战,但全球融资租赁市场前景向好。

全球融资租赁从区域划分来看,租赁业务目前主要分布于三个区域:北美、欧洲和亚洲地区。这三个区域全球市场份额占比在最近20年期间稳定地维持在90%以上,近两年则回升至95%以上。其中亚洲在全球的业务量占比约20%,这一比例自2007年后逐渐上升,主要得益于中国的快速发展。

监管方面,国际上对融资租赁公司的监管主要有两类模式。一是按照金融机构进行监管，例如，印度、巴基斯坦、新西兰等把融资租赁公司视为金融机构，由中央银行进行监管。二是按照普通工商企业进行监管，例如，美、日、英、德等发达国家将融资租赁公司视同普通工商企业管理，不受金融监管部门的管制，也并不设单独的行业主管部门，经营中所涉及的外汇、税收、信贷等事项分别遵从各对应的职能部门的相关规定。

考虑到融资租赁兼具投融资、设备促销、资产管理等多种功能，而且介入融资租赁经营的投资者日趋多样化，按照金融还是非金融机构来监管，都有一定合理性。按照金融机构进行监管，可以视为强调了融资租赁业的融资功能；按照普通工商企业监管，则强调了融资租赁业的非融资功能。

5.2.1 北美融资租赁市场

在北美，金融租赁业起步早，发展速度快，市场规模大，应用领域广，金融租赁已成为仅次于银行信贷的第二大融资方式。这些国家金融租赁业的市场渗透率平均为15%～30%，美国更是高达30%。美国的金融租赁涉及行业十分广泛，包括建筑、发电、工业制造、医疗、矿产石油天然气设备和运输工具(飞机、船舶)等。

北美地区融资租赁业因受到2008年源于美国的金融危机，传统的主导地位由北美地区转移至欧洲地区，北美地区业务急剧萎缩，失去的市场份额被亚洲地区和南美地区的租赁公司所占据。究其原因，以上市场结构的变动部分原因来自汇率波动和租购协议在美国的兴起。

2009年美国租赁业在金融危机阶段通过退出机制和合并重组实现了市场结构的调整，并且许多租赁公司进行了危机阶段的成本管理，优化了其内部风险管理机制。

2010年北美地区租赁业市场的结构转型率先走出低谷。

2011年全球租赁业市场实现了大反弹，新增业务量同比增长20%。北美、欧洲、亚洲地区的租赁业绩都实现了显著的增长。非洲地区的租赁业务增长则持平。

2012年和2013年，全球租赁业市场逐渐从金融危机中走出来，整体继续保持乐观的发展前景，2013年新增业务增长1.7%，市场总体规模达8839.6亿美元。与往年对比北美地区增幅的相对滑落，究其原因，是加拿大融资租赁协会(CFLA)对其融资业务进行了重估，数据前后产生了较明显的差别。

White Clarke Group 2015年全球租赁业报告称，2015年美国租赁业年交易额为3369.5亿美元，排在第二位的中国年交易额为1148.5亿美元，交易额美国几乎为中国3倍。驱动力方面，影响租赁行业的主要因素来自国际经济环境、国内经济情况、监管与法律限制以及国家对于设备租赁税收优惠政策的态度。

美国没有针对金融租赁专门立法，但有完善的民法、税法以及相关法律来保障金融租赁业务的顺利进行。在美国，与金融租赁相关法律、会计准则、税收和监管手段经过无数次修改和改进，已经相当成熟。美国各部门和法院对有关法律与规定的解释和判例对金融租赁行业影响很大。

美国财税政策上也给予了极大的支持，例如，允许出租人在出租设备购置成本中，按照一定比例享受税收优惠；允许出租人对租赁设备采取加速折旧，允许承租人把租金计入成本等。另外还采取保险等配套措施，美国对租赁公司的政治风险和违约风险等实行政策性保险。美国还允许金融租赁公司利用商业银行、保险公司、团体投资人的投资，以股份公司形式发行股票或公司债券、短期商业票据签发、发行特种基金等多种渠道进行筹资，保障融资租赁公司的资金来源。

北美的融资租赁市场普遍建立了一套动态、科学、灵敏的风险管理体系，有效控制和转移风险，并且成立行业分析与预测机构，研究行业发展和宏观经济变化之间的关系，规避金融租赁公司的外部风险。另外建立了租赁信用保险制度，由国家设立专项基金，以确保在承租的中小企业无法继续偿还租金时，金融租赁公司能顺利地从租赁信用保险基金中获得适当补偿。

5.2.2 欧洲融资租赁市场

欧洲租赁业市场各地区发展不均使其平均市场渗透率普遍维持在10%～20%的区间内。2003年以前尽管德国、英国等发达国家融资租赁市场发展迅速，但是东欧市场的相对不发达导致欧洲租赁业平均市场渗透率长期保持在15%左右。

2008年源于美国的金融危机使全球租赁业市场结构悄然发生巨变，欧洲的融资租赁市场取代北美的主导地位，欧洲地区的全球市场占有率高达48.5%。

2010年欧洲地区租赁业市场受欧元危机的拖累，复苏困难。

2012年和2013年，欧洲地区保持了良好的增长趋势。在国际金融危机和债务危机的双重打击下，欧洲大部分国家融资租赁市场持续低迷，但2012年开始英国和德国的融资租赁市场增长较大。德国是欧洲最大的融资租赁市场，危机后率先实现增长，融资租赁的比重有所上升。

2012年在德国总投资中，融资租赁的比重有所上升，占企业对外融资的53%。尽管危机前德国融资租赁年均增长15%，但仅2012年上半年，德国新增租赁就增长3.6%，达203亿欧元。从租赁设备结构看，复苏并不平衡。在新增投资中，汽车租赁同期增长8.4%，办公和信息通信设备仅增长10.7%，生产设备则下降1.1%。

在英国，尽管经济总体不确定性因素仍存在，但英国融资和租赁协会数据显示，2012年其企业总投资增长4.8%。2012年10月新资产融资额为19.3亿英镑，同比增长17%。更重要的是，这些新投资领域较广，包括厂房和设备、汽车、商用车、信息通信及商业设备。从融资租赁市场结构看，目前主要出租人英国ING租赁公司在2012年12月宣布没有新的租赁业务发生，并降低了资产组合多样性，同时又有另一家大银行为了平衡资产负债表而减少相关业务。此类事件虽然在初期对市场造成较大冲击，但随着新租赁公司的出现，这类事件更多地反映了新公司进入市场的契机。

2015年尽管全球和欧洲经济形势出现波动，欧洲地区融资租赁业也取得了不俗的成绩，2015年营业收入总计102亿欧元，较2014年上涨8.7%。同时，2015年新增业务量飙升近11%。受风险准备金大幅降低的影响，盈利能力比率从32%上升至近42%。这意味着风险成本从2014年的0.7%降至2015年的0.5%；年度资产收益和净资产收益比率有明显提高，分别从1.3%跃至1.7%，从123增至170。

欧洲租赁指标显示2016年第一季度关键指标仍然强劲，新增业务量同比上涨8.8%。但2016年第一季度营业收入较2014年和2015年增长缓慢，营业支出上涨比率较大。

欧洲租赁联盟认为，尽管新增业务量增长势头强劲，投资组合水平提高，但近期收益增长缓慢，成本逐步攀升仍会引起警觉。这表明租赁业准备好了迎接未来可能存在的任何挑战。

5.2.3 亚洲融资租赁市场

日本是发达国家中融资租赁业务发展较晚的国家，但在亚洲国家中发展最早。2008 年之前日本融资租赁业发展迅速，在交易规模和产品创新上都处于领先地位，市场渗透率维持在 10%左右，2004 年日本租赁交易额达 744.1 亿美元，居全球第二。在 2008 年金融危机影响下，2008 年和 2009 年融资租赁规模分别下降到 670.1 亿美元和 532.5 亿美元，位列全球第三。2010 年在亚洲整体经济复苏的背景下，日本下降 6.6%，全球排名第四。从融资租赁设备品种看，汽车租赁保持了一贯的危机免疫力，下降最多的领域是工厂和建筑设备，分别下降 59.6%和 39.5%。截至 2010 年 9 月，信息与通信设备占设备融资租赁交易总额的份额最高，为 36.2%。

日本和韩国引进美国的融资租赁业务较早，相应的法律制度发展较为完善。例如，日本跟美国一样没有针对金融租赁专门立法，但都有完善的民法、税法以及相关法律来保障金融租赁业务的顺利进行。韩国在 1972 年引入金融租赁业后于次年制定了《租赁业促进法》，并随着韩国经济发展，先后于 1982 年和 1991 年对法案进行了修订，使金融租赁业达到促进国民经济发展的作用。

政策方面，日本和韩国政府都出台了相应的财税政策给予大力扶持。例如，韩国允许出租人对租赁设备采取加速折旧，允许承租人把租金计入成本。日本对金融租赁公司实施财政补贴，减少承租人尤其是中小企业承租人的租赁成本。另外，采取保险等配套措施。日本政府推行租赁信用保险方案，租赁公司如与政府所批准的风险投资公司签订租赁合同，则出租人可获得的保险赔偿率提高到 70%。韩国则由商业银行和短期融资公司按照资产的一定比例无偿交纳一定的资金，建立忠信基金。

在鼓励业务创新方面，日本与韩国在金融租赁公司灵活营销和业务创新方面都做了努力。例如，准许出租人不仅为承租人提供设备，还可为其提供现金流量、设备维护等综合服务；金融租赁业务既可由银行内设的租赁部和独立注册的金融租赁公司来做，还可由设备制造商直接注册租赁公司来做；租赁物品既可是不动产，也可是动产。20 世纪 80 年代流行于美国和日本的“武士租赁”就对推动企业技术升级和出口做出了积极贡献。

资金是融资租赁业良性发展的关键，为保障融资租赁业的资金来源，日本通过国家开发银行等国营银行，对金融租赁公司提供的政策性优惠贷款一般可占其资金来源的 40%左右。韩国租赁公司所需资金的 70%来源于公司债券，银行贷款也是租赁公司重要的资金来源。此外，韩国租赁公司发债的上限可达净资产 10 倍，而一般企业的发债比例仅为 2 倍。

2010 年以后亚洲地区的融资租赁业务规模因为中国租赁市场的持续繁荣出现了 30%以上的增长率。作为发展势头最为强劲的中国则解决了由营改增给行业带来的税赋加重的问题，同时中国政府也在积极努力地为融资租赁创造更加宽松的环境。

【相关阅读】

汽车金融市场规模扩展　融资租赁将成理想杠杆

汽车金融被称作未来五年汽车产业链上的明星业务,低市场渗透率蕴含着巨大的增长潜力。在这个规模和容量万亿级的市场中,融资租赁作为金融工具,以其特有的竞争优势成为撬动汽车金融市场的"理想杠杆"。

中国已成为全球第一大汽车国家,新车、二手车市场以及汽车后市场都得到了快速发展,加上互联网金融浪潮的推进,汽车金融行业迎来了爆发式增长。根据发达国家的经验,汽车金融服务是汽车产业价值链中最有价值和最富活力的一环。

由于可以有效地加速行业转型及刺激汽车购买消费,汽车金融也成为各方资本争抢的焦点,多家资本布局汽车金融业务,一时间该领域风生水起。

零壹研究院在发布的《中国互联网＋汽车金融发展报告2016》中预计,2016年汽车金融市场规模将突破万亿规模。中国银行业协会发布的《2015中国汽车金融公司行业发展报告》也称,我国汽车金融市场已经进入快速发展期,汽车金融相关业务增速维持在较高水平。而按照汽车金融整体渗透率从目前的35%增长到50%计算,我国汽车金融市场仍然拥有较大的发展空间。

如此大容量的市场,需要更好的金融工具来撬动,融资租赁则因其更灵活、更高利润率被视为汽车金融市场的新生力量。一位业内人士指出,无论是新车、二手车、新能源汽车,还是移动出行、汽车电商等新兴领域,都是资本追逐的市场风口,他们都需要金融工具来撬动,而融资租赁正是那个理想杠杆。

我国的汽车融资租赁在20世纪80年代中期就已出现,但由于这种模式早期在国内市场和经济形势下并未获得充分认可,所以其优势没有得到发挥,发展缓慢。进入21世纪,随着中国经济高速发展,以及面对多元化的竞争格局,汽车行业的管理理念和思路方式都在不断变化,人们的消费思想和模式也逐渐发生改变,汽车融资租赁在国内开始大热,或将成为国内汽车金融领域新的爆发点。

除市场需求,国家政策暖风也频频吹向融资租赁,使该行业越发受到关注。2015年8月31日,国务院发布的《关于加快融资租赁业发展的指导意见》中明确表示,将通过鼓励融资租赁发展新能源汽车配套设施。另外,商务部、银监会也相继出台多种规范和政策,诸如《金融租赁公司管理办法》《关于加快融资租赁业发展的指导意见》等,明确融资租赁行业的市场准入、税收等政策。

其实,融资租赁能够作为金融工具成为撬动汽车金融市场的理想杠杆,与其特有的竞争优势是分不开的。据一位业内人士介绍,汽车融资租赁具有调账功能、高审批通过率、降低形式利率以及快速的审批流程等优势。

"一方面,企业通过收取保证金和手续费的方式从形式上降低利率;另一方面,审批门槛低,重点做银行和金融公司未审批通过的补缺客户,适当提高利率水平;再者就是手续简单,证明文件少,流程效率高等。"上述人士表示。

基于融资租赁在汽车金融行业的优势,越来越多的金融公司将触角延伸到该领域。据悉,中国最大的专注融资租赁资产交易的互联网金融平台普资华企业已完成战略合作布局，公司的汽车融资租赁理财产品将在11月初正式上线。

普资华企CEO林昌利表示，融资租赁的核心是所有权，这也意味着租赁公司掌握主动权，因此融资租赁业务具有天然安全属性，同时汽车是典型的优质资产，该业务具有小额、流动性好、安全性较高等特点，符合监管精神。

"普资华企在选择合作方时有更高标准，资质上乘、模式优良、经营稳健、行业领先是我们选择合作方的首要条件，打通优质上下游，同时用三级风控体系来确保资产安全，才能给平台投资人最大化的安全保障。"林昌利介绍说。

资料来源：东方网. 汽车金融市场规模扩展　融资租赁将成理想杠杆[EB/OL]. (2016-11-11). http://economy.enorth.com.cn/system/2016/11/11/031312506.shtml.

5.3　我国融资租赁市场的发展现状及政策

中国租赁联盟、中国租赁业创新服务基地和天津滨海融资租赁研究院组织编写的中国租赁蓝皮书——《2016年第一季度中国融资租赁业发展报告》于2016年4月发布。报告显示，截至2016年3月底，全国融资租赁企业（不含单一项目公司、分公司、子公司和收购海外的公司）总数为5022家，比上年年底的4508家增加514家；行业注册资金统一按人民币计算，约合17 202亿元，比上年年底的15 165亿元增加2037亿元；全国融资租赁合同余额约45 200亿元人民币，比2015年年底的44 400亿元增加约800亿元，比上年年底增长1.8%，与2015年第一季度34 200亿元相比，同比增长32.2%。

2016年第一季度全国融资租赁业受2015年年底"E租宝事件"影响，多家银行停止了与融资租赁企业的贷款和通道业务，北京新三板停止了对内、外资租赁企业的审批，一些地区甚至停止了外资租赁企业的注册，再加上全行业的风险排查，使增长速度有所下降。2016年第二季度开始，随着"E租宝事件"负面影响的消除和全国行业风险排查的结束，融资租赁业重新步入快速发展的轨道。在整个"十三五"时期内，国内融资租赁产业继续保持高速增长，成为一些地区推动经济社会发展的强力支撑。

5.3.1　我国融资租赁企业的类型

(1) 我国融资租赁企业按企业性质分为三类，分别是金融租赁企业、外资融资租赁公司、内资融资租赁公司。

金融租赁企业是经我国银监会批准，以经营融资租赁业务为主的非银行金融机构。金融租赁企业受银监会监管，具体规定参照《金融租赁公司管理办法》。该类型企业多是银行背景，股东资金优势明显，数量较少，截至2015年年底共49家，但是业务规模庞大，在租赁业务中占据将近市场份额的一半。

外资融资租赁公司就是由外商投资的融资租赁公司。受商务部监管，具体规定参照《外商投资租赁业管理办法》。因融资渠道相对多元化，资金实力较为雄厚，业务能力较强，且企业的数量最多，数量占比超过90%。

内资融资租赁公司与外资融资租赁公司相对应，是内资试点的融资租赁公司。受商务部监管，具体规定参照《融资租赁企业监督管理办法》。

(2) 金融租赁与融资租赁二者的区别如下。

按照行业划分，金融租赁公司属于金融业(J门7120大类)其他金融活动中的金融租赁。融资租赁公司尚未见到明确的产业归属，只有在租赁和商务服务业(L门7310大类)中见到租赁业中的设备租赁。

金融租赁公司是非银行金融机构，融资租赁公司是非金融机构企业。虽然融资租赁公司总想往金融方面靠，但国务院《关于加强影子银行监管有关问题的通知》要求"融资租赁等非金融机构要严格界定业务范围""融资租赁公司要依托适宜的租赁物开展业务，不得转借银行贷款和相应资产"，严防租赁公司从事影子银行业务。

金融租赁公司不包括在影子银行嫌疑之内。金融租赁公司的资金来源虽然多来自同业短期资金市场。因其已纳入信贷规模管理，不是影子银行，充其量属于类银行的金融业务。而且，金融租赁公司除银行系外，可以吸收股东存款。经营正常后可进入同业拆借市场。融资租赁公司中外资企业，只能从股东处借款，不能吸收股东存款。也不能进入银行间同业拆借市场。

金融租赁公司监管部门按照放款人监管。租赁公司在监管部门批准的信贷规模范围内开展业务活动。租赁资产发生变化时，每日都要上报。监管部门对租赁公司的银行账户有可靠的监控。

融资租赁公司监管部门按照不允许开办金融业务的方式对租赁公司的经营行为进行监管。要求租赁公司"不得从事吸收存款、发放贷款、受托发放贷款等金融业务。未经相关部门批准，融资租赁企业不得从事同业拆借等业务。严禁融资租赁企业借融资租赁的名义开展非法集资活动"。监管部门并不能及时准确地掌握租赁公司的资产实际状况和资金流动情况。租赁公司在金融机构批准的授信范围内开展业务活动。

金融租赁公司的租赁标的物限定在"固定资产"。在实际监管中还有窗口指导，调整固定资产的经营范围。融资租赁公司的标的物限定在"权属清晰、真实存在且能够产生收益权的租赁物为载体"标的物的灵活性与会计准则和税收政策不符，容易产生行业的潜在风险。

金融租赁公司按照金融机构的资本充足率进行风险控制。依照《巴塞尔协议》资本充足率不能低于8%。融资租赁公司按照"风险资产不得超过净资产总额的10倍"的要求进行风险管理。实际运作中，这个指标由出资人按照市场风险来考虑，与政府监管无关。

金融租赁公司目前没有外资企业或金融机构入股。融资租赁公司从引进中国之日起就允许外资设立非金融机构的合资或独资的融资租赁公司。

财政部关于印发《金融企业呆账准备提取管理办法》的通知，对金融租赁公司形成的"金融资产"税前提取呆坏账准备金。金融租赁公司是按照金融机构的标准，允许金融机构在没有发生损失前也可以计提呆坏账准备金。

非金融机构的融资租赁公司的租赁资产不属于"金融资产"，不能税前提取呆坏账准备金。按照《中华人民共和国企业所得税法实施条例》第三十二条的解释："企业所得税法第八条所称损失，是指企业在生产经营活动中发生的固定资产和存货的盘亏、毁损、报废损失，转让财产损失，呆账损失，坏账损失，自然灾害等不可抗力因素造成的损失以及其他损失。”也就是说融资租赁公司的租赁物发生了损失才可以计提准备金，没有发生损失就不能计提准备金。

金融租赁公司被监管部门要求将租赁资产在中国人民银行的《融资租赁登记公示系统》进行登记。融资租赁公司被监管部门要求将租赁资产每个季度向《全国融资租赁企业管理信息系统》传入经营数据，以此作为公示登记。

《海关免关税进口申请程序》中规定，在办理减免税货物贷款抵押申请手续时，特定减免税货物贷款抵押限于向中国境内金融机构或境外金融机构。而金融机构仅限定在“非银行金融机构(包括信托投资公司、融资租赁公司和财务公司等)”。非金融机构的融资租赁公司不在此范围内。

(3) 我国融资租赁企业按股东背景分为三类，分别是银行系融资租赁公司、厂商系融资租赁公司、独立第三方融资租赁公司。

银行系融资租赁公司典型的以国银金融租赁、工银金融租赁等为代表，其最显著特点是对银行的依赖性较强，业务项目来源于银行内部推荐，客户定位于国有大中型企业，业务集中于交通运输设备、通用机械设备、基础设施建设、大型工业装备设备等领域，业务类型以售后回租式融资租赁为主。

厂商系融资租赁公司的代表为西门子、卡特彼勒租赁等大型跨国公司为主，其客户绝大部分集中于设备厂商的自有客户，租赁对象为厂商自身设备，以直接融资租赁交易结构为主。本质上是股东从事租赁服务的一个负债、投资、营销和资产管理的平台。

独立第三方租赁公司为客户提供包括直接融资租赁、售后回租式融资租赁等，量身定制金融及财务解决方案，满足客户的多元化、差异化的服务需求。典型代表有华融租赁。

5.3.2 我国融资租赁细分市场情况

1. 我国飞机融资租赁行业发展情况

根据波音公司中国市场展望报告预测，在2015年至2034年的未来20年间，中国将需要6330架新飞机，这些飞机的总价值约为9500亿美元。同时，中国民航机队规模在未来20年将扩大到现在的3倍，从2014年的2570架增加到2034年的7210架。我国航空业正处于黄金发展时期，并可带动全球飞机融资租赁市场的发展。

根据中国民航总局的估测，到2020年通用航空机队规模总数将达到1万架，复合增长率22%，市场规模将达到1500亿元。按照投入产出1∶10的比例估算，将直接带动上下游超万亿元的市场规模。

由于飞机租赁涉及资金量庞大，目前国内多为金融系租赁公司开展此类业务。国银租赁、工银租赁、民生金融租赁等为国内开展飞机租赁业务中居于前列的公司。

2. 我国船舶融资租赁行业发展情况

在全球航运融资市场，租赁占据相当份额，全球每年与航运相关的金融交易规模高达数千亿美元，其中船舶贷款规模约3000亿美元，船舶租赁交易规模约700亿美元。每年的融资租赁仅次于银行贷款，相当于银行贷款规模的1/4，远远高于资本市场融资。

2014年，我国全国造船完工3905万载重吨，同比下降13.9%，降幅比上年收窄10.8个百分点。2015 年 1～2 月,全国造船完工 556 万载重吨,同比增长 34.1%。承接新船订单 382 万载重吨,同比下降 78.9%。2 月底,手持船舶订单 14 760 万载重吨,同比增长 1.8%,比 2014 年年底下降 1.2%。融资租赁已成为我国造船和航运企业融资的重要渠道。金融租赁业的迅速崛起对解决中小船舶企业融资难也提供了一条重要途径。

我国金融租赁公司中以船舶及其他航运设备租赁为主营业务的有工银、国银、交银、招银、民生等 10 家金融租赁公司。统计显示,2014 年,仅民生金融租赁股份有限公司、交银金融租赁有限公司和中国船舶(香港)航运租赁有限公司 3 家租赁公司就累计订造了 400 多万载重吨船舶,为我国造船业贡献了大量订单。

3. 我国装备制造业融资租赁发展情况

装备制造业是为国民经济各行业提供技术装备的战略性产业,是国家及地区科技水平、制造能力和综合实力的集中体现。早在 2009 年,我国机械装备工业销售额已居世界第一。

根据国际成熟市场的经验,装备制造企业作为设备供应方和技术掌握者,直接贡献了融资租赁市场 50%以上的业务量。2012 年我国全国固定资产投资总额为 36.48 万亿元,其中设备投资总额为 7.6 万亿元,按照国际上设备金融应占设备投资资金来源总额 33%的比例估算,2012 年中国增量设备金融需求量为 2.51 万亿元,但来自国内贷款的设备投资资金仅占投资总额的 12.5%,即 0.95 万亿元,相比当年需求,缺口高达 1.56 万亿元,我国装备制造业的融资租赁情况还不容乐观,亟须融资租赁的支持。

装备制造是中国经济升级的支柱产业之一,也是融资租赁业长期最为重要的业务领域。一些大型装备制造企业看到市场的机会,开始布局融资租赁产业,如中国船舶、中集集团等都成立了融资租赁公司,从传统制造商向现代服务商转型,从单纯的制造拓展到整个环节全流程服务。

4. 我国机器人领域融资租赁发展情况

机器人被誉为“制造业皇冠顶端的明珠”,是工业 4.0 和中国制造 2025 的战略制高点,更是智能社会科技创新与产业升级的突破口。然而每一次技术革命和产业革命都离不开资本的推动,机器人革命更离不开金融力量的支持。

目前,我国工业机器人应用与日本、韩国和德国等发达国家相比差距较明显。随着我国劳动力成本的上升,我国工业机器人市场发展潜力巨大。企业使用机器人替代人工,需要几百上千万元的投入,对于相对实力较弱的多数中小企业来说,会影响其资金流动性。通过融资租赁的方式,不仅有利于解决企业融资难问题,还有利于企业取得对“机器换人”的更新换代主动权。融资租赁与机器人产业的结合,在推动工业机器人行业发展的同时,也为工业制造业转型升级提供了支持。

我国工业机器人产业融资租赁在推动工业机器人应用中发挥着重要作用,但目前还存在着融资成本过高、工业机器人标准体系缺失、缺乏专业的服务、配套的风险管理体系不完善等问题。

5. 我国农业领域融资租赁发展情况

2014 年以来,农机租赁的发展陆续得到国务院和各政府部门的鼓励与支持。国务院总理李克强在2014年4月16日主持召开国务院常务会议时，强调了开展农机金融租赁服务、创新抵押与质押担保方式、发展农村产权交易市场的重要性。

2015年中央一号文件明确指出，开展大型农机具融资租赁试点。这是继融资租赁在首次写入2011年中央一号文件后再次指向涉农融资租赁。面对当前我国农业正处于转型发展的关键节点上，借助融资租赁的杠杆，加快发展大型农机具推广应用就成为推进农业转变生产方式、优化调整农业结构、补齐农业现代化短板的重要途径。

6. 我国医疗卫生领域融资租赁发展情况

2014年，中国医疗设备制造行业规模以上企业实现销售收入2136.07亿元，相比上年同比增长13.10%，医疗设备制造行业增长有所下降，增速相比上年下降了7.62个百分点。从2007年到2014年，销售收入年均增长率达到了22.21%。

随着老龄化、慢性病上升、医保健全以及居民健康意识的提升，居民对医疗服务及医疗设备的需求快速上升，部分医院受制于资金，难以及时采购设备，融资租赁为此提供了很好的解决方案。

目前，国内只有经过中国人民银行或者商务部批准的融资租赁公司才可以合法开展医疗设备融资租赁业务。现活跃在国内医疗融资租赁领域的公司主要有远东国际租赁有限公司、江苏融资租赁公司、华融融资租赁公司、恒信融资租赁公司、新世纪金融租赁有限责任公司、浙江金融租赁股份有限公司、深圳金融租赁有限公司、新疆金融租赁有限责任公司等。

5.3.3 我国融资租赁市场政策及法规

2013年财税〔2013〕37号文，融资租赁行业纳入营改增试点，采用差额纳税。

2014年2月，最高人民法院颁布实施《关于审理融资租赁合同纠纷案件适用法律问题的解释》（法释〔2014〕3号），针对实际案件审理过程中争议较大的问题，如售后回租性质认定、违约行为处理以及善意第三人取得等方面均做了更加细化的说明，对融资租赁业务运营和操作具有重要的指导意义。

2014年9月1日，财政部、海关总署、国家税务总局联合发布《关于在全国开展融资租赁货物出口退税政策试点的通知》（财税〔2014〕62号），由试点扩大到全国统一实施，并在原有《天津东疆保税港区融资租赁货物出口退税管理办法》基础上进行了补充和完善，扩大享受出口退税政策融资租赁企业范围。

2014年12月，商务部发布《商务部关于利用全国融资租赁企业管理信息系统进行租赁物登记查询等有关问题的公告》（商务部公告2014年第84号），在原有系统基础上搭建了全国融资租赁物权登记平台，新增租赁物登记公示和查询功能，明确租赁资产的权利状况，规范融资租赁业务流程，有利于融资租赁企业防范和规避经营风险。同时，融资租赁行业统计监测制度逐步建立和完善，并定期向社会公布行业信息报告，进一步提高行业监管和服务水平。

2015年1月13日，商务部办公厅《关于开展典当、拍卖、融资租赁等行业非法集资风险排查的通知》（商办流通函〔2015〕21号）。

2015年7月23日，商务部办公厅《关于融资租赁行业推广中国（上海）自由贸易试验区可复制改革试点经验的通知》。

2015 年 8 月 31 日，国务院办公厅发布《关于加快融资租赁业发展的指导意见》(国办发〔2015〕68 号)。

2015 年 10 月 28 日，商务部分布《外商投资租赁业管理办法》(2015 年修订)〔151028〕(根据 2015 年 10 月 28 日商务部《关于修改部分规章和规范性文件的决定》〔商务部令 2015 年第 2 号〕修订)。

2016 年 3 月，银监会修订《金融租赁公司管理办法》主要做出六方面修订，引导各种所有制资本进入金融租赁行业，推动商业银行设立金融租赁公司试点进程，促进行业健康发展。

2016 年 3 月 24 日，财政部、国家税务总局发布《关于全面推开营业税改征增值税试点的通知》，融资租赁行业的"直租"与"回租"分不同类别征税。

2016 年 4 月 1 日，商务部、国家税务总局发布《关于天津等 4 个自由贸易试验区内资租赁企业从事融资租赁业务有关问题的通知》(商流通函〔2016〕90 号)。

2016 年 8 月 1 日，财政部、海关总署和国家税务总局公布的《关于在全国开展融资租赁货物出口退税政策试点的通知》，同日，国家税务总局公布《关于发布〈融资租赁货物出口退税管理办法〉的公告》。

尽管当前我国现有的法律法规已经对融资租赁市场进行了规范，为融资租赁行业的健康发展提供了配套的政策环境，但《融资租赁法》迟迟未出台，制约我国融资租赁行业的规范发展；行业监管部门不同，租赁物登记信息也缺乏有效整合。这些都有待法律及制度的进一步完善。

5.3.4 我国融资租赁市场监管

目前，我国融资租赁行业按照监管部门的不同，分为银监会监管的金融租赁公司和商务部监管的融资租赁公司。据业内统计，在商务部监管的融资租赁公司中，外资企业共有 4000 多家占据绝大比重，尚处在试点阶段的内资企业有 190 家左右。截至 2015 年年底，金融租赁企业资产总额约 1.6 万亿元，内资试点融资租赁企业资产总额约 9000 亿元，外资融资租赁企业约 1.1 万亿元。

银监会对金融租赁公司的审批和监管是按《中华人民共和国银行业监督管理法》履行行政管理职责，目前尚无法律文件允许商务部对融资租赁公司的前置审批和监管进行授权。《外商投资租赁业管理办法》引用的《中华人民共和国公司法》《中华人民共和国外资企业法》《中华人民共和国中外合资经营企业法》《中华人民共和国中外合作经营企业法》均没有授权过去的外经贸部或现在的商务部对融资租赁业进行监管和审批的法律条文。

金融租赁公司由银监会前置审批和监管，并出台了《金融租赁公司管理办法》。里面有审批和监管事项。融资租赁公司由商务部进行前置审批和监管，因为法律授权问题，目前无法出台《融资租赁公司管理办法》，只能出台《融资租赁企业监督管理办法》里面只有监管，没有审批事项。

尽管在中国许多行业都面临着监管分割问题，但若论起复杂性、严重性，融资租赁业极具代表性。整个行业不仅按照不同的监管者以金融机构和准金融机构分别定性、管理，而且施行不同的监管规则;在准金融机构的监管框架内又针对内资和外资有不同的规则。此外,还涉及地方监管和中央监管的权责划分问题。

整体来看,我国融资租赁行业依据审批和监管机构的区别,划分为"两类三种机构"。第一类是金融租赁公司,由银监会审批设立,定性为非银行金融机构。第二类是融资租赁公司,定性为非金融机构。融资租赁公司又进一步分为内资和外资两种,其中,内资试点类融资租赁公司由商务部和国家税务总局审批设立,外商投资类融资租赁公司则根据注册资本大小分别由商务部和省级商务主管部门审批、监管。

我国对金融租赁公司完全采用类似银行业的审慎监管方式,对不定性为金融机构、没有专门金融牌照的融资租赁公司的监管,也远较普通工商企业复杂和严格,不仅有专门的行业主管部门(商务部和省级商务主管部门),而且还采取了限制杠杆率、较高的最低资本金要求等监管手段。

相比之下,融资租赁公司则按照准金融机构的方式进行监管。所谓准金融机构,是中国的一种特殊称谓,专指那些没有获得金融许可证,在法律层面不受金融监管当局监管,但又因为从事特定金融业务而接受特定监管对象监管的合法企业、机构或组织。目前,中国的准金融机构包括小贷公司、融资担保公司、典当行、保理公司、融资租赁公司等。针对准金融机构的监管框架大体上类似于对金融机构的监管,也有最低资本金、杠杆率等监管指标的要求,但一般来说不论监管规则的设定还是具体执行的严格程度都要弱于对金融机构的监管,当然要明显高于一般工商企业。

在我国,金融租赁公司和融资租赁公司不仅是名义上的区别,更代表着由监管规则所塑造的不同业务发展空间。以对融资租赁公司的业务扩张十分关键的外部融资渠道为例,根据现行监管规则,金融租赁公司能够通过同业市场拆借、吸收非银行股东 3 个月(含)以上定期存款等方式筹资,但融资租赁公司既不能吸收股东存款也不能进入银行间同业拆借市场融资。

另外,外资融资租赁公司在境外借款方面相比内资租赁公司和金融租赁公司更加便利,被允许的债务杠杆率也更高。内资融资租赁公司则既没有金融租赁公司在境内融资方面的优惠,也没有外资融资租赁公司在境外融资方面的便利,处于竞争中的不利地位。另外一个例子是在最低限额注册资本的要求上,金融租赁公司要求为 1 亿元人民币或等值的自由兑换货币,而且必须为一次性实缴货币资本;外资融资租赁公司为不低于 1000 万美元,没有一次性实缴的规定;2001 年 9 月 1 日至 2003 年 12 月 31 日设立的内资融资租赁公司则要求 1.7 亿元人民币,远远高于对其他两类公司的注册资本要求。

5.3.5 我国具有代表性的几个地区融资租赁发展情况

2012 年,天津东疆保税港区率先试点融资租赁货物出口退税政策。4 年间,融资租赁企业大力拓展海外市场,涌现出一批绝对控股、风险自担、合作经营、国际化运作的融资租赁单机项目子公司,主要从事飞机运营、船舶运输、石油加工、重型机械、医疗仪器等高端装备出口,部分融资租赁子公司已跻身国际租赁市场前列。截至 2015 年年底,天津东疆保税港区共注册各类租赁公司 1449 家,累计注册资本金 1317.6 亿元人民币,租赁资产总额超过 358 亿美元,占全国融资租赁行业近 30%,职能部门累计办理融资租赁出口退税

6.9亿元。

为更好地发挥融资租赁服务实体经济功能，上海发布《关于加快本市融资租赁业发展的实施意见》(以下简称《实施意见》)，自2016年9月1日起施行，有效期至2020年12月31日。《实施意见》提出，以中国(上海)自由贸易试验区先行先试为契机，建立支撑融资租赁业持续健康发展的制度创新体系，建立统一、规范、有效的控制行业风险和事中事后监管体系，建立行之有效的政策扶持和服务体系，不断拓宽服务领域，提升上海融资租赁业的国际竞争力和对全市经济社会发展的贡献度。结合上海实际，《实施意见》提出了五个方面主要任务，并给出了具体目标：争取到2020年，实现融资租赁业务领域覆盖面不断扩大，融资租赁市场渗透率显著提高，融资租赁资产规模占全国比重达到30%以上。

2012年，国务院通过的深圳前海金融改革创新先行先试政策，支持深圳前海深港现代服务业合作区实行比经济特区更加特殊的先行先试政策，打造现代服务业体制机制创新区、现代服务业发展集聚区、香港与内地紧密合作的先导区、珠三角地区产业升级的引领区。继天津、上海之后，前海已成国内融资租赁的“第三极”，有276家为中国港、澳、台企业和外商企业，占全部融资租赁企业的60.9%，是涉外企业占比最高的一种新兴金融业态。

2015年9月，厦门市出台自贸片区租赁业发展办法，对在厦门市新设立或从厦门域外新迁入的租赁法人企业，根据其资金到位情况给予落户奖励，最高奖励3000万元。对厦门域外租赁企业在自贸试验区内设立总部营运中心或区域性分支机构，一次性奖励50万元。政策措施作用下，截至2016年7月，厦门自贸片区已有融资租赁企业150多家，注册资本额约180亿元。一大批央企、国企、上市公司及大型民企纷纷在厦门自贸片区设立融资租赁公司，融资租赁业已在厦门自贸片区形成聚集效应。2016年8月30日，厦门市金融办会同市财政局、自贸试验区厦门片区管委会发布《中国(福建)自由贸易试验区厦门片区租赁业发展办法财政扶持奖励实施细则》，将对符合条件的租赁企业提供最高3000万元的扶持奖励资金。厦门自贸片区将融资租赁业确定为重点扶持发展产业，出台了一系列政策扶持办法，支持租赁企业开展商业保理、贸易，鼓励租赁企业拓展飞机、汽车、船舶等运输工具的专业融资租赁服务及跨境融资租赁业务。

截至2016年11月8日，在交易所挂牌的企业资产证券化项目中，租赁资产证券化共发行172只，占比20.38%；发行金额1645.66亿元，占比9.91%。无论在项目数量还是发行总额上，各基础资产类型中排名第一的都是租赁租金。

【相关阅读】

融资租赁业发展空间广大　商务部称监管还待加强

自1980年我国成立第一家租赁合资融资租赁公司——中国东方租赁有限公司后，30多年来，我国融资租赁行业总体呈现持续快速健康的发展态势。融资租赁行业在国民经济中也占据越来越重要的地位。

在2016年9月9日召开的“2016中国融资租赁发展论坛”上，中国外商投资企业协会常务副会长邵祥林介绍，据行业协会预计，2016年我国融资租赁业务规模将达5万亿元人民币。

在2011年到2015年的5年间，融资租赁业的营业额，从2011年的1万亿元人民币增长到2015年的40万亿元人民币。融资租赁业营业公司数量，从2011年的323家增加到2015年的4000家以上。

“同时需要注意，我国融资租赁业的市场渗透率还很低，与发达国家相比，仍存在较大差距，融资租赁业的整体发展水平仍待进一步提高。与我国经济发展的规模和水平相比，我国融资租赁业仍有很大的发展空间。”邵祥林说。

商务部外国投资管理司副司长叶威在会上表示，截至2016年6月底，外商投资的融资租赁公司已超过5000家。而融资租赁公司数量的迅速增长，也为行业监管带来更大挑战。

叶威说，2016年上半年，商务部在全国部署开展了融资租赁行业风险排查工作，通过此次风险排查，发现了一些值得关注的情况。其中，包括空壳企业大幅度增加，少数企业存在超范围经营不动产融资业务等不规范经营行为，个别企业存在参与互联网金融业务和通过互联网开展业务的情况，以及系统填报信息不完整、不准确，造成商务部难以及时掌握企业经营情况等问题。

下一步，加强行业监管，坚决守住不发生系统性、区域性风险的底线，商务部在未来一段时间，将重点做好几个方面的工作。

叶威表示，首先是进一步放宽外资准入门槛。2015年，商务部就《外商投资融资业管理办法的补充规定》向社会公开征求意见，下一步，将积极推动该办法的修订工作，放宽准入，降低门槛。

其次是认真研究融资租赁行业发展中遇到的问题。国务院办公厅《关于加快融资租赁业发展的指导意见》颁布一年来，上海、天津等18个省市相继出台了加快融资业务发展的实施意见，有力推动了各地融资租赁业的发展。但是，融资租赁行业也面临很多问题，比如车辆租赁业务仍存在制度上的困难，进口免税设备的租赁业务仍需进一步明确，资本市场对融资租赁业务的认识有待提高。叶威说，商务部将会同有关部门，继续研究支持融资租赁业务的发展和举措。

再次是加强对企业的事中事后监管。叶威说，融资租赁企业具有类金融的业务性质，有必要对企业采取比一般工商企业更为严格的管理制度，加强事中事后监管。

最后是充分发挥行业协会的作用，充分发挥各地行业协会联系政府和企业的桥梁和纽带的作用。

资料来源：赵静. 融资租赁业发展空间广大　商务部称监管还待加强[EB/OL].（2016-09-09）. http://news.cnstock.com/news/sns_bwkx/197001/3897674.htm.

本章小结

本章主要针对融资租赁市场进行了详细的阐述，涉及了融资租赁市场的概述、融资租赁在国际上的发展状况和我国融资租赁市场的发展现状和政策。完成本章的学习，应该理解和掌握以下内容。

(1) 融资租赁的类型有简单融资租赁、直接融资租赁、售后回租式融资租赁、国际融资租赁、融资转租赁、返还式租赁、杠杆租赁、税务租赁、百分比租赁、风险租赁、结构式参与租赁、合成租赁、委托租赁、经营租赁、混合性租赁等,但目前市面上普遍的主要是直接融资租赁、售后回租式融资租赁、经营租赁和国际融资租赁。

(2) 在北美,金融租赁业起步早,发展速度快,市场规模大,应用领域广,金融租赁已成为仅次于银行信贷的第二大融资方式。这些国家金融租赁业的市场渗透率平均为15%~30%,美国更是高达30%。美国的金融租赁涉及行业十分广泛,包括建筑、发电、工业制造、医疗、矿产石油天然气设备和运输工具(飞机、船舶)等。

(3) 欧洲租赁业市场各地区发展不均使其平均市场渗透率普遍维持在10%~20%的区间内。2003年以前尽管德国、英国等发达国家融资租赁市场发展迅速,但是东欧市场的相对不发达导致欧洲租赁业平均市场渗透率长期保持在15%左右。

(4) 2010年以后亚洲地区的融资租赁业务规模因为中国租赁市场的持续繁荣出现了30%以上的增长率。作为发展势头最为强劲的中国则解决了由营改增给行业带来的税赋加重的问题,同时中国政府也在积极努力地为融资租赁创造更加宽松的环境。

(5) 我国融资租赁企业按企业性质分为三类,分别是金融租赁企业、外资融资租赁公司、内资融资租赁公司。我国融资租赁企业按股东背景分为三类,分别是银行系融资租赁公司、厂商系融资租赁公司、独立第三方融资租赁公司。

(6) 目前,国内只有经过中国人民银行或者商务部批准的融资租赁公司才可以合法开展医疗设备融资租赁业务。现活跃在国内医疗融资租赁领域的公司主要有远东国际租赁有限公司、江苏融资租赁公司、华融融资租赁公司、恒信融资租赁公司、新世纪金融租赁有限责任公司、浙江金融租赁股份有限公司、深圳金融租赁有限公司、新疆金融租赁有限责任公司等。

案例分析

途牛继拿下商业保理后再获融资租赁牌照

产业链进一步缩短,提效是大势所趋。OTA行业目前也正形成整合产业链的趋势,这将极大提速业务发展。

在2015年11月召开的第五届合作伙伴大会上,途牛旅游网CEO于敦德曾透露2016年将上线融资租赁业务。随着途牛宣布获得融资租赁牌照,其进军融资租赁业成为现实。4月21日,途牛在天津成立开汇融资租赁有限公司,由此成为国内首个进军融资租赁市场的在线旅游企业。

1. 向车商买车后再分租合作伙伴

"获得融资租赁牌照成立融资租赁公司之后,途牛信贷业务的产品线变得愈加丰富,为整个供应链金融补上了非常重要的一环。"途牛旅游网副总裁陈杰在接受《每日经济新闻》记者采访时表示。

记者注意到,2015年9月16日,途牛曾宣布旗下两个商业保理公司获批,注册资金

13 亿元，成为国内首个进军旅游商业保理市场的在线旅游企业。而这次，途牛再获融资租赁牌照业务，正是兑现了此前其提及的“要全面布局互联网金融，上线融资租赁业务和供应链保险平台”。

陈杰对记者表示，途牛上线融资租赁业务，主要用于向汽车厂商购买车辆，再将车辆通过租赁的方式提供给合作伙伴，合作伙伴支付租金途牛同步转让车辆使用权，这样可以有效缓解合作伙伴一次性付款的压力，适用于提供周边游、国内地接、境外地接的服务商。

“融资租赁业务预计 2016 年上半年可以推出。除了车辆，我们也可以采购其他设备租给合作伙伴，以减轻他们的负担，这属于直租模式。同时，我们也接受合作伙伴将自有动产（设备）抵押给我们进行融资，这属于售后回租模式。”陈杰表示。

截至目前，途牛已拥有 11 000 余家合作伙伴，同时途牛唯一分销平台“笛风假期”自 2015 年 9 月推出以来，入驻分销商数量已从上线之初的 3000 余家增至 2 万余家。

根据执照信息，途牛此次设立的天津开汇融资租赁有限公司为外资公司，位于天津自贸区内。

“这意味着我们的融资渠道更为广泛。借助天津自贸区政策优势，途牛融资租赁公司可以通过内保外贷、境外直接贷款、境外发债等形式，进一步拓展境外融资渠道，获取境外低成本资金，既为合作伙伴战略发展提供资金保障，也能够降低中小合作伙伴融资成本。”陈杰表示，未来随着融资租赁公司逐渐发展成熟，途牛将向旅游产业链以外的对象提供专业化租赁以及相关融资咨询、担保等综合金融服务，在风险可控前提下寻找新的效益增长点。

2. 旅游金融生态圈成发力重点

事实上，为解决上下游合作伙伴融资难问题、助推产业链共同融合发展，途牛在供应链金融方面一直持续发力：2014 年建立 50 亿元资金储备，截至 2016 年第一季度，已累计向合作伙伴提供资金支持超 33 亿元；2015 年 9 月宣布旗下两个商业保理公司获批，不仅可以服务途牛超过 11 000 家合作伙伴，还能为包含酒店、景区等在内的旅游产业链相关企业提供保理服务。

对比商业保理和融资租赁两项金融业务，陈杰认为二者存在互补关系，“商业保理主要针对企业的应收账款，只做 3 个月或者半年的融资业务；而融资租赁关注的是客户现有或将来会有的动产或设备，可以帮助客户实现短期或中长期的融资需求”。

陈杰表示，2015 年 6 月，天津在全国率先允许融资租赁公司和商业保理公司接入央行征信系统。同时，途牛金服还拥有专业的风控团队。“未来几年，融资租赁业务的繁荣发展是市场大势所趋，我们将不断提升融资租赁服务，助力旅游产业链整体共同发展。”陈杰表示。

记者注意到，休闲旅游业倒逼着产业链进一步缩短和提效。零售商开始和上游的生产商、批发商、地接社、景区等通过多种方式缩短产业链，全行业正在形成一种整合产业链的趋势。

在此行业背景下，近一年来，几乎所有的 OTA 平台都上线了互联网金融产品，看中金融服务的凸显价值，使 OTA 们愈发加重在金融业务上的布局。

“途牛这次再把融资租赁牌照拿到，我是比较看好的。旅游本身是比较重的行业，线下企业需要降低经营成本，存在租赁、融资等金融服务需求，而途牛是自营的商业模式，构造供应链不仅需要打通采购体系，也要做好增值服务，将供应链条转化成生态，提升效率，节约成本。”易观国际分析师朱正煜对《每日经济新闻》记者表示。

环球旅讯分析师包力维则对记者分析称：“融资租赁对企业资信和担保要求相对不高，还款期限比较长，能避免抽贷、过桥压力，企业可以边生产、边收益、边还款。风控能力是融资租赁公司最本质的核心竞争力之一。另外，对于融资租赁行业而言，缺乏相关法律可以说是最大的痛点。目前，我国还没有专门的租赁法，市场准入、行业自律以及风险监测、预警、化解等没有被纳入法律框架。”

资料来源：夏冰. 途牛继拿下商业保理后再获融资租赁牌照[EB/OL].（2016-04-22）. http://www.nbd.com.cn/articles/2016-04-22/999977.html.

【问题讨论】 试论述途牛融资租赁的业务模式。

思考题

1. 什么是融资租赁？
2. 融资租赁有哪些参与者？
3. 融资租赁有哪些类型？
4. 我国融资租赁市场的分类有哪些？
5. 什么是保理？
6. 保理在融资租赁中扮演什么角色？
7. 保理商是什么？

第6章　保险市场

【本章学习目标】

1. 了解保险市场概况。
2. 掌握保险市场的类型、保险公司的投资行为。
3. 了解我国保险行业的政策与监管、改革与创新。

【导入案例】

巨灾过后　保险公司的盈亏账本

面对刚过去的台风灾害，保险这一市场化分担风险工具的作用不言而喻。据记者了解，此次，多地台风灾害的直接经济损失均达到百亿元人民币，各家保险公司都给出了巨额的赔付。

当得到赔付的受灾群众庆幸自己购买了保险，对冲了部分受灾风险时，对保险公司而言，这样的赔付可不轻松。虽然在制定每种类型的保单时，保险公司的精算师、律师、风控师都会经过严格计算，确保在投保人最大概率发生一般性的意外时，保险公司损失最小化。然而，当面对突发的、较大范围的自然灾害后，各家保险公司的盈亏平衡表还是会受到很大考验。

1. 大型财险公司抗压能力强

相较寿险业而言，灾难过后，财产险方面赔付是最多的，并主要集中在农业保险、企业财产保险和机动车辆保险三大方面。

对此，中央财经大学风险管理与保险系主任郭丽军也认为，近几年我国基本属于风调雨顺，巨灾发生并不十分频繁，各保险公司的巨灾准备金已充足有余。此外，由于现在很多保险公司之间会形成一个共保体，当灾难发生时，各自按照事前约定的比例进行赔付即可，很大程度上分散了单一保险公司的风险与压力。

同时，大型财险公司还往往会向再保险公司购买保险，将风险再次转移。

此外，郭丽君告诉记者，各大保险公司为了扩大利润，往往选择将部分资金用于投资，例如投资我国大型基建(公路、铁路、水电站)、股票、债券等，从中获取收益，以谋求利润最大化，多条腿走路，以免当突发情况发生时出现“瘸腿现象”。

2. 农险公司转型依靠产品设计

在此次洪灾中，农险公司的赔付情况格外引人注意。如果说对于大型保险公司而言，灾害的发生只是一些无关痛痒的小伤痛，那么对于着重发展农险业务的中小型财险公司来说，巨额的赔付款可谓是伤筋动骨。

据悉，保险公司承担的赔偿责任超过农业保险保费的3倍以上，将直接影响公司的经营稳定性。

一个中小型财险公司农险部负责人无奈地告诉记者，一场场暴雨，早就把其保险公司今年的"收成"下没了。"最重要的原因并不是赔付得太多，而是保费太少。"他进一步解释道："农民投保农业险的积极性不是很高，主要是农民本来收入有限，加之整个保险业对农业保险的宣传力度还不到位，农民心目中主动用保险来化解和弥补天灾人祸造成的损失的意识不强。"

"巨灾风险对农业保险公司的打击很大。"首都经贸大学保险系教授庹国柱清楚地记得，他此前去加拿大考察时了解到，一家地方政府办的保险公司从 1959 年到 1985 年的 26 年间经营都比较平稳，但 1986 年到 1988 年发生大旱灾，导致保险公司把前二十多年积累的钱全部赔进去，还要借外债来进行赔付。

对于如何扭转农业保险投保积极性不高的问题，武汉科技大学金融证券研究所所长董登新认为，保险公司今后在设计产品时应考虑保险的规模效应和大数法则，对于农业险这一块，应加大宣传力度，同时针对广大农民尽可能降低保费，吸纳更多的农民参与到农险中。只有参保的人更多了，保险公司才能持续地盈利以抵御未知的灾祸。

"在中国，无论是城市还是农村，国民通过保险手段来化解何种风险的意识并不强，以至于出现暴雨、洪涝、地震等灾害后，主要靠政府来救济。但政府的能力必定是有限的，这就需要引入商业保险。"庹国柱认为未来保险公司在设计产品时应该考虑多与政府合作，实现资源的最大利用。

而就政府层面而言，也应积极履行职责保证低收入家庭和其他弱势群体在灾害中得到帮助，但这并不意味着政府要负责赔偿，还是要让保险公司参与到灾后赔偿中。

"总之，政府和民众都要深刻意识到保险是化解和分散天灾人祸的一种有效的手段。在未来的产品设计上，采取政府主导，引入保险公司参与模式，才能实现政府、民众和保险公司的'三赢'局面。"庹国柱说道。

资料来源：秦星. 巨灾过后　保险公司的盈亏账本[EB/OL].(2016-09-21). http://www.jrzj.com/167944.html.

【思考提示】 保险的作用是什么？

6.1 保险市场概述

保险是最古老的风险管理方法之一。它源自人类与大自然抗争的积累经验，是人类互助的一种体现。海上保险是一种最古老的保险，近代保险首先是从海上保险发展起来的。现代海上保险是由古代的船货抵押借款思想逐渐演化而来的。1384 年，在佛罗伦萨诞生了世界上第一份具有现代意义的保险单。这张保单承保一批货物从法国南部阿尔兹安全运抵意大利的比萨。在这张保单中有明确的保险标的，明确的保险责任，如"海难事故，其中包括船舶破损、搁浅、火灾或沉没造成的损失或伤害事故"。在其他责任方面，也列明了"海盗、抛弃、捕捉、报复、突袭"等所带来的船舶及货物的损失。

从理论上看，保险属于金融，但又不是纯粹的金融。保险，特别是寿险，往往既包含保障又包含投资，与金融密不可分，但保险与金融二者还是具有本质的区别。金融强调资源的“跨期配置”，强调“资金融通”；而保险则强调资源的“跨状态配置”，强调“风险保障”。另外，由于保险的射幸性，保险市场所成交的任何一笔交易，都是保险人对未来风险事件所致经济损失进行补偿的承诺。保险市场可以理解为一种特殊的“期货”市场。

保险是指由众多风险个体，以降低风险带来的经济损失为目的，共同出资且合理计算出资额，在发生事件或事件造成损失后得到一定补偿的经济关系行为。在出资的过程中签署的协议就是保险合同；出资额即保险费；合同中协商的未来降低风险损失的额度就是保额；协议中的保障对象就是保险的标的物，例如人、车、房等，这些标的物发生风险损失即保险事故。形成的保险商品交换关系的总和或是保险商品供给与需求关系的总和就是保险市场。

在保险市场中专门从事保险业务咨询与销售、风险管理与安排、价值衡量与评估、损失鉴定与理算等中介服务活动，并从中依法获取佣金或手续费的单位或个人就是保险中介。保险中介包括保险代理人（公司）、保险经纪人（公司）、保险公估人和保险精算师（事务所）等。

保险体系能否有效地发挥经济补偿、资金融通和管理社会的功能，不仅在于其参与经济活动规模（保险深度）的大小，更在于保险业结构是否和经济结构相匹配，保险发展是否符合实体经济发展的内在要求。所以在保险市场中不仅有大型的保险公司，还有中小型保险公司，更有保险代理公司作为市场的补充。

保险代理公司是指依据《中华人民共和国公司法》《中华人民共和国保险法》《保险专业代理机构监管规定》设立的专门从事保险代理业务的有限责任公司和股份有限公司。它属于专业保险代理人。我国法律对保险代理公司的设立采取审批原则，即设立保险代理机构必须经过中国保监会的批准，取得经营保险代理业务经营许可证，并办理工商登记手续，领取营业执照后，方可从事保险代理业务活动。

保险公估的出现与保险市场的发展密不可分，它是保险市场发展的必然产物。随着保险公司理赔事务的日益增加和复杂化，催生其专业性的需求，为专门从事保险公估工作的保险公估人的形成和发展奠定了基础。保险公估人在保险市场上的作用具有不可替代性，它以其鲜明的个性与保险代理人、保险经纪人一起构成了保险中介市场的三驾马车，共同推动着保险市场的发展。

保险公估人是指依照法律规定设立，受保险公司、投保人或被保险人委托办理保险标的的查勘、鉴定、估损以及赔款的理算，并向委托人收取酬金的公司。公估人的主要职能是按照委托人的委托要求，对保险标的进行检验、鉴定和理算，并出具保险公估报告，其地位超然，不代表任何一方的利益，使保险赔付趋于公平、合理，有利于调停保险当事人之间关于保险理赔方面的矛盾。

精算师是运用精算方法和技术解决经济问题的专业人士，是评估经济活动未来财务风险的专家，是集数学家、统计学家、经济学家和投资学家于一身的保险业高级人才。总之，精算师是同“未来不确定性”打交道的，宗旨是为金融决策提供依据。

精算师传统的工作领域为商业保险业，在此行业，精算师主要从事产品开发、责任准备金核算、利源分析及动态偿付能力测试等重要工作，确保保险监管机关的监管决策、保险公司的经营决策建立在科学基础之上。随着精算科学的发展和应用，精算师的工作领域逐步扩展到社会保险、投资、人口分析、经济预测等领域。

保险公司为了将风险转移，顺应市场需求，出现了再保险公司。再保险是保险公司购买的保险，即保险公司通过购买再保险，将原有保险承担的部分风险和责任向其他保险人再次保险的商业行为，能够帮助保险公司分散风险或管理财务，符合保险大数法则，利于降低保险公司风险。所以与再保险相对应，保险公司又被称为直接保险公司。

保险立足当前、着眼长远、谋划未来，保险市场融通经济市场资金、提供风险保障、发挥财富管理功能，完善金融市场，优化了国家的发展格局。大量研究发现，保险业的发展有助于促进经济增长。

从保险业的性质看，作为风险转移服务的提供者，保险业无论对微观个体还是对宏观经济，都可以起到平滑经济周期和降低经济危机影响的作用；而作为金融市场的参与者，保险业的存在提高了金融体系内部的竞争，使消费者可以通过组合的方式来降低平均风险。笔者认为，保险业对经济增长的影响，不只局限在其作为社会稳定器的方面，更体现在保险业活动和结构的发展对实体经济的影响，保险业还可以成为经济增长的助推器。

6.2 保险市场的类型

6.2.1 人身保险市场与财产保险市场

保险市场按照保险标的是人或是物品划分，分为人身保险市场和财产保险市场。

1. 人身保险市场

人身保险是以人的生命和身体为保险标的物的一种保险。传统人身保险的产品种类繁多，但按照保障范围可以划分为人寿保险、人身意外伤害保险和健康保险。

人寿保险最大特点是以“保障＋储蓄”为主要成分。这种保险的保费高，保障相对意外险而言比较低。对单个人来讲有了人寿保险保障，就少了很多后顾之忧。因为保险不受银行利率的影响，即使没有到合同约定期满而发生意外，被保险人也可即刻得到一笔约定的经济保障，这是与银行储蓄产品对比最大的优势。人寿保险又可分为定期寿险、终身寿险、两全保险、年金保险等。年金保险因其在保险金的给付上采用每年定期支付的形式而得名，实际操作中年金保险还有每季度给付、每月给付等多种形式。养老年金保险可以为被保险人提供老年生活所需的资金，教育年金保险则可以为子女教育提供必要的经费支持。

意外伤害保险承保因意外伤害而导致的身故，不承保因疾病而导致的身故。若因意外伤害导致的残疾，依照不同的残疾程度给付保险金。人身意外伤害保险是以“保障”为主要成分，这些险种一般没有储蓄功能，类似于对保险的消费行为，一般保险期间较短，多为一年及一年期以下。例如，乘坐飞机买的保险，几元钱或几十元钱的保险费，而保障几万元或几十万元的经济给付，可见这种险种的特点是保费低、保额高。这种保险无论如何包装变化，险种名称中都带有“意外险”三个字。

健康保险则又可分为疾病保险、医疗保险、失能收入损失保险、护理保险等。其中医疗保险是以“保障＋补偿”为主要成分，这种保险提供的保障不是依据定额给付原则，而是补偿原则，即依据实际花费的治疗费数额给予补偿，但补偿最高不能超过合同约定金额。因此，医疗保险规则是补偿原则，特点是保费适中保额不低。这类保险的名称必然带有“健康”“医疗”的字眼。

随着社会的发展，人们生活需求的不断变化，风险也不断变化，资本市场化程度的日益提高，近几年在国内投资市场上又出现了将保障和投资融于一体的新型投资型险种，主要包括分红型、万能型、投资联结型三种类型。分红保险、投资联结保险和万能保险均是以“保障＋分红”为主要成分。这三种保险是将保障和投资结合在一起的险种，它是在优先提供保障的前提下，拿出一部分资金进行投资，而投资获利多少决定分红的多少。这类险种的特点是保费高，相对其他人身保险投资占比较高，但保障程度相对较低。例如，投资联结保险就是保险与投资挂钩的保险，是指一份保单在提供人寿保险时，在任何时刻的价值是根据其投资基金在当时的投资表现来决定的。

2. 财产保险市场

财产保险是以财产或利益为保险标的，对所承保的财产及其有关利益因自然灾害或意外事故造成的损失承担赔偿责任的保险。财产保险起源于意大利的海上保险，早在中世纪的海事法规中就已含有规章性条款。16 世纪以后，在其他西欧国家迅速发展起来，当时买卖保险契约行为已相当普遍。随着海上贸易中心的转移，到 17 世纪，英国伦敦成为世界最主要的海上保险市场。

财产保险市场主要包括海上保险、货物运输保险、工程保险、航空保险、火灾保险、汽车保险、家庭财产保险、盗窃保险、农业保险、责任保险、保证保险、信用保险等。

海上保险是保险人和被保险人通过协商，对船舶、货物及其他海上标的所可能遭遇的风险进行约定，被保险人在交纳约定的保险费后，保险人承诺一旦上述风险在约定的时间内发生并对被保险人造成损失，保险人将按约定给予被保险人经济补偿的商务活动。海上保险是对由于海上自然灾害和意外事故给人们造成的财产损失给予经济补偿的一项法律制度。

货物运输保险是以运输途中的货物作为保险标的，保险人对由自然灾害和意外事故造成的货物损失负责赔偿责任的保险。在我国，进出口货物运输最常用的保险条款是 C. I. C. 中国保险条款，该条款是由中国人民保险公司制定，中国人民银行及中国保险监督委员会审批颁布。C. I. C. 保险条款按运输方式来分，有海洋、陆上、航空和邮包运输保险条款四大类；对某些特殊商品，还配备有海运冷藏货物、陆运冷藏货物、海运散装桐油及活牲畜、家禽的海陆空运输保险条款，以上八种条款投保人可按需选择投保。

工程保险是指以各种工程项目为主要承保对象的一种财产保险。一般而言，传统的工程保险仅指建筑工程保险和安装工程保险，但进入 20 世纪后，各种科技工程发展迅速，也成为工程保险市场日益重要的业务来源。

航空保险是赔偿由飞行事故造成经济损失的保险业务。经营航空运输或其他航空业务的企业或个人向保险公司支付一定数额的保险费，即可在保险期内发生飞行事故遭受损失时得到经济赔偿。机票中的保险是由保险公司赔付给航空公司，再由航空公司赔付给旅客。航意险则由旅客直接持保单到保险公司索赔。对每一位旅客来说，是否购买航意险完全秉持着自愿原则。

火灾保险是一种传统的保险业务，与其他保险业务相比，其特征是无法用其他保险险种替代。保险标的存在于陆地，相对静止。保险标的存放地址不得随意变动，变动则影响保险合同效力。可保风险非常广泛，包括各种自然灾害和多种意外事故。存在多种附加险，如附加利润损失保险和附加盗窃风险保险等，覆盖了大部分可保风险。

机动车辆保险即"车险"，是以机动车辆本身及其第三者责任等为保险标志的一种运输工具保险。其保险客户主要是拥有各种机动交通工具的法人团体和个人；其保险标的主要是各种类型的汽车，但也包括电车、电瓶车等专用车辆及摩托车等。机动车辆是指汽车、电车、电瓶车、摩托车、拖拉机、各种专用机械车、特种车。

家庭财产保险是个人和家庭投保的最主要险种。凡存放、坐落在保险单列明的地址，属于被保险人自有的家庭财产，都可以向保险人投保家庭财产保险。家庭财产保险的投保范围一般包括房屋及房屋装修，衣服、卧具，家具、燃气用具、厨具、乐器、体育器械，家用电器；附加险有盗窃、抢劫和金银首饰、钞票、债券保险以及第三者责任保险等。

农业保险是专为农业生产者在从事种植业、林业、畜牧业和渔业生产过程中，对遭受自然灾害、意外事故疫病、疾病等保险事故所造成的经济损失提供保障的一种保险。

信用保险是以信用风险为保险标的的，权利人要求保险人承保对方信用的一种保险。保证保险是被保证人根据权利人的要求投保自己信用的一种保险。责任保险是指以保险客户的法律赔偿风险为承保对象的一类保险，按业务内容，可分为公众责任保险、产品责任保险、雇主责任保险、职业责任保险和第三者责任保险五类业务。

与人身保险不同的是，财产保险有四大重要的原则，包括最大诚信原则、可保利益原则、赔偿原则和代位求偿原则。最大诚信原则是投保人必须遵守最大限度的诚信，若投保人和被保险人违反该原则，保险人有权解除保险合同或不负赔偿责任。可保利益原则就是投保人必须对所投保标的具有所有权、占有权或者按照合同规定能够产生利益。赔偿原则是由全面赔偿原则和实际赔偿原则所构成。全面赔偿原则就是使被保险人由于保险合同所规定的风险事故所造成的各种经济损失，通过保险金补偿的方式得到赔偿；保险人的赔偿只是恢复被保险人的实际损失，被保险人不能通过赔偿而额外获利，这是实际赔偿原则。代位求偿原则是指当保险事故是由第三者造成的情况下，保险人在向被保险人履行赔偿责任后，在赔偿金额范围内有权代替被保险人向第三者要求赔偿。

6.2.2 直接保险市场与再保险市场

我们平常接触的保险就来自直接保险市场，也被称为原保险市场。与之相对应的就是再保险市场。再保险是保险中的保险，再保险公司是为保险公司提供保险的公司，再保险发展既有经济意义，也有减灾减损的社会意义。从全球主要灾难赔款情况看，再保险公司都发挥了重要作用。再保险公司承担了美国 Sandy 飓风总赔款(187.5 亿美元)中的 40%赔款，承担了"9·11"事件赔款(268 亿美元)中的 65%赔款。

2013 年全球前 50 名再保险公司保费收入 2233 亿美元，其中欧洲、北美和百慕大是全球三大再保险市场，欧洲、北美和百慕大市场份额分别为 61%、17%和 11%。其中欧洲以德国、瑞士和英国市场为主，北美以美国市场为主。过去的 2008 年至 2013 年这 5 年，全球再保险公司综合成本率维持在94.6%。欧洲前四大再保公司的平均杠杆率为6.6倍。

我国再保险市场发展较晚，但潜力巨大。2013年全国再保险保费收入1238亿元，按照再保险与直接保费的比例计算，根据国十条的保费目标，2020年我国再保险市场规模可达3300亿以上。2016年以来，由中国人民保险集团股份有限公司、中国人民财产保险股份有限公司共同发起筹建的人保再保险股份有限公司，以及采用国有和民营混合所有制形式的前海再保险股份有限公司接连获批。目前，包括亚太再保险、华宇再保险、天圆再保险等在内的25家公司正在排队申请再保险牌照。此前，中国再保险市场的参与者主要包括中国再保险(集团)股份有限公司、太平再保险(中国)有限公司两家中资再保险人和7家境外再保险人的在华分公司，以及200多家离岸再保险人。2016年我国境内财产再保险市场进入发展转型的关键时期，再保险机构发挥技术、数据和人才优势，抓住新增市场机会，有了较大空间。同时，再保机构竞争方式由以资本为主向资本、商业模式、技术、品牌和偿付能力等多元要素转变。

保费方面，再保险保费主要与直保业务的风险保费有直接关系。以寿险为例，人身再保险业务主要包括财务再保险、保障型再保险、储蓄型再保险业务。财务再保险业务是帮助直保公司提高实际资本或降低最低资本要求，缓解其偿付压力；保障型再保业务是为直保公司分散疾病风险、退保风险、巨灾风险等保险风险；储蓄型再保险业务是针对直保公司所面临的市场风险和信用风险所做的再保。

6.2.3 商业保险市场与社会保险市场

简单地说，在保险的计算过程中，如果单纯按照个体风险计算的是商业保险，如果结合个体风险和收入计算的就是社会保险。

1. 商业保险市场

商业保险是指通过订立保险合同运营，以营利为目的的保险形式，由专门的保险企业经营的保险。商业保险关系是由当事人自愿缔结的合同关系，投保人根据合同约定，向保险公司支付保险费，保险公司根据合同约定的可能发生的事故因其发生所造成的财产损失承担赔偿保险金责任，或者当被保险人死亡、伤残、疾病或达到约定的年龄、期限时承担给付保险金责任。

商业保险的经营主体是商业保险公司。商业保险所反映的保险关系是通过保险合同体现的。商业保险的对象可以是人和物(包括有形的和无形的)，具体标的有人的生命和身体、财产以及与财产有关的利益、责任、信用等。商业保险的经营要以营利为目的，而且要获取最大限度的利润，以保障被保险人享受最大限度的经济保障。

商业保险与社会保障类型的保险最大的不同就是没有强制性，完全体现自愿原则。

2. 社会保险市场

社会保险就是大家进入单位工作时都会涉及的一种保险。社会保险是指强制社会多数成员参加的，具有所得重分配功能的非营利性的，用来对其中因年老、疾病、生育、伤残、死亡和失业而导致丧失劳动能力或失去工作机会的成员提供基本生活保障的一种社会保障制度。社会保险的主要项目包括养老保险、医疗保险、失业保险、工伤保险、生育保险。

养老保险，全称为社会基本养老保险，是国家和社会根据一定的法律和法规，为解决劳动者在达到国家规定的解除劳动义务的劳动年龄界限，或因年老丧失劳动能力退出劳动岗位后的基本生活而建立的一种社会保险制度。养老保险是社会保障制度的重要组成部分，是社会保险五大险种中最重要的险种之一。养老保险的目的是为保障老年人的基本生活需求，为其提供稳定可靠的生活来源。

医疗保险是指通过国家立法，按照强制性社会保险原则，由用人单位和职工个人按时足额缴纳基本医疗保险费的一种社会保险制度。不按时足额缴纳的，不计个人账户，基本医疗保险统筹基金不予支付其医疗费用。医疗保险是为补偿疾病所带来的医疗费用的一种保险。职工因疾病、负伤、生育时，由社会或企业提供必要的医疗服务或物质帮助的社会保险。

失业保险是指国家通过立法强制实行的，由社会集中建立基金，对因失业而暂时中断生活来源的劳动者提供物质帮助的一种社会保险制度。

工伤保险又称职业伤害保险。工伤保险是指通过社会统筹的办法，集中用人单位缴纳的工伤保险费，建立工伤保险基金，对劳动者在生产经营活动中遭受意外伤害或患职业病，并由此暂时或永久丧失劳动能力、造成死亡时，给予劳动者或其家属必要的经济补偿的一种社会保险制度。这种补偿既包括医疗、康复所需费用，也包括保障基本生活的费用。工伤保险的认定劳动者因工负伤或职业病暂时失去劳动能力，不管工伤责任在个人或在企业，劳动者都享有社会保险待遇，即补偿不究过失原则。

生育保险是国家通过立法，在怀孕和分娩的妇女劳动者暂时中断劳动时，由国家和社会提供医疗服务、生育津贴和产假的一种社会保险制度。我国生育保险待遇主要包括两项，生育津贴和生育医疗待遇。

6.2.4 其他保险市场分类

（1）按保险经营性质可分为政策性保险和商业性保险。政策性保险就是按政府有关法令或政策规定开办的保险，包括社会保险、财产保险和责任保险等，大多都是为贯彻政府的某一项经济或社会政策服务。相对应地，市面上大多数具有商业动机的保险就是商业性保险，这类型的保险市场都是按照商业惯例运营。

（2）按保险实施方式可分为自愿保险和强制保险。自愿保险是当事人在平等互利和自愿的基础上确立合同关系，被保险人可自行决定是否投保，保险人也可选择承保与否。强制保险又称法定保险，是政府以法令或政策形式强制规定被保险人与保险人的法律关系，不考虑当事人意愿。凡属法令规定必须保险的标的，其保险责任自动开始，保险金额按规定标准收取，被保险人不得自行选定，例如社会保险。

（3）按保险主体分为个人保险与团体保险，按承保危险范围分为单一险、综合险和一切险。

除上述险种外，随着经济和社会发展，特别是近年来互联网的高速发展，出现了一系列新的险种，如计算机综合保险、信用卡盗窃保险、一揽子合同保险、原子能保险、动物保险，甚至爱情保险、雾霾保险等。

【相关阅读】

2016 中国保险业人力资源报告出炉

近日，在“第二届中国保险业人才发展高峰会暨中国保险行业协会人力资源发展专委会、教育培训专委会 2016 年年会”上，中国保险行业协会正式发布《2016 年中国保险行业人力资源报告》和三项人才发展课题研究成果，并首次提出中国保险行业人力资源发展指数。

报告首次提出中国保险行业人力资源发展指数，反映行业整体人力资源情况，数据显示，2016 年中国保险行业人力资源发展总指数为 108，较 2015 年提高 8%，数据分析显示，中国保险行业人力资源环境正在不断优化，从业人员数量稳步增长、学历水平有所提升、人均效能显著改善、发展潜力和可持续能力不断增强。

尽管如此，中国保监会原副主席周延礼表示，近年来，随着市场主体的增加，行业内人才竞争问题日益凸显，要把培养和造就高素质人才作为公司、行业发展的根本大计。中保协会长朱进元也表示，快速发展的中国保险业感受到了资本热度的同时，也感受到了人才对行业的关注度，更感受到了保险行业人才的紧缺，以及人才素质的亟待提高。

周延礼讲话指出，全行业从业人员由“十二五”时期的近 400 万人发展到 737 万人，这支队伍是中国保险事业最宝贵的财富，为行业更快更好的发展提供了有力的人才保障和智力支持。但行业人才发展仍存在许多不足，一是专业人才总量不足；二是从业人员整体素质有待进一步提高；三是人才培养投入稍显不足；四是人才管理机制不健全，管理水平不高。

其强调，围绕“十三五”新的五年目标和工作任务，行业的人才发展模式要做出迅速反应和相对调整，一是要保障人才总量快速实现扩容，以有力支持行业发展；二是要促进人才质量提升，实现从量变到质变的飞越；三是要创新管理机制，激活人才动力，推动行业实现转型升级(爱基，净值，资讯)，拥有与现代服务业相匹配的现代科学技术，并支撑建立新的商业模式、服务方式和管理方法，真正成长为商业保险与社会保障有效衔接、保险服务与社会治理相互交融、商业机制与政府管理密切结合的产业。

周延礼还分享了自己对中国保险行业人才发展的四点想法。一是希望全行业坚持强化以人为本的理念，把人才纳入行业战略、公司战略的层面进行统筹布局。完善人才激励机制，把短期激励与长期激励相结合，把物质激励与精神激励相结合，最为关键的是通过职业生涯的合理规划和流通渠道的打通来帮助人才实现自身价值，有效鼓励人才长期服务行业发展。

二是全行业要牢牢树立创新发展的理念，开放格局、整合资源，充分吸取国内外、业内外在人才管理领域的经验。可以将自贸区作为保险业改革开放的“试验田”和“窗口”，积极推动自贸区与我国香港、澳门和台湾地区的保险产品互认、资金互通、市场互联、人才互动。

三是要加快新型保险智库建设，通过优秀人才的辐射和影响，实现人才复制和培养。

四是要周密规划、革新技术，健全行业教育培训体系。教育培训体系是保险行业人力资源生态环境一大要素，不可或缺。倡导企业建立多层次、全方位的人才培养体系，加快国际化、综合型人才培养。鼓励保险企业与国内外大专院校、科研机构建立长效合作机制，探索建立微培训、云培训等新型培训平台，营造开放式的教育培训环境。

对此，中保协会长朱进元表示，2016 年 1—9 月，保险行业保费收入突破 2.5 万亿元，超过 2015 年全年水平，增长的速度达到了 32.18%；同时，保险资产突破 14.6 万亿元，增长的速度达到了 18.38%。他强调，"快速发展的中国保险业感受到了资本的热度，感受到了人才对行业的关注度，更感受到了保险行业人才的紧缺，以及人才素质的亟待提高。"

据介绍，中国保险行业协会过去几年也一直致力于推进行业人才发展，并做出诸多努力，包括建立专委会，开办保险大讲堂，打造中国保险网络大学，提供行业专题培训，建立认证培训体系，组织行业课题研究，搭建人才智库团队等多项工作，并取得了一定成绩。"保险是一项高尚而伟大的事业，在这个伟大的时代注定会创造出伟大的成果，但需要伟大的人才参与其中。"朱进元强调，保险行业人才的培养和管理更需要融入这一伟大的事业中。

据了解，《2016 年中国保险行业人力资源报告》于 2016 年 2 月启动到 11 月正式出版发行，前后历时近 9 个月，其间项目组前后走访了 9 家公司、收集了 140 家保险公司的人力资源数据、共接收到 94 081 名保险从业者的在线调查问卷并提取观点，企业研究涉及中国、美国、欧洲、日本等国家和地区。

资料来源：蓝鲸传媒. 2016 中国保险业人力资源报告出炉[EB/OL]. (2016-11-14). http://www.howbuy.com/news/2016-11-14/4750919.html.

6.3 保险公司的投资行为

6.3.1 保险公司的投资行为概述

因保险的特殊性，保险公司在组织经济补偿的过程中会有大量的资金形成保险基金暂时闲置，保险公司为盘活资金，应对通货膨胀等客观经济因素，都会选择在金融市场做相应的投资行为，增强保险企业经营的活力，同时扩大保险公司的承保和偿付能力。

从保险行业的经营状况看，大多数国家的保险公司其保险业务本身是微利经营或亏损经营，主要通过保险资金投资收益来弥补直接承保业务的损失。投资业务与承保业务并列成为保险公司发展不可或缺的两个重要支柱。保险公司可以通过稳健的保险投资，提升盈利水平，分散传统承保业务的压力。

同时，保险资金运用也是保险企业对冲风险的重要手段。德国 2015 年《经济形势报告》指出，欧洲中央银行维持低利率的政策对金融稳定构成巨大风险，最终或将影响银行与保险商的偿付能力。当前全球持续低利率的经济环境使保险业的商业模式遭遇严重挑战。保险企业必须提高自身运用保险资金的能力，提升公司的兑付能力与抗风险能力，从而获得竞争优势，实现自身发展。例如，高效与多样化的投资组合为美国保险业带来了较为稳健的收益率。2009 年至 2013 年美国寿险资金投资收益率基本稳定在 5%左右，金融危机期间也未受太大影响。2013 年美国保险公司投资额为 49 656 亿美元，其中寿险和健康险投资额占比 70%。美国寿险资金主要投资方向为债券、股票、抵押贷款、房地产和保单贷款等。其中债券类投资比例最高，2014 年投资占比达到 48.5%。

资本市场是保险投资重要场所，而保险投资是联系保险市场与资本市场的重要纽带，保险业发展离不开资本市场,资本市场稳定发展需要保险资金积极参与。保险资金为资本市场的发展提供了长期稳定的资金来源。因为保险资金具有长期性和稳定性的特征,在满足偿付能力要求的情况下,无论产险、寿险都能提供长期持续资金。同时,保险有负债成本要求,追求稳定回报,能够为资本市场提供稳定的资金来源。

在国际保险业中,有80%以上的公司是采取设立专业投资管理公司的模式对保险资金进行经营管理的。全球500强中排名居前的各大保险集团,如美国伯克希尔哈撒韦、法国安盛集团、德国安联集团、意大利忠利保险集团、美国国际保险集团等都拥有独立的资产管理机构。他们通过资产全球化配置平滑不同金融市场的周期波动,有效分散资产管理的市场风险。

保险公司的资产管理规模约占全球资产管理总规模的20%,在全球资产管理行业中占据重要地位。彭博社2014年数据显示,保险公司已成为仅次于银行的第二大资产管理机构。

在全球排名前20名的资产管理公司中,保险公司占据4席,其中,安联集团以2.43万亿美元的资产管理规模,位居全球资产管理公司第三位和保险行业资产管理公司首位。安联集团所属资产管理公司包括太平洋投资管理公司和安联全球投资者两家企业,前者主要负责二级证券市场投资,后者侧重另类资产投资。

中国经济处于转型期,宏观经济政策的调整对保险业发展影响较大。2011年7月至今,人民币连续8次降息,一年期存款利率已由3.5%降至目前的1.75%,我国寿险公司利差倒挂现象严重。过去单纯依靠银行利率已无法维持保险资金的保值增值,我国保险公司都在积极地寻求新的投资领域。2015年,我国保险公司在股票市场的一些动作就引起了广泛关注。保险企业举牌高潮迭起,以安邦保险、前海人寿等为代表的保险公司上演了"举牌大戏"。据不完全统计,2015年下半年有20多家上市公司被保险企业举牌,2015年12月"宝万之争"更是将这场举牌大戏推向高潮。

2004年到2014年,我国保险资金累积实现投资收益总额2.14万亿元,年均收益类超过5.3%,年均贡献近2000亿元收益,对提升保险业利润水平,改善偿付能力,壮大资本势力,支持业务创新,有效化解风险,发挥了十分重要而积极的作用。其中2014年保险资金运用平均收益率达到6.3%,综合收益率达到9.2%。2015年保险资金投资收益规模达到7803亿元,平均收益率达到7.6%,创2008年以来的最高水平。保险资金的安全运营既是对国家的实体经济发展负责,也是对社会整体的稳定和谐负责。在进行保险资金投资时,只有充分考虑到安全问题,才是在真正意义上服务于社会经济,才能切实发挥出保险的最大价值。我国保险行业对投资市场的探索还有很长的路要走。

6.3.2 我国保险资产管理公司

随着中国保险市场的快速发展壮大,保险资产管理业逐渐走向成熟并成为中国金融市场上的重要力量。随着大资管时代来临,保险资产管理业在服务保险主业的同时,加快业务创新,积极拓展市场,大力发展第三方受托业务,已经成为大资管市场上具有重要竞争力和影响力的主体之一。

保险资产管理公司是专门管理保险资金的金融机构。其主要业务是接受保险公司委托管理保险资金，目标是使保险资金保值、增值。保险资产管理公司由保险公司或联合保险公司的控股股东发起成立。

受委托之后，保险资产管理公司可以管理运用其股东的保险资金或股东控制的保险公司的资金，也可以管理运用自有资金。但保险资金运用不得突破保险法规定，限于银行存款、买卖政府债券、金融债券和国务院规定的其他形式。而且资产管理公司不得承诺受托管理的资金不受损失或保证最低收益，不得利用受托保险资金为委托人以外的第三人牟取利益，也不得操纵不同来源资金进行交易。

2003年，随着中国人民保险公司、中国人寿保险公司成立资产管理公司，保险资金运用进入了集中化、专业化运营的时期。十多年来，保险资产逐步实现了从分散管理到集中管理，从内设管理到委托专业化机构运作，从单一渠道运用到多渠道多工具运用，从境内市场到境外市场的多层次、全方位的转变，取得了巨大成就。

2017年2月，保监会发布的2016年保险业数据显示，2016年国内保险行业资产总额超过15万亿元，相比年初增长约22%。在保险资金规模大幅增长背后，是保险资产管理产品投资方向趋于多元化。当前保险资产管理产品投资范围已经基本覆盖了公募基金、私募基金、另类投资、实体产业投资、海外投资兼并等。过去数年，保险资产配置中另类资产占比持续上升，股权、不动产和基础设施三项另类资产合计占比由2011年的6.28%提高到2015年5月末的21.69%。相对应地，存款、债券、基金、股票四项传统资产合计占比由2011年90.89%下降到2016年5月末的66.58%。就过去数年保险资金年化收益分析，另类投资的收益贡献度远远高于资产占比，投资收益率高于总体平均投资收益率。

我国保险资产管理公司呈现差异化发展态势，整体分为三类发展模式，第一类是专注于管理母公司资金的公司，业务模式及投资理念坚守传统，负债驱动资产配置为主；第二类是第三方业务占比较大的公司，市场化程度较高，综合投资能力正在接近或者达到充分竞争的大资产管理市场的标准；第三类是处于起步阶段的公司，正按照市场化理念和模式塑造提升。

保险资产管理公司的投资管理从单一的资金端管理模式逐渐向资金端与产品端整合模式过渡，现阶段主要是四大类业务类型。

(1) 投资管理，包括传统的投资研究、组合管理、固定收益投资、量化投资，以及年金投资及非母公司资金等的投资管理，主要强调二级市场的投资研究能力和产品设计能力。经过多年努力，保险资管机构的债券投资能力已经在市场上得到了充分认可，在股票市场的影响力也越来越大，工商银行、中信证券等MOM平台作为资金端与保险资产管理机构的合作正在起步。

(2) 投行业务，该板块以另类投资为主，包括以保险资管机构名义发起设立基础设施债权投资计划、不动产投资计划、股权投资计划、资产支持计划等。一端对接项目，另一端对接资金，为企业融资提供综合解决方案，实质上就是投资银行业务。随着保险资金投资渠道的放开和“走出去”战略的实施，私募股权投资、境外投资等逐渐成为保险资管机构资产配置的重要方向。

(3) 金融同业，由协议存款“通道业务”发展而来，现在又新开辟了保险资管机构与银行、信托、券商等同业开展的财务顾问、资产证券化业务等同业合作新业务。随着量化投资和资产证券化的发展，该大类有可能成为保险资管行业下一轮竞争的重要战场。

(4) 财富管理板，主要针对高净值客户资产管理和公众理财市场，产品形式包括养老保险公司的养老保障产品，专项或定制化产品的设计，以及公募产品的开发。虽然该业务板块还属于拿到公募牌照的保险资管机构和养老保险公司的利基市场，但是从长期来看，这个类型的业务还是有着非常大的发展前景。

我国保险资管产品注册情况方面，2013 年开始实行保险资产管理产品注册制，首年注册产品 3688 亿元，超过过去七年的总和；2014 年、2015 年注册规模分别达到 3781 亿元、2706 亿元；2006 年至 2015 年 12 月底，累计注册(备案)各类资产管理产品达到 1.77 万亿元，占管理资产规模的 14.75%。

6.4 我国对保险市场的政策与监管

6.4.1 近几年我国对保险市场的政策支持

随着经济的发展，我国保险业也进入一个新的发展阶段，在我国国家政策层面上也给出了相应的支持，近年来各项政策密集出台。

2014 年 8 月，国务院出台了《关于加快发展现代保险服务业的若干意见》，把保险业纳入国家治理体系中统筹谋划。这一政策加快了发展保险业从行业意愿上升到国家意志。

2014 年 10 月，国务院办公厅发布了《关于加快发展商业健康保险的若干意见》，进一步完善了商业保险发展的体系。

2015 年 2 月，保监会公布《相互保险组织监管试行办法》，明确将推动三类相互保险组织发展，促进相互保险组织规范健康发展。

2015 年 5 月，国务院常务会议通过了商业健康保险税收优惠政策，商业健康保险迎来了黄金发展期。

2015 年 7 月，为顺应信息技术的最新发展趋势，保监会还发布了《关于加强保险公司筹建期治理机制有关问题的通知》，鼓励保险公司运用大数据、云计算等互联网技术，创新保险产品，改造经营模式，优化业务流程，更有效地融入和服务互联网经济发展。

2015 年 8 月，保监会下发《个人税收优惠型健康保险业务管理暂行办法》，12 月，财政部、国家税务总局、中国保监会三部委联合发布《关于实施商业健康保险个人所得税政策试点的通知》，紧接着保监会又公布了《关于印发个人税收优惠型健康保险产品指引框架和示范条款的通知》，以促进商业健康保险保持较快增长，满足人民群众日益增长的健康保障需求。

2015 年 9 月，保监会公布《互联网保险业务管理暂行办法》，规范互联网保险市场，护航其健康、可持续发展。作为十部委发布《关于促进互联网金融健康发展的指导意见》后第一个落地的分类监管细则，该暂行办法按照鼓励创新、适度监管、防范风险和保护消费者权益的基本原则，对互联网的经营规则、信息披露、客户服务、信息安全等做出了明确规范；同时放开了部分险种的经营区域限制，鼓励保险机构创新服务模式。

监管部门还引导保险业贯彻落实国务院《关于全面实施城乡居民大病保险的意见》，截至2015年三季度，共有17家保险公司在全国28个省(区、市)开展了大病保险，覆盖城乡居民8亿人，占应覆盖人数的近80%，全国累计有500多万人直接受益于大病保险，各地大病患者医疗费用的实际报销水平普遍提高了10～15个百分点，全国最高赔付达80余万元。

2015年12月11日，财政部、国税总局、保监会联合发布《关于实施商业健康保险个人所得税政策试点的通知》，正式确定了个人税优健康险试点地区、产品规范、个人所得税税前扣除征管等问题，即个人购买这类保险的支出，允许在当年按年均2400元的限额予以税前扣除，这标志着个人税优健康险正式落地。

2015年12月23日，为了规范保险公司举牌上市公司股票的信息披露行为，防范投资风险，保监会发布了《保险公司资金运用信息披露准则第3号：举牌上市公司股票》。12月29日，保监会又召开保险行业风险防范工作会议，研究分析新形势下保险行业发展面临的风险和问题，要求提高保险行业防范风险的能力，并对保险资产负债管理工作进行专题部署。

在2015年全球保险市场增量中，中国保险市场贡献度超过30%，当前中国保险业在世界保险市场排名第三，仅次于美国和日本。

2016年一季度正式实施"偿二代"。随着行业发展，以规模为导向的偿一代监管体系早已不能与市场相匹配，而以风险综合评级为导向的"偿二代"应运而生。2015年1月14日，"偿二代"主干技术标准共17项监管规则经保监会主席办公会审议通过，规定保险行业自2015年起进入"偿二代"的实施准备期。

2016年4月14日，保监会起草《关于保险公司在全国中小企业股份转让系统挂牌有关事项的通知(征求意见稿)》，并向社会公开征求意见。在征求意见稿中，保监会明确表态支持符合条件的保险公司在全国中小企业股份转让系统挂牌，鼓励挂牌保险公司采取做市方式或竞价方式进行挂牌股份转让。

2016年10月，国务院印发的《关于激发重点群体活力带动城乡居民增收的实施意见》明确提出，将城镇私营单位在岗职工平均工资纳入缴费基数统计口径范围，形成合理的社会保险和住房公积金缴费基数，避免对低收入群体的制度性挤出。

6.4.2 我国对保险行业的监管

保险业是经营风险的特殊行业，是社会经济补偿制度的一个重要组成部分，对社会经济的稳定和人民生活的安定负有很大的责任。保险经营与风险密不可分，保险事故的随机性、损失程度的不可知性、理赔的差异性使保险经营本身存在着不确定性，加上激烈的同业竞争和保险道德风险及欺诈的存在，使保险成了高风险行业。保险公司经营亏损或倒闭不仅会直接损害公司自身的存在和利益，还会严重损害广大被保险人的利益，危害相关产业的发展，从而影响社会经济的稳定和人民生活的安定。所以，保险业具有极强的公众性和社会性。国家对保险业进行严格的监管，是有效地保护与保险活动相关的行业和公众利益的需要。

国家对保险业进行严格的监管也是培育、发展和规范保险市场的需要。由买方、卖方和中介人三要素构成的保险市场，有一个产生、发育、走向成熟的过程，它伴随商品经济的发展而发展。国家对保险业的严格监管有利于依法规范保险活动，创造和维护平等的竞争环境，防止盲目竞争和破坏性竞争，以利保险市场的发育、成熟。

保险监管是一个国家对本国保险业的监督管理。一个国家的保险监管制度通常由两大部分构成，一是国家通过制定保险法律法规，对本国保险业进行宏观指导与管理；二是国家专门的保险监管职能机构依据法律或行政授权对保险业进行行政管理，以保证保险法规的贯彻执行。

在各国的保险法规和国际保险监管组织文件中，对监管目标的表述虽然不尽一致，但基本上包括三个方面，即维护被保险人的合法权益，维护公平竞争的市场秩序，维护保险体系的整体安全与稳定。一些新兴市场经济国家的保险监管机构除了履行法定监管职责之外，还承担着推动本国保险业发展的任务。

保险监管的内容主要有：市场准入监管、公司股权变更监管、公司治理监管、内部控制监管、资产负债监管、资本充足性及偿付能力监管、保险交易行为监管、网络保险监管、再保险监管、金融衍生工具监管等。

竞争性保险市场中保险人丧失偿付能力的情况是不可避免的，因此，监管机构必须面对如何保护相关保险人利益的问题。多数国家都建立了保险给付或赔偿的担保机制，有些国家还设立了丧失偿付能力保证组织或保证基金。在我国，《中华人民共和国保险法》《中华人民共和国外资保险公司管理条例》《中国保险监督管理委员会主要职责内设机构和人员编制规定》《保险公司管理规定》《现场检查规程》《现场检查手册》《行政处罚程序》等监管规章中对有问题机构的纠正和处罚都已经有了明确具体的规定。

1998 年 11 月 18 日，我国保险监督管理委员会成立，简称中国保监会，属于国务院直属正部级事业单位，根据国务院授权履行行政管理职能，依照法律、法规统一监督管理全国保险市场，维护保险业的合法、稳健运行。

中华人民共和国保险监督管理委员会的成立标志着中国金融分业监管体制的形成，自此，中国人民银行、中国证监会、中国保监会三大机构共同实施金融监管，借鉴了国外的金融监管体系，顺应了中国金融市场的发展趋势。保监会的设立，从根本上是为实现金融宏观调控与金融微观监管的分离，是金融监管与调控的对象——金融业、金融市场日益复杂化、专业化、技术化的必然要求。

2003 年，国务院决定，将中国保监会由国务院直属副部级事业单位改为国务院直属正部级事业单位，并相应增加职能部门、派出机构和人员编制。中国保险监督管理委员会内设 15 个职能机构，并在全国各省、直辖市、自治区、计划单列市设有 35 个派出机构。

2016 年前三季度，中国保监会机关及各保监局共接收处理各类涉及保险消费者权益的有效投诉 17 110 件，同比下降 15.6%，帮助消费者维护经济利益共计 4 亿余元。此外，根据《保险公司服务评价管理办法（试行）》相关要求，2016 年保监会还对开业满 3 个会计年度的 55 家财产险公司和 59 家人身险公司 2015 年度的服务情况进行了综合评分和服务评级。

2012 年 12 月，我国最高人民法院与保监会联合下发《关于在全国部分地区开展建立保险纠纷诉讼与调解对接机制试点工作的通知》，在全国部分地区开展试点工作，建立起我国金融领域首个诉讼与行业调解对接机制。

2016年11月14日，我国最高人民法院、保监会近日联合发文提出，将保险纠纷诉调对接工作扩展至所有直辖市和省会(自治区首府)城市。最高法、保监会此次发布的《关于全面推进保险纠纷诉讼与调解对接机制建设的意见》提出，除前期试点地区继续开展诉调对接工作外，保险纠纷诉调对接工作扩展至所有直辖市和省会(自治区首府)城市。各省、自治区、直辖市可适时将保险纠纷诉调对接机制扩展到有纠纷化解需求、工作基础较好的地区。

6.5 保险市场的改革与创新

6.5.1 改革与创新

2016年的G20杭州峰会的主题是“构建创新、活力、联动、包容的世界经济”。不论是经济还是金融，长远发展的动力都源自创新，良好的体制和机制都立足于鼓励创新。随着市场经济的发展，国家的政策支持，我国保险市场无论是主动还是被动，都在不断地改革与创新，不断适应市场需求，寻求更大的发展空间。各类保险市场百花齐放，新的保险产品不断地推出。

传统的农业保险在现代农业的不断发展中创新前进着，无论是互联网＋农险，还是天气指数保险、价格指数保险，保险市场都在积极开发适应新型农业经营主体需求的保险品种。例如，保险公司创新推出“保险＋期货/期权”模式，农民或者农业企业通过购买农产品价格保险管理价格风险，减少或者平抑由于农产品价格波动对生产经营带来的冲击。随着乡村旅游业的发展，民宿行业随之兴起。中国太平洋产险推出乡村民宿综合保险“民宿保”，首单就为杭州一家农家乐经营主体提供了总保额500万元的公众责任风险保障、雇主责任风险保障等综合保障。

互联网大健康引领健康险互联网化。互联网业务在数据分析和资源整合方面对保险业态产生巨大的改变，而健康管理将成为这一过程中最早受益的领域。互联网医疗得到政策支持、网络平台实现分级诊疗、大数据医疗信息化发展、医药分离、医药电商、多元化和个性化、跨界连接等因素，促使国内互联网健康公司大量涌现。同时，互联网保险市场发展迅猛，互联网大健康的发展将为互联网健康险的发展提供更大便利，发展潜力巨大。

移动互联和大数据帮助保险企业实现了三个目标，市场营销的准确化、风险定价的精确化和客户服务的精细化。通过大数据采集，保险产品能够及时做出反应，并体现于个性化的设计中。随着互联网思维的渗透，保险公司或新型第三方保险中介公司采用互联网和电子商务技术为工具来支持保险销售，近年来也出现在了保险与各种场景的融合中，例如，基于电商场景的退货运费险，基于航班延误场景的航空延误险，基于信用支付场景的盗刷险等，以低成本满足了海量用户的碎片化需求。

互联网保险的创新，在于其通过大数据精准分析和定位用户，细分保险标的和风险因子，实现产品的定制化和定价的个性化等创新模式。基于此，与传统保险产品通常先设计产品再投放渠道的路径不同，互联网保险产品的设计路径是“从用户到产品”，即先了解用户的需求，再据此开发产品，或基于用户的需求变化，对产品进行优化。与传统产品相比，互联网保险产品能够更精准地满足不同细分市场的用户更多样的需求。

技术上的突破也为保险市场带来了更高效的风险评估。无人机被大量用于工业检测、航拍、边境巡逻、紧急运送、农作物调查，或作为媒体拍摄或娱乐。保险公司也越来越多地使用无人机进行建筑或基建项目的风险评估，既便捷又安全。处理赔案时使用无人机查勘灾后现场的损失情况，也变得更快和更有效。例如，2015 年天津港发生爆炸后，部分地区禁止进入，利用无人机拍摄事故后的高清图片，与之前的图片作对比，可确定被损毁的车辆数量。

2016 年，互联网保险以保费规模爆发式增长的速度，标志着一个全新时代的到来。近日，中国保险行业协会正式发布《2016 年上半年互联网人身保险市场运行状况分析报告》。数据显示，2016 年上半年，互联网保险市场发展迅猛，累计实现保费收入 1431.1 亿元，是上年同期的 1.75 倍，保费规模呈爆发式增长。这其中，互联网人身保险累计保费规模达 1133.9 亿元，为上年同期的 2.5 倍。

6.5.2 消费保险

随着互联网公司对消费场景的发掘，相关风险背后的保险需求也在增加，“消费保险”成为近期市场热议的话题。

消费保险概念是这样提出的：每一个人从出生那一天开始，就是一个主动消费者，生命不息，消费不止。消费者从每次“商品消费利润分配”的“消费股权”比例“分红”总额中，提取适当的“股红”，自动存入每个人终身拥有的“消费保险基金”专用账号。当达到与持卡消费者约定的时间和金额时，则可启用“消费保险”。

尽管“消费保险”还是较新的概念，但规模、增速和发展空间都着实不小。根据蚂蚁金服的统计，2016 年前三季度，消费保险的保费收入增速超过 50%，高于保险行业“大盘”增速，保监会官网数据显示，2016 年前 9 个月产险业务保费同比增长 7.8%。

与场景相结合的保险，这方面的创新近几年会更多。各家保险公司对基于互联网的业务的开发力度不断增加，而产品创新在互联网领域一定是场景式的。各行各业都会面临风险场景，保险公司和作为保险中介的互联网公司会找到这些场景，然后根据风险设计出相应的产品。

消费保险等场景化保险满足了不同互联网环境中产生的新的保险需求，但碎片化、场景化保险需要思考是否涵盖了真正的风险需求。

消费保险成为消费行为的另一“催化剂”。2016 年，包括中国人保、中国人寿、中国平安、太平洋保险、泰康保险等 9 家保险公司联合蚂蚁金服保险平台，推出 5 大类超过 30 种消费保险服务，从商品质量、价格、物流、售后到商家持续经营能力，消费保险出现在各个环节。

利用保险机制促进消费达成，从资金、质量、物流等各环节提升消费体验，化解售后纠纷、提供意外损失的经济补偿已经成为经典的消费新金融模式，这也催生出基于消费产生的消费保险。

随着互联网技术快速发展，大数据、移动互联网的创新和商业应用，更多消费场景让消费类金融体量持续扩大。例如，以蚂蚁金服，2016 年 11 月 11 日，即“双 11”当天，共刷出 6 亿笔保险保单，平均每分钟 41 万单，为 400 万小微商家、3 亿多消费者提供了近 224 亿元的保障金额。不仅如此，随着近年来“网购”规模的快速提升，消费保险种类也在从最初的单一退运费险，扩充到今日保障范围覆盖了商品资质、质量、价格、物流和售后等各个环节的 30 余种细分领域保险产品。

“双 11”期间所售的消费保险，可大致概括为五大类：质量保障类（如衣服褪色险、鞋子脱胶险、生鲜腐烂险等）、物流保障类（如退货运费险、物流破损险）、售后保障类（如化妆品过敏险）、价格保障类（如保价险）、信用保障类（如订单险）。以上消费保险种类实现了整个消费环节的全覆盖。

传统保险的功能正在被突破，在消费场景中，保险与消费出现“共生效应”，相互刺激拉动。一方面，保险切入消费场景，提升互联网消费活力，用户需求敢于进一步释放；另一方面，蓬勃生长的互联网消费又反过来激发更多的保险需求，带来增量，将大量互联网消费用户培养成新“保民”。

规模大、增速高是消费保险正在发展成为保险业的一个全新而独立的领域的真实写照。2016 年前三季度，消费保险在互联网保险服务平台上的保费同比增长超过 50%，保单量同比增长超过 80%。该增速高于前三季度产险业 7%的平均保费增速。

有了数据与技术支撑，消费保险成长空间充满想象。目前新型消费保险尚在试水阶段，盈利能力目前尚难下断论，但随着消费场景日趋个性化与定制化，消费保险的种类还会变得更加多样化。未来，无论线上或线下场景，只要出现退货、破损、质保等各类痛点，更多消费保险就有可能诞生。

当前我国各项改革全面深化，市场信用风险频发，大资产管理市场迅猛发展，业务创新不断加快，同时保险市场进入快速发展期，唯有改革创新，才能突破重围，实现可持续发展。一手抓技术，一手促创新，才能科学谋划保险行业的未来。

【相关阅读】

最高人民法院、中国保监会联合发布《关于全面推进保险纠纷诉讼与调解对接机制建设的意见》

为贯彻落实党中央国务院关于完善社会矛盾纠纷多元化解机制的有关要求和部署，进一步推进保险纠纷诉调对接机制建设工作，日前，最高人民法院与中国保监会联合发布了《关于全面推进保险纠纷诉讼与调解对接机制建设的意见》（以下简称《意见》）。

建立完善保险纠纷诉调对接机制是贯彻落实党的十八大和十八届三中、四中、五中、六中全会精神完善多元化纠纷解决机制推进社会治理现代化的重要举措；是优化司法资源配置、提高司法公信力的有效途径；是关注民生、保护消费者权益，促进保险业健康发展的必要措施；是推动我国保险法制创新，促进世界保险法制发展的有益实践。该机制整合人民法院、保险监管机构、保险行业调解组织在矛盾纠纷化解方面的力量，实现保险纠纷诉讼与行业调解之间无缝对接，发挥行业调解专业性、便捷性的优势，在充分保障各方当事人合法权益的同时，最大限度地降低消费者解纷成本，满足人民群众多元解纷需求。

最高人民法院高度重视保险纠纷多元化解决机制建设，2012 年 12 月与中国保监会联合下发《关于在全国部分地区开展建立保险纠纷诉讼与调解对接机制试点工作的通知》，在全国部分地区开展试点工作，建立起我国金融领域首个诉讼与行业调解对接机制。三年多来，试点地区人民法院与保险监管机构、行业调解组织通力合作，有效化解大量保险纠纷，形成了一批可复制、可推广的经验做法，取得了明显的成效。《意见》正是在系统总结试点工作经验并广泛征求意见的基础上制定的。

《意见》共六部分，对全面推进保险纠纷诉调对接机制建设做出明确要求。一是扩大机制覆盖面。《意见》提出，要积极扩大开展地区范围，除前期试点地区继续开展诉调对接工作外，保险纠纷诉调对接工作扩展至所有直辖市和省会（自治区首府）城市；同时，各省、自治区、直辖市可适时将保险纠纷诉调对接机制扩展到有纠纷化解需求、工作基础较好的地区。二是加强平台建设。《意见》要求，开展地区法院要将保险纠纷诉调对接平台建设与诉讼服务中心建设结合起来，有条件的地区要积极设立保险纠纷调解室。保险监管机构要结合辖区实际，指导当地保险行业协会建立健全保险纠纷调解组织。保险行业协会要健全调解组织各项制度，加强调解员队伍建设，实现调解组织规范化、标准化。三是规范运作程序。《意见》规定，保险纠纷诉调对接的案件范围为保险纠纷以及其他与保险有关的民商事纠纷，立案前委派调解流程包括诉前引导、委派调解、组织调解和司法确认，立案后委托调解流程包括委托调解、组织调解，调解组织一般应当自接受委派或委托调解后 20 个工作日内调解完毕。四是健全工作机制。《意见》明确，要构建多层次的保险纠纷诉调对接沟通联系机制，建立保险纠纷诉调对接信息共享机制，实施疑难纠纷指导机制，探索建立在线调解机制。五是强化措施保障。《意见》强调，开展地区法院、保险监管机构要加大对保险纠纷诉调对接工作的领导和指导力度，积极争取当地党委、政府的支持。鼓励保险行业协会依法采取增加专项会费或者根据各会员公司调解案件数量收取费用等方式落实诉调对接机制经费保障。完善司法确认程序。六是加强政策引导与宣传教育。《意见》指出，开展地区法院、保险监管机构、保险行业协会要注重引导当事人通过调解方式解决纠纷，加大宣传力度，将保险纠纷诉调对接纳入法律宣传活动体系以及消费者教育体系。

资料来源：中国法院网．最高人民法院、中国保监会联合发布《关于全面推进保险纠纷诉讼与调解对接机制建设的意见》[EB/OL]．(2016-11-14)．http://www.chinacourt.org/article/detail/2016/11/id/2348601.shtml.

本章小结

本章主要针对保险市场进行了详细的阐述，涉及了保险市场的概念、保险市场的类型、保险市场中保险公司的资金运用、我国对保险市场的政策支持和保险市场的改革与创新。完成本章的学习，应该理解和掌握以下内容。

(1) 保险是最古老的风险管理方法之一。它源自人类与大自然抗争的积累经验，是人类互助的一种体现。海上保险是一种最古老的保险，近代保险首先是从海上保险发展起来的。

(2) 从理论上看,保险属于金融,但又不是纯粹的金融。保险特别是寿险,往往既包含保障又包含投资,与金融密不可分,但保险与金融二者还是具有本质的区别。金融强调资源的"跨期配置",强调"资金融通";而保险则强调资源的"跨状态配置",强调"风险保障"。

(3) 保险市场按照保险标的是人或是物品划分,分为人身保险市场和财产保险市场。

(4) 财产保险市场主要包括海上保险、货物运输保险、工程保险、航空保险、火灾保险、汽车保险、家庭财产保险、盗窃保险、农业保险、责任保险、保证保险、信用保险等。

(5) 我们平常接触的保险就来自直接保险市场,也被称为原保险市场。与之相对应的就是再保险市场。再保险是保险中的保险,再保险公司是为保险公司提供保险的公司,再保险发展既有经济意义,也有减灾减损的社会意义。

(6) 资本市场是保险投资重要场所,而保险投资是联系保险市场与资本市场的重要纽带,保险业发展离不开资本市场,资本市场稳定发展需要保险资金积极参与。保险资金为资本市场的发展提供了长期稳定的资金来源。因为保险资金具有长期性和稳定性的特征,在满足偿付能力要求的情况下,无论产险、寿险都能提供长期持续资金。同时,保险有负债成本要求,追求稳定回报,能够为资本市场提供稳定的资金来源。

(7) 有了数据与技术支撑,消费保险成长空间充满想象。目前新型消费保险尚在试水阶段,盈利能力目前尚难下断论,但随着消费场景日趋个性化与定制化,消费保险的种类还会变得更加多样化。未来,无论线上或线下场景,只要出现退货、破损、质保等各类痛点,更多消费保险就有可能诞生。

案例分析

险资举牌偏爱蓝筹股　监管部门为市场良性发展护航

2016年9月,阳光保险举牌伊利股份事件持续发酵,一面是伊利股份停牌寻求应对"入侵"策略;一面是阳光保险称投资伊利股份纯属正常财务投资,无意做大股东的声明。这也让市场目光再度聚焦至"险资举牌"这一话题上。

监管机构也对事件进行了关注,保监会保险资金运用监管部主任任春生接受媒体采访时表示,保险公司在现有法律和规则框架下的投资行为,完全是一种市场化的商业决策。保险资金已经成为我国资本市场健康稳定发展的重要力量。

1. 阳光保险自辩投资伊利无意大股东

9月14日,阳光保险发文称,通过旗下公司合计持有伊利股份比例达到5%,由此触发二级市场举牌。这是继宝万、恒廊之后,险资举牌再次受到市场关注。

阳光保险表示,在遵守交易规则的前提下,公司举牌伊利股份后,第一时间即告知了伊利股份,双方进行了友好坦诚的交流,并表明了只做财务投资者的诉求,并根据交易规则进行了信息披露。

不过，伊利股份似乎并未坐以待毙。公司股票于 9 月 19 日进行紧急停牌。市场人士猜测，伊利股份对阳光保险心存戒备，停牌公告表示策划重大事项或许即为针对阳光保险进一步增持做出的抵抗姿态。

针对市场猜测与质疑，保持被投资企业的稳定，阳光保险再次发布了一份声明公告，在声明中，阳光保险郑重做出了中国资本市场有史以来唯一的两个承诺，“支持伊利股份现有股权结构，不主动谋求成为伊利股份第一大股东”和“未来 12 个月内不再增持伊利股份”。

此外，阳光保险还强调，以上承诺都不会因为任何相关变化而变化，不会因为市场某些过度解读而变化。阳光看好中国消费市场发展，看好食品行业发展，看好伊利股份发展。

在市场人士看来，虽然阳光保险表示不会控股伊利股份，但是资本是逐利的，特别是在宝万之争、恒大举牌廊坊发展带来的负面效应影响下，虽然达到控股的可能性不大，但会对伊利发展带来诸多不确定因素。

2. 险资举牌偏爱股权分散蓝筹股

近年来依托保费的快速增长，一些险企在资本市场上投资较为激进。

2015 年险资在 A 股市场表现“凶猛”，仅举牌就有 61 次，其中涉及 31 家上市公司。涉及的保险公司有中国人保、正德人寿、阳光保险、前海人寿、安邦保险、和谐健康、中融人寿、国华人寿、富德生命等十余家公司。

据 Wind 数据数统计显示，2016 年上半年，近百家险企在 A 股上市公司出现，累计投资了 612 家上市公司，截至中报披露结束，保险资金共持有 728.38 亿股股权。

记者梳理发现，近两年来险资举牌公司，除了银行等金融股一直受险资“钟爱”外，地产和消费零售等行业也成为近两年举牌的新趋势。其中，被险资举牌的公司一般在行业内处于龙头地位，此外，还具备股权结构分散、估值低、ROE 高、绩优蓝筹等特点。

以阳光保险举牌 A 股公司为例，阳光保险披露的权益变动报告书显示，阳光保险共持有 5%以上股份的境内外上市公司共有 6 家，包括凤竹纺织、中青旅、京投发展、胜利股份、承德露露，以及在港交所上市的福寿园。不难看出，其中多家公司为消费类公司。

在“资产荒”背景下的大类资产配置时代，对于保险资金在 A 股市场的频频举牌，东吴证券分析师丁文韬认为，在当前低利率环境下，高收益固收类资产缺乏，而保险负债端的资金成本尚未开始显著下降，保险公司资产配置压力巨大，中小保险公司面临利差损风险，大保险公司面临再投资风险。

也有分析人士表示，权益类投资依然是保险资金获取收益率的重要手段，虽然目前市场震荡形势延续，但保险资金看好的蓝筹股和部分成长股的价值空间依然存在。

3. 保监会加强险资举牌监管，防范市场风险

A 股市场的保险资金的活跃，作为保险机构的监管部门也没有闲着。去年以来，不但出台了针对资金使用，举牌信息披露等办法，保监会相关负责人也多次就险资投资进行表态。

保监会主席项俊波 2016 年年初在接受媒体采访时表示，“5 年前我刚上任时，险资投资渠道狭窄，社会对保险资金运用的争议很大，觉得保监会管得太死。如今险资松绑后，险资运用又因二级市场举牌再度成为市场热点。”

为规范保险公司举牌上市公司股票的信息披露行为，防范投资风险，2015 年 12 月 23 日，中国保监会制定了《保险公司资金运用信息披露准则第 3 号：举牌上市公司股票》，要求各保险集团(控股)公司、保险公司、保险资产管理公司遵照执行。

保监会称，该文件的发布有利于在充分尊重投资市场化原则基础上，督促保险公司切实加强资产负债匹配管理；有利于提高保险公司经营透明度，防范市场风险、操作风险和道德风险。

此外，前保监会副主席周延礼在 2016 年达沃斯论坛期间谈到险资频频举牌 A 股的时候称，险资举牌是正常的资本市场行为，"保监会对险资举牌做了相关规定，比如做好披露，尤其是对举牌资金的来源要进行披露，举牌后要对企业有所帮助。"

而针对日前阳光保险举牌伊利股份一事，任春生表示，阳光保险的经营管理和投资行为整体是相对规范和稳健的。此次 5%的举牌行为，在规则许可的范围，履行了相关程序，且做出相应承诺，从目前看是在公开市场上正常的财务投资行为。

据报道，保监会保险资金运用监管部副主任贾飙近日在一次内部讲话中也强调，保监会将引导保险资金投资与资本市场的互利互补关系。贾飙解释说："保险资金积极推动资本市场的发展，资本市场为保险资金提供了重要的投资渠道。监管部门将持续为保险资金与资本市场良性发展保驾护航。"

资料来源：杨晓波. 险资举牌偏爱蓝筹股　监管部门为市场良性发展护航[EB/OL]. (2016-09-22). http://news.xinhuanet.com/fortune/2016-09/22/c_129292007.htm.

【问题讨论】 请讨论保险市场与资本市场的关系。

思考题

1. 什么是保险市场？
2. 什么是保费？
3. 什么是再保险？
4. 人身保险市场包括哪些分类市场？
5. 财产保险与人身保险有何不同？
6. 再保险市场的保费如何界定？
7. 什么是寿险？寿险包括哪些细分的险种？
8. 互联网对保险市场产生了哪些影响？
9. 什么是消费保险？
10. 消费保险有哪些品种？

第7章 股票市场

【本章学习目标】

1. 了解股票市场概况。
2. 理解股票发行市场与股票流通市场。
3. 掌握股票市场投资的风险分析。

【导入案例】

美联储“按兵不动” 全球股市涨声一片

2016年9月22日凌晨,美联储宣布维持利率不变,同时表示再次加息的条件有所加强。声明公布后,美元下跌,纽约三大股指齐收涨,周四亚太股市追随美股上涨。

根据美联储公布的声明,就业市场继续增强,经济活动成长速度已经较今年上半年的温和步幅加快。联邦公开市场委员会(FOMC)认为上调联邦基金利率的理由已经增强,但决定暂时等待目标继续取得进展的进一步证明。

美联储主席耶伦在随后的记者会上也表示,如果就业市场继续改善,且未出现任何新的重大风险,预计年内会加息一次。

美联储暂不行动的决定给美股上涨扫清了障碍。周三标普500指数上涨1.09%,为2015年12月以来历次美联储决策日中涨幅最大的一次;道指上涨0.90%;纳指上涨1.03%,纳指在盘中和收盘均创下纪录新高。

周四亚太股市追随了美股涨势,韩国首尔综指上涨0.67%;澳洲标普200指数上涨0.65%;中国台湾加权指数上涨0.07%,中国香港恒生指数上涨0.38%;日本股市因秋分节休市一日。

美元则在决议公布后经历过山车,周三一度下跌0.46%至95.38,后反弹至96关口震荡走低。周四美元指数继续下跌,截至北京时间17:15,美元指数下跌0.24%,报95.26。

富拓中国市场分析师钟越表示,美元承压格局预计难以持续。从技术上看,美元仍位于收敛三角形内震荡,因此非美货币的反弹空间不会很大。

1. A股高开高走

全球资本市场受美联储暂不加息消息刺激而全线上扬,A股也不例外。周四,沪深两市高开高走,房地产表现活跃,险资举牌概念纷纷走强。然而,成交量并未显著放大,市场做多意愿不强。机构人士认为,市场弱势超过预期,后市反弹能否延续仍待进一步观察,预期中线仍将延续箱体震荡。

方正证券首席宏观分析师任泽平表示,9月议息会议声明偏鸽派,在市场预料之中。

预计美联储主席耶伦所述的2016年预期加息1次大概率会在12月兑现。在全球金融市场动荡，经济数据不振的当下，美联储对加息慎之又慎。海通证券宏观分析师姜超也认为，虽然美联储延续宽松货币政策，但12月加息概率仍然较高。

国金证券大类资产配置分析师徐阳表示，在接下来的两个多月里，市场或短期受到美联储加息的担忧降低，难得迎来一段不为加息担忧的时间窗口，这将有助于市场风险偏好的上升，但美国总统大选将成为市场波动的核心驱动力。

9月议息会议声明公布后，市场对11月美联储加息的预期降至14.5%，12月升至59.3%；美元指数收跌0.52%；道琼斯指数、英国富时及日经指数等纷纷以上涨回应。在全球资本市场向好的大背景下，A股市场早盘也一扫前期阴霾，沪深股指双双高开高走。

昨日早盘，房地产板块一马当先，恒大概念股表现突出，廊坊发展、嘉凯城等早盘一度大涨逾8%。万科A、金地集团、保利地产等地产龙头同样表现不俗，早盘涨幅均超过3%。此外，美联储暂不加息也利好黄金，黄金股开盘强势，但随着山东黄金、赤峰黄金等个股冲高回落，板块逐步降温。午后，有色、食品饮料、建材、煤炭等板块翻绿，同时科技股云集的创业板整体平平，沪深股指涨幅收窄。

截至收盘，上证指数收报3042.31点，涨16.44点，涨幅0.54%；深成指收报10 662.21点，涨24.48点，涨幅0.74%；创业板指数收报2168.12点，涨0.47%。两市合计成交4173亿元，较前一个交易日放量近两成，投资者交投热情依然不高。

2. 黄金应声大涨

除股市外，美联储“按兵不动”结果出来后，黄金也应声大涨。国际金价强势上攻至1340美元/盎司附近，最终以1333.41美元/盎司收盘。周四亚盘，国际金价在1333美元/盎司附近震荡徘徊。分析人士称，金价短线或仍有上涨动能，但已经触及近期日线级别的盘整中枢1340美元/盎司的价格附近，上方阻力正在增大。

在民生银行金融市场部分析师汤湘滨看来，目前市场的主流观点是，美联储在12月加息成为大概率事件。但黄金短线内的上涨是否可以持续却需要打上问号。2016年以来，国际金价的涨幅达23.5%，其中一季度国际金价上涨了16.1%，二季度上涨了6.3%；从节奏上看，上半年的涨幅明显偏大，透支了下半年的涨幅。因此，三季度国际金价的上涨空间已不大。

汤湘滨同时提醒投资者，2016年以来，国际黄金交易表现出另一个特点——金价对基本面的影响并不太敏感，而宏观因素和市场预期更容易主导中短期的金价走势。避险需求实际上是2016年支撑国际金价上涨反复出现的因素之一。因此，汤湘滨认为，由于四季度国际市场的不确定性明显加强，市场避险需求回归有望继续支撑金价反弹或上涨。

资料来源：卢梦匀，王晓宇，金苹苹. 美联储“按兵不动” 全球股市涨声一片[EB/OL]. (2016-09-23). http://news.cnfol.com/guojicaijing/20160923/23520190.shtml.

【思考提示】 美联储发声，全球股票市场做出了什么反应？

7.1 股票市场概述

7.1.1 股票市场的发展历程

在16世纪作为筹集资金、分散风险的一种手段，股票开始进入远航贸易领域。17世纪后，随着资产阶级革命的爆发，股票逐渐进入金融和工业领域。随着证券交易的发展，股票市场相应的法规及手段日益完善。

股票是股份公司发行的所有权凭证，是股份公司间接筹集资金的一种有价证券。投资人通过购买股份公司的股票分享股息和红利。每股股票都代表股东对企业拥有一个基本单位的所有权。每个股东所拥有的公司所有权份额的大小，取决于其持有的股票数量占公司总股本的比重。股票在市场上流通的价格与其票面金额不同，票面金额只是股票持有人参与红利分配的依据，不等于其本身所代表的真实资本价值，也不是股票价格的基础。股票是股份公司资本的构成部分，是资本市场的主要长期信用工具，投资人不能要求公司返还其出资，可以转让或者买卖。

最早的股份公司来自17世纪初荷兰和英国成立的海外贸易公司。这些公司通过募集股份资本而建立，具有明显的股份公司特征，例如有法人地位，成立董事会，股东大会是公司最高权力机构，按股份分红，实行有限责任制等。股份公司的成功经营激发了企业群起效仿，在荷兰和英国掀起了成立股份公司的浪潮。到1695年，英国就成立了约100家新股份公司。

18世纪后半叶随着英国的工业革命，股份制随着工业革命向其他国家扩展，传遍资本主义世界。19世纪中叶，美国产生了一大批靠发行股票和债券筹资的筑路公司、运输公司、采矿公司和银行，股份制逐步进入了主要经济领域。到第一次世界大战结束时，美国制造业产值的90%由股份公司创造。19世纪后半叶，股份制传入日本和中国。日本明治维新后出现一批股份公司。我国在1873年成立轮船招商局，发行了中国自己最早的股票。

股票市场就是股票转让、买卖和流通场所的总和，包括发行市场(一级市场)和流通市场(二级市场)。股份公司通过面向社会发行股票，迅速集中大量资金，实现生产的规模经营；而社会上拥有闲余资金的投资人本着“利益共享、风险共担”的原则投资股份公司，谋求财富的增值。股票市场上汇集了逐利的投机者和投资者，随着股票市场的逐渐完善，也及时地反映着一个国家或地区的经济和金融活动。股票市场带动非资本的货币资金转化为生产资本，它在股票买卖者之间架起了一座桥梁，为非资本的货币向资本的转化提供了必要的条件。

股票本身并无价值，虽然股票也如商品在市场上流通，但其价格的多少与其所代表的资本的价值无关。股票在股票市场上的流通价格是由投资人对股票的预期收益、市场利率以及供求关系等多种因素综合影响决定的。所以股票的价格只有在进入股票市场后才能体现，股票市场赋予了股票价格，盘活了市场资本，影响着社会经济。

7.1.2 股票交易所

全世界有 50 多个国家建立了股票市场。随着计算机技术和先进通信设备的广泛应用,股票交易日益国际化。全世界的股票交易总额近些年增长迅速,据 2016 年 3 月美国彭博新闻社消息,全球前 28 个股票市场的合计市值就达到 28.5 万亿美元。其中,大部分股票成交集中在纽约、东京和伦敦三大股票市场。在股票市场中,扮演着最重要的沟通作用的就是股票交易所,股票的出现,促使股票交易所的产生。

1602 年,世界上最古老的证券交易所——阿姆斯特丹证券交易所创立。1773 年,在伦敦柴思胡同的约那森咖啡馆正式成立了英国第一个证券交易所——伦敦证券交易所。1790 年美国的第一个证券交易所——费城证券交易所诞生,1792 年纽约的 24 名经纪人在华尔街 11 号共同组织了"纽约证券交易会",这就是后来闻名于世的"纽约证券交易所"。1878 年,东京股票交易所正式创立,它是东京证券交易所的前身。1891 年,中国香港地区成立了香港股票经纪协会,后发展为香港证券交易所;1914 年,中国当时的北洋政府颁布证券交易所法;1917 年成立了北京证券交易所。

纽约证券交易所(New York Stock Exchange,NYSE),是世界上最大的证券交易所。纽约证券交易所因为历史较为悠久,因此市场较成熟,上市条件也较为严格,像那些还没有盈利赚钱就想上市筹资的公司是无法进入纽约证券交易所的,而历史悠久的财星五百大企业大多在纽约证券交易所挂牌,纽约证券交易所也接受外国公司挂牌上市,上市条件较美国国内公司更为严格。

伦敦证券交易所(London Stock Exchange,LSE)是世界上最老的证券交易所之一。作为世界上最国际化的金融中心,伦敦不仅是欧洲债券及外汇交易领域的全球领先者,还受理超过 2/3 的国际股票承销业务。伦敦的规模与位置,意味着它为世界各地的公司及投资者提供了一个通往欧洲的理想门户。在保持伦敦的领先地位方面,伦敦证券交易所扮演着中心角色,它运作世界上国际性最强的股票市场,其外国股票的交易超过其他任何证券交易所。

如今有 70 个国家共 3000 家公司在伦敦证券交易所挂牌,堪称一个大规模的国际股票买卖市场,总部设在伦敦帕特诺斯特广场。2011 年与多伦多证券交易所集团(TMX group)合并,成为英国最大的证券交易所。伦敦证券交易所也是欧洲市值最高的证券交易所。

东京证券交易所(Tokyo Stock Exchange)是亚洲最大、世界第三大的证券交易所。总部设在日本东京。2012 年中期与大阪证券交易所合并。它与伦敦证券交易所结成友好同盟,使国际交易更为便利。东京证券交易所发展的历史虽然不长,但却成为世界上最大的证券交易中心之一。

纳斯达克(NASDAQ)全称为美国全国证券交易商协会自动报价系统(National Association of Securities Dealers Automated Quotations),是美国的一个电子证券交易机构,是由纳斯达克股票市场公司所拥有与操作的。创立于 1971 年,迄今已成为世界最大的股票市场之一。

纳斯达克是由美国全国证券交易商协会为了规范混乱的场外交易和为小企业提供融

资平台于1971年2月8日创建的。纳斯达克的特点是收集和发布场外交易非上市股票的证券商报价。纳斯达克股票市场是世界上主要股票市场中成长速度最快的市场，而且它是首家电子化的股票市场。每天在美国市场上换手的股票中有超过半数的交易是在纳斯达克上进行的，约有5400家公司的证券在这个市场上挂牌。纳斯达克在传统的交易方式上通过应用当今先进的技术——计算机和电信技术使它与其他股票市场相比独树一帜。纳斯达克是全世界第一家采用电子交易的证券交易所，在55个国家和地区设有26万多个计算机销售终端。

如今全球16个大型的交易所中，美国和加拿大的交易所数量很少，但却占到全球股票总市值的40.6%。其中，纽约证券交易所以18.5万亿美元的市值占据了全球最大股市的名号。调查显示，如果在全球60个主要股市中除掉市值排名最靠前的10个市场，剩下50个市场的总市值还不及单个纽约股市的市值。纳斯达克证券交易所的规模紧随纽约证券交易所之后，市值约为7.4万亿美元。

欧洲方面，伦敦证券交易所、纳斯达克OMX集团北欧交易所、德国证券交易所、瑞士证券交易所和泛欧交易所扮演着重要角色。其中泛欧交易所是一家跨国交易所公司，在荷兰、比利时、法国、伦敦和葡萄牙等地运营交易所业务。亚太方面，近年来中国三大股票交易所的表现令世界瞩目，分别是上海证券交易所（简称上交所）、深圳证券交易所（简称深交所）、香港证券交易所（简称港交所）。日本股市的规模在亚洲位居第一，日本交易所功不可没。其他规模相对较大的亚太证券交易所包括印度国家证券交易所、印度孟买证券交易所，韩国证券交易所和澳大利亚证券交易所。

7.1.3 股票价格指数

随着股票交易的发展，出现了股票指数。股票价格指数，就是用于反映整个股票市场上各种股票市场价格的总体水平及其变动情况的指标。它是由证券交易所或金融服务机构编制的、表明股票行市变动的一种提供参考的指示数字。

世界著名的股票指数主要包括美国的三大股指（道琼斯、标准普尔和纳斯达克），中国香港恒生指数、英国金融时报指数等。

1884年，美国的道琼斯公司创始人查尔斯·亨利·道（Charles Henry Dow）最早开始编制反映股票行情变化的股票价格指数，这一指数成了现今世界最有影响力、使用最广的道琼斯股票价格平均指数。通常人们所说的道琼斯指数一般是指道琼斯工业股票平均价格指数（Dow Jones Industrial Average），道琼斯工业股票平均价格指数首次在1896年5月26日公布，它代表了美国工业中最重要的12种股票的平均数。

标准普尔（Standard & Poor's）是世界权威金融分析机构，总部位于美国纽约市，由亨利·瓦纳姆·普尔先生（Mr Henry Varnum Poor）于1860年创立。1975年，美国证券交易委员会SEC认可标准普尔为"全国认定的评级组织"。标准·普尔股票价格指数就是该机构编制的股票价格指数。标准普尔公司于1923年开始编制发表股票价格指数。最初采选了230种股票，编制两种股票价格指数。到1957年，这一股票价格指数的范围扩大到500种股票，分成95种组合。其中最重要的四种组合是工业股票组、铁路股票组、公用事业股票组和500种股票混合组。

标准·普尔500种股票混合组包括的500种普通股票总价值很大，其成分股有90%在纽约证券交易所上市，其中也包括一些在别的交易所和店头市场交易的股票，所以它的代表性比道琼斯平均指数要广泛很多，故更能真实地反映股票市价变动的实际情况。

纳斯达克综合指数是反映纳斯达克证券市场行情变化的股票价格平均指数，基本指数为100。纳斯达克综合指数是代表各工业门类的市场价值变化的"晴雨表"。纳斯达克综合指数相比标准普尔500指数、道琼斯工业股票平均价格指数更具有综合性。纳斯达克综合指数包括5000多家公司，超过其他任何单一证券市场。因为它有如此广泛的基础，已成为最有影响力的证券市场指数之一。

中国香港恒生指数，由香港恒生银行全资附属的恒生指数服务有限公司编制，是以香港股票市场中的50家上市股票为成分股样本，以其发行量为权数的加权平均股价指数，是反映香港股市价幅动趋势最有影响的一种股价指数。该指数于1969年11月24日首次公开发布，基期为1964年7月31日，基期指数定为100。

国企指数，又称H股指数，全称是恒生中国企业指数。该指数也是由香港恒生指数服务有限公司编制和发布的。该指数以所有在联交所上市的中国H股公司股票为成分股计算得出加权平均股价指数。国企指数于1994年8月8日首次公布，以上市H股公司数目达到10家的日期，即1994年7月8日为基数日，当日收市指数定为1000点。

英国金融时报指数是由英国金融界著名报纸《金融时报》编制发布的，描述伦敦证券交易所市场行情的股价指数。这一指数包括金融时报工业股票指数(FT30)，金融时报综合精算股价指数(FTA)和金融时报100种股票价格指数(FT-SE100)。通常说的金融时报指数是指FT30，它是计算主要工业股的几何平均数，最初公布于1935年，由于其仅占市值的30%，是一种几何平均数，长期绩效并不显著，但许多投资人仍习惯用FT30来衡量英国股市变化状况。

中国内地的股票指数有沪市的"上证综合指数"和深市的"深证成分股指数"。上证综合指数是以上海证券交易所挂牌上市的全部股票(包括A股和B股)为样本，以发行量为权数(包括流通股本和非流通股本)，以加权平均法计算，以1990年12月19日为基日，基日指数定为100点的股价指数；深证成分股指数就是从深圳证券交易所挂牌上市的所有股票中抽取具有市场代表性的40家上市公司的股票为样本，以流通股本为权数，以加权平均法计算，以1994年7月20日为基日，基日指数定为1000点的股价指数。

7.2 股票发行市场

股票发行市场又称为一级市场，是企业进行股票发行，以企业、券商和申购股票的机构或大资金量的个人投资者为主要参与对象的市场。这个市场是直接由企业将股份抛进市场的途径，所以又可以称为批发市场。股票发行市场无固定场所，可以在投资银行、信托投资公司和证券公司等处发生，也可以在市场上公开出售新股票，也没有统一的发行时间，由股票发行者根据自己的需要和市场行情走向自行决定何时发行。发行市场的交易规模反映一国资本形成的规模。

7.2.1 天使投资、VC、PE、Pre-IPO、IPO

随着市场经济的发展、金融市场的完善，现在公司股票在上市前，即进入二级市场交易之前可能会经历天使投资、风险投资（Venture Capital，VC）、私募股权投资（Private Equity，PE）、上市前私募（Pre-IPO）、首次公开募股（Initial Public Offerings，IPO）才会在二级公开市场亮相。有些企业需要这些阶段都经历一遍，有些企业只是经历其中的几个阶段就能进入二级市场进行交易了。从广义上说，这些阶段都属于一级市场，在这些阶段的投资者一般都是机构投资者或者拥有大资金量的个人投资者或财团参与，在国内一般以私募基金的形式存在，在国外这些都属于投行业务。下面就对天使投资、VC、PE、Pre-IPO、IPO进行详细介绍。

1. 天使投资

天使投资出现在一个企业的最初阶段，很多时候甚至还没有企业的雏形，只是创业者的一个想法或者是初始团队规划的一个未来蓝图，希望能转化成商业化运作出现在市场中。所以通常也被投行人士称为种子期的项目，具有高度的不确定性，需要通过一段时间的尝试。在此过程中，项目的方向和内容随时有可能面临调整，而且项目没有历史，缺乏连续性，唯一稳定的、可供投资者参考的因素就是初创团队，因此投资人在投资这个阶段主要看人。由于这个过程依赖大量的经验和直觉，很难进行理性的分析，因此履行这个任务、做这个决策的，一般都是个人投资者。所以这个阶段被称为天使投资。此外，由于尝试和探索所需的资金量一般不是太多，且项目越早期风险越大，所以天使投资的金额一般也较小，一般都在500万元人民币以下的资金量，而且投资人需要等待的时间和投入的精力比较多，但是企业一旦上市，天使投资人一般都能获得不菲的回报。国内知名的投资人有徐小平、雷军等。

2. VC

在天使投资阶段，初创企业的各种想法在市场中经过检验能够存活，产品能够被市场所接受，企业刚刚在市场上取得一些成绩，但企业自身的资源不足以支持，需要引进外部的资源，就进入了风险投资VC阶段。这个阶段依旧是高风险、高潜在回报的阶段。VC是企业战略初步成型以后用以支撑企业去实施战略的投资。对投资者而言，企业战略所隐含的关键性的假设通过市场已经有所验证，此时可以对项目进行理性的分析，并能够对面临的风险进行相对准确的评估。这就有了机构化投资的基础，也即实际的出资人可以委托专业的投资人士进行操作并对投资人实施监督，从而在投资领域产生了委托/代理关系。这个阶段企业需要的资金量相对比较大，个人投资者很难分散风险，因此投资的机构化也成为必然。VC一般在国内都是以私募基金的方式实行机构化运作，投资额一般在千万量级。

3. PE

PE阶段，企业在市场上已经取得了一定程度的成功，企业通过一段时间的经营已经能够从市场上可持续地获取经济资源，并已经取得了一定的市场地位，短期内不再面临生存的问题。此时企业想要踏上更高的台阶，这个阶段的企业融资的需求就呈现相对多元化，例如，为了规范上市，或为了实施并购进行产业整合，或是延伸业务线。在交易实施过程中，PE会附带考虑将来的退出机制，即通过公司首次公开募股（IPO）、兼并与收购（M&A）或管理层回购（MBO）等方式退出获利。PE投资者期望的是在较短时间实现较高收益，而此时企业某种意义上并“不差钱”，融资往往是着眼于长期战略或者产业资源整合，因此会要求投资者不仅仅出钱，还需要具备一定的产业背景或其他资源，以协助企业顺利完成其目标。概括来说，PE就是PE投资者寻找优秀的高成长性的未上市公司，注资其中，获得其一定比例的股份，推动公司发展、上市，此后通过转让股权获利。

4. Pre-IPO

企业规模与盈收已达可上市水平时，甚至企业已经站在股市门口时，有些企业还会经历一道关口，即Pre-IPO。Pre-IPO是一些投资者在企业上市前还想参与到企业中，投资于企业上市之前。其退出方式一般是在企业上市后，从公开资本市场出售股票退出。不同于种子期、初创期的风险投资，该阶段的投资具有风险小，回收快的优点，并且在企业股票受到投资者追捧的情况下，可能获得较高的投资回报，但同时参与时的资金成本也比较高。近年在美国、欧洲、中国香港等资本市场上，已经有基金管理公司专注投资于上市前期企业，例如，高盛、摩根士丹利等，在其投资组合中，Pre-IPO投资是重要的组成部分。

5. IPO

IPO阶段，就到了一家企业第一次将它的股份向公众出售的时候。通常，上市公司的股份是根据相应证券会出具的招股书或登记声明中约定的条款通过经纪商或做市商进行销售。一般来说，一旦首次公开上市完成后，这家公司就可以申请到证券交易所或报价系统挂牌交易。在中国，IPO的审核工作流程分为受理、见面会、问核、反馈会、预先披露、初审会、发审会、封卷、会后事项、核准发行等环节，这些一般都会在证券公司、保荐人及律师等的协助下完成。通常企业的发行方式有两种，一种是由新建企业自己发行，或要求投资公司、信托公司以及其他承销商给予适当协助，另外一种由证券承销商承包发售。两种方式各有利弊，前者发行费用较低，但筹资时间较长。后者筹资时间较短，但费用较高，需要付给投资公司、信托公司或承销商一定的手续费。

在IPO之前的几个阶段不是所有企业都要按顺序经过一遍的。A股主板上市的很多企业都是在企业规模和营收达到非常可观的阶段才考虑上市，例如，中国石油；而近几年非常火热的互联网概念股一般都会经历上述所有阶段，例如，Facebook；也有企业自身规模和盈利足够企业自身的发展，不需要发行股票，例如，老干妈。

7.2.2 股票发行市场的股票发行制度、股票发行类型、股票发行价格

1. 股票发行制度

股票发行制度主要有三种，即审批制、核准制和注册制，每一种发行监管制度都对应一定的市场发展状况。在市场逐渐发育成熟的过程中，股票发行制度也应该逐渐地改变，以适应市场发展需求，其中审批制是完全计划发行的模式，核准制是从审批制向注册制过渡

的中间形式，注册制则是目前成熟股票市场普遍采用的发行制度。

(1) 审批制。审批制是一国在股票市场的发展初期，为了维护上市公司的稳定和平衡复杂的社会经济关系，采用行政和计划的办法分配股票发行的指标和额度，由地方政府或行业主管部门根据指标推荐企业发行股票的一种发行制度。审批制下公司发行股票的竞争焦点主要是争夺股票发行指标和额度。证券监管部门凭借行政权力行使实质性审批职能，证券中介机构的主要职能是进行技术指导。

(2) 注册制。注册制是在市场化程度较高的成熟股票市场所普遍采用的一种发行制度，证券监管部门公布股票发行的必要条件，只要达到所公布条件要求的企业即可发行股票。发行人申请发行股票时，必须依法将公开的各种资料完全准确地向证券监管机构申报。证券监管机构的职责是对申报文件的真实性、准确性、完整性和及时性做合规性的形式审查，而将发行公司的质量留给证券中介机构来判断和决定。这种股票发行制度对发行人、证券中介机构和投资者的要求都比较高。我国从 2016 年 3 月 1 日起施行注册制，实施期限为两年。

(3) 核准制。核准制是介于注册制和审批制之间的中间形式。它一方面取消了指标和额度管理，并引进证券中介机构的责任，判断企业是否达到股票发行的条件；另一方面证券监管机构同时对股票发行的合规性和适销性条件进行实质性审查，并有权否决股票发行的申请。在核准制下，发行人在申请发行股票时，不仅要充分公开企业的真实情况，而且必须符合有关法律和证券监管机构规定的必要条件，证券监管机构有权否决不符合规定条件的股票发行申请。证券监管机构对申报文件的真实性、准确性、完整性和及时性进行审查，对发行人的营业性质、财力、发展前景、发行数量和发行价格等条件也进行实质性审查，并据此做出发行人是否符合发行条件的价值判断和是否核准申请的决定。

对应的三种发行制度就有三种相应的新股发行监管制度。其中，审批制是完全计划发行的模式，核准制是从审批制向注册制过渡的中间形式，注册制则是目前成熟资本市场普遍采用的发行体制。在 2000 年以前，我国新股的发行监管制度主要以审批制为主，实行"额度控制"，即拟发行公司在申请公开发行股票时，要首先征得地方政府或中央企业主管部门同意后，再向所属证券管理部门正式提出发行股票的申请。经所属证券管理部门受理审核同意转报中国证监会核准发行额度后，公司可正式制作申报材料，提出上市申请，经审核、复审，由中国证监会出具批准发行的有关文件，方可发行。核准制是指发行人在发行股票时，不需要各级政府批准，只要符合《中华人民共和国证券法》和《中华人民共和国公司法》的要求即可申请上市。但是发行人要充分公开企业的真实状况，根据《中华人民共和国证券法》和《中华人民共和国公司法》，证券主管机关有权否决不符合规定条件的股票发行申请。注册制是指发行人在准备发行证券时，必须将依法公开的各种资料完全、准确地向证券主管机关呈报并申请注册。

2. 股票发行类型

(1) 按照发行阶段的不同，可以分为首次公开募股和增资发行。

首次公开募股，见上一小节相关内容。

增资发行是指股份公司上市以后，为达到增加资本金的目的而发行股票的行为。公司增资的方式有向现有股东配售股票、向社会公众发行股票、向特定对象发行股票、公司债转换为公司股票等。

① 向现有的股东配售股票又称配股，是指公司以一定的价格，按照股东所持股份的一定比例向现有股东出售股票，现有股东购买新发行的股份不能超过规定的数额，现有股东也有权放弃新股的购买。

② 向社会公众发行股票又称增发，是指公司以一定的价格，向社会公众出售股票，投资者可以按照一定的程序申请购买股票，公司按照增发的数量和合格的申请数量，以及一定的规则确定可以购买股票的投资者和他们所能购买的股票数量。

③ 向特定对象发行股票又称定向发行，是指股份公司向特定对象发行股票的增资方式，认购者可以按规定的时间和价格认购一定数量的股票，公司也可以对认购者的持股期间有所限制，这种增资方式会直接影响原股东的利益，须经股东大会特别批准。

④ 公司如果发行了可转换债券，当可转换债券持有人行使转换权利时，公司应按照可转换的股票数量向债券持有人支付股票，同时收回债券，通过这一过程，公司的负债减少了，同时增加了公司的股本。

(2) 按照发行对象的不同，可以分为公募发行和私募发行。

① 公募发行是指向不特定的社会公众发行股票。在公募发行的情况下，任何合法的投资者都可以认购拟发行的股票，是普通老百姓可以参与其中的投资方式，在证券营业厅能够购买到的都是公募发行的股票。采用公募发行的优点是可以扩大股票的发行量，筹资潜力大；可以申请在证券交易所上市，增加股票的流动性和公司的知名度；无须提供优厚的条件，发行人具有较大的经营管理独立性。但公募发行的发行程序比较复杂，发行费用高，且需要向社会公开大量公司信息。

② 私募发行则是指向特定的少数投资者发行股票。私募发行的对象主要是公司的控股股东、实际控制人及其控制的企业或发行人的员工，或者投资银行、投资基金、社会保险基金、保险公司、商业银行等大型金融机构，以及与发行人有密切往来关系的企业机构投资者。私募发行的手续简单，可以节省发行费用和发行时间；无须向社会公众公布公司信息，有利于投资策略的保密。但是投资者数量有限，资金量大，证券流通性较差，公司必须向投资者提供高于市场平均水平的优厚条件，发行公司的经营管理易于受到干扰。在成熟的证券市场上，随着大量机构投资者的出现，私募发行也呈逐年增多的趋势。

(3) 按照是否有中介机构的介入，可以分为直接发行和间接发行。

① 直接发行是指发行人直接向投资者发行股票的方式。这种方式可以节省向发行中介支付的手续费，但是如果发行额较大，由于缺乏专门的业务知识和广泛的发行网点，发行人要承担较大的发行失败的风险。这种发行方式只适用于向既定的发行对象发行，或发行人知名度高，发行数量较少、风险较低的股票。

② 间接发行是指发行人委托证券公司等证券中介机构代理发行股票的方式。根据受托机构对发行责任的不同，可以分为承购包销发行、代销发行和余额包销发行。承购包销发行是指受托的中介机构(承销商)以低于发行定价的价格将发行人拟发行的股票全部买进，再转卖给投资者。承销商承担股票无法销售完毕的风险，相应地获得股票销售的差价。代销发行是指承销商许诺尽可能多地销售股票，但不保证能够完成预定的销售额。销售期满，将销售的金额和未销售完的股票全部交给发行人，承销商只获得中介费用，不承担股票

无法销售完的风险。余额包销发行是指承销商先履行代销的职责，如果销售期满，尚有未销售完的股票，承销商按照低于发行价的价格全部买进。

3. 股票发行价格

股票的发行价格与票面面额通常是不相等的。发行价格的制定要考虑多种因素，如发行人业绩增长性、股票的股利分配、市场利率以及证券市场的供求关系等。根据股票发行价格和票面金额的关系，可以将股票发行分为平价发行、溢价发行和折价发行三种形式。

(1) 平价发行又称面额发行，是以股票面额为发行价格发行股票。由于股票上市后的价格往往高于面额，以面额发行可以使认购者得到溢价收益，因此投资者愿意认购。平价发行的方式较为简单，但缺点是发行人筹集的资金量较少，多在证券市场不发达的国家和地区实行。

(2) 溢价发行在股票发行中较为常见，就是以高于股票面额的价格发行，高于面额的部分称为发行溢价，记入股份公司的资本公积金。溢价发行价格是股票发行成功与否的重要因素，因为意味着可以使发行人筹集到较多的资金。许多国家的公司法规定不准发行低于面值的股票，股票只能采取溢价发行或平价发行。欧美流行的时价发行是最典型的溢价发行。所谓时价发行，就是以已发行股票的市场价格作为新发行股票的发行价格，以公开方式向公众出售新发行的股票。时价是指以每天变动的股票价格为基准来确定的发行价格。这个价格的最终确定，还须考虑公司信誉和发行的数量等因素。时价发行的溢价部分属于股东。时价发行对筹措资金十分有利，能减轻公司的股息负担，并能取得成本较低的资金。但是，为了维护股东利益，时价发行一般都附有十分严格的条件。

(3) 折价发行又称低价发行，就是股票以低于面额的价格出售新股，即按面额打一定折扣后发行股票，折扣的大小主要取决于发行公司的业绩和承销商的能力。股票折价发行时，其折价的大小必须根据公司的经济状况决定。经营状况好则折价少，反之则折价多。折价发行适用于信用较低或新成立的公司所发行的股票。另外，在大量发行股票时，为了吸引投资者，采用折价发行便于推销。西方的许多新公司常采用折价发行股票。在日本、中国等大陆法系国家的公司法规定，股票发行价格不得低于票面价值，因而，在这些国家没有折价发行股票的现象。

股票发行的定价方法，通常有以下几种。

(1) 市盈率法。市盈率是指股票的二级市场价格与每股净利润的比率计算公式为

市盈率＝股票市场价格÷每股净利润

在市盈率法下，新股发行价格计算公式如下。

新股发行价格＝经过调整后的预测每股净利润×发行市盈率

发行市盈率一般是根据二级市场上同类公司的平均市盈率、发行人经营情况和成长性综合确定。在市盈率方法下，发行人和主承销商需要确定预测的净利润和发行市盈率两个因素。

(2) 公司竞价法即主承销商通过对可比较的或具有代表性的同行业公司的股票发行价格和它们的二级市场表现进行分析比较，然后以此为依据估算发行价格的定价方法。

(3) 市价折扣法是指发行公司和主承销商采用该股票一定时点上或时段内二级市场的价格的一定折扣，作为发行底价或发行价格区间的端点。这种方法只适合增资发行方式。

(4) 贴现现金流量法即通过预测公司将来的现金流量，按照一定的贴现率计算公司的

现值，从而确定股票发行价格的定价方法。这种方法需要预测公司未来的现金流量，在理论上是最好的方法，但在现实中要准确预测公司未来的现金流量是不可能的，所以很难用此确定股票的发行价，更多的是以此为一个辅助指标，与别的方法结合使用。

【相关阅读】

11 月 14 日周一股票市场午评：早盘股指冲高回落 关注局部性的热点机会

今日三大股指均小幅低开，创业板指在互联网金融板块的带领下领涨三大指数，随后沪指在有色、券商、煤炭板块的企稳回升下继续向上，整体市场量价齐升，形态较为良好，临近午间收盘，空头逐渐发力，股指逐渐回落。截至午间发稿，沪指小幅收涨，创业板指则上涨 0.70%左右。

1. 热点板块

“煤超疯”势头难挡，煤炭开采 10 月涨幅较大，环比涨幅 9.8%，受此消息影响，煤炭开采板块今日涨幅位居前列，冀中能源(000937) 大单封死涨停，潞安环能(601699) 也随后封板，西山煤电(000983) 、盘江股份(600395) 纷纷大涨。

深港通开通在即，券商板块显强势，方正证券(601901) 、长江证券(000783) 一度冲板，兴业证券(601377) 、国金证券(600109) 、招商证券(600999) 等个股也有不错表现。

受 BDI 指数升破 1000 点的消息影响，航运板块表现强势，中远航运(600428) 一度涨停，宁波海运(600798) 、中国远洋(601919) 、招商轮船(601872) 纷纷快速拉升。

跌幅榜方面，跨境电商、国产软件、云计算跌幅居前。

2. 消息面

(1) 根据安排，个人所得税改革方向是建立综合与分类相结合的税制模式。尽管个税改革方案尚未公布，适当归并征税所得分类和完善规范税前扣除被普遍认为是改革重点之一，其中专项扣除方案思路已基本成型。

(2) 中国央行今日将进行 1050 亿元 7 天期逆回购操作、650 亿元 14 天期逆回购操作，今天将有 900 亿元逆回购到期，此外还有 100 亿元央票到期。

3. 总体情况

目前来看，上周沪深指数强势上行，突破大箱体上轨线，确立多头趋势。美国新总统特朗普的施政纲领要求大量增加基建投资，带动全球财政刺激加码预期，盘面上看“一带一路”概念成资金蓄水池，有色大宗也受到政策预期和供给侧改革加码的双重影响大幅上扬，但周五晚间商品期货市场腥风血雨，原因或为政策干预流动性，虽然给二级市场商品概念带来不少负面冲击，但中期来看，有色大宗或以强势洗盘为主，今日盘面上看，有色板块低开高走似乎印证了这点。大盘在突破平台之后，上升空间被打开，出现了上涨加速的现象，量能配合良好。目前走势良好，继续持仓。3140 点之下的箱体区域已经成为支撑区域，如果指数出现回落，可以加仓。操作策略上讲，投资者需要提防短期涨幅过高的品种的杀跌风险，尤其是股转板块，对于后市来讲的话，中小创的补涨或将到来，投资者依然可以以结构性行情操作，关注局部性的热点机会，短线快速操作为宜。

资料来源：中国投资咨询网. 11 月 14 日周一股票市场午评：早盘股指冲高回落 关注局部性的热点机会[EB/OL]. (2016-11-14). http://www.ocn.com.cn/zhengquan/201611/ohbvf14114351.shtml.

7.3 股票流通市场

在IPO之后，公司发行的股票就进入了流通市场，也就是二级市场。股票流通市场分为场内交易市场和场外交易市场。传统所说的场内交易市场是证券交易所市场，是专门经营股票、债券交易的有组织的市场，根据规定，只有交易所的会员、经纪人、证券商才有资格进入交易大厅从事交易。进入交易的股票必须是在证券交易所登记并获准上市的股票。而场外交易市场，又称证券商柜台市场或店头市场，主要交易对象是未在交易所上市的股票，店头市场股票行市价格由交易双方协商决定。店头市场都有固定的场所，一般只做即期交易，不做期货交易(期货市场会在后面的章节进行阐述)。

在我国，主板市场、创业板市场、中小板市场都是场内交易市场，新三板市场以及地方股权交易中心属于场外交易市场，非公众公司。

主板市场是指传统意义上的证券市场，是一个国家或地区证券发行、上市及交易的主要场所。中国的主板市场包括深交所和上交所。主板市场是以传统产业为主的股票交易市场，沪深股市A股主板包括6××和000开头的股票。

创业板市场又称二板市场，即第二股票交易市场，是指主板之外的专为暂时无法上市的中小微企业和新兴企业提供融资途径和成长空间的证券交易市场，是对主板市场的有效补给，在资本市场中占据着重要的位置。创业板上市标准较低，主要以高科技、高成长的中小企业为服务对象，我国推出时间较短，美国的纳斯达克是世界上最著名的创业板市场。

中小板市场就是相对于主板市场而言的，有些企业的条件达不到进入主板市场的要求，只能在中小板市场上市。中小板市场是创业板市场的一种过渡。

新三板市场是全国中小企业股份转让系统，是全国性的非上市股份有限公司股权交易平台，主要针对的是中小微型企业。中国的新三板市场比较特殊，交易的都是从股票主板退下来的股票，比如某些企业连年亏损，被迫从股票主板摘牌，那么就可以转到新三板市场继续交易。

7.4 股票市场投资的风险分析

7.4.1 股票市场风险

1. 系统性风险和非系统性风险

在股票市场中的风险主要是系统性风险和非系统性风险。

(1) 系统性风险。系统性风险也称不可分散风险，是指由于某种因素的影响和变化，导致股市上所有股票价格的下跌，从而给股票持有人带来损失的可能性。系统性风险主要是由政治、经济及社会环境等宏观因素造成，投资人无法通过多样化的投资组合来化解的风险。系统性风险主要有政策风险、利率风险、购买力风险和市场风险。

① 政策风险。经济政策和监管措施可能会造成股票收益的损失，这在新兴股市中表现得尤为突出。如财税政策的变化，可以影响公司的利润，股市的交易策略变化，也可以直接影响股票的价格。此外还有一些看似无关的政策，如房改政策，也可能会影响股票市场的资金供求关系。

② 利率风险。在股票市场上，股票的交易价格是按市场价格进行，而不是按其票面价值进行交易的。市场价格的变化随时受市场利率水平的影响。当利率向上调整时，股票的相对投资价值将会下降，从而导致整个股价下滑。

③ 购买力风险。由物价的变化导致资金实际购买力的不确定性，称为购买力风险，或通货膨胀风险。一般理论认为，轻微通货膨胀会刺激投资需求的增长，从而带动股市的活跃；当通货膨胀超过一定比例时，由于未来的投资回报将大幅贬值，货币的购买力下降，也就是投资的实际收益下降，将给投资者带来损失的可能。

④ 市场风险。市场风险是股票投资活动中最普通、最常见的风险，是由股票价格的涨落直接引起的。尤其在新兴市场上，造成股市波动的因素更为复杂，价格波动大，市场风险也大。

系统性风险对股市影响面大，一般很难用市场行为来化解，但投资者可以从公开的信息中，结合对国家宏观经济的理解，做到提前预测和防范，调整自己的投资策略。

(2) 非系统性风险。非系统性风险一般是指对某一个股或某一类股票发生影响的不确定因素。例如，上市公司的经营管理、财务状况、市场销售、重大投资等因素，它们的变化都会对公司的股价产生影响。此类风险主要影响某一种股票，与市场的其他股票没有直接联系。非系统性风险主要有经营风险、财务风险、信用风险、道德风险。

① 经营风险主要是指上市公司经营、生产和投资活动的变化，导致公司盈利的变动，从而造成投资者收益本金的减少或损失。例如，经济周期或商业营业周期的变化对上市公司收益的影响，竞争对手的变化对上市公司经营的影响，上市公司自身的管理和决策水平等也可能会导致经营风险。

② 财务风险是指公司因筹措资金而产生的风险，即公司可能丧失偿债能力的风险。公司财务结构的不合理，往往会给公司造成财务风险。公司的财务风险主要表现为无力偿还到期的债务、利率变动风险和再筹资风险等。形成财务风险的主要因素有资本负债比率、资产与负债的期限、债务结构等因素。一般来说，公司的资本负债比率越高、债务结构越不合理，其财务风险越大。

③ 信用风险也称违约风险，是指不能按时向股票持有人支付本息而给投资者造成损失的可能性。此类风险主要针对债券投资品种，对于股票只有在公司破产的情况下才会出现。造成违约风险的直接原因是公司财务状况不好，最严重的是公司破产。

④ 道德风险主要是指上市公司管理者的不道德行为给公司股东带来损失的可能性。上市公司的股东与管理者之间是一种委托代理关系，由于管理者与股东追求的目标不一定相同，尤其在双方信息不对称的情况下，管理者的行为可能会造成对股东利益的损害。

对于非系统性风险，投资者应多学习证券知识，多了解、分析和研究宏观经济形势及上市公司经营状况，增强风险防范意识，掌握风险防范技巧，提高抵御风险的能力。

2. 交易行为风险和交易系统风险

在股票的交易过程中也存在风险，分为交易行为风险和交易系统风险。

(1) 交易行为风险。随着证券市场的发展，证券交易越来越复杂，因普通投资者个人知识有限、时间有限，很难全面适应这种变化，经常发生一些不该发生的损失。例如，错过配股缴款、忘记行权甚至选择了非法的交易网点和交易方式等。还有一些风险是由券商违规造成，损失却转嫁到投资者身上，比如保证金被挪用、股票账号被非法指定、股票被无理冻结等。

(2) 交易系统风险。为了方便投资者进行交易，证券公司往往都会提供多种交易方式供客户使用，目前市场上存在的主要交易方式有网上交易、电话委托交易、营业网点现场柜台自助交易、手机交易等。这些委托方式都相应存在技术设备原因造成交易委托功能不能使用或延误、转账功能不能使用或延误交易的风险，个人信息泄露风险，操作失误风险，系统故障、设备故障、通信故障、停电及其他突发事故导致不能交易等风险，网络数据传输错误风险，网络黑客攻击风险或网络中断等造成的风险。

3. 特殊风险

特殊风险也需要投资者有充分认识。

(1) 不可抗力风险。因地震、台风、水灾、火灾、战争、罢工及其他不可抗力原因导致股票市场无法正常交易带来的风险。

(2) 股灾是指股市内在矛盾积累到一定程度时，由于受某个偶然因素的影响，突然爆发的股价大跌，从而引发社会经济巨大动荡，并造成巨大损失的异常经济现象。股灾不同于一般的股市波动，也有别于一般的股市风险，具有突发性、破坏性、联动性、不确定性等特点。股灾对金融市场的影响巨大，它的发生往往是经济衰退的开始。

所以投资者切忌盲目跟风与不必要的恐慌，成为大投机者操纵股市的牺牲品。一些大投机者往往利用市场心理，把股市炒热，把股价抬高，使一般投资者以为有利可图，紧追上去，你追我涨一直把股价逼上顶峰；这时投机者又把价位急剧拉下，一般投资者不知就里，在恐惧心理下，如果盲目跟进，不问缘由，竞相抛售，发生踩踏，从而使股价跌得更惨。这种因盲目跟风而助长起来的大起大落常常让投资者跌得晕头转向，投机者则从中大获其利。

7.4.2 我国现阶段对股市的监管

各国对证券市场的监管模式大体分为三种，一是政府集中管理型，即由政府依据法律法规对证券市场加以全面监管，其代表是美国；二是自律性管理型，主要由证券交易所及证券交易商协会等机构管理证券市场，政府较少干预，其代表是英国；三是中间性管理型，它既强调立法管理，又注重自律性管理，其代表是德国。我国逐步形成了五位一体的监管体系，即证监会及派出机构、交易所、行业协会和投资者保护基金公司的监管和自律体系。

中国证监会成立于 1992 年并在全国设 9 个稽查局和 36 个地方证监局。中国证监会为国务院直属正部级事业单位，依照法律、法规和国务院授权，统一监督管理全国证券期货市场，维护证券期货市场秩序，保障其合法运行。中国证监会设在北京，现设主席 1 名，纪委书记 1 名，副主席 4 名，主席助理 2 名；证监会机关内设 21 个职能部门，1 个稽查总队，

3个中心(研究中心、信息中心、行政中心);根据《证券法》第14条规定,中国证监会还设有股票发行审核委员会,委员由中国证监会专业人员和所聘请的有关专家担任。中国证监会在省、自治区、直辖市和计划单列市设立36个证券监管局,以及在上海、深圳设立证券监管专员办事处。根据中国证监会的职能划分,证监会所监管的机构有证券期货交易所、上市公司、证券期货经营机构、证券投资基金管理公司、证券期货投资咨询机构和从事证券期货中介业务的其他机构。证券期货交易所主要是提供交易平台和交易信息,是证券交易中介机构,是不以营利为目的的服务性机构。

在发行市场方面,2015年12月28日,全国人大常委会通过了股票发行注册制改革的决定,即注册制自2016年3月1日起开始施行,授权实施期限为两年,即从该日起证监会将根据国务院的制度安排制定相关规章、规范性文件,等待各方面条件成熟后,再正式启动注册制改革。

证监会全面加强市场监管,A股市场进入规范发展的新阶段。从并购重组、信息披露到二级市场个股的异常波动,沪深交易所对于A股市场的一线监管正在显著加强和细化。2016年8月初的一周内,深交所就共对20起证券异常交易行为进行调查,涉及证券19只、证券账户19个、证券公司16家。共对23起上市公司重大事项进行核查,涉及证券23只。从沪深交易所发出的监管类函件针对的事项来看,涉及上市公司并购重组、信息披露、股权变动、承诺履行以及异常交易等各个方面。以处于风口浪尖的万科A为例,自2016年6月末至2016年8月初,深交所先后向其发出了一份问询函、四份关注函以及两份监管函,内容涉及万科公司、钜盛华、华润、恒大集团等各方。

信息披露成为关注重点。例如,深交所在2016年8月4日对九安医疗(002432)控股股东发出监管函,原因是该公司控股股东2016年6月24日至7月21日期间,累计质押九安医疗公司股份5548.6万股,未及时履行相关信息披露义务和告知义务。

并购重组则是另外一大关注重点。证监会对于上市公司重大资产重组政策全面收紧,尤其是涉及跨行业并购以及重组上市方面,在业务上尤为谨慎。目前对于上市公司并购重组,交易所的一线问询和关注力度明显上升,预计以后将成为常态。

除了一级市场的并购重组及信息披露等监管力度全面提升之外,在二级市场,交易所的监管力度也显著上升。从公开市场的情况来看,近期已有多家上市公司就股票价格连续上涨进行了风险提示。沪深交易所对于个别公司股价异常波动的关注程度也明显提高。2016年7月以来,上交所先后就多家股价异常波动,要求上市公司核实相关事项。

深交所提升市场交易行为监管针对性,密切监控各类异常交易行为,不断加大实时盯盘、电话警示等一线监管措施力度,精准锁定异常交易账户,严格执行递进式监管措施。采取电话警示、书面警示、盘中限制交易、约见谈话和盘后限制交易等监管措施的次数,较去年(2015年)同期大幅上升。

在证监会和中国基金业协会的层面,对于私募基金的管理也越来越严格。中国基金业协会2016年8月1日发布《关于私募基金管理人注销相关事宜的公告》。公告实施以来,累计超过1万家机构已被注销私募基金管理人登记。

"加强监管、严格监管、强化监管"是证监会的监管理念。我国股票市场操控市场的空间在减少,理性投资、价值投资的空间在增长,违法成本会增加,市场正逐渐步入规范发展的新阶段。

当经过一段清理整顿的阵痛后，上市公司的整体质量均有所提升，管理运作和信息披露越来越规范和透明，市场健康发展基础被夯实，养老金等各种合规资金陆续准入，高杠杆的投机赌博资金慢慢清理整顿完成，金融衍生品在监管可控范围内有序发展，全市场整体市盈率慢慢趋于合理水平。

【相关阅读】

比起美股　美国大选对亚洲股市的影响更大

对于规模较小、流动性较弱的亚洲市场来说，与美国大选相关的正面或负面情绪造成的影响显得更加突出。

如果说美国总统大选会对美国股市产生影响，这并不会让人感到意外。但近日有媒体指出，美国大选对亚洲一些国家的股市会产生更大的影响。

实际上，每四年一次的美国总统大选是一个可预知的周期，它带来的政策变化和可能的经济刺激，抑或是政治纷争和分歧，都会要求市场进行消化。

财经新媒体 TrueWealth Publishing 的文章指出，自 1928 年以来，标普 500 指数在历次大选前一年平均上涨 12.8%。最近一次，也就是 2015 年，标普 500 指数打破了历史规律，下跌近 1%。文章将一个大选周期分为四年，依次是：大选后一年、中间年(也就是大选后第二年)、大选前一年和大选年。

在亚洲市场，MSCI 明晟亚洲(除日本以外)指数(MSCI Asia ex-Japan index)自 1988 年以来在美国大选前一年平均上涨 20%，大选后一年平均上涨 24%。在大选后第二年和选举年，该指数平均持平。

这种影响在新加坡和马来西亚股市比较不明显。但在大选后一年，新加坡海峡时报指数和马来西亚吉隆坡综合指数平均分别上涨 15%和 16%。而在大选年，新加坡股市和 MSCI 明晟亚洲(除日本以外)指数的表现都是最弱的。

为什么亚洲股市总体上受到美国大选周期如此大的影响呢？部分原因有可能是样本较小。自 1988 年以来的统计数据没有计入此前的很多大选周期。数据总量越小，那些异常涨跌幅(比如 2008 年的股市跌幅)对平均涨跌幅的影响就越大。

另一可能的原因是，全球投资者情绪受到了美国政局走势的影响。而对于规模较小、流动性较弱的亚洲市场来说，这产生了更大的影响。也就是说，即便是总额较小的投资或撤资，与美国大选相关的正面或负面情绪也可能对亚洲市场造成显著影响。

因为 2016 年恰逢美国大选年，我们或许不应该对亚洲市场的疲软表现感到惊讶。《华尔街日报》此前报道说，亚洲地区的一些股市成为上半年全球表现最差的市场。日本日经指数上半年下跌了 18.2%，中国上证综指下跌 17.2%，中国香港恒生指数下跌 5.1%。

报道称，由于关于地区内企业利润的新投资主题较少，市场参与者似乎要依仗其他地区的事件来确定下半年的走势——从英国脱欧公投到美联储下一次加息，再到美国总统大选。

考虑到以往亚洲股市在大选后一年表现尚佳，如果历史规律不被打破，投资者或许可以准备迎接明年的强劲表现了。

资料来源：邱光龙．比起美股　美国大选对亚洲股市的影响更大[EB/OL]．(2016-09-20)．http://stock.hexun.com/2016-09-20/186105407.html.

本章小结

本章主要针对股票市场概述比较进行了详细的阐述，涉及了股票市场的概念、股票发行市场、股票流通市场、股票市场投资的风险分析。完成本章的学习，应该理解和掌握以下内容。

(1) 股票发行市场又称为一级市场，是企业进行股票发行，以企业、券商和申购股票的机构或大资金量的个人投资者为主要参与对象的市场。这个市场是直接由企业将股份抛进市场的途径，所以又可以称为批发市场。

(2) 随着市场经济的发展、金融市场的完善，现在公司股票在上市前，即进入二级市场交易之前可能会经历天使投资、风险投资(Venture Capital，VC)、私募股权投资(Private Equity，PE)、上市前私募(Pre-IPO)、首次公开募股(Initial Public Offerings，IPO)才会在二级公开市场亮相。有些企业需要这些阶段都经历一遍，有些企业只是经历其中的几个阶段就能进入二级市场进行交易了。

(3) 股票发行制度主要有三种，即审批制、核准制和注册制。

(4) 增资发行是指股份公司上市以后，为达到增加资本金的目的而发行股票的行为。公司增资的方式有向现有股东配售股票、向社会公众发行股票、向特定对象发行股票、公司债转换为公司股票等。

(5) 根据股票发行价格和票面金额的关系，可以将股票发行分为平价发行、溢价发行和折价发行三种形式。

(6) 在IPO之后，公司发行的股票就进入了流通市场，也就是二级市场。股票流通市场分为场内市场和场外市场。

(7) 在股票市场中的风险主要是系统性风险和非系统性风险。在股票的交易过程中也存在风险，分为交易行为风险和交易系统风险。

案例分析

亚欧股市普涨　机构看好新兴市场

美联储在21日的议息会议上决定按兵不动，加息时点再度延后，受此影响，22日亚太区股市普涨，部分新兴市场货币也走强。市场人士指出，目前各界对于资金将从新兴市场外流的担忧进一步下滑，新兴市场的部分资产有望受到青睐。

1. 亚欧股市携手上涨

22日，亚洲和欧洲股市普遍上涨。亚太方面，截至22日收盘，中国香港恒生指数收涨0.38%，泰国证交所指数收涨1.27%，韩国KOSPI指数收涨0.67%，澳大利亚标普/ASX 200指数收涨0.65%，印度孟买敏感30指数收涨0.93%，富时马来西亚KLCI指数收涨0.66%，印尼雅加达综合指数收涨0.71%。

22日盘中，欧股涨幅更为明显。此外，由于美元兑多数主要货币均走软，主要大宗商品价格也出现上涨。截至北京时间22日19时15分，衡量欧股整体表现的欧元区斯托克50指数上涨2%，英国富时100指数上涨1.3%，法国CAC40指数2.02%，德国DAX指数上涨1.91%，西班牙IBEX 35指数上涨1.94%，意大利富时MIB指数上涨1.82%。欧元兑美元汇率上涨0.35%至1.1231，英镑兑美元汇率上涨0.17%至1.3059。纽交所10月交割的黄金期货价格上涨0.45%至每盎司1337.5美元，白银期货价格上涨0.86%至每盎司19.94美元，原油期货价格上涨1.08%至每桶45.83美元。

2. 机构看好新兴市场

多家业内机构表示，看好新兴市场的部分资产。

花旗最新报告表示，美联储9月按兵不动，符合预期。尽管美联储表示不排除12月底前加息的可能，但他们下调了未来几年的加息路径，点阵图还显示委员们预期今年年内或加息一次。花旗维持预测，下一次美联储加息或为12月。该机构将增持新兴市场资产，主要是亚洲及拉丁美洲债券，同时增持黄金，以对冲波动性。

汇丰银行分析师表示，该机构的新兴市场策略初看起来似乎有点特立独行，因为其偏爱"杠铃式"方法。看好部分高收益货币以及拥有经常账户盈余的低收益货币。外部因素利好高收益货币。而在杠铃的另一头，低全球收益意味着回收庞大国内储蓄和经常账户盈余的空间更小。该机构还下调了美元兑很多新兴市场货币的预测。

中金公司报告称，此前美联储把"今年一定要加息"的信号传递得非常强烈，因此12月加息几乎是肯定的。如果今年一次息都不加，那可能会损伤美联储的信用，不利于美联储未来掌控市场加息预期。中金公司预计，此次议息结果公布后，黄金和新兴市场股市将迎来短暂的上行时间窗口。但从10月底到12月中，随着加息预期的再度升温，美元指数逐渐走强，新兴市场股市和黄金将面临下行压力。需要注意的是，9月议息会议后，市场对12月加息的预期会非常充分，这意味着任何超预期的扰动都将给市场带来大幅动荡。此外，11月初的美国总统大选及之前的公开辩论，也将是决定未来三个月全球资产价格走势的一个重要因素。

资料来源：中国证券报. 亚欧股市普涨　机构看好新兴市场[EB/OL].（2016-09-23）. http://stock.jrj.com.cn/2016/09/23004821515611.shtml.

【问题讨论】 亚欧股市上涨对全球股票市场的影响。

思 考 题

1. 什么是股票市场？
2. 股票的发行前期会经历哪些阶段？
3. 什么是 IPO？
4. 股票的发行制度有哪几种？
5. 股票的发行方式有哪些？
6. 股票发行的定价方法有哪几种？
7. 什么是创业板？
8. 试论述股票增资发行的相关情况。

第8章 外汇市场

【本章学习目标】

1. 了解外汇市场概况。
2. 理解全球外汇管理制度的演变。
3. 掌握外汇交易类型、外汇市场分析方法、外汇市场的影响因素和风险分析。

【导入案例】

10月11日每日外汇市场分析 今天美元的主要外币汇率走势分析

在经历了大大小小的黑天鹅事件后，市场趋于平静，随着本周多位美联储官员将会发表讲话，投资者再次将目光投向美联储的加息预期，因此美元指数(97.0750，0.1705，0.18%)震荡上行，非美货币下行整理，具体方面，欧元(1.1126，－0.0012，－0.11%)再次跌向1.11的关键位置，美元兑日币企稳103后开始上行整理。英镑(1.2311，－0.0053，－0.43%)在闪崩之后继续在低位震荡交投。而昨日原油的暴涨也拉动了商品货币的上行，澳币在此突破0.76的位置。黄金则继续底部震荡。

欧洲盘美洲盘阶段，美元再次上行，因此欧元汇价收到打压，汇价上周五在受非农影响后而上行至1.12的关键位置，随后日线收录于此，昨日汇价正是自1.12的位置开始下行，最终日内下行约70点至1.1130附近。日线级别上形成反转形态，后市有望继续下行整理，但汇价目前下行需要跌破1.11的关键位置。日内策略依旧逢高做空，点位在1.1180。

英镑经历了闪崩之后，汇价延续此前的跌势，昨日再次小幅走低至1.2340附近。今日英国央行委员将会在国会发表讲话，目前来看，市场关于英国经济硬着陆的担忧不断上升，汇价反弹有限。盘面上看，英镑昨日再次收低，汇价有望继续下行整理，而下行的低位有望至1.22。目前依旧建议投资者短线上不要建立英镑的仓位。等待汇价企稳，或者给出入场信号。

受美元昨日走强影响，美元兑日币昨日在触及102.80附近后开始了反弹，最终日线收录于103.70的位置。日线级别几近反转。目前基本面上市场的目光已经再次投向了美联储的加息预期，本周将会有包括耶伦在内数位美联储官员发表讲话，任何关于加息的鹰派言论都将带动美元兑日币的上行趋势。盘面上看，汇价昨日回调至102.80后开始上行，此位置也是汇价前期的重要分界线，昨日汇价企稳103后有望测试前期的双顶位置104.20附近。再次提醒投资者，我们长线看多美元兑日币。日内策略依旧逢低做多，点位在103.40，并观测上方双顶的突破情况，如若突破则顺势做多。

受原油昨日暴涨影响，汇价昨日短线拉升至0.7630后进入了缓慢的下行整理。目前来看，澳币的走势主要受外部因素的影响。H4级别上如果收线形成反转形态，则可以顺势入空单，此位置也是右侧突破 0.76 的确认位，下方则有望继续测试前期的重要位置 0.75。如果汇价上行，则在 0.7650 附近入空单。

黄金上周受非农影响探底 1240 后拉升至 1265。随后在昨日，金价受美元上涨影响而换门下行，并在此跌至 1260 下方。本周内有包括耶伦在内的多位美联储官员将会发表讲话，因此黄金有望继续下行整理。盘面上看，金价在未能有效站位 1360 后有望继续下行测试非农带来的低位 1240。日内策略 1262 入空单。

资料来源：南方财富网. 10 月 11 日每日外汇市场分析　今天美元的主要外币汇率走势分析[EB/OL]. (2016-10-11). http://www.southmoney.com/touzilicai/waihui/201610/786006.html.

【思考提示】 美联储官员的讲话将对全球汇市带来什么样的影响？

8.1 外汇市场概述

8.1.1 外汇市场的主要特点

一国货币的汇率取决于其供给与需求及其相对价值，障碍的减少及机会的增加，如苏联的瓦解、亚洲及拉丁美洲的戏剧性经济成长，已为外汇投资人带来新的契机。国际性贸易及汇率变动的结果，造就了全球最大的交易市场——外汇市场，一个具高效率性、公平性及流通性的一流世界级市场。外汇交易市场是个现金银行间市场或交易商间市场，它并非传统印象中的实物市场，没有实体的场所供交易进行，交易通过电话及经由计算机终端机在世界各地进行。直接的银行间市场是以具外汇清算交易资格的交易商为主，他们的交易构成总体外汇交易中的大额交易，这些交易创造了外汇市场的交易巨额，也使外汇市场成为最具流通性的市场。

外汇是货币行政当局（中央银行、货币管理机构、外汇平准基金及财政部）以银行存款、财政部库券、长短期政府证券等形式保有的在国际收支逆差时可以使用的债权。外汇包括外国货币、外币存款、外币有价证券（政府公债、国库券、公司债券、股票等）、外币支付凭证（票据、银行存款凭证、邮政储蓄凭证等）。截至 2015 年，中国位居世界各国政府外汇储备排名第一。但美国、日本、德国等国有大量民间外汇储备，国家整体外汇储备远高于中国。

外汇市场是进行外汇交易的场所，即以不同种货币计值的两种票据之间的交换场所。狭义的外汇市场是指银行间的外汇交易，包括同一市场各银行间的交易、中央银行与外汇银行间以及各国中央银行之间的外汇交易活动，通常被称为批发外汇市场。广义的外汇市场是指由各国中央银行、外汇银行、外汇经纪人及客户组成的外汇买卖、经营活动的总和，包括狭义外汇市场定义的批发市场以及银行同企业、个人间外汇买卖的零售市场。

外汇市场作为全球最大、最公平的投资市场，以前只面对银行和金融公司的投资领域开放，而随着外汇市场的发展，现在面向全球的个人投资者开放，使个人得到与银行和大金融集团平等的获利机会。现在外汇市场中的八大货币主要是 USD 美元、CAD 加元、GBP 英镑、EUR 欧元、CHF 瑞士法郎、HKD 港币、JPY 日元、AUD 澳元。

外汇市场的组织形式主要有两种：第一种是有形的外汇市场，即有固定交易场所的市场，如法国的巴黎、德国的法兰克福、比利时的布鲁塞尔等市场；第二种是无形的外汇市场，即没有具体的交易场所的市场,外汇交易完全由交易者通过电话、电报、电传和计算机等通信工具进行,世界上大多数外汇市场,如伦敦、纽约、新加坡、中国香港等市场,都没有固定交易场所。在有形外汇市场上,外汇交易者均按规定时间到交易场所进行交易,或者在商业银行之间进行。随着通信网络的高速发展,现代的国际外汇市场实际上已经成为交易人之间进行外汇交易的一个遍及全世界的无形市场。

8.1.2 外汇市场交易中的一些概念

1. 浮动汇率制

在外汇市场交易中通常会看见"浮动汇率制",外汇基本面中的浮动汇率制是什么?浮动汇率制是指一国货币的汇率根据市场货币供求变化,任其自由涨落,各国政府和中央银行原则上不加限制,也不承担义务来维持汇率的稳定,这样的汇率就是浮动汇率制。浮动汇率制的正式采用和普遍实行,是20世纪70年代后期美元危机进一步激化后开始的。在浮动汇率制下,影响汇率的主要因素有货币本身代表的价值、一国国际收支、利息率、各国政府和中央银行对外汇市场的干预、政治、心理、投机等因素。

浮动汇率制按照国家是否干预外汇市场,可分为自由浮动(又称清洁浮动)和管理浮动(又称肮脏浮动)。实际上今天没有哪个国际实行完全的自由浮动,而主要发达国家都对外汇市场进行不同程度的干预。

当前管理浮动汇率制的形式多种多样,可分为单独浮动和联合浮动,钉住汇率和弹性浮动。

单独浮动是指一国货币不同任何外国货币保持固定比价关系,其汇率只根据外汇市场供求状况和政府干预的程度自行浮动。

联合浮动又称共同浮动,是指几国组成货币集团,集团内各国货币之间保持固定比价关系,而对集团外国家货币则共同浮动。

钉住汇率是指一国采取使本国货币同某外国货币或一篮子货币保持固定比价关系的做法。

弹性浮动是目前一种主要的汇率制度,IMF将弹性浮动分为有限弹性和较大弹性两类。有限弹性包括对单一货币的有限弹性和合作安排。对单一货币的有限弹性是指一国货币的汇率,以一种外币为中心上下波动,但不高度依赖于该种外币,而且波幅并不过大。合作安排是指欧洲货币体系国家采取的,对体系内国家货币实行固定汇率而对体系外国家货币实行联合浮动的汇率安排做法。较大弹性包括单独浮动、管理浮动和按一套指标调整汇率。

浮动汇率制的主要作用是防止国际游资冲击,避免爆发货币危机,有利于促进国际贸易的增长和生产的发展,促进资本流动。但浮动汇率制经常导致外汇市场波动,对于长期国际贸易和国际投资的进行容易造成负面影响,也不利于金融市场的稳定,影响国际收支,尤其对发展中国家不利。

2. 外汇额度

什么是外汇额度?我国国务院1980年12月发布的《中华人民共和国外汇管理暂行条

例》规定：中国境内的机关、部队、团体、学校、国有企业、事业单位、城乡集体经济组织的外汇收入和支出，都实行计划管理。国家允许境内机构按照规定持有留成外汇，这是根据我国外汇计划管理制度确立的。目前，对由中央拨给地方和主管部门分给企业使用的留成外汇以及拨给创汇单位的留成外汇，不直接拨给外汇现汇，而是将拨给的中央或留成外汇作为一个指标，并通过国家外汇管理局开立收支账户管理这个指标，即我们常说的外汇额度。

外汇额度只代表一种用汇的权利，创汇企业、外贸工贸公司拥有外汇额度，必须用相应人民币资金才能兑换成各种货币的外汇资金。

随着经济改革、开放的不断发展，外贸体制改革的不断深化，国家允许境内机构将多余不用的留成外汇额度以有偿形式经全国各外汇调剂中心调剂给急需外汇的部门、企业和单位。外汇额度的概念已不是单纯地表示指标性质，目前外汇额度的含义已经发生了质的变化，由过去单纯的计划指标，发展成为一种有内含价值的特定外汇资金。

事实上，外汇额度已成为外贸工贸公司、企业的一种补亏资金来源。一个企业拥有外汇额度的多少，代表着这个企业的经济实力、业务开展情况以及经营水平。

外汇额度从"指标"概念到含有特定的外币资金，充分说明随着对外贸易经济的发展，外汇额度将越来越发挥巨大的资金作用，并成为国家外汇管理局管理外汇的主要内容之一。为此，从客观上需要加强对外汇额度核算、监督、管理，建立一套符合外汇额度实际情况的、完整的、科学的、行之有效的外汇额度会计账务核算和管理制度，外汇额度会计也由此而产生。

3. 外汇市场投资交易中的买空和卖空

外汇买空是投资者预测股价将会上涨，但自有资金有限不能购进大量股票，于是先缴纳部分保证金，并通过经纪人向银行融资以买进股票，待股价上涨到某一价位时再卖，以获取差额收益；外汇卖空是投资者预测股票价格将会下跌，于是向经纪人交付抵押金，并借入股票抢先卖出。待股价下跌到某一价位时再买进股票，然后归还借入股票，并从中获取差额收益。

例如，EUR(欧元)/USD(美元)，若买多，就是指买进了欧元，卖出了美元。反之若卖空，就是指卖出了欧元，买进了美元。

4. 外汇保证金交易

外汇的投资中在出现买空、卖空的交易后，衍生出了外汇保证金交易的概念。外汇保证金交易最初产生于20世纪80年代的伦敦。外汇保证金交易是指通过与银行签约，开立信托投资账户，存入一笔保证金作为担保，由银行或经纪行设定信用操作额度(即20～400倍的杠杆效应，超过400倍即违法)。投资者可在额度内自由买卖同等价值的即期外汇，操作所造成之损益，自动从上述投资账户内扣除或存入。让小额投资者可以利用较小的资金，获得较大的交易额度，和全球资本一样享有运用外汇交易作为规避风险之用，并在汇率变动中创造利润机会。

例如，美国纽约作为世界外汇保证金交易市场之一，纽约外汇保证金交易市场的参与者主要包括29家联邦储备系统的成员银行，23家非成员银行，60多家外国银行在纽约的分支机构，50多个外国银行建立的代理行和90多个代办处。第二类参与者是外汇经纪人,美国国内各银行的外汇交易传统上是外汇经纪人办理的。另外,该外汇市场上还有专业的外汇交易商,他们自己买卖外汇。

纽约外汇保证金交易市场的交易分为三个层次,银行与顾客之间的交易市场,纽约银行间的外汇市场,纽约银行与国外银行之间的外汇市场。

5. 外汇头寸

外汇头寸是指银行对客户的外汇交易、不可避免地会发生买入多于卖出或者买卖大致相等的情况,即外汇银行在一定时间所持有的外汇差额。外汇持有额有三种情况,"超卖持有"(Oversold Position),即卖出外汇的总额超过买入总计的;"超买持有"(Overbought Position),即与"超卖持有"相反情形的;"平衡持有"(Savare Position),即买入与卖出总额大致相等的。

为避免汇率变动的风险,外汇银行必须经常与其他外汇银行进行外汇交易,即在"超卖持有"时予以买入,"超买持有"时予以卖出,而使外汇持有额尽可能轧平差额。

8.1.3 特殊的外汇储备——SDR

2016年10月1日,人民币正式加入SDR货币篮子,是人民币国际化的重要里程碑。人民币初始权重为10.92%,超越日元与英镑,紧随美元和欧元,成为其中第三大储备货币。

作为全球外汇市场中特殊的货币,2015年SDR也自然而然成了各大金融机构和媒体的关注热点。SDR(Special Drawing Rights)意为特别提款权,又称"纸黄金",是国际货币基金组织(IMF)构建的一种"准货币"。它最早发行于1970年,由IMF根据会员国认缴的份额分配,是会员国的一种使用资金的权利。

具体来讲,当会员国发生国际收支逆差时,可用它向基金组织指定的其他会员国换取外汇,以偿付收支逆差或偿还基金组织的贷款。同时,SDR还具有一定的硬通货效力,可以与黄金、自由兑换货币一样充当国际储备。正因为它是IMF原有的普通提款权以外的一种补充,所以称为"特别提款权"。

SDR的诞生可追溯到20世纪60年代初爆发的美元第一次危机。这次危机暴露出了以美元为中心的布雷顿森林货币体系的重大缺陷,第二次世界大战后建立的国际货币体系亟须改革。经历了多次谈判和利益纠纷,IMF最终通过了由比利时提出的折中方案:增加各国向基金组织的自动提款权,而不是另创新储备货币来解决可能出现的国际流通手段不足的问题。自此,美元再也不能独立作为国际储备货币,其他国家货币没有条件作为储备货币的问题也得到了妥善解决。

虽然具有诸多真实货币的功效,但SDR并非一种有形货币。它的作用就像是一个篮子,把符合条件的货币装进来,捆绑为整体进行交易。目前SDR仅包括全球范围内四种主要的储备货币——美元、欧元、英镑和日元,分别占整个"篮子"的45%、36%、10%和9%。需要注意的是,这样的权重不同于当前全球各国中央银行外汇储备中的货币配置比例,后者中这四种货币的权重分别为64%、20%、5%和4%,而SDR仅占外汇储备的3%。

作为一种保障国际货币流通的平衡手段,SDR自然也要紧跟全球经济形势的脚步。按照惯例,每隔五年,IMF都会对SDR货币篮子进行一次复审,重新评估篮子中的货币是否是国际交易中具有代表性的货币，以及各货币所占权重是否真实反映了其在国际贸易与金融体系中的重要程度。IMF的上一次审查时间是2010年，对篮子的货币权重进行了一定调整，其中美元和日元的权重略有下降。

8.2 全球外汇管理制度的演变

8.2.1 国际外汇管理制度的历史发展

1821—1914年，古典金本位时代，在这个时期世界上大多数货币可直接兑换黄金，全球经济通过使用黄金作为货币而连接。1821年，英国首个正式采用这种体制，其他主要国家在19世纪70年代开始纷纷效仿。很多殖民地国家或者照搬这种制度，或者用它们的货币直接兑换英镑、美元、法郎等。在这种体制下，英国作为当时世界上的超级大国，坚定地承诺以1英镑兑换1/4盎司的黄金，英镑成为当时最重要的货币。

1915—1925年，这一时期的外汇制度被称为有管理的浮动汇率制时代。在这10年间，古典金本位时代起到制约财政作用的制度在战争时代是不可接受的。因此，1914年全球都暂停货币和黄金的兑换，切断它们之间的联系(美国维持金本位制的时间直到1917年进入第一次世界大战时期)。在这个浮动汇率时期，因政府干预市场，被认为是混乱的，不稳定的。因此，战后各国一致努力重启或使之接近第一次世界大之前的体系。

1926—1931年，出现了短暂的“战隙金汇兑本位制”。第一次世界大期间，发行的货币远超支撑的黄金储备，而此时大部分硬通货发行国试图通过重回旧体制来稳定货币的币值。1922年的热那亚会议上出台了一项方案。协议内容是：美元再度可以兑换金币，但其他货币则采用修改后的“金条本位制”。他们的纸币可以用原来的汇率兑换黄金，但只能兑换金条。此外，欧洲主要的货币将同步可兑换英镑，英镑可兑换美元。在20世纪30年代初这段期间，欧洲人对为了维持此前的黄金兑换率而实施的紧缩深恶痛绝。各方因素综合作用，最后在苏格兰因弗戈登皇家海军兵变后不久，放弃了金汇兑本位制。

1932—1944年，出现了前布雷顿森林浮动体系。为了安抚各自的民众，欧洲各国政府一个接一个地违背了货币承诺，结果产生了浮动汇率制度，而美元是最后一个与黄金挂钩的主要货币。1929年的美国金融危机，使美元与黄金挂钩也变得艰难。在大萧条期间，罗斯福政府暂停了国内美元与黄金的兑换，将美元与黄金的兑换率由之前的1盎司兑换20美元贬为1盎司兑换35美元，并要求国内民众持有的硬币收归美联储。但是罗斯福没有禁止美元国外持有者对黄金的兑换。美元在这一时期脱颖而出，成为世界最坚挺的货币。

1945—1971年，进入“可调整的钉住美元制度”时期。1944年，大多联盟国政府看到了“肮脏浮动汇率制”带来的毁灭性的后果。因美国在黄金储备法案下累积了大量黄金储备及美元的硬货币地位，因此在1944年夏天，联合国在布雷顿森林举行会议，通过了一个新的体系：世界主要货币采用钉住美元的货币制度，美元则钉住黄金(可与国外政府和央行进行大额的黄金兑换)。此外，各个货币发行国保留可调整的钉住制度，并成立了两个新的机构——IMF 和世界银行负责延缓这种波动。

1972—1973 年，是“史密森协定(Smithsonian Agreement)时期”，20 世纪 60 年代，美国政府实施了大规模的国内支出，加上在越南战争上的大量投入。导致 20 世纪 70 年代初，外国政府手中的美元大量累积，而支撑起的黄金储备减少了。随着赎回需求增加，美国最终选择停止美元兑换黄金。在此时间后，出台了“短命”的史密森协定。

1974—1979 年，施行“浮动汇率制度 & 钉住汇率制度”。史密森协定的寿命是短暂的，因“尼克松冲击”之后，美元兑黄金快速下跌，所以，大多数经济发达国家放弃了钉住美元的汇率制度，而是像 20 世纪初两次世界大战间隙期间那样，采用浮动汇率制度。欧洲多次试图协调推出伪固定汇率机制，但都断断续续，缺乏定义。一些发展中国家，尤其是亚洲国家，采用钉住美元的汇率制度。

从 1980 年至今，是“欧洲汇率机制(ERM)”及多种汇率制度并存。浮动汇率制执行数年后，在 20 世纪 70 年代末期，欧洲引进了合作外汇体制，即欧洲汇率机制。协议主要内容是，各成员国的中央银行可以干预市场，保持本国货币和其他货币的波动幅度在 2.25%以内——半钉住汇率制度。

1990 年，英国加入了这个体制，但两年后即宣布退出，因英国政府不愿意或不能够接受维持 ERM 设定的区间带来的后果。也就是在此期间，乔治索罗斯和德鲁肯米勒从英镑空头仓位中赚取了 10 亿美元。10 年后，欧元被引入，最初的兑换率是为 11 个国家设定的，他们国家的货币可以直接兑换新欧元。

世界其他储备货币方面，美元则继续对黄金和其他主要货币采用浮动汇率制。在 1997 年亚太危机爆发前，亚洲大多国家的货币采用钉住美元的汇率制度，危机之后，很多国家放弃了这种制度。

8.2.2 我国现代外汇管理制度的发展

1978—1993 年，为适应市场需求，我国施行了“汇率双轨制度”，我国采取官方汇率和市场汇率并存的汇率形成机制，实行外汇留成办法。1978 年 1 月建立外汇调剂市场，引进更多竞争机制、增加外汇储备、存在较少的外汇风险，缺乏外汇监管制度。

1994—2004 年，是“汇率并轨期”，实行以市场供求为基础的、单一的、有管理的浮动汇率制度，建立以银行结售汇制度为基础，市场调节为主的管理模式，形成统一、规范、有效的外汇市场，取消对外国货币在中国境内的计价、结算和流通，提高居民用汇标准，扩大供汇范围。

1994 年 4 月，中国在上海建立了全国统一的银行间外汇市场，将原来分散的外汇交易集中统一起来，为成功进行外汇管理体制改革，形成单一的、有管理的人民币汇率体制奠定了重要的市场基础。银行间外汇市场的效率不断提高，成交规模不断扩大。银行间外汇市场开办了美元、日元、港币、欧元对人民币的交易。到 2001 年年底，已累计成交各币种折合美元为 4397.7 亿美元，其中 2001 年各币种外汇交易折合 750 亿美元。

1996 年 12 月 1 日起，实现人民币经常账户可兑换，加入 WTO 后，中国与世界各国进行的贸易日益增多，外汇管理局为适应形势需要，做出相应政策规定。

2005 年 7 月 21 日起中国外汇管理制度进行新一轮改革。人民币汇率不再只关注美元，而是形成更富弹性的人民币汇率机制，居民年度购汇额达2万美元。这次调整了汇率水平，2005年7月21日美元兑人民币交易价格一次性调整为1美元兑8.11元人民币，作为次日银行间外汇市场上外汇指定银行间交易的中间价，外汇指定银行可自此时调整对客户的挂牌汇价。同时调整汇率基准价格和挂牌汇价体系，适当扩大人民币汇率的浮动区间。允许人民币兑美元汇率日波幅为上下浮动3%；将人民币与非美元货币汇率的浮动区间扩大到3%；扩大银行自行定价的权限，现汇和现钞买卖价在基准汇率上下1%～4%以内由银行自行决定，而且可以一日多价。

2006年10月，中国银行、交通银行、中国建设银行、中国工商银行陆续推行外汇保证金业务，随着中国加入WTO，金融行业全面对外开放，外资银行可经营人民币业务居民年度购汇额由2万美元提高到5万美元。

2007年9月，中国正式成立国务院直属外汇投资公司，对中国的外汇储备进行全球投资。

2008年8月，国务院发布了修订版《中华人民共和国外汇管理条例》，中央银行调整政策取向，推行"藏汇于民"，逐步放宽企业和个人持有外汇的自由度，鼓励境内主体对境外证券投资和衍生产品交易。

2009年以来，针对跨境资金流向复杂和规模增大、市场主体便利化需求不断增长的现实，外汇管理加快了理念和方式的"五个转变"，即从重审批转变为重监测分析、从重事前监管转变为强调事后管理、从重行为管理转变为更加强调主体管理、从"有罪假设"转变到"无罪假设"、从"正面清单"（法无明文授权不可为）转变到"负面清单"（法无明文禁止即可为）。

2015年1月20日，为积极支持跨境电子商务发展，防范互联网渠道外汇支付风险，国家外汇管理局在总结前期经验的基础上，制定了《支付机构跨境外汇支付业务试点指导意见》，在全国范围内开展支付机构跨境外汇支付业务试点。

2015年，我国为加入SDR，在外汇管理制度上作了相应的改革和调整。2015年8月11日出台的人民币中间价汇率机制改革，使人民币在岸和离岸汇率在近几个月逐渐靠拢，汇率偏差矫正已初见成效；2015年10月24日放开存款利率上限，人民币利率实现市场化；2015年11月3日发布的《十三五建议》更明确指出，将有序实现人民币资本项目可兑换，转变外汇管理和使用方式，推动人民币成为可兑换、可自由使用货币。

2015年11月8日，我国外汇管理局副局长表示，中国43个资本交易项目中，有一半的资本项目交易已经基本不受限制或者较少限制。

2015年12月我国外汇局发布《境内机构外币现钞收付管理办法》，明确规定了境内机构外币现钞收付的条件。2016年2月1日起正式实施。为进一步规范外币现钞收付，防止个别机构以虚构交易等方式骗取外币现钞收付，逃避外汇监管。

2016年10月1日，人民币正式作为第五种货币加入IMF的SDR货币篮子，成为继美元、欧元、日元和英镑之后的又一个国际储备货币。人民币入篮使一些持有SDR资产的境外机构投资者需要根据新的SDR篮子调整其资产配置，一些境外中央银行也将增持人民币作为储备资产，这带来相应的人民币汇兑及债券投资需求。

【相关阅读】

中国汇市：人民币随中间价跌破6.7大关　创六年新低

人民币正式加入SDR篮子货币后，首个中间价即告跌破6.7元整数关，随后在岸汇率也于盘初贬破该心理关口，双双创出逾六年来最弱水平；离岸人民币也在中间价开出后逆转涨势下跌。

国庆期间日元、英镑波动明显，中间价超预期下调，意味着人民币的波动也随之增强。

中间价释放出继续推进汇改的信号非常明确，预计官方将在保持汇率维稳约束的基础上，增强人民币汇率的波动性。

周小川表示，中国努力在提高汇率灵活性和保持汇率稳定之间寻求平衡，将坚定不移地继续推进汇率市场化改革。

1. 市场表现

【实时】北京时间9：56，在岸人民币兑美元跌0.44%，报6.7037元，一度跌至6.7051元，为2010年9月以来最弱。

香港时间9：57，离岸人民币兑美元跌0.05%，报6.7111元。

香港时间9：57，在岸与离岸人民币价差报74点。

【中间价】人民币兑美元中间价下调230个基点或0.34%，报6.7008元。

据中间价计算，今日交易波幅上限为6.5668元，下限为6.8348元。

2. 机构观点

【三菱东京】三菱东京日联银行(中国)首席金融市场分析师李刘阳表示，今天中间价机制中对于国际汇率波动的过滤幅度要小于此前观察到的水平。

【招商证券[－0.35% 资金 研报]】招商证券宏观研究主管谢亚轩和刘亚欣等人在研究报告中称，当前中国外储充足率仍在IMF所建议的合理水平内，未来真正值得担忧的风险在于外债和资产转移，也就是国内居民、企业的海外资产配置。

3. 重点关注

【逾20个城市一个月内出台楼市收紧政策】逾20个城市在不到一个月内出台或收紧房地产调控；分析师称中央银行进一步宽松恐更无可能。

【周小川：银行体系不良贷款上升，但风险可控】中国中央银行行长周小川在华盛顿讲话称，尽管中国的银行体系不良贷款有所上升，但资本充足，整体风险可控；会对信贷增长有所控制。

上海8日发布加大住房用地供应等六条措施，坚决遏制房价过快上涨。

【朱光耀评楼市政策】新华社：副财长朱光耀称房地产市场应对措施正在产生积极效果。

【中国外汇储备数据】中国9月末外汇储备报3.17万亿美元，低于预估中值3.18万亿美元，并创2011年4月以来最低。

【中国PMI数据】中国9月官方制造业PMI报50.4，持平于8月创下的2014年来高点；预估中值为50.5。

财新中国9月服务业经营活动指数报52，前月为52.1。

【即将公布9月信贷数据】中国中央银行最快今天公布9月信贷数据；据彭博调查所得预估中值，新增人民币贷款料为1万亿元，8月为9487亿元；社会融资规模增量料为1.39万亿元，8月为1.47万亿元；M2预计同比增长11.6%，8月为增长11.4%。

【已有12家境外银行进入境内人民币外汇市场】根据中国外汇交易中心官方网站数据，截至10月8日，交易中心已累计批准12家人民币购售业务境外参加行进入境内人民币外汇市场。

4. 海外关注

【美国】美国9月新增非农就业人数15.6万，略低于预估中值17.2万；8月数字上修至16.7万。

【美联储】美联储副主席Fischer：就业增长与整体经济增速疲软形成鲜明对比。

【英镑】英镑兑美元周五一度大跌6.1%，创下英国脱欧公投以来最大跌幅，交易员称算法交易或是罪魁祸首之一。

【欧盟】欧盟委员会主席容克称，在英国脱欧谈判中就单一市场准入没有妥协余地。

【欧央行】欧洲中央银行行长德拉吉表示，将尽一切可能防止低通胀蔓延到工资领域。

资料来源：凤凰国际 iMarkets. 中国汇市：人民币随中间价跌破6.7大关 创六年新低[EB/OL].(2016-10-10). http://finance.ifeng.com/a/20161010/14926071_0.shtml.

8.3 外汇交易类型及外汇市场分析类型

8.3.1 外汇交易类型

外汇交易主要有四种类型，分别是即期外汇交易、远期外汇交易、掉期外汇交易、择期外汇交易。

1. 即期外汇交易

即期外汇交易又称“现汇交易”，一般是指须在当日结清的外汇交易。但在日本及亚洲地区，外汇银行间的即期外汇交易，多在第二个营业日结算(即T+2)。欧美各国的即期外汇交易通常是在交易后的两个营业日以内结算。

即期外汇交易的买卖方式分为顺汇和逆汇。顺汇是指汇款人委托银行以某种信用工具(如汇票)，通过其国外分行或代理行将款项付给收款人的一种支付方式，其过程是银行在国内收进本币，在国外付出外汇。因其汇兑方向与资金流向一致，称为顺汇。在顺汇方式下，客户用本国货币向外汇银行购买汇票，等于该银行卖出外汇。

逆汇即托收方式，是指由收款人(债权人)出票，通过银行委托其国外分支行或代理行向付款人收取汇票上所列款项的一种支付方式。由于这种方式的资金流向与信用工具的传递方向相反，于是称为“逆汇”。

即期外汇交易是外汇市场上最常用的一种交易方式，即期外汇交易占外汇交易总额的大部分。主要是因为即期外汇买卖不但可以满足买方临时性的付款需要，也可以帮助买卖双方调整外汇头寸的货币比例，以避免外汇汇率风险。企业通过进行与现有敞口头寸(外汇资产与负债的差额而暴露于外汇风险中的那一部分资产或负债)数量相等,方向相反的即期外汇交易,可以消除两日内汇率波动给企业带来的损失。由于即期外汇交易只是将第三天交割的汇率提前固定下来,它的避险作用十分有限。

外汇市场即期交易 2015 年 2 月 10 日出现"乌龙指"事件,人民币兑美元即期价开盘暴涨 937 基点。与股市的"乌龙指"不同,外汇市场的这笔错单,只涉及交易双方,而且更改相当迅速,对市场影响十分有限。

2. 远期外汇交易

远期外汇交易又称"期汇交易",是指在买卖契约成立时买卖双方不需立即支付本国货币或外汇,而是预先约定在将来某特定日期进行结算的外汇交易。一般情况下,大额的外汇买卖多以远期交易方式进行。

远期外汇交易是有效的外汇市场中不可缺少的组成部分。最常见的远期外汇交易交割期限一般有 1 个月、2 个月、3 个月、6 个月、12 个月。若期限再长则被称为超远期交易。

远期外汇交易又分直接的远期外汇交易、期权性质的远期外汇交易、即期和远期结合型的远期外汇交易。

直接的远期外汇交易是指直接在远期外汇市场做交易,而不在其他市场进行相应的交易。银行对于远期汇率的报价,通常并不采用全值报价,而是采用远期汇价和即期汇价之间的差额,即基点报价。远期汇率可能高于或低于即期汇率。

期权性质的远期外汇交易即公司或企业通常不会提前知道其收入外汇的确切日期。因此,可以与银行进行期权外汇交易,即赋予企业在交易日后的一定时期内,如 5~6 个月内执行远期合同的权利。

在远期外汇交易中,常常会遇到"升水""贴水"和"套算汇率"三种情况。当某货币在外汇市场上的远期汇价高于即期汇率时称为升水;当某货币在外汇市场上的远期汇价低于即期汇率时称为贴水;两种货币之间的价值关系,通常取决于各自兑换美元的汇率。

期汇交易的主要功能有套期保值和投机。套期保值是指卖出或买入金额等于一笔外币资产或负债的外汇金额,使这笔外币资产或负债以本币表示的价值避免遭受汇率变动的影响;而投机则是指根据对汇率变动的预期,有意持有外汇的多头或空头,希望利用汇率变动来从中赚取利润。

3. 掉期外汇交易

掉期外汇交易是指在买进某种外汇的同时卖出金额相同的该种货币,但买进和卖出的交割日期不同的外汇交易。一般有以下几种形式。

(1) 即期对远期。即买进或卖出一笔现汇的同时,卖出或买进一笔期汇。这是掉期交易最常见的形式。比如,某银行手头的外汇资金暂时多余,但将来又有支付需要,就可用即期交易方式把暂时多余的资金卖给其他银行,同时又以远期方式将其买回。

（2）远期对远期。即在买进或卖出某货币较短的远期的同时，卖出或买进该货币较长的远期。好处是可以利用有利的汇率机会。

（3）明日对次日。即成交后第二个营业日（明日）交割，第三个营业日（次日）再作反向交割。常用于银行同业的隔夜资金拆借。

掉期的近端汇率和远端汇率是事先预定的合同，所以掉期可以减少非正常风险下的损失。

4. 择期外汇交易

择期的含义是买方可以在将来的某一段时间（通常是一个半月内）的任何一天按约定的汇率进行交割，因此，择期外汇买卖是一种交割日期不固定的买卖，属于远期外汇买卖的范畴。

择期外汇交易为企业、进口商提供买卖外汇的灵活性，保证货到付款或单到付款时，能及时付汇，可以避免远期买卖交割日期确定不变的缺点。但是由于银行通常是按可交割的最后一天计算贴水，择期越长，客户损失就越多，客户要取得择期便利，就要以多损失一些贴水为代价。

8.3.2 外汇市场分析方法

外汇市场分析通常有三种方法，分别是技术分析、基本面分析及情绪分析。

1. 技术分析

技术分析就是以预测市场价格变化的未来趋势为目的，以图表为主要手段对市场行为进行的研究。技术分析通常不理会价格涨落的原因，而且在价格趋势形成的早期或者市场正处在关键转折点时，往往没人确切了解市场为什么如此这般的动作。恰恰是在这种至关紧要的时刻。技术分析者常常独辟蹊径，一招切中要害。

2. 基本面分析

基本面分析主要研究市场行为，基本面分析则集中考察导致价格涨、落或持平的供求关系。基本面分析者为了确定某货币的内在价值，需要考虑影响价格的所有相关因素。所谓内在价值就是根据供求规律确定的某货币的实际价值，它是基本面分析派的基本概念。如果某货币内在价值高于市场价格，称为价格偏高，就应该卖出这种货币；如果市场价格低于内在价值，叫作价格偏低，就应买入。

3. 情绪分析

情绪分析在金融市场交易中越来越被重视。因为即使目前有先进的网络通信技术协助交易，也会因为人的情绪影响导致的黑天鹅事件令人错愕。再者越来越多的人清晰地认识到“完全的市场”只是理想状态，现实操作中人总是会因为各种各样的因素导致而根本无法掌握完全的市场信息，出现判断失误。情绪分析帮助交易者了解心理层面在交易中的重要性，研究大众心理情绪的变化可能对下一步投资带来的影响。

8.4 外汇市场的影响因素及风险分析

8.4.1 外汇市场的影响因素

外汇反映的是一国经济实力情况。影响外汇市场的因素笼统地讲主要是政治和经济，具体包括利率与通货膨胀、国际收支状况、央行干预、市场心理预期、政治稳定程度等。

1. 利率与通货膨胀

外汇是一种金融资产，投资者选择它，是因为它能给人们带来某种收益。人们在选择持有一国货币还是持有另一国货币时，首先考虑哪一种货币带来的收益最大，这种收益是由其金融市场的利率所决定的。比如，美元1年期定期存款利率是4%，而人民币1年期定期存款利率是3%，人们便会放弃人民币而选择美元。利率的不同会影响汇率。一般情况下，一个国家如果提高了本国的利率，该国的货币就会相对走强，因为投资者会将资产移转到这个国家，以期望将来可以获得更高的投资报酬。

利率是货币供求关系的产物，如果一国增加货币投放量，市场上货币增多，供大于求，则导致利率下降；反之，一国减少货币投放量，市场上流通的货币减少，供不应求，利率则提高。在一国经济基本正常时，本国利率高于外国利率，将导致资本流入，外汇供过于求，本币升值；当本国利率低于外国利率时，将导致资本流出，外汇供不应求，本币贬值。

另外，当一国通货膨胀高于其他国家，意味着该国货币的对内贬值和对外贬值。这种传导机制主要是通过以下三个途径实现的：一是通货膨胀使本国物价上涨，从而导致出口减少、进口增加，外汇供不应求，引起贸易收支逆差，导致本币贬值；二是通货膨胀使本币的实际利率减少和本币的国际地位下降，导致本国资金外流，这使本国对外汇的需求增加，国际市场上对本币的需求减少，引起资本项目逆差，本币贬值；三是通货膨胀表明该国货币内在价值减少，人们会预期该国货币将趋于疲软，出于保值的目的，交易者将抛售该国货币，从而造成该国货币的贬值。

2. 国际收支状况

当一国国际收支出现逆差，在外汇市场表现为外汇需求大于供给，从而引起外汇升值，本币贬值。反之，当国际收支顺差时，外汇贬值、本币升值。

3. 央行干预

当中央银行买入某种货币时，将使该货币在短期内需求增加，从而升值；而当中央银行卖出某种货币时，将使该货币在短期内供应增加，从而贬值。中央银行进行外汇干预前应建立外汇平准基金，并储备一定规模的外汇。当中央银行的外汇交易难以实现政府汇率政策目标时，政府会借助外汇管制平衡汇率。另外，政府的其他经济政策也会间接影响汇率。

4. 政治稳定程度

一国及国际间的政治局势的变化，都会对外汇市场产生影响。政治局势的变化一般包括政治冲突、军事冲突、选举和政权更迭等，这些政治因素对汇率的影响有时很大，但影响时限一般都很短。或者当重大的国际事件发生后，对一国有利时，则该国的货币即会升值；当重大的国际事件发生后对一国不利时，则该国的货币即会贬值。

5. 市场心理预期

当人们心理上普遍认为某种货币将要升值时，即使这种货币在此之前并没有升值的迹象，出于投机的需要，人们也会在外汇市场上大量买入该种货币，导致这种货币人为供不应求，从而升值；相反，可能导致这种货币人为地供过于求，从而贬值。

8.4.2 外汇市场的风险分析

1. 外汇市场的风险分类

外汇市场风险分为交易风险、折算风险和经济风险。

交易风险也称交易结算风险，是指运用外币进行计价收付的交易中，经济主体因外汇汇率变动而蒙受损失的可能性。它是一种流量风险。即在商品、劳务的进出口交易中，从合同的签订到货款结算的这一期间，外汇汇率变化都会产生的风险；在以外币计价的国际信贷中，债权债务未清偿之前存在的风险；外汇银行在外汇买卖中持有外汇头寸的多头或空头，也会因汇率变动而遭受风险。

折算风险又称会计风险，是指经济主体对资产负债表进行会计处理的过程中，因汇率变动而引起海外资产和负债价值的变化而产生的风险。它是一种存量风险。同一般的企业相比，跨国公司的海外分公司或子公司所面临的折算风险更为复杂。一方面，当它们以东道国的货币入账和编制会计报表时，需要将所使用的外币转换成东道国的货币，面临折算风险；另一方面，当它们向总公司或母公司上报会计报表时，又要将东道国的货币折算成总公司或母公司所在国的货币，同样面临折算风险。折算风险主要有三类表现方式：存量折算风险、固定资产折算风险和长期债务折算风险。

经济风险又称经营风险，是指意料之外的汇率波动引起公司或企业未来一定期间的收益或现金流量变化的一种潜在风险。在这里，收益是指税后利润，现金流量是指收益加上折旧。经济风险可包括真实资产风险、金融资产风险和营业收入风险三方面，其大小主要取决于汇率变动对生产成本、销售价格以及产销数量的影响程度。此外，汇率变动对价格和数量的影响可能无法马上体现，这些因素都直接影响着企业收益变化幅度的大小。

与交易风险不同，经济风险侧重于企业的全局，从企业的整体预测将来一定时间内发生的现金流量变化。因此，经济风险来源不是会计程序，而是经济分析。经济风险的避免与否很大程度上取决于企业预测能力的高低。预测的准确程度直接影响企业在生产、销售和融资等方面的战略决策。此外，折算风险和交易风险的影响是一次性的，而经济风险的影响是长期的，它不仅影响企业在国内的经济行为与效益，而且直接影响企业在海外的经营效果和投资收益。因此，经济风险一般被认为是三种外汇风险中最重要的。但是由于经济风险跨度较长，对其测量存在着很大的主观性和不确定性，要准确计量企业的经济风险存在很大的难度，所以企业的经营者通常更重视对交易风险和折算风险的管理。

2. 交易风险、折算风险、经济风险的侧重点不同

虽然交易风险、折算风险与经济风险都是由于未预期的汇率变动引起的企业或个人外汇资产或负债在价值上的变动，但它们的侧重点各有不同。

从损益结果的计量上看，交易风险可以从会计程序中体现，使用一个明确的具体数字表示，可以从单笔独立的交易、也可以从子公司或母公司经营的角度来测量其损益结果，具有客观性和静态性的特点。而经济风险的测量需要经济分析，从企业整体经济上预测、规划和分析，涉及企业财务、生产、价格、市场等各方面，因而带有一定的动态性和主观性。

从测量时间来看，交易风险与折算风险的损益结果，只突出了企业过去已经发生交易在某一时间点的外汇风险的受险程度；而经济风险则要测量将来某一时间段出现的外汇风险。不同的时间段的汇率波动，对各期的现金流量、经济风险受险程度以及企业资产价值的变动将产生不同的影响。

企业在国际经济活动中，一方面经常要使用外币进行收付，因而会发生外币与本币(或两种外币)之间的实际兑换。由于从交易的达成到账款的实际收付以及借贷本息的最后偿付均有一段期限，兑换时如果汇率在这一期限内发生不利于企业的变化，则企业将单位外币兑换成本币(或两种外币间兑换)的收入就会减少，或以本币兑换单位外币的成本就会增加，于是产生了交易风险和经济风险；另一方面由于本币是衡量企业经济效益的共同指标，因此即使企业的外币收付不与本币或另一外币发生实际兑换，也需要在账面上将外币折算成本币，以考核企业的经营成果，而随着时间的推移，汇率发生波动，单位外币折算成本币的账面余额也会发生变化，于是产生了折算风险。

3. 防范外汇市场的风险

防范外汇风险首先要防范由外币因素引起的风险，其方法或不以外币计价结算，彻底清除外汇风险，或使用同一外币表示的流量相反的资金数额相等；或通过选择计价结算的外币种类，以消除或减少外汇风险。另外是防范时间因素引起的外汇风险，其方法或把将来外币与另一货币之间的兑换提前到现在进行，彻底清除外汇风险；或根据对汇率走势的预测，适当调整将来外币首付的时间，以减少外汇风险。

【相关阅读】

英镑闪崩引发汇市恐慌　人民币将更多呈现双向波动

(2016年10月7日，离岸人民币一度跌至6.7182元，接近年内低位，较上一交易日跌幅0.14%。在岸与离岸汇率差已经突破400个基点，创4个月新高。)

10月7日英镑意外闪崩不仅意味着英镑新一轮贬值序幕或将开启，更令人担忧的是，看似平静的"后退欧时代"可能正酝酿着翻天巨浪。

目前市场对于英镑暴跌原因尚无定论，但瑞信董事总经理陶冬认为，英国根本不存在"软脱欧"的可能，市场终于正视英国脱欧是躲不过去的问题，随即"英镑汇率做出了反应"。

值得注意的是，虽然在岸人民币市场上周一直处于休市状态，但离岸人民币市场却因英镑的闪崩险些刷新年内新低。在10月1日人民币正式纳入SDR货币篮子后，市场不乏

声音认为"人民币已无保持强势的动力",使长假后人民币首日表现备受关注。渣打中国首席经济学家丁爽则对《第一财经日报》记者称,"人民币贬值并非必然"。

"中国对外贸易仍具竞争优势,这是支撑人民币不会持续贬值的一个重要论据。预计未来五年内全球外汇储备(中国外汇储备除外)中人民币资产比例将由目前约1%上升至约5%。"丁爽预测,在经常项目顺差稳定和资本项目赤字波动背景下,未来人民币汇率将呈现双向波动。

1. "硬退欧"令英镑后市堪忧

"'硬脱欧'对英镑来说是一个卖出信号。"瑞穗银行对冲基金销售部门的主管在接受媒体采访时表示,虽然政府并不认为有必要区分"硬脱欧"和"软脱欧",但很显然市场就是这么看的。

目前,市场对于英镑后市的预测已经出现明显分歧。

FXTM富拓市场研究副总裁对《第一财经日报》记者表示,英镑的买盘动力处于极低水平,随着英国开始进入退欧进程的未知时期,预计英镑未来的走势可以总结为"一边倒"地下跌。

法国农业信贷银行也在报告中分析称,这次闪崩给英镑长期汇价造成一定下行风险,即使近期抛压减退,"硬退欧"和英国经济面临低增长的前景或许也意味着,英镑滞留低位的时间会比此前预期的时间更久。

但不乏乐观者认为,英镑终将反弹,眼下正是买入的大好机会。美银美林分析师认为,此次闪崩与基本面毫无关系,明年年初1英镑兑1.26美元;而汇丰银行则预测到2016年年末,会跌至1英镑兑1.20美元,到明年年末跌至1.10美元。

2. 后SDR时代人民币将何去何从

令国内市场更为关注的是,在英镑闪崩的同时,离岸人民币市场也被牵连。

10月6日,离岸人民币(CNH)兑美元已经跌破6.70元关口,在7日早盘英镑闪崩后,亚洲时段主要市场受到牵连,其中离岸人民币一度跌至6.7182元,接近年内低位,较上一交易日再跌100点,跌幅0.14%。在岸人民币(CNY)由于假期一直处于休市状态,在岸与离岸汇率差已经突破400个基点,创4个月新高。

目前,市场人士对于未来人民币汇率走势担忧有所增加。一方面,人民币已成功纳入SDR货币篮子,此前支撑人民币汇率稳定的动力或已不足;此外,最新发布的外汇储备显示,我国外汇储备规模已连续3个月下降,9月末环比减少188亿美元,跌幅超预期,外储规模跌至2011年5月以来的最低水平。

野村中国首席经济学家赵扬分析称,外汇储备降幅扩大主要由于央行在9月加大了稳定汇率操作,通过干预外汇市场,抛售美元来稳定人民币汇率,从而牺牲了一部分外汇储备。

更多分析人士认为,我国的经济基本面依然保持稳定,8月出口、零售、工业生产均有反弹,经济显示出稳中向好的趋势。这些都是支撑人民币汇率的因素。

IMF副总裁张涛近日在接受媒体采访时表示,人民币纳入SDR将为中国推进货币、外汇及金融体系的改革提供支持,有助于中国进一步融入国际金融业。

恒生银行高级经济师姚少华对《第一财经日报》记者表示,预期外汇储备在今年第四季度将基本维持稳定。首先，未来数月人民币汇率或维持相对稳定。尽管美联储或在12月再次加息，但人民币在10月1日已正式纳入SDR货币篮子，各国中央银行将增加人民币金融资产作为外汇储备，加上为防止楼市泡沫，中国人民银行或保持基准利率不变，预期年底美元兑人民币在岸现货价为6.70元左右；其次，中国人民银行最近数月已进一步规范了跨境资本流动，增加了跨境外汇投机成本；第三，中国人民银行加快了银行间债券市场的开放步伐，将吸引外资流入；此外，内地未来数月出口或温和反弹，贸易盈余将继续保持高位。

丁爽也认为，人民币贬值压力并非一路高升。目前国内企业外汇风险敞口已经缩小，企业资本流出规模或将回归常态。此外，鉴于美元估值过高，加上美联储对于加息更富耐心，美元走强并非板上钉钉。

"最近中国人民银行出手干预以放缓人民币贬值步伐，表明当局不愿卷入货币战争。在稳定的经常项目顺差和波动的资本项目赤字二者拉锯之下，预计中期内人民币汇率将更多呈现出双向波动。"丁爽说道。

资料来源：薛皎. 英镑闪崩引发汇市恐慌　人民币将更多呈现双向波动[EB/OL]. (2016-10-09). http://www.yicai.com/news/5130404.html.

本章小结

本章主要针对外汇市场比较进行了详细的阐述，涉及了外汇市场的概念、全球外汇管理制度的演变、外汇交易类型及外汇市场分析类型、外汇市场的影响因素及风险分析。完成本章的学习，应该理解和掌握以下内容。

(1) 一国货币的汇率取决于其供给与需求及其相对价值，障碍的减少及机会的增加，如苏联的瓦解、亚洲及拉丁美洲的戏剧性经济成长，已为外汇投资人带来新的契机。国际性贸易及汇率变动的结果，造就了全球最大的交易市场——外汇市场，一个具高效率性、公平性及流通性的一流世界级市场。

(2) 外汇是货币行政当局（中央银行、货币管理机构、外汇平准基金及财政部）以银行存款、财政部库券、长短期政府证券等形式保有的在国际收支逆差时可以使用的债权。

(3) 钉住汇率是指一国采取使本国货币同某外国货币或一篮子货币保持固定比价关系的做法。

(4) 外汇额度只代表一种用汇的权利，创汇企业、外贸工贸公司拥有外汇额度，必须用相应人民币资金才能兑换成各种货币的外汇资金。

(5) 外汇头寸是指银行对客户的外汇交易、不可避免地会发生买入多于卖出或者买卖大致相等的情况，即外汇银行在一定时间所持有的外汇差额。

(6) 作为全球外汇市场中特殊的货币，2015年SDR也自然而然成了各大金融机构和媒体的关注热点。SDR意为特别提款权，又称"纸黄金"，是国际货币基金组织(IMF)构建的一种"准货币"。它最早发行于1970年，由IMF根据会员国认缴的份额分配，是会员国的一种使用资金的权利。

(7) 2015年，我国为加入SDR，在外汇管理制度上作了相应的改革和调整。

(8) 即期外汇交易的买卖方式分为顺汇和逆汇。顺汇是指汇款人委托银行以某种信用工具(如汇票),通过其国外分行或代理行将款项付给收款人的一种支付方式,其过程是银行在国内收进本币,在国外付出外汇。因其汇兑方向与资金流向一致,称为顺汇。

(9) 远期外汇交易又分为直接的远期外汇交易、期权性质的远期外汇交易、即期和远期结合型的远期外汇交易。

(10) 外汇反映的是一国经济实力情况。影响外汇市场的因素笼统的主要是政治和经济,具体就包括利率与通货膨胀、国际收支状况、央行干预、市场心理预期、政治稳定程度等。

案例分析

汇市周评:非农爆冷重挫美元　英镑周中怒刷31年新低

2016年10月3—7日市场概述:本周中国市场因十一国庆假期休市,但国际外汇市场似乎并未因此而平静太多,最为重磅的美国9月非农数据如期登场,然而这一号称"最关键非农"的数据远不及市场预期,美元一度上演"高台跳水",而金银价格也受助短线暴力拉升。

本周要闻盘点如下。

1. 最关键非农大爆冷门　美元"高台跳水"非美剧烈震荡

北京时间周五(10月7日)20:30,本周最为重磅的核弹如期引爆!被称为"最关键非农"的美国9月非农就业报告表现喜忧参半,非农就业人口与失业率均不及预期,但小时平均薪资与平均每周工时均有所增加,符合市场预期。数据出炉之后,12月加息预期一度大幅下降至50%下方,美元短线大幅震荡下挫,非美货币与金银也走出V形行情。

美国9月就业报告大爆冷门,非农就业人口仅仅增加15.6万人,但薪资增速与平均工时均小幅上扬。这对于衡量就业和通胀来考虑货币政策路径的美联储(Fed)而言,恐会再次陷入左右为难中。数据出炉之后,美联储12月升息预期有所下降。

美国9月非农就业人数增加15.6万人,市场预期增加17.5万人,前值修正为增加16.7万人;美国9月失业率为5.0%,预期为4.9%,前值为4.9%。与此同时,数据显示美国9月平均每小时工资月率增长0.2%,预期增长0.2%,前值增长0.1%;美国9月平均每小时工资年率上升2.6%,预期增长2.6%,前值为上升2.4%。

此外,美国9月平均每周工时为34.4小时,预期为34.4小时,前值为34.3小时。美国8月劳动力参与率升至62.9%,前值62.8%。非农报告出炉后,美元指数短线大幅跳水至96.41,随后迅速自低位反弹逼近97关口,但之后再度回落。与此同时,欧元兑美元一度升至当日高点1欧元兑1.1204美元;美元兑日元短暂跌至当日低点1美元兑102.84日元。

2. 英镑怒刷31年新低　投行称后市走势堪忧

周五(10月7日)亚市早盘,英镑兑美元惊现大跳水,一度跌幅达到6%,创下英国脱欧公投以来最大盘中跌幅。英镑兑美元一度跌至 1 英镑兑 1.1821 美元，为 1985 年 3 月以来最低水平。

周五亚市早盘英镑突然闪崩，英镑/美元交易员一时也难以解释为何出现如此大的跌幅。部分交易员怀疑算法交易指令是此次大跌的导火索，亚洲早盘时段的低流动性加剧了跌势。与此同时，市场部分人士认为有可能是人为失误，即所谓的“肥手指”(fat finger)造成的。还有人指出，英国《金融时报》一篇文章称，法国总统奥朗德表示英国必须承受离开欧盟的后果。

英国首相特雷莎·梅上周日(10 月 2 日)宣布，英国脱离欧盟的正式程序将在 2017 年 3 月底前启动，该言论导致英镑周一(10 月 3 日)重挫逾 1%。且周二(10 月 4 日)特雷莎·梅接受 ITV 电视采访时表示，英国脱欧谈判“不会一帆风顺，这个过程中会经历一些颠簸”。周二欧洲时段英镑扩大跌幅，兑美元进一步加剧跌势。

汇丰控股的外汇策略师 Dominic Bunning 在报告中称，许多市场人士担忧英国政府持“硬性脱欧”立场，即英国将置身欧盟单一市场之外，保留对移民的控制权，但这样做有可能导致银行纷纷撤离伦敦。投资者担心若英国庞大的金融服务业遭到退欧的猛烈冲击，将令原本就在扩大的经常性赤字进一步扩大。

英镑可能继续对英国首相特雷莎·梅、她手下大臣以及欧洲领导人关于退欧进程如何展开的表态极其敏感。英国脱欧进程的下一个重大步骤，将是特雷莎·梅在明年 3 月底之前正式通知欧盟英国准备退出，触发欧盟里斯本条约第 50 条款，从而启动为期两年的谈判窗口。

但政治因素也会产生影响：美国总统大选将在 11 月 8 日进行，意大利将在 12 月 4 日举行一场公投，法国将在明年 4 月 23 日和 5 月 7 日进行总统选举，德国将在 2017 年 9 月进行一场选举。正因为英镑在过去 3 个月急剧下跌，所以它没有理由自动反弹。一些分析师认为，未来数月内可能测试 1.20 水准。英国央行(BOE)副行长布罗德班特周三(10 月 5 日)表示，英镑自 6 月脱欧公投以来的跌势“相当有序”，并反映了市场对英国经济情况的较长期判断。

那么对于英镑后市走势，投行怎么看?

据知名外媒周四(10 月 6 日)发布的一份调查报告称，预计英镑可能进一步走软。德国商业银行分析师指出，未来 1～3 个月时间内，英镑/美元关注 1.22，接下来就是 1.0463 的 1985 年低点。与此同时，瑞信投资委员会，随着英镑贬值，其看空英镑的立场正趋于中性随着传出英国脱欧时间表的更多信息，英镑近期大跌，对照历史和理论水平，目前兑美元处于非常便宜的水平，而英国数据继续令人惊喜。

骏利资产的投资经理 Ryan Myerberg 接受外媒采访时表示，英镑还得下跌，当前疲势没有什么价值。英国对于谈判立场的最新演变不利于英镑，因为暗示着“硬性”脱欧。此外东方汇理外汇管理主管 JamesKwok 表示，坚持少量做空英镑，但留意其可能反弹，关于“硬脱欧”情景后果的恐惧在市场发酵，不过英镑下跌的风险越来越有限。

3. FED 鹰派官员撂下狠话　巨量抛单打压黄金“闪崩”

本周二(10 月 4 日)美国里奇蒙德联储主席莱克(Jeffrey Lacker)发表重要讲话，称当前美联储(Fed)存在强有力的升息理由，借款成本或许要大幅提高以控制通胀率。

近几个月莱克一直在呼吁美联储进一步升息，是美联储鹰派官员的典型代表。他在一次经济展望会议上表示，“先发制人地上调联邦基金利率可能会在维持通胀稳定方面发挥至关重要的作用。”目前美国联邦基金利率目标在0.25%～0.5%，大多数政策制定者预计年底前这一区间会上调0.25个百分点。但莱克认为，鉴于当前的失业率和通胀率，历史经验表明利率要比当前水平高出1.5个百分点左右。

莱克指出，美国经济增速下半年将反弹，量化宽松的影响有利有弊，同时对美联储庞大的资产负债表深表担忧，认为就目前经济而言，美联储无须考虑降息。与此同时，莱克承认，美联储需要逐步升息，但不能太过缓慢，决策者对利率的预期中值暗示2017年升息2次，我认为这“太过缓慢”。里奇蒙德联储主席莱克今年不是FOMC的投票委员，他是典型的鹰派成员，自2015年年中以来一直呼吁升息，他在2018年将会有FOMC投票权。

受莱克讲话影响，美联储升息预期大幅升温，国际现货黄金周二(10月4日)闪崩跌破1300美元/盎司关键支撑位，且之后进一步加剧跌势，最低下探至1272.01美元/盎司，为6月24日来最低水平，跌幅一度超过3%，连破1300元、1290元、1280元及1270元关口。

与此同时，近期公布的美国经济数据总体而言对黄金较为不利，周一(10月3日)因美国9月ISM制造业PMI强于预期，提振美元指数走强，金价当天连续第5个交易日下跌，盘中触及一周低位。

4. RBA新任主席打压降息可能　澳元多头吃下“定心丸”

本周澳洲联储(RBA)新任主席洛威(Philip Lowe)在他执掌澳洲联储以来的首次货币政策会议上，宣布将基准利率维持在1.5%的创纪录低位，符合经济学家的普遍预期。

洛威竭力避免表现出再度宽松的倾向，称只有稳定的政策立场，才能“有利于经济持续增长以及通胀目标的逐步实现”。这令今年再度降息的可能性降低，利率期货市场暗示12月前采取行动的概率为24%，低于上周时的逾30%。澳洲联储利率决议公布之后，澳元/美元并未出现大幅波动，呈现温和下滑态势。

资料来源：FX168中文网. 汇市周评：非农爆冷重挫美元　英镑周中怒刷31年新低[EB/OL]. (2016-10-08). http://www.fx168.com/forex/usd/1610/1997156.shtml.

【问题讨论】 英镑跳水的原因是什么？英镑后市走势将会如何？

思 考 题

1. 什么是外汇市场？
2. 外汇市场的类型有哪些？
3. 什么是外汇额度？
4. 什么是SDR？
5. 外汇交易有几种类型？
6. 外汇市场分析类型有哪几种？
7. 哪些因素会影响外汇市场？

第 9 章　贵金属市场

【本章学习目标】

1. 了解贵金属市场概述。
2. 理解黄金市场、贵金属市场的特点和影响因素、贵金属市场交易。
3. 掌握贵金属市场投资的风险分析及发展现状与监管。

【导入案例】

多重利空重创贵金属

美国经济数据表现良好以及美联储官员的鹰派言论导致 12 月加息概率增加，贵金属承压下跌。此外，欧元区收紧宽松货币政策的迹象和印度实物黄金需求疲弱等因素导致贵金属上周大幅下滑。伦敦现货黄金 10 月 7 日当周累计大跌 59.02 美元，跌幅 4.48%，报收于 1257 美元/盎司，创下 2013 年 6 月以来最大的周跌幅，白银跌幅更是超过黄金，金银比价上升至 71.66。年内加息预期上升使贵金属承压，而欧元区乃至全球的货币政策成为新的焦点。

1. 美联储 12 月加息预期升温

美国 9 月 ISM 制造业指数为 51.5，高于预期的 50.3，也高于 8 月的 49.4。其中物价支付指数为 53，略低于预期的 53.5，和上月持平；新订单指数 55.1，高于前值 49.1。9 月美国制造业表现良好，为 12 月加息提供了支撑。此外，美国 9 月 ISM 非制造业指数为 57.1，创 2015 年 10 月以来的最高。10 月 1 日当周，美国失业救济金申请数下降至 249 000 人，较上周下降 5000 人。这一数字创 2000 年以来的最低水平，表明劳动力市场有转好的迹象。良好的经济数据表明美国经济状况有所改善，复苏稳步进行。虽然之后公布的 9 月非农数据不及预期，但美联储官员发表鹰派言论，导致市场预期 12 月加息的概率大大增加，给贵金属市场造成了下行压力。预计短期内市场对美联储加息的预期依旧高涨，贵金属仍面临较大的压力。

2. 欧元区宽松货币政策或收紧

德银危机显示欧洲银行业风险在发酵，近期 IMF 在《全球金融稳定报告》中称，欧洲银行业中，达到 1/3 的银行太脆弱，它们的问题不是经济复苏或是加息就能解决的。这使得欧央行不得不重新审视货币政策。此外，10 月 7 日，英镑兑美元出现跳水，创下英国脱欧公投以来的最大盘中跌幅。当前英国股市、外汇及房地产市场均表现不佳，且预计未来一段时间英国将持续这种状况，预计年内英国降息的可能性不大。而德国银行业乃至欧元区的银行业危机也使欧元区宽松的货币政策面临压力，欧元区的宽松货币政策或收紧。

3. 10月印度黄金实物需求恐持续低迷

黄金资讯公司GFMS公布的数据显示，印度9月黄金进口约30吨，较去年同期下降43%。而今年前9个月的黄金进口同比减少59%至268.9吨。印度9月黄金进口连续第九个月下滑，因零售需求降低以及折扣较大导致银行和加工企业削减了海外黄金购买量。此外，10月4日，印度央行意外将回购利率从6.50%下调至6.25%，为2010年11月以来的最低水平，并下调逆回购利率25个基点至5.75%。宽松的货币政策很可能使印度通胀进一步上升，影响居民的消费能力，使本来就低迷的黄金需求雪上加霜，不利于贵金属市场。

综上所述，短期内贵金属面临较大的压力，将偏弱振荡，而欧元区乃至全球的货币政策成为新的焦点。长期来看，德银危机反映出来的欧元区银行业风险持续发酵，而美国大选的不确定性依旧存在，因此，贵金属仍然是对冲风险的有力工具，我们认为贵金属长期看涨。短期内伦敦现货黄金关注支撑位1270美元/盎司，伦敦现货白银关注支撑位18美元/盎司。

资料来源：东方财富网. 多重利空重创贵金属[EB/OL]. (2016-10-12). http://futures.eastmoney.com/news/1513,20161012671849277.html.

【思考提示】 贵金属市场下跌受到了哪些因素的影响？

9.1 贵金属市场概述

由于世界上的贵金属储量是一定的，所以贵金属可以作为一种保值的工具。贵金属有很好的避险功能，可以用来对抗通货膨胀，例如，黄金，世界通行，在市场上很难被小众人群所操控，不易造成崩盘的现象。再者，贵金属中，例如黄金耗损较小，一般忽略不计，所以更没有折旧的问题，一周五天可以进行24小时交易，让投资者有更多的投资机会。

金融市场中所阐述的贵金属是指可以用于投资的贵金属种类。市场上常见的贵金属投资品种有：黄金现货、白银现货、纸黄金、纸白银、铂金、钯金等。其中以黄金市场最具代表性。

“纸黄金”源自外汇中的概念——特别提款权SDR，国际货币基金组织创设的一种用于会员国之间结算国际收支逆差的储备资产和记账单位。特别提款权在创设初期，是用黄金定值的，每单位含金量相当于美元贬值前的含金量0.888 671克。后来在贵金属市场中衍生出“纸黄金”的概念是一种个人凭证式黄金，投资者按银行报价在账面上买卖“虚拟”黄金，个人通过把握国际金价走势低吸高抛，赚取黄金价格的波动差价。投资者的买卖交易记录只在个人预先开立的“黄金存折账户”上体现，不发生实金提取和交割。纸白银同理为凭证式白银。

铂金(Pt)是一种天然形成的白色贵重金属。铂金首饰的纯度非常高，通常高达90%～95%，常见的铂金首饰纯度有Pt900、Pt950。所以铂金一般用来做首饰，在工业上铂金更多被用于催化转换器，作为投资现在还没有出现形成规模的市场。但铂金比黄金稀有30倍，只在全球极少数地方才得以被开采，南非和俄罗斯是主要产地。未来市场不可估量。而钯金(Pd)是铂族元素之一,是一种异常珍稀的贵金属资源。

贵金属投资分为实物投资、带杠杆的电子盘交易投资、银行类的纸黄金纸白银。贵金属交易就是投资人在对贵金属市场看好的情况下,低买高卖赚取差价的过程,或者是在不看好经济前景的情况下所采取的一种避险手段,以实现资产的保值增值。电子盘交易是指根据黄金、白银等贵重金属市场价格的波动变化,确定买入或卖出,这种交易一般都存在杠杆,可以用较小的成本套取较大的回报。

在贵金属市场的交易中还会涉及与外汇市场交易中同样的一个保证金的概念。保证金是利用杠杆比率,提高购买力的方法。保证金能使投资者用更少的现金投入,增加投资回报。需要注意的是,保证金交易既能扩大盈利,也同样能扩大亏损。贵金属市场保证金交易就是在贵金属买卖业务中,市场参与者不需对所交易的贵金属进行全额资金划拨,只需按照交易总额支付一定比例的价款,作为贵金属实物交收时的履约保证。目前既有贵金属期货保证金交易,也有贵金属现货保证金交易。

随着世界经济的不确定性增加,全球金融市场的风险偏好在下降,作为避险资产,贵金属受到越来越多的投资者的关注和青睐。负利率的蔓延也导致配置贵金属资产的机会成本下降,越来越多的投资者开始关注贵金属的价格走势以及投资渠道。

9.2 黄金市场

9.2.1 黄金市场概述

自公元560年至1971年布雷顿森林制度终结期间,全球各个国家一直使用黄金作为单一或其中一种货币,国家及民众更早已有积存黄金作为储备的习惯。货币职能下降,在工业和高科技领域方面的应用在逐渐扩大,是全球公认有价值的流通货币,属于世界性的储备。全球争相成立黄金交易所和交易平台,推出众多黄金的投资衍生工具和理财产品,更重要的是,黄金是投资者所认识最多的投资工具。黄金的价值,在老百姓的眼中是“乱世买黄金”的投资机会。黄金储备是一个国家货币信用度的支持,也是一个国家货币走向国际化的基础。黄金是货币体系中的“定海神针”。

目前全球黄金储量17.6万吨,每年开采量仅占存量1.5%,其中50%用于首饰,10%~12%用于工业领域,38%来自投资需求。从供求特征来看,黄金是一种需求弹性大,供给弹性非常小的特殊商品,因此,黄金的价格主要由“需求”主导,由于工业用金和首饰用金的需求相对稳定,影响黄金价格的核心因素是市场的投资需求。

黄金市场(Gold Market)就是集中进行黄金买卖和金币兑换的市场。有的国家的黄金市场对黄金输出输入会加以限制,在不允许私人进行黄金交易的某些国家,存在着非法黄金市场(黑市),黑市金价一般较高,因而也伴有走私活动。黄金市场的参与者有为金商、银行、对冲基金等金融机构、各个法人机构、私人投资者、在黄金期货交易中有很大作用的经纪公司和交易所。目前世界上共有五大黄金交易所,分别是英国伦敦黄金交易所、瑞士苏黎世黄金交易所、新加坡黄金交易所、香港黄金交易所和东京黄金交易所。中国上海黄金交易所于2002年年底成立，位于上海外滩的中国外汇交易中心内。

众所周知，市场中黄金的供应者主要是南非，但目前黄金储备第一的是美国，8133.5吨，占比24.79%；德国位居第二，储量3381吨，占比10.3%；IMF储备量2814吨，占比8.58%；意大利有黄金储备2451.8吨，占比7.47%，位居第四；法国2435.7吨，占比7.42%；中国第六，储备黄金1808.3吨，占比5.51%；俄罗斯第七，储备黄金1476.6吨，占比4.5%；瑞士拥有黄金储备1040吨，占比3.17%；日本黄金储备765.2吨，占比2.33%，位居第九。新西兰第十，黄金储备612.5吨，占比1.87%。

黄金交易的去向主要是工业用金、私人储藏、官方储备、投机商牟利等。黄金以其耐用、美观和稀有的特性，自古以来就是人们保值增值的有效工具。黄金投资更是风靡全球，广受投资者追捧。

黄金市场的发展不但为广大投资者增加了一种投资渠道，而且还为中国人民银行提供了一个新的货币政策操作的工具。中国人民银行通过在黄金市场上买卖黄金来调节国际储备构成以及数量来控制货币供给。虽然黄金市场的这个作用是有限的，但是由于其对利率和汇率的敏感性不同于其他手段，所以可以作为货币政策操作的一种对冲工具。

现在的黄金市场除了进行实物黄金、现货黄金的交易，更多地衍生出了黄金延期和纸黄金交易等交易品种。投资者一般选择实物黄金进行收藏、储存，如果想短期获得交易差价，纸黄金则是最佳选择。参与纸黄金交易实质是一种虚拟的交易，可以看成黄金市场交易的一种衍生交易。投资者的买卖交易记录只在个人预先开立的“黄金存折账户”上体现，而不涉及实物黄金的提取。盈利模式即通过低买高卖，获取差价利润。纸黄金实际上是通过投机交易获利，而不是对黄金实物投资。纸黄金的类型除了常见的黄金储蓄存单、黄金交收订单、黄金汇票、大面额黄金可转让存单外，还包括黄金债券、黄金账户存折、黄金仓储单、黄金提货单，黄金现货交易中当天尚未交收的成交单，还有国际货币基金组织的特别提款权等，均属纸黄金的范畴。纸黄金交易只能通过账面反映买卖状况，不能提取实物黄金，不存在仓储费、运输费和鉴定费等额外的交易费用，投资成本低，不会遇到实物黄金交易通常存在的“买易卖难”的窘境。

与黄金挂钩型外汇理财产品是又一项新型投资工具。其收益与国际黄金价格挂钩，投资期内黄金价格波动越小，投资者的收益率越高。适合投资风格较为稳健，并且有外汇理财需求同时又对金价走势有所判断的投资者。例如，中国银行曾经推出的汇聚宝，其中“美元金易求金”的产品收益就与国际金价挂钩，假设在投资期内的某一天，当每盎司黄金价格处于415～450美元时，那么当天客户就有年率5.00%的收益；即使黄金价格出现较大波动，只要金价还维持在每盎司405～470美元，客户当天仍然能获得年率2.50%的收益。

目前在中国的黄金市场上还不存在类似黄金市场的上对冲基金之类的市场机构。中国黄金市场实行的是会员制，目前共有金融类和非金融类共108家会员，其中以商业银行为代表的金融类会员占据了大部分的交易量。

9.2.2 全球四大黄金市场与五大金商

全球的黄金市场与外汇市场紧密联系，唇齿相依。1971年8月15日美国宣布不再对外国官方持有的美元按官价兑换黄金。从此，世界上的黄金市场就只有自由市场了。世界上约有 40 多个城市有黄金市场。各国合法的黄金自由市场一般都由受权经营黄金业务的几家银行组成银行团办理。黄金买卖大部分是现货交易，20 世纪 70 年代以后黄金期货交易发展迅速。但期货交易的实物交割一般只占交易额的 2%左右，黄金市场上交易最多的是金条、金砖和金币。黄金市场是一个全球性的市场，目前全球四大黄金市场分别是伦敦、苏黎世、纽约及中国香港。早期荷兰阿姆斯特丹是全球黄金交易中心，19 世纪初被伦敦取代。

1. 全球四大黄金市场

伦敦黄金市场是世界四大金市之首，历史达 300 年之久，是现时世界上最大的现货黄金市场。俗称"伦敦金"，伦敦金则不是一种黄金，是存放在伦敦城地下金库里的 99.5%纯度的 400 盎司金砖的狭义称呼；广义的伦敦金是指所有交易的现货黄金。伦敦金是以保证金形式的双向交易产品，采用电子盘交易。伦敦黄金市场没有固定的交易场所，随时随地均可交易。伦敦黄金市场不但历史悠久，而且是最大的黄金市场。1919 年，伦敦黄金市场开始实行日定价制度，每日两次，该价格是世界上最主要的黄金价格，一直影响纽约以及中国香港黄金市场的交易，许多国家和地区的黄金市场价格均以伦敦金价为标准，再根据各自的供需情况而上下波动。同时伦敦金价是许多涉及黄金交易的合约基准价格；1982 年以前，伦敦黄金市场主要经营黄金现货交易；1982 年 4 月，伦敦黄金期货市场开业。伦敦金是市场上最热门的黄金投资方式，一直受到投资者和炒家所追捧。但伦敦金所采用的 T+0 交易、杠杆原理、爆仓机制等能使投资者瞬间倾家荡产。伦敦金交易在我国国内并没有交易商，全部投资行为都在境外进行，因此个人进行伦敦金交易时客户是与境外的交易商签订合同，客户资金以美元的形式进入境外交易商的公司账号。

苏黎世黄金市场，是第二次世界大战后发展起来的国际黄金市场。由于瑞士是永久中立国，二次大战也未卷入战争，使瑞士成为世界上新增黄金的最大中转站，也是世界上最大的私人黄金的存储中心。苏黎世黄金市场在国际黄金市场上的地位仅次于伦敦。第二次世界大战期间由于瑞士特殊的银行体系和辅助性的黄金交易服务体系，为黄金买卖提供了一个既自由又保密的环境，加上瑞士与南非有优惠协议，获得了 80%的南非金，以及苏联的黄金聚集于此，各方因素造就了苏黎世黄金市场的地位。苏黎世黄金市场主要由瑞士银行、瑞士信贷银行和瑞士联合银行负责。苏黎世黄金交易所是兼容金融性黄金和商品性黄金交易的机构，并且是黄金金融投资，特别是世界私人黄金投资最大的市场。每年瑞士进口的黄金约 1200～1400 吨，同时每年约有 1000～1200 吨黄金出口。其黄金的主要来源为南非和俄罗斯等国。

纽约黄金市场建立于 1975 年，以黄金期货交易为主。纽约商品交易所是全球最大的黄金期货交易中心。纽约交易所以期货形式进行买卖，他们提供的价格对现货市场的金价有很大影响。在纽约，期金交易并没有实质的黄金市场，金市归附在纽约期货交易所之内，而黄金只是期货交易所内其中一种商品。纽约的黄金期货交易市场是由大的国际金融机构、贵金属商、若干经纪商组成的，有四家金商起着重要作用：美国阿龙金商，莫克塔金属商，夏普·皮克斯利公司和菲力普兄弟公司。

中国香港黄金市场是全球第三大黄金市场。已经有了百年的历史，黄金市场上有多元化的黄金种类，伦敦五大金商、瑞士三大银行看中了中国香港的优势，纷纷来中国香港设立分公司，形成新一代的最优秀的伦敦金市场。中国香港黄金市场由中国香港金银贸易市场、中国香港伦敦金市场、中国香港黄金期货市场组成。其中实物黄金交易由中国香港金银贸易商经营，无形黄金交易、纸黄金投资由中国香港伦敦黄金交易所经营，黄金衍生品由中国香港黄金期货交易所来经营。1974 年，中国香港政府撤销对黄金进出口的管制，此后中国香港黄金市场发展极为迅速。中国香港黄金市场在时差上刚好填补纽约、芝加哥市场收市和伦敦开市前的空档，可以连贯亚、欧、美，形成完整的世界黄金市场。中国香港黄金市场交易规模成为亚太地区最大的交易规模，且交易中大部分为投资型金融黄金的交易。

2. 全球五大金商

伦敦的黄金定价是在"黄金屋"(Gold Room)，即位于英国伦敦市中心的洛希尔公司总部的办公室进行。在 1919 年 9 月 12 日，伦敦五大金行的代表首次聚会"黄金屋"，开始制定伦敦黄金市场每天的黄金价格，这种制度一直延续到了今天。五大金行每天制定两次金价，分别为上午 10 时 30 分和下午 3 时。世界五大金商是伦敦黄金市场的五大定价金行，分别是洛希尔国际投资银行、加拿大丰业银行、德意志银行、美国汇丰银行、瑞士信贷第一波士顿银行。

洛希尔国际投资银行，也译为罗斯柴尔德银行，是国际知名的投资银行，拥有悠久历史和雄厚实力。洛希尔国际投资银行总部设在伦敦，拥有 200 多年历史，在全球 23 个国家设有分支机构，有 800 多名专业银行家为各国政府和企业提供一流的服务。

加拿大丰业银行是加拿大最具国际化的银行，也是北美最大的金融机构之一。丰业银行核心业务包括国内和国际银行、财富管理，是加拿大最具国际化的银行。丰业银行集团在 48 个国家拥有 44 000 名员工，通过由 1800 多家分公司和事务所组成的网络提供各种服务。丰业银行在 50 多个国家设有分部和办公场所，已成为北美洲最杰出的银行机构之一。

德意志银行股份公司是德国最大的银行和世界上最主要的金融机构之一，总部设在莱茵河畔的法兰克福。德意志银行股份公司是一家私人拥有的股份公司，全球雇员超过 74 000 人，其股份在德国所有交易所进行买卖，并在巴黎、维也纳、日内瓦、巴斯莱、阿姆斯特丹、伦敦、卢森堡、安特卫普和布鲁塞尔等地挂牌上市。目前，德意志银行集团为大约 800 万顾客工作，包括世界各国的个人、商业和政府机构客户、银行和公共机关。

美国汇丰银行是汇丰集团在美国地区的银行，是汇丰控股有限公司旗下的北美汇丰控股有限公司间接持有的全资附属机构。美国汇丰银行拥有美国最大金库，美国汇丰银行在纽约州设有 400 多家分行，在佛罗里达州、加利福尼亚州、新泽西州、康乃迪克州、维珍尼亚州及宾夕法尼亚州也设有分行网络。此外，在特拉华州、华盛顿州、马里兰州、俄勒冈州及华府地区均设有分行。

瑞士信贷第一波士顿银行(CSFB)是一个全球领导级的银行投资顾问公司，提供各式金融产品，以及综合性的财经顾问、资本筹募、行销与贸等项服务，据点遍布超过 37 个国家，并拥有超过 15 000 名员工。CSFB 是一家成立于 1856 年的投资银行和金融服务公司，是"瑞士信贷银行"的投资银行部门，总部位于瑞士苏黎世。其母公司瑞士信贷集团是瑞士第二大银行，仅次于它的长期竞争对手"瑞士联合银行"。瑞士信贷第一波士顿银行于 2004 年

10 月 12 日退出其在伦敦、纽约和悉尼的有关贵金属造市、金融衍生物、清算及库存等业务。瑞士信贷的退出为黄金生产商进入伦敦定价委员会提供了一个机会。

9.2.3 黄金市场的交易模式

黄金市场的交易模式主要可分为欧式、美式、亚式。

欧式交易以伦敦黄金市场和苏黎世黄金市场为代表。这类黄金市场里的黄金交易没有一个固定的场所。在伦敦黄金市场，整个市场是由各大金商、下属公司之间的相互联系组成，通过金商与客户之间的电话、电传等进行交易。在苏黎世黄金市场，则由三大银行为客户代为买卖并负责结账清算。伦敦和苏黎世黄金市场上的买家和卖家都是较为保密的，交易量也都难以真实估计。

美式交易以美国的纽约商品交易所(COMEX)和芝加哥商品交易所(IMM)为代表，这类黄金市场实际上建立在典型的期货市场基础上。交易过程中的期货交易所仅作为一个非营利性机构，本身不参加交易，只是为交易提供场地、设备，同时制定有关法规，确保交易公平、公正地进行，对交易进行严格的监控。

亚式交易以香港金银业贸易场和新加坡黄金交易所为代表，这类黄金交易一般有专门的黄金交易场所，同时进行黄金的现货和期货交易。交易实行会员制，只有达到一定要求的公司和银行才可以成为会员，并对会员的数量配额有极为严格的控制。虽然进入交易场内的会员数量较少，但是信誉极高。例如，香港金银业贸易场，其场内会员交易采用公开叫价，口头拍板的形式来交易，由于场内的金商严守信用，鲜有违规之事发生。

9.2.4 经济数据对黄金市场的影响

(1) 国内生产总值 GDP，与黄金市场走向相反。通常 GDP 越高意味着经济发展越好，利率趋升，汇率趋强，金价趋弱。投资者应考察该季度 GDP 与前一季度及上年同期数据相比的结果，增速提高，或高于预期，均可视为利好。

(2) 工业生产指数，与黄金市场走向相反。工业生产指数上扬，代表经济好转，利率可能会调高，对美元应是偏向利多，对黄金市场为利空；反之对黄金市场是为利多。

(3) 采购经理人指数(PMI)，与黄金市场走向相反。采购经理人指数是以百分比来表示，常以 50%作为经济强弱的分界点，当 PMI 指数高于 50%时，被解释为经济扩张的信号，利多美元，利空黄金。当 PMI 指数低于 50%，尤其是非常接近 40%时，则有经济萧条的忧虑，一般预期联邦准备局可能会调降利率以刺激景气。利空美元，利多黄金。

(4) 就业报告，与黄金市场走向相反。就业报告由于公布时间是月初，一般用来当作当月经济指针的基调。其中非农业就业人口是推估工业生产与个人所得的重要数据。失业率降低或非农业就业人口增加，表示景气转好，利率可能调升，对美元有利，利空黄金；反之则对美元不利，利多黄金。

(5) 生产者物价指数生(PPI)，与黄金市场走向相反。一般来说，生产者物价指数上扬对美元来说大多偏向利多美元，利空黄金；下跌则为利空美元，利多黄金。

(6) 零售销售指数，与黄金市场走向相反。零售销售指数以现金或信用卡方式付款的商品交易均是零售业的业务范围，但服务业并不包括在内。零售额的提升，代表个人消费支出的增加，经济情况好转，如果预期利率升高，对美元有利，利空黄金；反之如果零售额下降，则代表景气趋缓或不佳，利率可能调降，对美元偏向利空，利多黄金。

（7）消费者物价指数（CPI），与黄金市场走向相反。消费者物价指数是通常在讨论通货膨胀时，最常提及的物价指数之一。消费者物价指数上升，有通货膨胀的压力，此时中央银行可能借由调高利率来加以控制，对美元来说是利多，利空黄金。反之指数下降，利空美元，利多黄金。由于与生活相关的产品多为最终产品，其价格只涨不跌，因此，消费者物价指数也未能完全反映价格变动的实情。

（8）新屋开工及营建许可建筑类指标，与黄金市场走向相反。因为住宅建设的变化将直接指向经济衰退或复苏。通常来讲，新屋开工与营建许可的增加，理论上对于美元来说是利好因素，将推动美元走强，利空黄金。新屋开工与营建许可的下降或低于预期，将对美元形成压力，利多黄金。

（9）美国每周申请失业金人数，与黄金市场走向相反。美国每周申请失业金人数的数据分为两类，首次申请及持续申请。除了每周数字外，还会公布的是四周的移动平均数，以减少数字的波动性。申请失业金人数变化是市场上最瞩目的经济指标之一。美国是个完全消费型的社会，消费意欲是经济的最大动力所在，如果每周因失业而申请失业救济金人数增加，会严重抑制消费信心，相对美元是利空，利多黄金。该项数据越低，说明劳动力市场改善，对经济增长的前景乐观，利多美元，利空黄金。

（10）美国ECRI领先指标，与黄金市场走向相反。美国经济周期研究所（ECRI）是一家旨在预测经济增长和通货膨胀拐点的研究机构。ECRI创立于1996年，目前ECRI针对全球和美、欧、亚太等地区发布经济指数，包括领先、同步和滞后指标，但除了美国指标部分公开外，其他地区的数据需要成为会员才能查看。美国ECRI领先指标是一个衡量总体经济运动的综合性指标，它可以较早地说明今后数个月的经济发展状况以及商业周期的变化，是投资者早期预测利率方向的重要工具，预测未来经济发展情况的最重要的经济指标之一，显示美国的经济前景。若美国上周ECRI领先指标高于前值将有利美元，利空黄金；否则将不利于美元。

（11）美国本月核心零售销售，与黄金市场走向相反。零售销售指数是用于衡量消费者在零售市场的消费金额变化，核心零售销售为剔除汽车、食品和能源的零售数据统计得出。零售额的提升，代表个人消费支出的增加，经济情况好转，如果预期利率升高，对美元有利，对黄金不利；反之如果零售额下降，则代表景气趋缓或现货黄金、黄金投资、黄金交易佳，利率可能调降。

（12）国家的贸易账、贸易赤字，与黄金市场走向相反。贸易账反映了国与国之间的商品贸易状况，是判断宏观经济运行状况的重要指标。进口总额大于出口会出现“贸易逆差”的情形；如果出口大于进口，称为“贸易顺差”；如果出口等于进口，称为“贸易平衡”。如果一个国家经常出现贸易逆差现象，国民收入会流出国外，使国家经济表现转弱。政府若要改善这种状况，就必须要把国家的货币贬值，因为币值下降，即变相把出口商品价格降低，提高出口产品的竞争能力。国际贸易状况是影响外汇汇率十分重要的因素。因此，当外贸赤字扩大时，利多黄金；反之，当出现外贸盈余时，利空黄金。

（13）一国净资本流入，与黄金市场走向相反。一国净资本流入是指减去了本国居民对国外证券的投资额后，境外投资者购买该国国债、股票和其他证券而流入的净额。一国净资本流入被视为衡量资本流动状况的一个大致指标。资本净流入处于顺差（正数）状态，好于预期，说明本国外汇净流入，对本国货币是利好，则利空黄金；相反处于逆差（负数）状态，说明本国货币外汇净流出，利空本国货币，利多黄金。

（14）美国设备使用率与黄金市场走向相反。美国设备使用率，也称产能利用率，是工业总产出对生产设备的比率，代表产能利用程度。当设备使用率超过 95%以上，代表设备使用率接近满点，通货膨胀的压力将随产能无法应付而升高，在市场预期利率可能升高情况下，对美元是利多，则利空黄金。反之如果产能利用率在 90%以下，且持续下降，表示设备闲置过多，经济有衰退的现象，在市场预期利率可能降低情况下，对美元是利空，黄金利多。

9.2.5 黄金与人民币国际化

人民币想要在国际市场上拥有与美元、欧元匹敌的地位，需要积累足够的黄金白银储备，以支撑其国际地位。因此，唯有对黄金价格有了国际话语权，人民币才能实现真正意义上的国际化。

长期以来，黄金现货市场以伦敦为中心，黄金期货市场则以纽约为中心。随着中国黄金需求的飞速增长，中国发展成为全球最主要的黄金市场之一，“西金东移”正在逐步形成。

上海黄金交易所（简称“金交所”）积极推进国际化进程。2014 年，推出国际板，为境外投资者参与中国黄金市场打开了通道。2016 年 4 月，推出“上海金”集中定价业务。

上海黄金交易所于 2016 年 4 月 19 日发布了全球首个以人民币计价的黄金基准价格——上海金基准价。“上海金”定价业务是指在金交所平台上，以 1 千克、成色不低于 99.99%的标准金锭为交易对象，以人民币/克为交易单位，通过多轮次“以价询量”集中交易方式，在达到市场量价相对平衡后，最终形成“上海金”人民币基准价格。截至 2016 年 9 月底，“上海金”累计成交 384.26 吨，成交金额为 1054.52 亿元。

2016 年 10 月 28 日，上海黄金交易所与迪拜黄金和商品交易所在上海签署了《上海金基准价授权使用协议》。“上海金”国际化迈出实质性步伐。此次授权迪拜黄金与商品交易所使用“上海金”基准价，是“上海金”在国际金融市场的首次应用，有助于两地金融市场的资源优势互通。同时，迪拜是“一带一路”沿线重要节点，也将有助于共同构建连接东西方黄金市场的纽带。

此前海外人民币黄金衍生品是一片空白，国外黄金贵金属交易所仍没有以“上海金”价格为结算基准的产品。国际上的黄金互换合约、远期等大多以“伦敦金”结算，黄金衍生品则以美元为主要结算货币。此次签约，开启了境外交易所使用“上海金”作为结算基准的先河，海外人民币黄金衍生产品将以“上海金”价格为结算基准，增加人民币在海外的使用频率，增加了“中国因素”的黄金定价和使用权。

“上海金”基准价是上海黄金交易所通过集中定价交易业务，为全球投资者提供的一个公开、透明和可交易的人民币黄金基准价格。截至 2016 年 9 月底，“上海金”集中定价交易业务已累计成交 384.26 吨，成交金额为 1054.52 亿元。上线以来，“上海金”基准价已陆续被黄金生产企业作为套期保值交易贸易结算的基准，也被越来越多的国内商业银行当作黄金租赁、抵押等黄金资金融通的计价依据，与“上海金”基准价挂钩的黄金金融产品不断面世。

迪拜是全球重要的黄金交易中心之一，此次上海黄金交易所与迪拜黄金和商品交易所合作，授权其使用“上海金”基准价是“上海金”在国际金融市场的首次应用，也是上海黄金交易所顺应市场变化，积极推进国际化进程的又一最新举措。此次合作将有助于双方共同构建连接东西方黄金市场的纽带，推动两地金融市场的资源优势互通。再加上国家“一带一路”战略布局的有利契机，积极探索与境外金融市场合作的新模式，为中国乃至世界黄金市场的繁荣发展增添新活力，为人民币国际化注入新能量。

【相关阅读】

黄金跌跌不休　英国落井下石宣布明年3月正式退欧

周一，黄金小幅下跌，整体上延续了上周的走势，已经连续四天收跌。由于英国决定将从明年3月开始退欧程序，英镑闻此消息跌至31年低点附近，以英镑计价的黄金则是上涨的，引发获利盘回吐。

黄金跌跌不休，现货金下跌0.2%，报每盎司1311.56美元，由于中国正处于节假日休市，因此整个市场的交易量低。

中国市场因为中国国庆节将从10月1日休市至10月9日。美国黄金期货也同样下跌0.2%，至1314.50美元。英国首相Theresa May在周日宣布将英国开启退欧程序的时间定在明年的3月，此举对黄金需求的影响几乎没有。

Julius Baer的分析师Carsten Menke称，把3月作为截止日期不太可能立即对黄金价格产生影响，由于避险买盘的存在，中长期内有何影响还有待观察。

但是英镑兑欧元跌至三年低点，兑美元跌至三个月低点，而英镑计价的黄金却上涨了0.9%，使一些实物金属的英国买家获得现金收益。

一位伦敦黄金交易商说：“我们看到黄金有一些回调，因为很明显，英镑已经崩溃，这就推高了以英镑计价的金价，然后就会出现获利回吐和抛售，而不是购买。”同样打压黄金的还有股市，英国富时100指数上涨逾1%，部分得益于英镑下跌的利好，英镑贬值通常利好富时中出口的企业，这些都是在国际上受关注的公司。

有报道称，德意志银行(Deutsche Bank)与美国司法部谈判可能降低了罚金，此消息也调高了投资者的风险偏好。分析师都开始等待美国周五的非农就业报告了，期望从中找到更多关于美联储在2016年年底前是否会加息的证据。

黄金对美国利率上升高度敏感，因为美国利率提高会增加这些黄金的持有成本，黄金以美元计价，美联储加息，提振美元，同时使以美元计价的黄金就更贵了。铂的价格是周一唯一下滑的，因为南非最大的铂金矿工工会同英帕拉铂金签署了一份为期两年的工资协议。银价上涨0.44%，至每盎司19.24美元，铂下滑0.51%，报1018美元，钯金上升了0.35%，报722美元。

资料来源：胡凯. 黄金跌跌不休　英国落井下石宣布明年3月正式退欧[EB/OL].(2016-10-04). http://gold.cngold.com.cn/20161004d1704n90522646.html.

9.3 贵金属市场的特点和影响因素

9.3.1 贵金属市场的特点

贵金属市场一般连续5天24小时交易。例如,黄金24小时交易,随时可以变钞,具有世界价格,还可以根据兑换比价,兑换为其他国家货币。贵金属投资的交易时间长,无形中增加获利机会,交易时间宽松;贵金属投资的交易方式便利,不与工作时间、地点相冲突;贵金属投资允许投资者进行多次交易。

贵金属市场具有波动性,尤其是黄金,近期波动剧烈。不仅在过去几年间黄金飙至历史最高,日内波动幅度也很大,因此给投资者提供了从波动中盈利的机会。

贵金属市场交易的产品大都价格透明,例如,黄金交易全球通行,杜绝了市场操纵和内幕交易的情况。任何地区性的股票市场,都有可能被人操纵,但是贵金属市场却不会出现这种情况,因为贵金属市场属于全球性的投资市场,现实中还没有哪一个财团或国家具有操控金市的实力。正因为贵金属市场是一个透明的有效市场,所以贵金属投资者也就获得了很大的投资保障,受到投资者的青睐。

现货黄金交易实行保证金制度,一般杠杆较高,很多交易商提供100∶1的杠杆。意味着交易者可以利用杠杆功能将资金"放大"来交易。由于有了杠杆,对交易者的资金门槛要求相对较低。例如,当黄金价格是每盎司1300美元,那么在100∶1的杠杆下,交易1盎司的现货黄金,只约需要10美元的保证金。当然可以增加盈利机会,也能放大亏损风险。

与纸黄金白银、实物黄金白银的交易不同,贵金属现货交易的特点之一是交易者无论在"上涨"还是"下跌"的情况下,都拥有交易机会。高风险带来高利润,黄金(白银)涨,可以做多;金属投资的黄金(白银)跌,可以做空,双向赢利。

在贵金属市场交易中过得黄金现货交易一般不收手续费佣金。交易商从买、卖点差中获利。贵金属投资的风险可控性强,没有庄家控盘,比股市容易控制。另外大多产品也比较热门,例如,黄金被广泛交易,投资时有关黄金的消息事实都将公布于众,但股票市场会受到内幕消息的影响,有很多相关的信息包括文章、报告和论坛,帮助交易者清晰判断。

贵金属是世界上最好的抵押品种。由于贵金属是一种国际公认的物品,根本不愁买家承接,所以一般的银行、典当行都会给予黄金90%以上的短期贷款,住房抵押贷款额,最高可达房产评估价值的70%。

另外,贵金属兼具金融和商品两种属性,而银行经营贵金属业务具有天然优势,可为客户提供综合化、多元化的贵金属产品和服务。例如,银行介入贵金属投资,最大特色在于回购范围从原有的商家仅回购自有品牌的投资金条扩展到所有千足金,不仅打破了以往只认自家的局面,还可以充分发挥银行在资金和结算渠道方面的优势,打通黄金从投资到变现的全部流通环节,方便消费者。再者贵金属兼具的两种属性让产权转移也很便利,没有任何登记制度的阻碍,而诸如住宅、股票的转让,都要办理麻烦的过户手续。

9.3.2 影响贵金属市场的因素

1. 美元

首先我们看到大多数的黄金价格都是以美元计价的，这样的金价涨跌，一部分是因为美元的强弱，另一部分则是黄金作为一种商品本身的市场供需状况。美元与黄金之间存在着“此起彼伏”与“此伏彼起”密切负相关性的关系，即“美元坚挺则金价下跌，美元疲软则金价上升”。

2. 政局动荡

政治事件也可能对金价产生很大影响。例如，2016 年美国大选引起了全球贵金属市场的高度重视，对黄金的影响尤其明显。2016 年 9 月，在与特朗普第一次总统大选辩论中，民主党候选人希拉里表现良好，金价就开始下跌。这是黄金市场正密切关注特朗普当选概率的信号，由于有人担心特朗普成为世界第一大经济体的总统，特朗普一旦获胜，美元将受到重创，金价将会被提振。施罗德基金的 Luke 称，在众多特朗普获胜的情境中，美国经济数据疲弱的情况将会使黄金市场出现更大的涨幅。

另外，2016 年的英国脱欧也备受世界瞩目，对英国脱欧的恐惧会提振黄金吗？黄金自 2014 年 3 月涨至最高水平，当时英国正投票准备离开欧盟，但自那以后金价下跌就抹去了所有这些涨幅。黄金市场的暴跌表明货币政策正使英国脱欧一事显得不那么重要。2016 年 10 月 7 日英镑暴跌 6%，黄金市场的反应却没有那么激烈，至少按美元计价如此。有专家称，英国脱欧风险已经在 2016 年六七月被市场计入金价。

3. 美联储

在 2016 年，由于市场所期待的美联储加息并未在年初实现，这有助于金价上涨。然而，黄金市场仍然对 2016 年 12 月美联储的行动保持高度警惕，无论那时会不会加息。这对黄金来讲不是个好消息，因为加息使其他生息资产对投资者更有吸引力。然而，有很多投资者考虑到欧洲和中国经济前景的不稳定性，以及美国大选的结果，他们并不认为美联储有条件在明年大幅度加息。VanEckGlobal 资本管理公司的 JoeFoster 认为，全球经济仍然疲弱，根本经不起美联储的加息。目前的情况与 2015 年 12 月很相似，当时市场都预计加息，金价疲弱。但是当时的加息却为金价筑了底。

4. 金融危机

当美国等西方大国的金融体系出现了不稳定的现象时，世界资金便会投向黄金。黄金需求增加，金价即会上涨。黄金在这时就发挥了资金“避难所”的功能。唯有在金融体系稳定的情况下，投资人士对黄金的信心就会大打折扣，将黄金沽出造成金价下跌。黄金具有不可替代的“保值避险”独特优势功能，在决定黄金价格走势与世界宏观经济局势变化之间呈现了负相关性的密切关系，即“国民经济兴盛则黄金价格下跌，国民经济衰退则黄金价格上涨”。

从 2008 年之后，为了应对席卷全球的经济危机，各国中央银行纷纷采取降息、增加流动性等干预手段，直接地导致了美元的持续贬值。投资者对世界经济未来风险的忧虑，作为对抗经济危机和通胀的最佳武器黄金，此时自然成为人们最佳选择的目标。

以美联储为例，2008 年年底利率降至 0.25%。2009 年 3 月，宣布采取"定量宽松"的货币政策，将购买总额 3000 亿美元的长期国债，以及额外花 7500 亿美元购买相关房产抵押证券。2009 年 8 次决议维持利率不变，还宣布将信贷额度规模扩大到 1 万亿美元。中央银行释放的大量流动性资金，实体经济无法全部吸收，剩余的进入金融资产市场。而黄金作为价值尺度的作用表现得格外明显，成为对冲各国货币贬值的一个主要工具，与此同时对于经济复苏可能面临的风险的疑虑，甚至是对经济复苏后可能引发的通货膨胀的担忧都成为利多黄金的因素，这些都在基本面上有力地支撑了 2009 年金价大涨的牛市走势。

2009 年，中国经历了创历史的信贷狂飙，年度新增信贷 9.67 万亿元，货币供给增速创出 10 年来的新高，对 2010 年物价形成了巨大压力；加之 2009 年 11 月居民消费价格指数(CPI)由负转正，12 月同比上升 1.9%，表明通胀预期已经显现。2010 年 1 月 12 日，中国中央银行在这种通胀预期的背景下突然宣布，决定从 2010 年从 1 月 18 日开始上调存款准备金率 0.50 个百分点，这是自 2008 年下半年中央银行为应对国际金融危机连续下调准备金率以来首次调整准备金率，这是中国中央银行收紧流动性遏制经济过热苗头发出的一个明确信号，表明中国正集中精力对抗通胀的抬头。此举的中国因素立即给美元上涨提供了支撑，进而引发了全球性的黄金抛售的连锁反应，导致黄金吸引力减弱。2010 年 1 月 20 日，纽约时段午盘后金价加剧下滑相继跌破 1150 美元、1140 美元和 1130 美元三道整数关口，最低见 1107.09 美元，为逾两周以来的新低，而美元指数则反向全盘大涨超过 1%成为金价暴跌的主要推手。

5. 黄金 ETF

据黑石(Black Rock)的数据，2016 年大约有 270 亿美元流入黄金 ETF 市场，这在一定程度上支撑了金价。一个明显的事实是，此轮下跌并非由黄金 ETF 遭抛售所驱动。截至 10 月 6 日，黄金 ETF 持仓仍在增加。由于黄金 ETF 的持仓保持稳定，甚至略有上升。

高盛表示，在 2016 年对黄金 ETF 强烈的需求并未减退，包括持续的对实体黄金作为战略性对冲的需求，限制了任何下跌的可能性。中国有 4 只黄金支持的 ETF，在投资者中也变得越来越流行。

6. 贵金属供求关系

贵金属的价格是基于供求关系的基础之上的。如果贵金属的产量大幅增加，贵金属价格则可能会受到影响而回落。但如果出现矿工长时间的罢工等原因使产量停止增加，贵金属价格就通常会在求过于供的情况下升值。

中印两国是全球最大的黄金消费国，消费的黄金产品有珠宝及金块。中国在黄金方面的交易也越来越多，通过上海黄金交易所和上海期货交易所来影响全球金价。然而，2016 年来自两国的需求仍然疲软。分析师都希望金价的下跌能刺激亚洲消费者的购买，特别是在婚礼季节临近的印度。2016 年英国 Numis 证券称，由于最近金价大跌，中印买家认为金价已跌至可接受的购买点位附近。

贵金属投资要考虑汇率变化、油价及国际形势。这是现时影响贵金属价格长期走向的三大因素。例如，黄金价格一般与美元汇率走势相反，当美元贬值时，金价往往上涨，反之亦然;黄金价格又与国际石油价格呈同向变化,一般情况下,油价涨金价涨,油价跌金价跌;黄金还是一种防止战乱等天灾人祸的手段,所以当国际政治局势紧张时,人们往往会投资黄金,当前影响金价最大的国际政治因素就是伊朗局势的发展。

其他宏观因素对黄金市场也很重要。据施罗德基金的 James Luke 称,如果通货膨胀增长速度快过中央银行的加息步伐,也会使金价得到提振。在 20 世纪 80 年代的一个历史实例中,当时油价上涨导致了通货膨胀加速,虽然美联储因此而提高了利率,但金价还是照样上涨。瑞银表示,这意味着真实利率接近或低于零值。

通货膨胀与贵金属价格之间,呈相互同步密切正相关性的关系,即"通货膨胀压力上升则贵金属价格上升,通货膨胀压力下降则贵金属价格下降"。过去贵金属市场价格连续上涨,其最主要的推动力量正是通胀压力的上升。比如,2010 年 2 月 1 日,美国总统奥巴马公布的 2010 年预算赤字创 1.56 万亿美元的纪录新高。此话一出就刺激了对抗通胀工具黄金价格的上涨,开盘每盎司 1079.90 美元,收于每盎司 1106.35 美元,每盎司上涨 25.15 美元,涨幅达到 2.33%。

9.4 贵金属市场交易

9.4.1 贵金属市场交易类型

1. 贵金属现货交易

贵金属现货交易最原始的形式,即贵金属以固定价格买卖。以苏黎世黄金市场为例,说明现货交易是如何进行的。在苏黎世最常见的报价是以每盎司值多少美元,或每千克值多少瑞士法郎的形式提出来的。黄金和其他贵金属的有形交易可以在银行的柜台上进行,或通过运输公司运送方式进行。若要运往国外一切运费、保险费、关税和有关税金都由顾客承担。

2. 贵金属延期交收交易

贵金属延期交收交易(Au(T+D))以分期付款方式进行买卖,交易者可以选择合约交易日当天交割,也可以延期交割,同时引入延期补偿费机制来平抑供求矛盾的一种期货交易模式。这种交易模式能够为生产贵金属与使用贵金属的企业提供套期保值功能,还能够满足投资者的投资需求,并且投资成本小,市场流动性高。同时还为投资者提供了卖空机制,Au(T+D)双向交易,每日结算盈亏。Au(T+D)具有较高的财务杠杆比率,给予投资者以小博大的便利,市场流动性高,为投资者提供了一个交易平台,较宜适合投资理财。

3. 贵金属期权交易

贵金属期权交易就是交易双方进行贵金属期权合约的交易。对贵金属期权合约的买方,支付一定数量的期权费,即获得在未来一定时期执行合约的权利,买方也可以放弃这种权利。

与其他期权合约一样，贵金属期权合约也分为看涨黄金期权和看跌黄金期权，看涨期权的买方交付一定数量的期权费，获得在有效期内按合约所确定的执行价格买入标准化数量的贵金属的权利；卖方收取了期权费，必须按照合约条款，承担满足买方需求，按合约规定时间履行按合约的执行价格卖出数量标准化的黄金的义务。看跌期权的买方交付一定数量的期权费，获得了在有效期内按合约执行价格卖出数量标准化的贵金属的权利；卖方收取期权费，也必须按照合约条款，承担按照买方要求以约定价格买入数量标准化的贵金属的义务。

4. 贵金属期货交易

所谓贵金属期货交易，是指在集中性的交易市场以公开竞价的方式进行的黄金期货合约的交易。贵金属期货合约是由交易双方订立的、约定在未来某日期以订立时所确定的黄金价格交收一定数量的贵金属标准化契约。

9.4.2 贵金属市场买卖方式

1. 双向交易

双向交易是指既可以买升，也可以买跌，也称为做多或做空。股票、债券、基金、房地产一般情况下都不能买跌，只能买升，这个特点使贵金属投资盈利的机会更多，但需要投资者对于行情走势有很好的把握。

2. T+ 0 交易

T+0 交易就是即时交易，可随时建仓、平仓。交易市场上瞬息万变，这一秒不知下一秒的事，一个灵活自由的交易机制能带给投资者更多的机会。

3. 24 小时连续交易

24 小时连续交易即贵金属是每周 7 天，每天 24 小时，除结算时间外，都可以进行交易。

4. 保证金交易

保证金交易又叫杠杆交易，也就是说，参与贵金属现货投资时只需支付一部分的保证金即可交易。不同的交易所、不同的产品，杠杆比率都不同。

9.4.3 贵金属市场交易技巧

贵金属交易中除了实物交易，其他类型的贵金属市场投资，例如，贵金属 Au(T+D)、贵金属期货交易都属于高风险投资方式，所以，在贵金属交易中一定要先学会止损的方法。

1. 定额止损法

定额止损法是最简单的止损方法，它是指将亏损额设置为一个固定的比例，一旦亏损大于该比例就及时平仓。一般适用于两类投资者：刚入市的投资者和风险较大市场(如期货市场)中的投资者。例如，投资者 A 目前资金量为 10 万元，他在 3828 点位做空 15kg 白银 10 手，而他能承受的最大亏损为 3 万元，就很容易算出止损点位应设在 4028 点位。定额止损的强制作用比较明显，投资者无须过分依赖对行情的判断。

2. 技术止损法

技术止损法是将止损设置与技术分析相结合，剔除市场的随机波动之后，在关键的技术位设定止损单，从而避免亏损的进一步扩大。一般而言运用技术止损法，也就是以小亏赌大盈。通过对汇价运行形态的分析，一旦发现汇价出现破位时，则坚决止损。

金融市场中投资很大一部分是交易心态的博弈，所以交易时的心态把握很多时候异常重要。首先投资人一定避免盲目跟风。贵金属市场受诸多复杂因素的影响，其中投资者的跟风心理对市场影响很大。有这种心理的投资者，看见别人纷纷买入或卖出时深恐落后，于是也匆忙买入或卖出。这就是我们通常所说的"追涨杀跌"。在跟风心理的作用下，一旦发生某种突发事件，如恐怖袭击等，黄金白银价格在群体跟风操作下会发生市场力量失衡，进而导致价格剧烈波动，这样往往会上那些在金市上兴风作浪的用意不良的人的当。因此，投资者要树立自己买卖独立的意识，不能跟着别人的意志走。

人的欲望是无止境的，投资人想获取投资收益是理所当然的，但不可太贪心，有时候，投资者的失败就是由于过度自信、过分贪心造成的。投资市场上这种贪心的投机人不能够控制自己的贪欲。"空头、多头都能赚钱，唯有贪心不能赚。"所以莫贪心，应相信分析，相信自己对经济形势以及大势的判断而果断行动。

另外不要把金融市场当赌场，具有赌博心理的贵金属市场投资者，总是希望一朝发迹。他们恨不得捉住一次机会，好让自己一本万利，他们一旦在金市投资中获利，多半会被胜利冲昏头脑，像赌徒一样频频加注，恨不得把自己的身家性命都押到金融市场上去，直到输个精光为止。当黄金白银市场失利时，他们常常不惜背水一战，把资金全部投在这个市场上，这类人多半落得倾家荡产。市场不是赌场，不要赌气，要保持冷静，保持始终理性，要分析风险，建立投资计划。尤其是有赌气行为的人买卖某种黄金白银时，一定要首先建立投资资金比例。

投资都是有风险的，投资需谨慎，须多学习、多思考。

9.4.4 贵金属市场交易的形态分析

在贵金属市场交易中也有类似股票市场交易中出现的反转形态和整理形态的出现。在交易中注意形态的变化有助于投资的分析。

反转形态，意味着趋势正在发生重要反转，价格运行方向就会改变，由原来的上升趋势转换为下降趋势；或由原来的下降趋势转换为上升趋势。反转形态的形成源于多空双方力量对比失去平衡。变化的趋势中一方的能量逐渐被耗尽，另一方转为相对优势。它预示着趋势方向的反转，价格在多空双方力量平衡被打破之后探寻新的平衡。

整理形态就是价格在向某个方向经过一段时间的快速运行后，不再继续原趋势，而是在一定区域内上下窄幅波动，等时机成熟后再继续前进，这种不改变价格运行基本走势的形态，称为整理形态。

在投资市场中，反转形态是重要的买入或卖出信号，所以投资者要掌握并灵活运用反转形态。整理形态与反转形态相比，运行时间较短，并且不改变价格运行基本趋势，而反转形态运行时间长，并且改变了价格运行基本趋势。

9.5 贵金属市场投资的风险分析、发展现状与监管

9.5.1 贵金属市场投资的风险分析

作为投资对象,贵金属与其他投资对象相比有着不同的属性。一直以来,投资者对这个市场都抱有极大的兴趣,这导致其市场流通性高于其他市场。高流通性意味着,当想卖出时不愁找不到买家,同时在想买入时不愁找不到卖主。

但贵金属市场投资同金融市场上其他投资品种一样都存在着市场风险。通常与货币相比,贵金属的波动率较低(价值的上下波动),然而这些年来随着投机行为的增加,贵金属的波动逐渐变大。贵金属市场 24 小时运转且没有涨跌幅限制,波动剧烈时在一天之内就有可能走完平时几个月才能达到的运动幅度。贵金属的走势受众多因素影响,没有人能确切地判断贵金属的走势。在持有头寸时,任何意外的贵金属波动都有可能导致资金的大笔损失甚至完全损失。所以贵金属投资(注意这里特指贵金属投资,不是贵金属保值、收藏等)风险偏高,不是每个人都适合的,交易成本也较高。

贵金属作为一种特殊的具有投资价值的商品,其价格受多种因素的影响,如国际经济形势、美元汇率、相关市场走势、政治局势、原油价格等,这些因素对贵金属价格的影响机制非常复杂,投资者在实际操作中难以全面把握,因而存在出现投资失误的可能性,如果不能有效控制风险,则可能遭受较大的损失,投资者必须独自承担由此导致的一切损失。

每种金融市场的投资品种都包含风险,大部分贵金属投资都是保证金交易,采用了高资金杠杆模式,放大了损失的额度。尤其是在使用高杠杆的情况下,即便出现与头寸相反的很小变动,都会带来巨大的损失,甚至包括所有的开户资金。

当然贵金属投资的风险是相对于投资者选择的投资品种而言的,投资白银现货和期货的结果是截然不同的。前者风险小,但收益低;而后者风险大,但收益很高。所以风险不可一概而论,有很强的相对性。同时,投资风险的可变性也是很强的。由于影响白银价格的因素在发生变化的过程中,会对投资者的资金造成盈利或亏损的影响,并且有可能出现盈利和亏损的反复变化。投资风险会根据客户资金的盈亏增大、减小,但是这种风险不会消失。

9.5.2 我国贵金属市场发展现状与监管

贵金属投资行业在国内逐渐兴起,各种投资产品吸引了众多的投资者进入市场。贵金属投资行业呈现出繁荣的发展盛况,但是局部较为混乱的状况也令人担忧。

贵金属投资行业在国内兴起不久,所以相对于国外较为健全的监管制度,国内的相关监管制度都还不够成熟,相关法律也较滞后或欠缺。导致投资市场混乱,屡屡出现黑平台的骗局而得不到及时的打击处理,常常引起人们的恐慌。近年来我国媒体曝光的贵金属交易软件完全由开户公司操控,开户公司及其代理能够完全看到客户账户的信息,甚至能够操纵客户的买卖,诈取客户的金钱。

现在我国市场仍处贵金属交易的初级市场阶段，投资市场潜力巨大、需求旺盛，但我国一直是一个黄金贫乏的国家，使黄金无法成为贵金属投资的主角，所以目前国内的投资产品主要集中于纸白银、实物白银等领域，而这些投资产品还需要去专门的投资机构购买，可供投资者交易的渠道比较窄。同时，像一些国际上比较热门的投资产品，在国内市场上仍有较大的限制。市场运行模式和投资渠道都比较单一的情况下，有些交易制度不能完全和国际接轨，所以发展速度、规模都受到一定的影响。

随着近年来贵金属投资行业的不断发展，受到了各方的青睐，很多企业抓住这个契机应运而生。国内在短时间内出现了众多规模不等、运营模式各异的贵金属机构。由于缺乏对投资这一主要市场的监管和指导，场外交易市场鱼龙混杂，做市商的企业也大量地涌现。

从交易模式上看，国内各大贵金属交易所的交易机制基本与西方没什么区别，可以说是直接参照西方的交易机制，缺乏创新。就每个行业的发展前景来看，只有不断注入新鲜的血液，才能长久地繁荣发展下去。

另外，在国内的延迟交收业务出现之前，国内黄金市场实际上处于半封闭状态。上海T+D业务也只对企业会员开放，个人投资者无法参与。而其他黄金投资品种相对滞后于国际市场，因此投资者热情较少，交易品种很难推广。

由此可见，国内的贵金属投资市场要想跟上国际市场的步伐，就需要不断地完善各种监管机制以及加强对不合法机构的打击力度；拓宽投资渠道，走向国际市场；加强创新，注入新鲜的血液。

2011 年 11 月 24 日，国务院发布了《关于清理整顿各类交易场所切实防范金融风险的决定》，从防范金融风险，规范市场秩序，维护社会稳定的角度出发，揭开了“十二五”清理整顿贵金属交易场所风暴的序幕。

2015 年 11 月 27 日，中国人民银行、公安部、工商总局、银监会和证监会五部委联合发布《关于加强黄金交易所或从事黄金交易平台管理的通知》。明确指出，除上海黄金交易所和上海期货交易所外，任何地方、机构或个人均不得设立黄金交易所（交易中心），也不得在其他交易场所（交易中心）内设立黄金交易平台；正在筹建的，应一律终止相关设立活动；已经开业的，要立即停止开办新的业务。

而 2015 年年底，泛亚有色金属交易所 400 亿元赎回危机爆发，涉及全国几乎所有省份，共牵涉 22 万户投资者，在昆明、上海等地，先后引发了泛亚的投资者聚集维权事件。针对日益加剧的贵金属诈骗现象，中华人民共和国公安部发挥职能，严厉打击利用互联网等渠道进行非法经营、诈骗等严重扰乱市场秩序、破坏社会稳定的违法犯罪活动，部署查处一批贵金属类交易场所涉嫌经济犯罪案件，严惩违法犯罪分子，并适时曝光典型案例。

从近期投资者反映的情况看，投资者受损失主要是在参与一些地方商品交易场所，尤其是贵金属类交易场所的过程中形成的。一般而言，这类贵金属交易场所披着“现货交易”的伪装，偏离了自身定位。投资者一旦参与到违规的贵金属场所交易，不法会员便在利益驱动下，从中做“手脚”，或利用交易平台软件的漏洞，或发布虚假信息，给投资者交易带来巨大损失。这类案件涉案金额，动辄千万，多达数亿元，严重侵害了投资者利益，影响国家的金融稳定。2015 年，证监会发出了贵金属类交易场所专项整治工作安排的通知。

为此，明确监管责任，推进证券期货交易所以外的其他交易所监管立法工作，规范有关权益和商品交易活动，明确违法违规行为的法律责任等事项，逐步完善交易所监管法规体系才是治理之根。国家对此也出台相关法律法规，先后出台《国务院关于清理整理各类交易场所切实防范金融风险的决定》《国务院办公厅关于清理整顿各类市场交易所的实施意见》和《证监会发展改革委工业和信息化部、商务部、工商总局、银监会关于禁止以电子商务名义开展标准化合约交易活动的通知》等文件。

新一轮贵金属交易场所专项整治活动即将开始，能否有效遏制贵金属交易场所的违规行为，考验着政府监管层的智慧和决心，更是体现了执行法规的力度。规范贵金属市场，正待重拳出击。

【相关阅读】

妖刀乱舞　贵金属（金银）短空

贵金属于 2016 年 10 月 10 日白盘还是整体上升趋势，晚盘则小阴收盘，今日经济面继续利空金价，白银同样面临危机。

在基本面上，目前原油市场可以看作基本无技术，欧佩克达成冻产协议后，昨日普京也表态俄罗斯也将配合欧佩克减产以达成推升油价的目的，所以昨日国际油价在经历早盘短暂的回落之后，行情强势拉升。这也是基本面决定趋势和技术的最明显特性，今日的基本面比较重要，主要关注 22:00 的美国就业市场状况指数即可。

昨日现货黄金市场区间波动，早盘行情开盘后先延续了周五尾盘的拉升过程先拉升触及高点压力 1264.5 的位置后行情遇阻开始回落，回踩给出 1256.3 的位置后行情二次拉升，到欧盘时段最高触及了 1264.8 的位置后行情二次回落，最低给到了 1256.6 的位置后整理。最终日线收线在了 1259.1 的位置后，日线以一根上影线极长的倒锤头日线收尾，而这样的形态收尾后今日延续区间思路。

从 4 小时的形态看，昨日早盘行情首先延续了前一周周五非农的反弹过程，行情最高触及了 1264.5 的位置后遇阻开始回落，给出 1256.3 的位置后行情二次拉升，不过欧盘时段再次触及本轮回落斐波那契的 23.6 下方即 1264.8 的位置后行情遇阻开始整理。4 小时基本形成倒锤头遇阻信号后行情开始回落过程，最低给到了 1256.6 的位置后整理，最终日线收线在了 1259.1 的位置后，今日的行情依旧在区间中操作。点位上，如果早盘先拉升给出 1264 依旧可空，要止损于 1266.5，下方目标看 1259 和 1256，跌破看 1252 附近离场随后准备多单介入。

昨日现货白银小区间波动，行情早盘先小幅高开在 17.536 的位置后，行情震荡上行到 17.787 的位置后行情开始回落过程，最终日线收线在了 17.597 的位置后，以一根倒锤头形态收尾，而这样的形态收尾后，今日的行情先空后低多。点位上，今日先回踩给出 17.7 空，止损于 17.85，下方目标看 17.5，跌破看 17.35 附近。

操作上，黄金方面：如果早盘先拉升给出 1264 依旧可空，止损于 1266.5，下方目标看 1259 和 1256，跌破看 1252 附近离场，随后准备多单介入。

白银方面：今日先回踩给出 17.7 空，止损于 17.85，下方目标看 17.5，跌破看 17.35 附近。

资料来源：金投网. 妖刀乱舞　贵金属（金银）短空[EB/OL].（2016-10-11）. http://www.cngold.org/c/2016-10-11/c4468379_2.html.

本章小结

本章主要针对贵金属市场比较进行了详细的阐述，涉及了贵金属市场的概述、贵金属市场的特点和影响因素、贵金属市场交易、贵金属市场投资的风险分析及发展现状与监管。完成本章的学习，应该理解和掌握以下内容。

(1) 金融市场中所阐述的贵金属是指可以用于投资的贵金属种类。市场上常见的贵金属投资品种有：黄金现货、白银现货、纸黄金、纸白银、铂金、钯金等。其中以黄金市场最具代表性。

(2) 贵金属投资分为实物投资、带杠杆的电子盘交易投资、银行类的纸黄金纸白银。贵金属交易就是投资人在对贵金属市场看好的情况下，低买高卖赚取差价的过程，或者是在不看好经济前景的情况下所采取的一种避险手段，以实现资产的保值增值。

(3) 黄金市场是一个全球性的市场，目前全球四大黄金市场分别是伦敦、苏黎世、纽约及中国香港黄金市场。早期荷兰阿姆斯特丹是全球黄金交易中心，19 世纪初被伦敦取代。

(4) 世界五大金商是伦敦黄金市场的五大定价金行，分别是洛希尔国际投资银行、加拿大丰业银行、德意志银行、美国汇丰银行、瑞士信贷第一波士顿银行。

(5) 黄金市场的交易模式主要可分为欧式、美式、亚式。

(6) 贵金属投资要考虑汇率变化、油价及国际形势。这是现时影响贵金属价格长期走向的三大因素。例如，黄金价格一般与美元汇率走势相反，当美元贬值时，金价往往上涨，反之亦然；黄金价格又与国际石油价格呈同向变化，一般情况下，油价涨金价涨，油价跌金价跌；黄金还是一种防止战乱等天灾人祸的手段，所以当国际政治局势紧张时，人们往往会投资黄金。

(7) 贵金属延期交收交易业务(Au(T+D))，以分期付款方式进行买卖，交易者可以选择合约交易日当天交割，也可以延期交割，同时引入延期补偿费机制来平抑供求矛盾的一种期货交易模式。这种交易模式能够为生产贵金属与使用贵金属的企业提供套期保值功能，还能够满足投资者的投资需求，并且投资成本小，市场流动性高。

(8) 双向交易是指既可以买升，也可以买跌，也称为做多或做空。股票、债券、基金、房地产一般情况下都不能买跌，只能买升，这个特点使贵金属投资盈利的机会更多，但需要投资者对于行情走势有很好的把握。

案例分析

黄金大跌 10 美元创四个月新低　非农考验前多头又失一城！

现货黄金周四创四个月新低，强劲的美国经济数据，再度提升美联储年底加息预期，金价失手 200 日均线，触及 1250 关键点位。现货黄金连跌八日，触及四个月低位 1250.40 美元/盎司，大跌逾1%；现货白银则跌向17美元/盎司关口，跌势扩大至逾3.5%。

周四公布的美国10月1日当周首次申请失业救济人数为24.9万，创43年新低。这提振了市场对今天公布的9月非农报告的走强预期。美元指数受到提振攀升至两个月高位96.56。周五美国劳工部将发布9月非农报告，目前市场预期新增就业17.4万，失业率维持在4.9%。

华尔街投行高盛认为，金价位于1250美元/盎司下方或是战略性买入机会。鉴于全球经济增长的重大下行风险仍在，且市场可能对各中央银行货币政策能否应对潜在的经济冲击感到担忧；在黄金遭遇近期抛售下跌后，预期中国的黄金投资需求将增加，尤其是从中长期的资产配置角度而言。

1. 周四走势表述

国际现货黄金周四(10月5日)亚市早盘开于1266.16美元/盎司后盘整，金价在1260美元/盎司关口上方窄幅波动。欧市黄金一度小幅反弹，日内高点为1268.13美元/盎司，但随后很快转而快速下滑，美市大盘在跌破1260美元/盎司关口后跌势加剧，到日内低点1250.40美元/盎司后，触底反弹，跌势缓解，终收于1253.90美元/盎司。

基本面利好因素如下。

(1) 美国民间就业服务机构ADP Employer Services周三(10月5日)发布的报告称，美国9月就业人数增加15.4万人，低于分别为17.7万和16.6万的前值和预期值，增幅为4个月来最低。

(2) 金融数据公司Markit公布的一份行业报告显示，美国9月制造业采购经理人指数(PMI)终值低于上月终值，但高于初值。数据显示，美国9月制造业采购经理人指数(PMI)终值为51.5，初值为51.4，8月终值为52.0。

(3) 美国商务部(DOC)公布，美国8月营建支出连续第二个月下降，触及八个月最低水平，因民间和公共支出均减少。详细数据显示，8月营建支出较前月下降0.7%，季节性调整后年率为1.142万亿美元，为2015年12月以来最低，预估为增长0.2%。

基本面利空因素如下。

(1) 美国劳工部周四公布的数据显示，上周美国初请失业金人数意外下滑至43年低位附近，表明就业市场表现强劲，这可能会支撑美联储今年加息预期。具体数据显示，截至10月1日当周美国初请失业金人数减少5000人，至24.9万人。

(2) 周三(10月5日)美国商务部公布，美国8月贸易逆差为407.3亿美元，高于预估的393.0亿美元以及7月的395.5亿美元。美国贸易逆差的增加主要由于进口增加抵消了出口增长。8月进口由7月的2259.3亿美元升至2285.8亿美元，触及2015年9月以来的最高水平。而出口由7月的1863.8亿美元增至1878.5亿美元，也达到了自2015年7月以来的最高。

(3) 周三公布的美国8月工厂订单月率增长0.2%，高于预期；美国9月ISM非制造业PMI为57.1，也高于预期。8月美国工厂订单略有增长，表明制造业正在开始重拾动能；市场重燃对美国经济的信心。同时强劲的美国服务业数据提高了美联储加息预期。

(4) 美联储里奇蒙联储主席莱克称，美联储或需要大幅加息，加息的理由已经很充分；

美联储目前的政策利率应至少1.5%;当前的政策利率极低;就目前经济而言,美联储无须考虑降息。

2. 后市展望

(1) Windsor Brokers Ltd 撰文指出,超卖日线 RSI 以及 Stochastic 指标继续下行,表明金价有延续跌势的空间,此后如逆转走高将形成看涨信号。上行方向,阻力分别位于1269、1277、1287 以及 1293。下行方向,支撑分别位于 1260、1249、1234 以及 1220。

(2) 华侨银行分析师 Barnabas Gan 指出,(就业数据)意外增加将导致市场观察人士上调加息概率,这将令黄金承压下滑。我建议逢低买入黄金,因金价下滑很大程度上是受到短期因素所驱动:如美联储加息概率增加以及油价攀升。他认为黄金年底的目标价为1350 美元/盎司。

(3) 路透技术分析师王涛指出,预计现货黄金将测试 1260 美元/盎司支撑,跌破这一位置将进一步跌向 1250 美元/盎司。

(4) Sharps Pixley 首席执行官 Ross Norman 认为,这种跌势非常罕见,眼下有非常好的买入理由。他说道:"这种抛售的规模以及速度表明,这并非正常的多头清算或者获利回吐,而是投机性力量寻求在跌破 1300 美元/盎司水平后引发新的卖盘,这强化了下跌的动能,从而令他们获利。"Norman 称:"要么爱他们或者憎恨他们,投机客在短期内能够肆虐市场,但对于长线投资者来说这没有多大影响,而对于错失今年上半年大牛市的人来说,这提供了非常好的买入机会。"

(5) EverBank 旗下 World Markets 总裁 Chris Gaffney 称,技术性跌势已经"过度"。Gaffney 称,有许多因素能够在短期内支撑金价,包括叙利亚紧张局势升温,俄罗斯和美国结束合作,英国脱欧以及美国政坛存在不确定性。

(6) 高盛表示,鉴于全球经济增长的重大下行风险仍在,且市场可能对各中央银行货币政策能否应对潜在的经济冲击感到担忧,预计黄金在遭遇抛售后,金价位于 1250 美元/盎司下方将是战略性买入机会;此外,在黄金遭遇近期抛售下跌后,预期中国的黄金投资需求将增加,尤其是从中长期的资产配置角度而言。

(7)"大宗商品之王"加特曼指出,周二黄金价格暴跌逾 40 美元,市场上蔓延的恐慌情绪既不像是由欧洲央行将缩减 QE 引发抛售所致,也非部分金矿行业进行套期保值的对冲者涌入造成;实际上更像是某个大型对冲基金出现失控情况,遭到强制清算所致,进而引发跟风抛售,comex 期金开盘暴跌 4%便支撑了这一观点。金融时报曾在 8 月报道,英国大富翁 Crispin Odey 因预期全球经济可能爆发危机,因而运用大量杠杆交易重金押注黄金上涨,其基金资产中黄金期货占比逾 86%,但却在 7 月底缩水近 30%。

(8)"总体而言,我们在 2017 年仍看跌黄金,因我们认为,明年将无法重复 2016 年上半年的黄金完美风暴。"RBC Capital Markets 在一份报告中说。

资料来源:黄金头条. 黄金大跌 10 美元创四个月新低　非农考验前多头又失一城![EB/OL]. 2016-10-07). http://gold.hexun.com/2016-10-07/186309783.html.

【问题讨论】 为什么黄金价格会暴跌?试讨论什么因素影响黄金价格。

思 考 题

1. 简述贵金属市场的概念。
2. 简述黄金市场。
3. 什么是双向交易？
4. 简述全球四大黄金市场。
5. 全球五大金行是哪五个？
6. 简述经济数据对黄金市场的影响。
7. 贵金属市场交易的特点有哪些？
8. 简述贵金属市场交易类型。
9. 简述贵金属市场投资的风险。

第 10 章　金融衍生品市场

【本章学习目标】

1. 了解金融衍生品市场概述。
2. 理解远期市场、期权市场、期货市场和互换市场。
3. 掌握金融衍生品市场的风险分析。

【导入案例】

金融衍生品 CDS 落地　救星还是灾星?

9 月 26 日,A 股市场拉出了一根大阴线,截至收盘,上证综指跌 1.76%,失守 3000 点关口,深证成指跌 2.05%。除了国庆长假资金避险因素之外,最近发生了什么重大事件呢?

此前一个交易日,即 9 月 23 日,中国银行间市场交易商协会发布了《银行间市场信用风险缓释工具试点业务规则》及相关配套文件,在原有产品基础上,推出包括 CDS(信用违约互换)在内的两项新产品。

消息发布后,资本市场人士便掀起了一场空前大讨论。有观点认为新产品会捅破房地产泡沫,甚至引发金融危机,因为当初美国就是由 CDS 而引发了 2008 年金融危机的;尤其目前一、二线楼市都处于疯狂状态下,中国版 CDS 的出台,是否会重蹈美国的覆辙? 也有市场人士认为,当下债市打破刚兑的情况下,CDS 可以有效对冲信用风险,使债市保持健康流动性;同时由于 CDS 能够转移风险,有利于打破银行惜贷情绪,盘活银行资产,使资产良性流动起来。

CDS 全称为 Credit Default Swap,意思是信用违约掉期合约,在美国是一种普遍的金融衍生工具。1995 年由摩根大通首创推出后,2007 年年中市值高达数十万亿美元。

通俗来说,就是 A 借钱给 B,B 每年付息、到期还本,但是 A 担心 B 还不起钱甚至跑路,这时出现了 C。由 C 与 A 签署一份保险,保证 B 还钱的安全性,不过 A 每年收取利息得付给 C 一部分。A 与 C 的这份合约就叫作信用违约合约,即 CDS。

著名经济学家宋清辉对《华夏时报》记者称,CDS 基本等同于债市的股指期货,其对债市带来的影响,与股指期货对股市的影响雷同,是长期而深远的。CDS 可以进行风险对冲,即使打破刚兑,很多金融机构也不至于血本无归,机构认购债券的意愿或会大幅度上升。

民生证券研究院执行院长管清友、固定收益组负责人李奇霖认为,此时推出 CDS 是现实的需要,因为债市刚兑打破,风险定价独立化箭在弦上。为了债市健康流动,自然需要将这部分风险更好地定价流转,甚至是相对独立化,CDS 正是满足了这种需求。CDS 实现了信用风险的分离和交易,可以有效对冲信用风险,并可以在此基础上进行套利和投机。

那么CDS能否四两拨千斤，将现在金融市场多处阻碍打通？在管清友、李奇霖看来，处置沉淀的不良资产需要资产证券化、债转股等方法，信用衍生产品能增强资产的流动性，加速资产证券化进程，进而有助于不良资产的处置。此外还缓解银行"惜贷情绪"，以盘活银行资产。商业银行"惜贷"严重阻碍了资金的合理流动，降低了资金的使用效率，进而减缓了经济发展。

然而，市场对美国CDS引发的上一轮金融危机仍心存余悸，硬币也总是呈现两面性。宋清辉认为，CDS对银行的影响，从风险缓释方面而言，可以看作一种风险对冲、管理流动性风险的工具，的确有防止引发系统性风险的积极作用。但是一旦真的发生系统性风险，许多金融机构都将被牵扯进来，后果难以预料，这从美国次贷危机的教训中也可以看出来。

"CDS是把双刃剑，错误使用或者过度使用，都会引发一场不可预料的金融海啸。风险只能分散不能完全规避。从目前公告来看，中国版的CDS暂时还未有明确的准入门槛标准等，因此规避道德风险至关重要。"宋清辉说。

资料来源：肖君秀．金融衍生品CDS落地　救星还是灾星？[EB/OL]．(2016-09-27)．http://www.chinatimes.cc/article/61006.html.

【思考提示】 CDS能否四两拨千斤，将现在金融市场多处阻碍打通？

10.1　金融衍生品市场概述

10.1.1　金融衍生品的含义

金融衍生产品是与金融相关的派生物，是以风险管理为基础出发点，从原生资产(大宗商品、债券、利率、汇率等)派生出来的金融工具。金融衍生品是一种金融合约，这种合约可以是标准化的，也可以是非标准化的，其价值是由与其对应的基础资产的价值决定的，其价格是交易者对基础资产在未来某一时点的价值预期。所以金融衍生品交易的是基础资产的价格属性，而不是基础资产本身。金融衍生品使基础资产相对简单的买卖行为变成了更具逻辑性、更简洁和对称的多空行为。

金融衍生品合约的产品形态包括远期、期货、互换和期权，还包括这几种类型的混合品种。其中有一个共同特征就是保证金交易，即只要支付一定比例的保证金就可进行全额交易，不需实际上的本金转移，合约的了结一般也采用现金差价结算的方式进行，只有在满期日以实物交割方式履约的合约才需要买方交足贷款。因此，金融衍生产品交易具有杠杆效应。保证金越低，杠杆效应越大，风险也就越大。

金融衍生品有别于一般金融产品的特性使股票、债券、外汇等基础资产的风险剥离和风险转移成为可能；基础资产的风险管理可以通过衍生品的多空运作以更低的成本、更高的效率得以实现；各种非标准的、更精准的、定制化的投资策略也得以发展。推动精准投资可以使投资策略和产品多元化，并促进投资的专业化和机构化。

金融衍生品市场主要从价格发现和风险管理两个方面强化和完善了资本市场的制度基础，并成为20世纪70年代以来最重要的金融创新。它不仅使资本市场成了真正的有风险管理的资本市场，提高了资本市场的规模和凝聚力，并且强化了全球资本市场的竞争，促进了资本跨国流动和资源的全球化配置，促进了包括发展中国家在内的各国实体经济增长和产业升级。

10.1.2 金融衍生品的交易方式

金融衍生品交易方式大体分为风险对冲、市场中性策略、套利和投机交易等。

1. 风险对冲

风险对冲就是为了锁定(或部分锁定)特定生产要素未来不确定的价格变化而进行的衍生品交易，也是金融衍生品中最普遍的风险管理方式。例如，大宗商品的生产者为锁定未来农产品或有色金属产品的出售价格而进行空头套保，从而实现稳健经营。参与国际贸易和国际借贷的企业或机构可以考虑通过外汇和利率衍生品，对冲部分或全部汇率和利率风险。基金经理面对突发市场风险，可以通过做空股指或利率期货，迅速地对其投资组合进行风险对冲。金融经纪机构为满足客户需求通常要保留一定规模的股票或债券持仓，他们可以通过做空股指或国债期货，保持风险中性等。

金融衍生品的对冲交易不仅可以便捷、有效地减轻市场参与者的现货资产因市场波动而可能带来的负面影响；并且由于衍生品交易成本极低，使企业和金融机构更有意愿通过衍生品进行风险管理，从而减少了生产经营中的不确定性和投机性。风险对冲提高了生产经营的确定性和稳定性，同时可以提升企业资信，降低融资成本，进而达到规模扩张、技术创新和竞争力提升的目标。因此，以风险管理为目的的衍生品对冲交易有利于长期资本积累和经济增长。

另外通过有效的风险对冲，可以避免资本市场的参与者被动承受基础资产的价格波动风险，避免或减轻被迫卖出现货商品、股票、债券或外汇等现货资产对市场造成的抛售压力。商品和金融衍生品承接市场卖压的同时，缓解要素市场可能面临的因集中抛售而引发的更大的价格波动。

2. 市场中性策略

金融衍生品的风险管理功能只是基础，并不是衍生品产生和发展的全部意义所在。市场中性策略所体现的定制化和精准化投资对资本的积累、创新和竞争产生了更为深刻的影响。

对冲基金投资策略中最普遍的就是市场中性策略，而市场中性策略背后是各种基于基本面分析或统计模型分析而进行选股的阿尔法策略、追求相对价值的多空策略、追求稳健或绝对收益的量化对冲策略等。虽然各种市场中性策略在风险种类和风险高低的选择上各有不同，但是这些策略的共同特征都是投资经理选择持有被低估、有创新潜力和优秀管理团队公司的股票或债券，并通过股指或利率期货等衍生工具对冲相应的市场风险，以此达到精准投资的目的。对冲基金也有可能选择卖空价格被严重高估，或治理结构和技术水平相对落后，甚至有欺诈行为企业的股票，并通过做多股指期货对冲市场风险。

市场中性策略通过衍生品对冲，将市场风险剥离，使投资标的本身的特质和投资者的投资能力得到更准确的表达。市场中性策略使单位资本投入所体现的企业核心价值远远高于传统的直接买入股票的投资方式。市场风险剥离后投资组合内优质企业的核心价值理论上可以达到近乎百分之百。这使单位风险回报率大大提高。不仅如此，风险对冲后投资组合的安全性得到提高，这也使适度杠杆成为可能。而这种杠杆的运用比传统的融资买股要安全得多。

私募基金近年来在我国发展较快，其中各种市场中性策略的基金规模越来越大。但是随着股指期货市场自 2015 年 9 月以来被严格限制之后，这类策略的运作变得十分困难、成本极高。

3. 衍生品套利交易

在衍生品交易中，套利交易无所不在。套利者通过捕捉市场中不同合约、不同品种之间的价格不合理偏差，采用买低卖高的多空均衡策略，以期当市场回归正常时获利。市场相对价格的偏差可能是因交易订单不均衡、短期信息不对称或其他暂时性的基本面或技术面因素造成的。

另外，宏观套利在套利交易中占少数，但这类投资者通常资金实力较强，交易持仓的期限也较长。宏观套利者通常对国内外宏观经济形势和大类市场的走向有着极强的判断能力。他们经常在资产大类之间进行带有资产配置性的套利交易，反映不同类别资产之间的价格偏差，将某些资产过热或某些资产具有成长性的信号传递给市场，直接或间接地引导资源的配置。

一般来说，套利交易活动因为多空匹配，所以风险相对较低，对整个市场的走势影响甚小。实际上，对冲基金的市场中性策略和套利策略（包括做市策略等）赖以生存的基础就是风险管理。这些策略交易者的风险管理意识比一般投资者更强，风险管理的执行更主动、更及时、更准确。

套利交易最重要的功能是使期货和现货之间、同一期货品种不同期限的合约之间、跨品种和跨市场之间的相对价格保持在合理区间。套利交易客观上起到了维护市场价格合理性的作用，因此它不仅有利于价格发现，而且是维系市场价格理性波动不可或缺的交易机制。客观准确的价格是资本市场正常运转的必要条件，是资本市场发挥融资和风险管理功能的基本要素。客观准确的价格水平进而可以对社会资源的合理配置产生积极的促进作用。

4. 衍生品投机交易

投机交易是衍生品交易的重要组成部分，也是各类现货市场的重要组成部分。投机交易者通常并不是盲目的，尤其是资金量较大的机构或专业交易者。虽然获得和处理信息的能力各异，但他们中不乏经验丰富的市场精英。他们有对市场基本面和技术面的独立判断，并通过交易将这些判断付诸市场的检验。他们是市场价格走向的风向标。中小散户中的一部分是所谓的“噪声交易者”，原因是他们获得和处理信息的能力相对较弱，并经常表现出较强从众倾向。正常的投机交易所带来的规模和效率是现代资本市场得以顺利运转、市场功能得以发挥的基本要素之一。这是衍生品投机交易的宏观经济意义。衍生品市场的投机者种类很多，比如利用市场技术分析进行的短线或超短线投机，也有根据对宏观经济及政府政策的判断进行的投机等。

衍生品市场是风险定价和交易的市场，市场主体主要由避险者和承担者组成。而不以风险对冲为目的的投机交易者，不论做多还是做空，都是最重要的市场风险承担者，是避险者必要和可靠的交易对手方。尤其在我国，股票现货市场多空机制不完善，机构力量目前主要以衍生品做空套保为主，机构多头严重不足。市场均衡主要依赖投机交易。如果投机交易被严格限制，风险管理者的套利交易和各种市场中性策略都将难以进行。这是2015年9月后我国股指期货市场面临的困境。

在衍生品市场，风险承担是有利可图的，准入门槛也更高，对投资和投机者的专业要求也更高，所以衍生品市场中的投机者普遍都是高风险爱好者，这些市场参与者深知风险与收益成正比，也比一般投资者更懂得风险自负的道理。风险承担使少数投机者一夜暴富或血本无归的案例屡见不鲜。在衍生品市场大浪淘沙的过程中，必然是较弱势的散户投机逐渐让位于专业机构，而不是相反。这样的演进无疑会使市场更专业、更稳定。

避险者通常交易不频繁，多空交易不匹配，但通常需要较高的即时性，就是能够以最短的时间、以最小的价差完成买入或卖出较大数量的期货合约。因此，在没有大量投机和套利交易的情况下，连续报价、连续交易和理性的市场深度是难以实现的，交易的即时性也就大打折扣。所以投机和套利交易是市场流动性提供者，而且投机交易对价格发现有重要贡献。各类投机者会对经济指标、政策动向、资金流向等各种基本面和技术面因素在第一时间做出综合的价值判断。他们之间的多空博弈和充分交易，形成了最市场化、最公开透明、最不易操纵、最有公信力、最接近真实价值的市场价格。

投机交易在各种市场行情下均大量存在，但并不必然引发暴涨暴跌。各种宏微观基本面因素的叠加对市场价格的涨跌、泡沫的产生和破裂有着更直接、更实质、更持久的影响。过度限制投机不仅只治标而不治本，而且使市场机制遭到损坏，是得不偿失之举。但是对投机和套利交易进行严格监管是必要的，但这并不等于对他们的否定。投机者和套利者合规有序的交易行为应当得到充分的认可和维护。监管的目的是使正常的投机交易活动在发挥积极的市场作用的同时，防止过度投机可能造成的价格失真和市场风险。

10.1.3 金融衍生品市场的交易类型

金融衍生产品的交易可分为场内交易和场外交易。

1. 场内交易

场内交易又称交易所交易，就是所有的供求方都集中在交易所进行竞价交易的交易方式。交易所向交易参与者收取保证金，同时负责进行清算和承担履约担保责任。此外，由于每个投资者都有不同的需求，交易所会事先设计出标准化的金融合同，由投资者选择与自身需求最接近的合同和数量进行交易。期货交易和部分标准化期权合同交易都属于这种交易方式。

从交易标的品种来看，场内衍生品主要有商品、股指、利率和汇率四类，它们所代表的是四种最基本生产要素的价格基准和市场风险。这几大生产要素贯穿全社会生产经营活动和资本积累的全过程，其供给需求的平衡对市场价格、产业结构、资源配置和经济增长产生着重要的影响。而这些宏观经济指标都与衍生品市场的微观交易有着直接或间接的关系。其中，商品类包括各类大宗商品；股指就是股票类中包括的具体的股票（如股票期货、股票期权合约)和由股票组合形成的股票指数期货和期权合约等;利率类中可分为以短期存款利率为代表的短期利率(如利率期货、利率远期、利率期权、利率互换合约)和以长期债券利率为代表的长期利率(如债券期货、债券期权合约);汇率类就是各国货币之间、各种不同币种之间的比值。

在场内交易中所有的交易者集中在一个场所进行交易,增加了交易的密度,一般可以形成流动性较高的市场。因此,场内衍生品交易市场管理严格,是衍生品市场稳步发展的重要保障。

2. 场外交易

场外交易又称柜台交易,是指交易双方直接成为交易对手的交易方式。这种交易方式有许多形态,可以根据每个使用者的不同需求设计出内容个性的产品。同时,为了满足客户的具体要求,出售衍生产品的金融机构需要有高超的金融技术和风险管理能力。掉期交易和远期交易是具有代表性的柜台交易的衍生产品。

场外衍生品具有高度灵活和易于定制的特点,适合企业各自的特殊情况。而且特别是场外期权的巧妙运用,可以控制极端损失,在实体企业专业金融人力和资源有限的情况下,比简单采用期货套保具备很大的优越性。与场内衍生品比较,运用场外衍生品更需要注意控制交易对手方风险和流行性风险。

国际清算银行(BIS)统计数据显示,场外衍生品的规模占到了全球衍生品市场的90%左右,远远高于场内衍生品市场规模。据统计,截至2015年6月,全球场外衍生品市场的名义本金总额为553万亿美元,场外衍生品总市场价值为15.5万亿美元。以场外衍生品业务种类来观察,在场外衍生品种类中,始终以利率类及外汇类分居前两位。利率类及外汇类除了企业有套期保值的需求外,金融机构也存在着投机交易的需求。利率类场外衍生品的名义金额为435万亿美元,占比为79%。在利率类场外衍生品工具中,互换的比重最大,名义金额达到了320万亿美元。外汇类衍生品在全球场外衍生品市场的占比为第二,总名义金额为75万亿美元,其中与美元相关的占比达到86%。

由于每个交易的清算是由交易双方相互负责进行的,交易参与者仅限于信用程度高的客户。相对而言,场外衍生品市场监管难度更大,对参与者的要求也更高。

10.2 远期市场

远期合约是20世纪80年代初兴起的一种保值工具。它是一种交易双方约定在未来的某一确定时间,以确定的价格买卖一定数量的某种金融资产的合约。合约中规定有交易的标的物、有效期和交割时的执行价格等项内容。远期合约的标的物的交易价格、交易时间、资产特征和交易方式等各项由交易双方自行约定,因此有较强的灵活性,受到市场参与者的普遍欢迎。远期合约主要有远期利率协议、远期外汇合约、远期股票合约。远期市场就是金融衍生品中远期合约市场的总称。

在国际上较为成熟的远期市场中,远期交易作为一种必要和正常的交易机制存在着。一般来说,远期交易最主要的经济效益在于提供了避险手段,并为市场参与者增加了买卖时机的弹性；而市场主管机构、机构内控部门最关注的是市场中买空卖空的投机气氛是否太浓，且随着交割期限的延长，是否会增加价格波动引发的市场风险，以及违约交割带来的信用风险。通常为有效规避自身的买卖风险，交易双方都会审慎选择交易对象，并且定期重新审核机构间往来的授信额度。因而，对交易风险的控制必然会使远期交易的市场集中度较高，交易的代理也集中在几家大机构手中。

10.2.1 远期利率协议

远期利率协议(FRA)是协议双方约定在名义本金的基础上进行协议利率与参照利率差额支付的远期合约。签订该协议的双方同意，交易将来某个确定时间的短期利息支付。其中，远期利率协议的买方支付以合同利率计算的利息，卖方支付以参考利率计算的利息。

FRA 是防范将来利率变动风险的一种金融工具，预先锁定将来的利率。在 FRA 市场中，FRA 的买方是为了防止利率上升引起筹资成本上升的风险。实质上是用 FRA 市场的盈亏抵补现货资金市场的风险，因此 FRA 具有预先决定筹资成本或预先决定投资报酬率的功能。

FRA 在结算日前不必事先支付任何费用，只在计算日发生一次利息差额的支付。FRA 的价格是指从利息起算日开始的一定期限的协议利率，FRA 的报价方式和货币市场拆出拆入利率表达方式类似，但 FRA 报价多了合约指定的协议利率期限。具体 FRA 行情可通过路透终端机的 FRAT 画面得到。FRA 市场定价是每天随着市场变化而变化的，实际交易的价格要由每个报价银行来决定。

FRA 交易具有极大的灵活性。作为一种场外交易工具，FRA 合同条款可以根据客户的要求“量身定做”，以满足个性化需求。另外也并不进行资金的实际借贷，尽管名义本金额度可能很大，但由于只是对以名义本金计算的利息的差额进行支付，因此实际结算量可能很小。

我国远期利率协议自 2007 年推出以来，仅在第二年就有了较大幅度的增长，名义本金额达到 113.6 亿元，但在后续几年成交持续清淡，2011 年全年仅有 3 笔成交，名义本金额仅为 3 亿元，远期利率协议市场尚未真正发展起来。由于人民币利率互换功能类似于远期利率协议而且在其之前推出，市场参与者更熟悉利率互换，利率互换的快速增长对远期利率协议产生了一定的替代作用。此外，传统上远期利率协议主要为了满足企业客户的套期保值需求，受我国利率市场化现状的制约，企业对利率衍生产品的需求尚未充分开发，这是造成远期利率协议市场不活跃的重要原因。

10.2.2 远期外汇合约

远期外汇合约即买卖外汇双方先签订合同，规定买卖外汇的数量、汇率和未来交割外汇的时间，到了规定的交割日期双方再按合同规定办理货币收付的外汇交易，又称期汇交易。

远期外汇合约市场属于无形市场，合约属于非标准化合约。远期外汇交易的主体包括合约中的外汇需要者和外汇提供者，前者主要有进口商、短期外币债务人和对外汇远期看涨的投机者；后者主要有出口商、短期外币债权人和对外汇远期看跌的投机者。商业银行等金融机构通常作为远期外汇合约的主要角色,在外汇远期交易中发挥着重要的作用。

按照远期的开始时期划分,远期外汇合约又分为直接远期外汇合约和远期外汇综合协议。

直接远期外汇合约(OFFEC)是远期的期限直接从签约的时候开始,到规定日期进行交割的外汇合约,它实际上仅是双方的一种约定,在签约时任何一方不需要向另一方支付任何款项。直接远期外汇合约按交割日期是否固定可以分为固定交割日期外汇合约和择期外汇合约。择期外汇合约比固定交割日的远期合约更具灵活性,与期权合约有相似之处。

远期外汇综合协议(SAFE)是在20世纪80年代被开发出来的一种金融创新工具,其本质是两种货币之间的远期对远期的名义上的互换。SAFE与前面描述的远期利率协议(FRA)的最大区别是SAFE的保值或投机目标是两种货币间的利率差以及由此决定的远期差价,而FRA的目标则是一国利率的绝对水平。

10.2.3 远期股票合约

远期股票合约是指在将来某一特定日期按特定价格交付一定数量单个股票或一揽子股票的协议。这种交易与远期外汇的交易相似。

在美国,有些公司非常看好本公司未来的股价走势,会在制定股票回购协议时采用远期股票合约的形式,承诺在未来某个日期按某个协议价格买回本公司的股票,以此向市场传达对公司的信心。其中,有些公司对自己过度自信,没有采取其他行动保护股价下跌可能带来的后果,那么如果远期股票合约到期时公司股价暴跌,而又不得不执行该回购协议,那么就会给公司造成巨大的损失。例如,2002年,美国一家制药公司承认在远期股票合约上面临1.5亿美元的风险,因为公司股价已经跌到55美元,而公司在2000年3月时达成的股票回购价格为86～100美元,数量为450万股股票,2003年年底以前执行。

10.2.4 远期债券合约

交易双方约定在未来的某一日期,以约定价格和数量买卖标的债券的行为,就是远期债券合约。远期交易标的债券券种是已在全国银行间债券市场进行现券交易的中央政府债券、中央银行债券、金融债券等。市场参与者进行远期交易,应签订远期交易主协议。

在美国,远期债券合约交易的场外交易(柜台买卖)制度,源于1974年的《商品交易法修正案》(*Commodity Exchange Act*),这一规定通过将国债远期交易排除在期货交易的适用范围外,使远期交易得以在场外进行。而日本远期债券合约交易的制度化,是在1992年日本证券业协会实施远期债券合约交易规定后才开始的。

我国在市场建设方面,国内远期交易基本与国际接轨,银行间市场的远期交易由人民银行监管,属于场外交易的组成部分。

远期债券合约是我国推出的第一个利率衍生产品,2005—2009年增长较快,但最近几年出现了大幅下降。2010年远期债券累计成交967笔,成交量3183.4亿元,同比减少51.45%,2011年远期债券成交436笔,交易量1030.1亿元,同比下降67.6%。2015年11月30日,我国交易中心和上海清算所提供标准债券远期通过X-Swap系统交易并集中清算的服务。

标准债券远期合约是指在银行间市场交易的，标的债券、交割日等产品要素标准化的债券远期合约，银行间债券市场成员均可参与。标准债券远期合约包括但不限于标准国债远期合约、标准政策性银行债远期合约。

10.3 期权市场

1973 年 4 月 26 日，CBOE（芝加哥期权交易所）正式推出了标准化的股票期权合约，这标志着期权交易进入了规范化的新阶段。标准化的合约为投资者降低了交易成本，解决了场外期权流动性不足等问题，推动 CBOE 股票期权市场得到了快速发展。1978 年欧洲也陆续推出了股票期权业务。但直到 1995 年，中国香港联合证券交易所才推出了亚洲第一只股票期权。股票期权推出后，成交十分火爆，很快就成为中国香港最为重要的金融衍生品之一。随后 1997 年日本大阪和东京证券交易所也推出了股票期权。进入 21 世纪后，亚洲股票期权的发展步伐不断加快，印度、韩国分别在 2001、2002 年推出了股票期权业务。

期权本质上就是一种选择权，买进的是一种权利，并不是实物。就是买方向卖方支付期权费后拥有的在未来一段时间内（指美式期权）或未来某一特定日期（指欧式期权）以事先规定好的价格（即履约价格）向卖方购买或出售一定数量的特定标的物的权利，但不负有必须买进或卖出的义务。期权最大的特点在于期权买方拥有选择是否行使买入或卖出的权利，而期权卖方都必须无条件服从买方的选择并履行成交时的允诺。期权交易不同于现货交易在于，现货交易完成后，所交易的证券的价格就与卖方无关，因价格变动而产生损失或收益都是买方的事情。

期权交易合同有统一标准，对交易金额、期限及协定价格有统一规定。这为期权市场的发展创造了便利条件。期限一般为 9 个月，协定价格与所买卖证券的价格接近或相等，期权费约为交易金额的 30%以内。随着金融市场的发展和投资多样化，期权交易的对象从最初的股票，逐渐发展为黄金、国库券、大额可转让存单及其他一些产品。期权竞价交易同股票竞价交易一样采用集合竞价和连续竞价两种方式。

期权分为欧式期权和美式期权。两者在多方面有所不同。

(1) 在执行时间上不同，美式期权合同在到期日前的任何时候或在到期日都可以执行合同，结算日则是在履约日之后的一天或两天，大多数的美式期权合同允许持有者在交易日到履约日之间随时履约，但也有一些合同规定一段比较短的时间可以履约，如“到期日前两周”；欧式期权合同要求其持有者只能在到期日履行合同，结算日是履约后的一天或两天。目前国内的外汇期权交易采用的都是欧式期权合同方式。

(2) 欧式期权“本少利大”，但在获利的时间上不具灵活性。而美式期权虽然灵活但付费十分昂贵。美式期权是指可以在期权到期之前，任何一个时点行权的期权，欧式期权则只能在期权到期日行权，从这个角度上看，美式期权的价值不低于同样条款的欧式期权。

(3) 从定价角度来看，欧式期权定价相对于美式期权定价要容易一些。欧式期权可以套用 B-S 模型，而美式期权则需要对 B-S 公式进行变换，或者采用二叉树模型、蒙特卡罗方法，因此从判断期权是否便宜欧式期权比美式期权要更加方便，这有利于降低投资者入市门槛，提高投资者运用期权投资或者风险管理的便利程度。

期权交易的方法包括套做期权、套跌期权和套涨期权。套做期权又称"双向期权"，通常购买这种股票套做期权的投资者，实际上是做双重买卖，既做"卖出"又做"买入"，这样只要到时候股票的实际市场价格与合同价格不一致(无论上升或下跌)，买者即可获利。而对转让这一期权的人来说，却是断定股票的实际市场价格不会与合同价格发生背离，因而可坐享期权收入，由于这种双重买卖，因此这种期权合同的价格是"卖出期权"的购买价格加上"买入期权"的购买价格。套涨期权是指投资者购买具有相同期限和相同协定价格的同一种股票的两个看涨期权和一个看跌期权，又称为"同价二敲进一敲出"或"双向多头套头期权"，与套跌期权对应。

除套保功能外，期权多策略对冲的优点也令投资者在市场波动中的获利游刃有余。一般常见的期权策略包括买进/卖出看涨期权、买进/卖出看跌期权、备兑期权、保护性看跌期权、跨式期权、勒式期权、牛差期权组合、熊差期权组合、自融期权组合、改良自融期权组合、碟式期权组合和跨期价差期权组合等。投资者也可以在此基础上，进行各种组合和改良优化，衍生新的期权策略。

金融衍生品市场总是不乏创新，近几年又出现了利率互换期权。利率衍生产品是一种损益以某种方式依赖于利率水平的金融创新工具，具体包括远期利率协议、利率期货、利率期权、利率互换等最基本、最常见的标准产品。利率互换期权给予持有者一个在未来某个确定时间进行某个确定的利率互换的权利(持有者并不是必须执行这个权利)。许多向其客户提供利率互换合约的大型金融机构也会向其客户出售或购买互换期权。

2013年11月8日，中国金融期货交易所正式启动沪深300股指期权仿真交易。2015年2月9日，我国首个场内期权产品——上证50ETF期权正式上市。2016年随着中国股票市场的成交下降，另外一个市场的热情却被点燃，那就是期权市场，期权市场成了投资者的"新宠"。彭博整理的数据显示，上证50ETF期权的成交量在2016年4月放大至创纪录水准。与此同时，上海证券交易所的股票成交却下降至2014年以来未曾见过的低位。

【相关阅读】

德银衍生品规模相当于20个德国GDP不值得担心吗？

摩根大通早在2013年就第一次指出德意志银行巨大的衍生品问题，可是直到上周，摩根大通才承认衍生品问题是德意志银行当前最大的风险。

摩根大通分析师 Nikolaos Panigirtzoglou 在最新的研报中警告，摩根大通认为，如果问题持续，德意志银行所面临的危机不在于融资问题，反而是衍生品敞口会带来更大的风险。如果德意志银行的危机持续恶化并演变成信心危机，那么必然将给德意志银行的衍生品合约带来巨大的冲击。

衍生品是一种基于其他资产价格的一种金融合约。德意志银行的衍生品交易为全球所有金融机构中规模最大的。摩根大通在2013年曾做过计算，德意志银行的衍生品交易规模顶峰时超过75万亿美元，是德国GDP的20倍。根据国际清算银行的数据，德意志银行的衍生品交易规模在 2015 年年底减少至 46 万亿美元，占到全球衍生品交易总和的 12%。

摩根大通的分析师确认了自己对德意志银行衍生品交易规模的推测，并指出国际清算银行的数据仅仅是预测衍生品敞口的另一个间接方法。根据国际清算银行的数据，2016 年第一季度，外国银行对德意志银行的衍生品合约敞口达到 3120 亿美元。

尽管德意志银行衍生品规模庞大的规模一直是其巨大的隐患，但是因为这几天德意志银行股价的反弹，这一问题一定程度上被忽视了。

根据昨天德国图片报最新的消息，德意志银行首席执行官 John Cryan 表示，德意志银行与美国司法部尚未达成协议。德意志银行的股价在周一可能会重现转为下跌，这意味着市场的目光将再次聚焦到摩根大通指出的这一全球系统性风险最大的银行的最大担忧上。

所以是什么让德意志银行陷入四面楚歌的局面，是两周前其股价暴跌时被其称为的"投机者"所为吗?

正如德意志银行首席风险官 Stuart Lewis 在接受星期日世界报采访时指出的，市场对于德意志银行衍生品规模的担心完全是一种先入为主的担心。

Lewis 表示，德意志银行已经在削减自己的衍生品交易规模。德意志银行的衍生品并不像投资者认为的那样充满风险。当然不仅是投资者，还有其他同样进行衍生品交易的银行，比如衍生品交易规模达到 53.3 万亿美元的摩根大通。

Lewis 表示，德意志银行衍生品的风险被过于夸大了。德意志银行 46 万亿美元衍生品交易规模看上去很庞大，但这仅仅是名义上的合约价值。德意志银行衍生品的净敞口要远低于这一数字，仅为 410 亿欧元。

Lewis 还指出，46 万亿欧元的数字听上去非常庞大，但是这一数字完全是一种舞蹈。实际的风险要远低于这一数字。德意志银行账面的风险与其他投资银行是一样的。尽管 Lewis 这一说法大部分上是正确的。

虽然名义上的衍生品合约金额巨大，但是实际资金规模要小很多，前提是在一个健康的衍生品市场中。一旦市场出现问题，其他银行的衍生品交易出现问题，那么将会给其他衍生品带来巨大冲击。这也是国际清算银行在 2013 年就曾给出的警告。

回到德意志银行，尽管其首席风险官试图缓解人们对于德意志银行衍生品风险的担忧。Lewis 表示，德意志银行试图让其业务更加简单，在减少衍生品规模，并在几年前开始将一些交易转移到非核心部门。

尽管这一切都是真的，但是大部分的衍生品敞口仍然存在于核心部门。更糟糕的是，人们质疑为什么德意志银行没有对其名义衍生品规模进行去风险操作。德意志银行仍然是欧洲银行体系中规模最大的银行。

此外，短短两个之前，即 7 月 31 日，也还是这个 Lewis 在接受法兰克福汇报采访时就曾经表示，德意志银行并不处在危险之中。

Lewis 还保证，国际货币基金组织将德意志银行列为系统性风险最大的银行是毫无根据的。

当被问及德意志银行是不是对系统性风险最大的银行，Lewis 这样表示："不，完全不是。仅仅一份国际货币基金组织的报告中提及了这样的情况。德意志银行不存在危险，我们是有价值的，我们与其他金融机构在金融体系中紧密相关。德意志银行是全球最大的银行之一，德意志银行是稳定的，德意志银行的资产负债表是健康的。”

当被问及他这么说是否是出自真心，Lewis 表示，看一看德意志银行自金融危机之后的资产，我们清理了 1150 亿欧元的风险资产，银行当前的流动性达到 2200 亿欧元。我们找不到需要担心的理由。

可是两个月之后担心的问题浮出了水面。

有趣的是，当 Wolf Richter 评价 Lewis 的说法时，他指出：“明智的做法是德意志银行尽力淡化其巨大的衍生品问题，而不是引起市场对其关注。”

现在，仅仅两个月之后，衍生品的问题再次引起人们的注意。这一次 Stuart Lewis 试图仍然用之前的说辞来安抚市场：不要注意这么明显的问题，德意志银行没有问题。

Stuart Lewis 8 月安抚投资者的说辞中最讽刺的是：“好消息是纳税人不必涉足这一领域。根据最新的银行监管规定，债券持有人将最先受到冲击。”过去两周发生的一切表明，这一切不会发生。

资本标准收紧。

周一开盘前最重要的消息可能还不是德意志银行试图安抚投资者对其数万亿衍生品交易的担心，而是在欧盟监管压力下，全球各国银行监管机构开始收紧对于各大银行的资本标准。

彭博社上周五报道，巴塞尔银行监理委员会秘书长 William Coen 表示，该委员会计划在 2016 年年底前完善危及后代资本框架，即巴塞尔Ⅲ协议。根据 William Coen 在华盛顿的声明，受到欧盟委员会反对的关键条款将会保留。

新协议的一个闪光点是将对银行通过自己的模型，而不是使用监管机构的模型对风险资产进行交易，其所获得的收益将设置上限。Coen 表示，目前该条款正在商议中。但是欧盟金融专员 Valdis Dombrovskis 在上月表示该条款将被剔除。

这一协议一旦达成，意味着监管者将无法在过程中提高资本要求，这使个别国家或者银行的资本将可能会大幅增长。

Coen 表示：“这并不是要求增加受监管的资本。但是，这也不意味着所有银行的最低资本要求是一样的。如果对其他银行产生影响，那么该银行风险资产的复杂性必须下降。因此一些银行，特别是那些关系错综复杂的银行的最低资产要求必然会大幅增加。”

在当前的谈判中，欧洲和日本希望在资本规定中保留风险敏感度，包括使用适合的模型。欧盟委员会不认为设置资本要求是该框架的关键部分。欧盟同样反对巴塞尔委员会禁止一些资产建模，以及标准风险资产校准的规定。

为什么欧洲，以及其最大的银行希望保留现有基于模型的框架？该框架并不要求处在风险的银行增加资本。道理很简单：德意志银行当前已经处在严重的资本不足的状况下，任何进一步的融资措施只会给股价带来进一步压力，使其不得不出售更多的股票来满足最低资产标准的要求。

这同样意味着德意志银行风险经理们使用的模型很有可能错估了银行处在风险的资产价值，不仅是其贷款账目，还有第二级和第三级资产，以及更重要的衍生品交易。尽管

Lewis 坚持认为该行 46 万亿欧元的衍生品交易仅仅价值 410 亿欧元，但是人们对这其中的数学伎俩一点都不关心。

资料来源：肖君秀. 德银衍生品规模相当于 20 个德国 GDP 不值得担心吗？[EB/OL]. (2016-10-11). http://finance.ifeng.com/a/20161011/14928031_0.shtml.

10.4 期货市场

10.4.1 期货市场概述

期货交易是安排谷物和其他基本商品延期交割或者远期交割的一种古老方式。最初这种交易因到货时交易而知名。在交易中，买主购买合约，其合约规定，农场主的谷类作物在不远未来的某个日期交货。约定价为某个特定日期的价格。如果价格下跌了，买主仍有义务按约定价格购买；而如果天公不作美或者其他什么原因，农作物收成不好，即使农场主不得不到别处购买，仍需按约定价格交付谷物。这就是期货市场的起源，最早是本着保护农产品交易为初衷的一种契约方式。

期货是以某种大宗商品或金融资产为标的的交易合约。从概念里就可以看出期货交易对象不是货物，而是合约。因此，这个标的物可以是某种商品，例如，棉花、石油、大豆等，也可以是金融工具，例如，债券、股票等。期货合约的交易价格、交易时间、资产特征、交易方式等都是事先标准化的，此类合约大多在交易所上市交易。所以交易期货合约的市场就是期货市场。期货市场根据标的物的不同分为商品期货和金融期货，商品期货分为农产品期货、金属期货、能源期货等；金融期货分为股指期货、利率期货、外汇期货和贵金属期货等。

欧洲是期货市场的发源地，最初的期货交易是从现货远期交易发展而来。1848 年美国芝加哥成立了第一家具有现代意义的期货交易所，1865 年确立标准合约的模式。我国现代期货交易所诞生于 20 世纪 90 年代，现在有上海期货交易所、大连商品交易所、郑州商品交易所和中国金融期货交易所。

各个交易所为维护期货市场正常运转而提供财务担保和弥补因不可预见的风险带来的亏损，设立了风险准备金制度。期货交易所从自己收取的会员交易手续费中提取一定比例的资金，作为确保交易所担保履约的备付金的制度。交易所不但要从交易手续费中提取风险准备金，而且要针对股指期货的特殊风险建立由会员缴纳的股指期货特别风险准备金。风险准备金必须单独核算，专户存储，除用于弥补风险损失外，不能挪作他用。我国交易所按向会员收取的手续费 20%的比例，从管理费用中提取。当风险准备金达到交易所注册资本的 10 倍时，可不再提取。

期货交易的费用只有手续费，就是期货交易者买卖期货成交后按成交合约总价值的一定比例所支付的费用。但是投资者在期货市场进行交易之前需要提交保证金，即初始保证金，是交易者新开仓时所需缴纳的资金，根据交易额和保证金比率确定，即初始保证金＝交易金额×调保证金比率。国际上一般在 3%～8%，我国现行的最低保证金比率为交易金额的 5%。期货是 T＋0 的交易，可以随时交易，随时平仓。交易者在持仓过程中，会因市场行情的不断变化而产生浮动盈亏，因此需要保证金账户中实际可用来弥补亏损和提供担保的资金就随时发生增减。保证金账户中必须维持的最低余额叫维持保证金。当保证金账面余额低于维持保证金时，交易者必须在规定时间内补充保证金，使保证金账户的余额大于结算价乘以持仓量乘以保证金得出的比率，否则在下一交易日，交易所或代理机构有权实施强行平仓。这部分需要新补充的保证金就称追加保证金。

将期货作为风险管理的工具，运用期货套期保值、套利对冲交易等方法将现货贸易与期货交易紧密结合，运用现代化的仓储、物流、供应链融资等方法为交易商服务，最终将达到稳定发展业务规模，实现产业链服务链整合，提升核心竞争力的目的，对推动全球经济发展起到重要作用。

10.4.2 期货市场之商品期货

商品期货是指标的物为实物商品的期货合约，是关于买卖双方在未来某个约定的日期以签约时约定的价格买卖某一数量的实物商品的标准化协议。商品期货交易，是在期货交易所内买卖特定商品的标准化合同的交易方式。

商品期货历史悠久，种类繁多，主要包括农副产品、金属产品、能源产品等几大类。大豆、玉米、小麦被称为三大农产品期货；金属产品有九种，包括金、银、铜、铝、铅、锌、镍、钯、铂、钢；化工产品五种，有原油、取暖用油、无铅普通汽油、丙烷、天然橡胶；林业产品两种，包括木材、夹板。

10.4.3 期货市场之金融期货

金融期货是指交易双方在金融市场上，以约定的时间和价格，买卖某种金融工具的具有约束力的标准化合约。金融期货以金融工具为标的物。金融期货一般分为三类，货币期货、利率期货和指数期货。金融期货作为期货中的一种，具有期货的一般特点，但与商品期货相比较，其合约标的物不是实物商品，而是传统的金融商品，如证券、货币、利率等。

金融期货产生于20世纪70年代的美国市场。目前，金融期货在许多方面已经走在商品期货的前面，占整个期货市场交易量的80%，成为西方金融创新成功的例证。其中最具代表性的是股指期货。

股指期货全称是股票价格指数期货，也称股价指数期货、期指。股指期货是期货的一种，是我们经常在新闻或财经媒体上听到的一个词语。

股指期货是指以股价指数为标的物的标准化期货合约，双方约定在未来的某个特定日期，可以按照事先确定的股价指数的大小，进行标的指数的买卖，到期后通过现金结算差价来进行交割。作为期货交易的一种类型，股指期货交易与普通商品期货交易具有基本相同的特征和流程。

通常我们所说的股指期货合约间的价差交易，就是利用期货合约价格之间不合理关系进行套利交易。价差交易与套利的主要区别在于，套利是针对期货市场与现货市场相同资产价格不合理的关系进行交易，获取无风险利润。而价差交易是针对期货市场上具有关联的不同期货和约之间的不合理价格关系进行交易，博取差价利润。套利是在期货和现货两个市场进行交易，而价差交易都在期货市场上进行。

在套利行为中又有跨期套利、跨市套利和跨品种套利等。在期货交易中通常都是多头和空头，根据投资者对市场的判断进行的博弈。

多头跨期套利。当股票市场趋势向上时，且交割月份较远的期货合约价格比近期月份合约的价格更容易迅速上升时，进行多头跨期套利的投资者，出售近期月份合约而买进远期月份合约。如果股票市场趋势向上，且交割月份较近的期货合约价格比远期月份合约的价格上升快时，投资者就买入近期月份期货合约而卖出远期月份合约，到未来价格上升时，再卖出近期合约买入远期合约。

空头跨期套利。当股票市场趋势向下时，且交割月份较远的期货合约价格比近期月份合约的价格更容易迅速下跌时，进行空头跨期套利的投资者，买进近期月份合约而卖出远期月份合约。如果股票市场趋势向下，且交割月份较近的期货合约价格比远期月份合约的价格下跌快时，投资者就卖出近期月份期货合约而买入远期月份合约，到未来价格下跌时，再买入近期合约卖出远期合约。

与国际成熟市场相比，我国国内股指期货的机构投资者参与比例仍很低。根据我国中金所的数据，机构投资者在股指期货的投资者结构中只占 3%。而美国 CME 机构法人的避险交易占整个股指期货交易量的 61.3%，非避险大额交易占比为 7.5%，小额交易者占比为 20.6%，价差交易占比为 8.8%。

随着投资者对股指期货认识的深入，期货指数持仓与成交规模将在稳定的基础上继续扩大，股指期货对冲风险、稳定市场、促进价格发现等功能也将更好得以体现。随着我国股指期货市场交易规则、信息技术系统、从业人员培训等更多细节的逐步成熟与完善，监管部门对于参与股指期货的约束将来有望放宽，类似公募基金、信托理财产品、私募等机构投资者未来都会加入股指期货的套期保值与套利交易中。

10.5 互换市场

互换市场也称掉期市场，是交易双方依据预先约定的协议，在未来确定期限内，相互交换的交易。这种金融衍生工具，是当前用来规避由于所借外债的汇率发生变化而给企业带来财务风险的一种主要手段。互换市场一般包括三种类型，即期与远期的互换、隔日互换和不同远度的远期的互换。

互换交易的期限较长，大部分互换交易的期限是 3～10 年。在 3 年之内的互换期限的互换交易相对较少，因为在期限较短的情况下，通过期货交易进行货币和利息套期，通常较互换在成本方面更具有优势。通常情况下单个互换业务的额度通常在 500 万美元和 3 亿美元。互换协议只需签订一次，就可以在以后若干年内进行多次交换支付。互换市场中又包括利率互换、货币互换、外汇互换等。

10.5.1 利率互换

利率互换就是交易双方按照事先商定的规则，以同一种货币、相同金额的本金在相同的期限内，相互交换以不同利率计算的资产或货币。在利率互换交易中，初期或到期日都没有实际本金的交换，交易双方只是按照事先商定的本金交换利息的支付。

在利率互换中，市场浮动利率是以伦敦银行同业拆借利率(LIBOR)为基准的，参与交易的各方根据各自的情况在伦敦银行同业拆借利率(LIBOR)上附加加息率作为自己的浮动利率。

利率互换作为一种新型的金融衍生产品，在中国发展很快，特别是随着中国参与国际金融资本运作幅度的加大，利率互换已成为众多公司及银行之间常用的债务保值和资本升值的有效手段之一。

10.5.2 货币互换

货币互换是根据交易双方的互补需求，相互交换不同种类的货币的本金和利息。货币互换是不同货币债务间的调换。货币互换中双方互换的是货币，两者之间各自的债权债务关系并没有改变。

货币互换的目的在于降低筹资成本及防止汇率变动风险造成的损失。货币互换的条件与利率互换一样，包括存在品质加码差异与相反的筹资意愿，此外，还包括对汇率风险的防范。

货币互换是一项常用的债务保值工具，主要用来控制中长期汇率风险，把以一种外汇计价的债务或资产转换为以另一种外汇计价的债务或资产，达到规避汇率风险、降低成本的目的。早期的"平行贷款""背对背贷款"就具有类似的功能。但是无论是"平行贷款"还是"背对背贷款"仍然属于贷款行为，在资产负债表上将产生新的资产和负债。而货币互换作为一项资产负债表外业务，能够在不对资产负债表造成影响的情况下，达到同样的目的。

货币互换的报价方式是，在期初本金交换时，通常使用即期汇率，而在期末交换本金时，则使用远期汇率。远期汇率是根据利率平价理论，计算出两种货币的利差，用升水或贴水表示，与即期汇率相加减，得出远期汇率。另一种货币互换报价方式是，本金互换采用即期汇率，而不采用远期汇率。货币互换的利息交换则参考交叉货币利率互换报价。

国与国之间常常都会利用货币互换以平衡国际收支。例如，据印尼《国际日报》2016 年 10 月 10 日报道，印尼中央银行官方网站发布消息称，印尼与日本两国政府一致同意延长双边货币互换安排协议，并签署了最大使用额为 227.6 亿美元的补充协议。上述安排是两国财长在美国华盛顿出席国际金融年度会议期间达成的。印尼中央银行行长阿古斯表示，两国政府一致同意延长如此数额的双边货币互换安排协议，表明双方在金融领域合作关系紧密。目前全球金融市场仍不稳定，可能持续影响亚洲区域经济市场活动。双方延长双边货币互换安排协议，可保持两国间乃至区域宏观经济和金融稳定，有助于克服可能面临的挑战。

10.5.3 外汇互换

外汇互换就是在外汇市场上买进即期外汇的同时又卖出同种货币的远期外汇，或者卖出即期外汇的同时又买进同种货币的远期外汇，也就是说在同一笔交易中将一笔即期和一笔远期业务合在一起做，或者说在一笔业务中将借贷业务合在一起做。互换双方彼此不进行借贷，而是通过达成协议将外汇卖给对方，并承诺在未来固定的时间点换回该外汇。在外汇互换交易中，把即期汇率与远期汇率之差(即升水或者贴水)叫作互换率。

两种外汇的金额由双方依据当时的即期汇率确定。外汇互换中，低利率国家互换方向高利率国家的互换对手定期支付利息，利息成本约为两国的利差。双方需在一开始和最终进行外汇本金的交换。

2016 年 4 月，为扩大两国间的贸易往来，中国与尼日利亚就奈拉与人民币交换达成协议，现在尼日利亚中央银行已经存入大量人民币，而中国工商银行也存入同等数值的奈拉，具体数额尚未公布。据消息灵通人士透露，初步估计价值上百亿美元。人民币的重要性在其他国家也得到加强。

2016 年 4 月兴业银行资金营运中心与星展银行(中国)上海分行，通过中国外汇交易中心自贸区交易系统达成首笔自贸区利率互换交易。这标志着中国利率互换市场在自贸区成功破冰。该笔交易发生在上海自由贸易区自由贸易账户(FT)体系内，基于中国银行间市场 7 天回购利率，以人民币作为名义本金，美元作为结算货币。

10.5.4 信用违约互换(CDS)

信用违约互换诞生于 2004 年，当时在全球进行交易的国家也仅仅限于美国和欧洲，但由于它发展迅速，仅仅三年时间就已经位列全球信用衍生品交易量的第二位，英国银行家协会出版的 *British Bankers' Association——Credit Derivatives Report* 2006 显示，信用违约指数产品已经成为信用衍生产品中的第二大类，成为信用违约掉期市场上的热门投资点。

信用违约互换是国外债券市场中最常见的信用衍生产品。在信用违约互换交易中，违约互换购买者将定期向违约互换出售者支付一定费用(称为信用违约互换点差)，而一旦出现信用类事件(主要指债券主体无法偿付)，违约互换购买者有权利将债券以面值递送给违约互换出售者，从而有效规避信用风险。由于信用违约互换产品定义简单、容易实现标准化，交易简洁，自 20 世纪 90 年代以来，该金融产品在国外发达金融市场得到了迅速发展。信用违约互换是进行场外交易的最主要的信用风险缓释工具之一，也是目前全球交易最为广泛的场外信用衍生品。

信用违约互换是一种能够将参照资产的信用风险从信用保护的买方转移给信用保护卖方的金融合约。违约互换的出售者向购买者所遭受的损失进行的这种赔付是一种或有偿付，即当合约到期时，如果参照实体没有发生任何信用事件，则信用保护的卖方无须向买方进行任何资金支付，合约终止。

CDS 实质上类似于保险合约，但它比保险合约具有更强的流动性。CDS 与保险也存在着一定的差别，保险要求投保人对于保险标的有经济利益，而 CDS 不要求有利益关系，即使并未持有某个公司的债券也可以购买该公司的 CDS，这就极大增强了 CDS 的流动性，使 CDS 发展成为除了信用风险管理之外的一个投机的工具。同时，CDS 的数量不受标的资产数量的限制，信用违约互换市场名义本金数量远远超过其参考实体债券的总量，这也体现了 CDS 特有的交易属性。

对于投资者，规避信用风险的方法，一种是根据信用评级直接要求信用利差，另一种就是购买诸如信用违约互换等信用衍生品。如果投资组合中企业债券发债体较多、行业分布集中度低，则直接要求每只债券一定信用利差即可有效降低组合整体信用风险损失；但如果组合中企业债券数目不多、行业集中度高，不能有效分散信用风险，购买信用违约互换即成为更现实的做法，产生与通过分散资产来降低组合风险的同等作用。

由于在购买信用违约互换后，投资者持有企业债券的信用风险理论上降低为零，我们可以因此认为企业债券收益(y)、信用违约互换点差(s)和无风险利率(r)存在等式关系 $s=y-r$。在具体交易中，国债收益率以及利率互换收益率都可用作无风险利率，而交易商对具体企业债券市场报价则简单表述为在同期限无风险利率基础上加上信用违约互换点差水平。

随着 CDS 的发展，信用违约互换的类型已经不再单一，目前主要有三种类型，单一经济实体的信用违约互换、"一篮子"信用违约互换和信用违约互换指数。单一实体意味着参考资产只有一种，由买方向卖方定期支付预先商定好的保费或者票息直至合约到期，卖方承诺在参考资产发生违约事件时向买方提供索赔，一旦违约事件发生，合约即中止。

信用保护出售者可以出售多个资产的保护，在首次违约篮子互换中，互换的出售者在合约期内通过补偿资产篮子中第一个资产的损失来承担资产篮子的违约风险。即在合约期内通过出售已确定的"一篮子"资产的保护获得保费收入，而承担着这"一篮子"资产的违约风险，直到其中有一个资产出现违约，合约中止，保护出售方支付违约资产的损失；若合约期内没有任何一种资产发生违约，则信用保护卖方赚了一笔保费。

信用违约互换指数反映了由多个单一实体信用风险合成的资产组合中各个参考资产的 CDS 风险加权值总和随时间波动的情况。和"一篮子"信用违约互换相比，其标准化程度更高，包含的参考资产数量多，覆盖面也较广。目前信用违约互换指数主要包括欧洲指数、北美指数等。

根据国际清算银行的数据统计显示，从 2004—2007 年，全球信用违约互换市场未清偿余额从 2004 年年末的 6.4 万亿美元增长到 2007 年年末 58.24 万亿美元，年均复合增长率接近 109%。

2010 年 10 月 29 日，我国银行间交易商协会公布的《银行间市场信用风险缓释工具试点业务指引》创设了一种信用衍生品，即信用风险缓释工具(CRM)。信用风险缓释工具是指信用风险缓释合约、信用风险缓释凭证及其他用于管理信用风险的简单的基础性信用衍生产品。这类似于信用违约互换，标志着我国信用风险管理工具的诞生，是中国版的 CDS。

我国第一笔贷款信用风险缓释合约(CRMA)的发行是在 2010 年 11 月 5 日，中债信用增进投资股份有限公司与中国工商银行股份有限公司签署贷款信用风险缓释合约交易确认书，正式达成了以银行贷款为标的的"信用风险缓释合约"交易，共 7 笔，合计名义本金 5 亿元人民币，期限小于等于 1 年。

10.6 金融衍生品市场风险分析

金融衍生品是资本市场 20 世纪 70 年代以来最重要的金融创新，其发展是随着布雷顿森林体系的解体、跨国资本管制的放松、汇率进一步自由浮动和利率市场化的结果。金融衍生品产生于资本市场风险管理的内部需求,这一内部需求根植于实体经济中从事生产、贸易、融资、投资和并购等各类经济活动,服务资本市场,进而推动实体经济,导致金融衍生品市场发展迅速、影响深远。

金融危机与金融体系的管理和改革密切相连,其带来的惨痛教训激励人们思考政府能做什么和应该做什么,以及如何预防另一场灾难。2008 年的金融危机暴露了美国和欧洲金融市场的内在弱点和现行监管体制的严重缺陷,虽然现在金融系统在政府大规模的干预下已经恢复了信心,但是为了保持这种信心和防止再次发生危机,我们仍必须进行必要的改革。

金融衍生工具也在其他金融危机中扮演过令人反感的反面角色。例如,1987 年的股灾涉及一种被称作投资组合保险的衍生品,1994 年的金融衍生品投资损失导致加利福尼亚奥兰治县濒临破产,金融衍生品同样在长期资本管理公司 1998 年的惨败中扮演了重要角色,在 2008 年和 2009 年助推了石油价格的大起大落。此外,金融衍生工具还在其他方面肆虐,像是隐藏负债、逃避税收、妨碍债务重组等,甚至被用来故意引发银行、公司和国家违约服务。

金融衍生品监管是金融监管领域里最为棘手的事情,而且过去 10 年来它们爆炸式的增长,使监管工作难上加难。金融衍生品已从一种风险对冲方式发展成为纯粹的投机工具,使天真的投资者如养老基金经理,承担了大量的杠杆效应和风险。它们越来越奇怪和不透明,令非专业人士难以理解,给金融系统带来了严重的威胁,单纯依靠上面的改革,是不可能完全解决问题的。

2016 年,国际政治经济形势错综复杂,全球经济复苏进程充满着不确定性,国内农产品供给侧改革如火如荼,包括油脂油料在内的大宗商品市场波动频繁而剧烈。大宗商品等各行业面临复杂的形势和诸多挑战,企业亟须利用多种风险管理模式辅助经营。与国际金融衍生品市场相比,我国金融衍生品市场起步晚、品种少,金融衍生品市场国际竞争力不足。我国金融监管任重而道远。

【相关阅读】

警惕资产泡沫背景下金融衍生品过度创新

9 月下旬,中国银行间市场交易商协会正式发布了《银行间市场信用风险缓释工具试点业务规则》及相关配套文件,标志着中国版 CDS(信用违约互换)正式推出。虽然相似的信用风险缓释工具在 2010 年就曾推出,但由于近年来信用违约案例较少,以及制度设计缺陷等方面的因素,相关交易并不活跃。

也许大多数人认为,像 CDS 这样复杂的金融名词与普通老百姓并无多大关系,但事实却是,也许你购买的银行理财产品的投资标的就是这些产能过剩行业的债券,一旦发生信用风险,你的理财投资可能会出现亏损。不仅如此,你所在的企业可能或多或少参与各类金融投资,各种金融衍生产品如果应用不当,有可能让金融系统出现不稳定因素,最终影响各行各业。

CDS 之所以这么快地推出,主要就是受“打破刚兑”影响。2016 年以来宏观经济持续下行压力以及地方国有企业隐形担保的逐渐消失，让债券市场信用违约事件频发。根据Wind数据显示，截至2016年8月中旬，2016年已有42只债券兑付违约，涉及22家发行主体，违约金额高达254.61亿元。无论是违约债券数量还是违约金额均已达到2015年的2倍。更为让人担忧的是，相关数据显示，预计到年底，整体债券市场到期规模预计或将达到4.44万亿元，同比上涨20%。其中，钢铁、煤炭、有色金属等产能过剩主要行业累计债券到期规模近7000亿元，较2015年同期增长30%。由此预计年底可能将有更多违约案例出现。

此次CDS推出的积极意义在于，首先，可为债券购买方的银行等金融机构提供一份保险，类似于普通人购买的商业保险，避免发债主体到期不能兑付本金及利息带来巨额损失，从实质上讲是将可能存在信用风险的资产进行了转移；其次，还可以有效缓解商业银行资本储备金的压力，达到缓解商业银行惜贷情绪上升的目的；再次，CDS还具有价格发现的功能，可将存在信用风险的债券在市场上用价格反映出来；最后，CDS还可为保险公司扩充业务范围，增加保费收入。各方皆获利，何乐而不为。

但表面上看风平浪静，参与方都得利的背后其实是隐藏着一定风险的，具体表现在金融链条的不断延长上。理论上讲，虽然发债主体信用违约事件发生比例较低，保险公司基本上不存在亏损风险，但是出于逐利特性，保险公司同样可以担保债务凭证再以一定价格转让给下家，下家以此类推，最终甚至可能打包变成理财产品让公众购买。这样就形成了一个不断延长的金融链条，而在这个链条上，单独看每个环节风险都不大，发生违约都是小概率事件，都能保证稳赚不赔。但如果将单独的小概率事件连起来观察，整体金融链条的杠杆是在不断增加，整体风险可能就不再是小概率事件。

另一方面，支撑整个金融链条不断延续的根本在于发债方的持续营利性，实体经济如果持续萎靡，那么发生信用违约的概率将会大大增加，后续的金融链条运转的可持续性也就成了无源之水。金融链条越长，杠杆加得越大，单个违约造成的蝴蝶效应后果就越严重。回想2008年全球金融危机，让那些本无力购房的家庭可以零首付购房，免费住一年转手卖掉还可以获利就是危机的源头。类似CDS的信用风险缓释工具虽然不是金融危机的“元凶”，但绝对是个不折不扣的“帮凶”。如果没有这些复杂的金融工具加长金融链条，增大整体杠杆，那么危机影响也不会这么大。

当然，从本质上讲，CDS无非就是一个普通的金融工具，如同做饭用的菜刀一样，用得好可以做出美味佳肴，用得不好同样可以成为致命的武器。之所以会引发危机，关键还是在于各个环节使用者的逐利特性以及人性之贪婪，将本来就有问题的金融资产逐层包装打包并卖给下家。

针对上述担忧，《每日经济新闻》记者近期从消息人士处确认，目前作为“合约类”信用风险缓释工具出炉的CDS，原则上没有二级市场交易，属于“缩水版”CDS产品。按照这种设计，金融链条原则上是不会在短期内大幅加长的。

但必须值得警惕的是，在楼市高烧、实体经济下行趋势未有效遏制、市场信用与相关制度未有效建立的今天，金融衍生产品创新必须格外谨慎，否则在没有充分健康的实体经济的强力支持下，昂贵的金融资产价格无法长期得到持续的营养供给，即使通过金融衍生产品的创新能够短期让市场保持平稳，但付出的代价却是信用风险与金融杠杆的不断加大，最终演变成庞氏骗局造成整体金融风险的上升，使金融创新成为压死资产泡沫这头骆驼的最后一根稻草。

资料来源：范欣. 警惕资产泡沫背景下金融衍生品过度创新[EB/OL].(2016-10-08). http://www.cb.com.cn/.

本章小结

本章主要针对金融衍生品市场比较进行了详细的阐述，涉及了金融衍生品概述、远期市场、期权市场、期货市场、互换市场和金融衍生品市场风险分析。完成本章的学习，应该理解和掌握以下内容。

(1) 金融衍生产品是与金融相关的派生物，是以风险管理为基础出发点，从原生资产(大宗商品、债券、利率、汇率等)派生出来的金融工具。

(2) 金融衍生品交易方式大体分为风险对冲、市场中性策略、套利和投机交易等。

(3) 场内交易又称交易所交易，就是所有的供求方都集中在交易所进行竞价交易的交易方式。交易所向交易参与者收取保证金、同时负责进行清算和承担履约担保责任。

(4) 场外交易又称柜台交易，是指交易双方直接成为交易对手的交易方式。这种交易方式有许多形态，可以根据每个使用者的不同需求设计出内容个性的产品。

(5) 远期合约是20世纪80年代初兴起的一种保值工具。它是一种交易双方约定在未来的某一确定时间，以确定的价格买卖一定数量的某种金融资产的合约。合约中规定有交易的标的物、有效期和交割时的执行价格等项内容。

(6) 按照远期的开始时期划分，远期外汇合约又分为直接远期外汇合约和远期外汇综合协议。

(7) 远期股票合约是指在将来某一特定日期按特定价格交付一定数量单个股票或一揽子股票的协议。这种交易与远期外汇的交易相似。

(8) 期权本质上就是一种选择权，买进的是一种权利，并不是实物。就是买方向卖方支付期权费后拥有的在未来一段时间内(指美式期权)或未来某一特定日期(指欧式期权)以事先规定好的价格(即履约价格)向卖方购买或出售一定数量的特定标的物的权利，但不负有必须买进或卖出的义务。

(9) 除套保功能外，期权多策略对冲的优点也令投资者在市场波动中的获利游刃有余。一般常见的期权策略包括买进/卖出看涨期权、买进/卖出看跌期权、备兑期权、保护性看跌期权、跨式期权、勒式期权、牛差期权组合、熊差期权组合、自融期权组合、改良自融期权组合、碟式期权组合和跨期价差期权组合等。投资者也可以在此基础上，通过各种组合和改良优化，衍生新的期权策略。

(10) 期货交易是安排谷物和其他基本商品延期交割或者远期交割的一种古老方式。最初这种交易因到货时交易而知名。在交易中，买主购买合约，其合约规定，农场主的谷类作物在不远未来的某个日期交货。约定价为某个特定日期的价格。如果价格下跌了，买主仍有义务按约定价格交付谷物。

(11) 互换市场也称掉期市场，是交易双方依据预先约定的协议，在未来确定期限内，相互交换的交易。这种金融衍生工具,是当前用来规避由于所借外债的汇率发生变化而给企业带来财务风险的一种主要手段。互换市场一般包括三种类型,即期与远期的互换、隔日互换和不同远度的远期的互换。

案例分析

衍生品市场发展不能“因噎废食”

成熟的金融市场,除了货币、股票等基础工具外,另一重要的组成部分是金融衍生品。不过,在监管思路整体维稳的背景下,国内金融衍生品市场隐隐有搁浅的趋势。

以原油期货为例,2014 年年底便获得证监会的正式批复,但直至今日尚无确切上市计划。而已上市的衍生品又面临种种限制。持有国债数量最多的银行,仍未被允许参与国债期货;原本运行平稳的股指期货,又因 2015 年市场大幅下跌,最终无奈自断手足。

新产品推出无望,老产品“五花大绑”,国内衍生品市场发展几近陷入停滞。可是,市场对于衍生品的避险、配置需求却未有改变。尤其是 2016 年,人民币汇率市场大幅波动,美元持续升值,但国内并没有外汇期货。无奈之下,部分投资者只能采取换购美元的“土办法”。

要知道,从世界范围来看,外汇、股指和国债三大金融期货重要性高于商品期货,其成交额也远远超过商品期货。相较之下,目前国内的衍生品市场的“基础版拼图”都还未完成。

从股票市场的角度上看,经历了 2015 年的大幅波动后,A 股重新回到熊市阶段,市场对避险工具的需求相应提升。但期指成交量锐减,所带来的流动性枯竭问题,却增加了个人投资者和机构风险对冲的难度,于是纷纷撤出期指市场。

实际上,自期指上市以来,投资者结构不断优化,机构占比大幅提高。同时,由于机构属性的因素,基金、券商等大型机构在期指上的交易也更多倾向于套保、套利交易,而非单纯的投机。

这两种交易模式,又分别对应了期指避险、价格发现的两项功能,这无疑有利于国内市场有效性的发挥。

虽然相比国外市场,国内期指投机氛围较为浓厚,尤其是 2015 年牛市期间成交持仓比大幅上升,但对此可以通过修改规则的方式来抑制过度投机。

值得注意的是,2016 年市场还存在一个显著特征,即市场流动资金充裕却找不到可供投资的标的。而通过发展衍生品市场,则可以一定程度上缓解“资产荒”的问题。数据显示,上半年涨得最好的 8 项资产中,有 3 项是大宗商品,分别为原油、黄金和黑色系商品。所以笔者认为,不仅要尽快解除对现有金融衍生品的限制,还应进一步丰富衍生品市场种类,比如推出适合中小投资者的“迷你”期指合约等。

诚然,金融衍生品的天然属性,注定了其风险要高于基础金融工具,不过既然作为一项工具,关键还在于如何去运用。

此外,新型金融工具的推出,必然会伴随着不确定性,但对监管层而言,不能就此因噎废食，而应从产品设计，及提高监管能力等方面着手，提升风控能力。

资料来源：董鹏. 衍生品市场发展不能“因噎废食”[EB/OL]. (2016-09-07). http://epaper.21jingji.com/html/2016-09/07/content_46321.htm.

【问题讨论】 试论述我国金融衍生品的发展现状。

思考题

1. 简述金融衍生品市场。
2. 金融衍生品有什么作用？
3. 简述风险对冲。
4. 市场中性策略有哪些优势？
5. 为什么说金融衍生品交易中的投机并不都是盲目的。
6. 简述远期市场与期权市场的区别。

第11章　资产证券化

【本章学习目标】

1. 了解资产证券化概述。
2. 理解房地产行业企业资产证券化、贷款与信贷资产证券化。
3. 掌握我国资产证券化发展前景。

【导入案例】

绿色资产支持证券助力绿色发展

2015年，证监会、银监会、中国人民银行相继放松对资产支持证券的监管，资产支持证券的发行告别繁复的审批制，改为注册制或备案制。在政策激励下，资产支持证券发行量高速上涨。2016年5月，证监会首次发布《资产证券化监管问答》，明确将鼓励绿色环保产业相关项目通过资产证券化方式融资发展。在这样的背景下，绿色资产证券化迎来发展良机。

1. 助力绿色产业

相比于绿色债券，资产支持证券不以公司作为承担还款责任的债务主体，而是剥离出一部分基础资产，形成资产池，作为将来的还款来源，并且可以设置分级发行等措施，这样的产品结构及特点使以“绿色”项目为基础资产的绿色资产证券化产品具有很多现实的优势。

首先，资产支持证券是以基础资产未来的现金流作为还款的来源，以太阳能光伏电站、风力电站及污水处理设施等为代表的绿色项目具有持续稳定的现金流回报，此类绿色项目的特点天然契合了资产支持证券的特性，是发行绿色资产证券化产品的优质基础资产标的。

其次，虽然绿色项目未来具有持续的现金回报，但绿色项目往往属于新兴产业，运营这些绿色项目的公司或由于成立时间、规模所限，无法以公司作为主体在市场中发债融资或发债的成本较高。资产支持证券产品通过资产池的剥离，分离了企业的主体评级和资产的信用评级，如果企业的绿色项目的信用等级较高，则企业就可借助发行绿色资产证券实现低成本融资。

另外资产支持证券常见的分级发行方式可以满足不同风险类型投资者的投资需求。一旦发生现金流不足，偿付困难，回收的现金流将优先偿付最优层级持有者，这意味着最优层级的信用风险加强。这样的增信方式使低风险偏好的投资者同样得以参与绿色产业投资。

2. 绿色资产支持证券市场现状

早在2006年1月，南京市城市建设投资公司就在深交所发行了规模为7.21亿元的

"南京城建污水处理收费收益权专项资产管理计划"。2015年,随着资产支持证券的快速发展,市场中逐步出现了以环保垃圾焚烧电站、太阳能电站、生物质电厂等具有未来稳定收益的项目作为基础资产的资产证券化产品发行。

2016年1月,兴业银行发行了规模为26.5亿元的我国首只"贴标"绿色信贷资产支持证券"兴银2016年第一期绿色金融信贷资产支持证券",其资产池来自21笔投向于节能环保领域的贷款,同时承诺募集资金也将在此投放于节能环保领域。2016年7月金风科技在上交所发行了首只"贴标"绿色资产支持证券"农银穗盈金风科技风电收费收益权绿色资产专项计划",其基础资产为风力电厂上网电费的收益权。募集资金的用途为偿还公司的银行借款以及补充公司流动资金。截至2016年9月,商道融绿根据公开资料统计,国内已发行9只绿色资产支持证券(包括早期未贴标的绿色资产支持证券),总金额超过133亿元。

国际上除了以新能源电站作为基础资产发行的资产支持证券,其他具有代表性的绿色基础资产或者资金投向还包括新能源汽车贷款,建筑能效提升等。

3. 何谓"绿色"资产支持证券

虽然绿色资产支持证券在金融市场中的发展已经进入快车道,但究竟何谓标准的"绿色资产支持证券"暂时还没有明确的定义。中国人民银行及交易所均要求绿色债券发行人应当在募集说明书承诺的时限内将募集资金用于绿色产业项目。2016年7月,证监会发言人提出证监会将参照绿色公司债券相关要求推进绿色资产证券化工作。气候债券倡议组织(Climate Bonds Initiative)发布的《中国绿色债券发展路线图:利用绿色资产证券化、税收优惠和增信措施扩大绿色债券的规模》报告将绿色资产支持证券分为两种:其一为资金投向、基础资产均为绿色项目;其二为基础资产源自非绿色资产,但募集资金用于绿色资产。

目前国际国内发行的绿色资产支持证券产品,大致分为三种情况:①基础资产为绿色项目,募集来的资金也明确直接投向绿色项目,即"双绿"资产支持证券;②基础资产并不是绿色项目,但募集资金的投向为绿色项目,即"投向绿"资产支持证券;③基础资产为绿色项目,但募集资金投向并不直接投向绿色项目,即"资产绿"资产支持证券,例如,上文中金风科技发行的绿色资产支持证券,其资金是用来偿还公司的银行借款以及补充公司流动资金。

我们的观点认为,判断一项金融产品是否符合绿色金融的范畴,主要看其对绿色产业发展是否有正面支持作用。在此标准下,以上三种绿色资产支持证券对绿色产业的发展都具有积极意义。发行"资产绿"的资产支持证券可使拥有绿色资产的公司更容易融资,从而鼓励绿色项目的建设,而如果这家公司的主营业务是以绿色产业为主,补充运营资金等用途也相当于支持绿色发展。"投向绿"的资产支持证券从一定意义上可以认为和绿色债券有相同属性,即使资金直接流向绿色项目。我们最愿意看到的是更多的"双绿"资产证券化产品的发行。在绿色金融刚刚起步的现阶段,不同的产品类型有助于给投资者提供多样化投资选择,从而推动绿色金融市场走向成熟。

但仍需注意,对于"资产绿"和"投向绿"这样的"单绿"项目,必须要求其非绿色的项目部分不能有环境负面影响及风险,否则将违背绿色金融的初衷。这就要求发行人需借助第三方评估机构等做好项目详尽而持续的信息披露。

4. 未来

推动绿色资产支持证券发展的核心主要在于坚持绿色标准、信息透明披露、出台政策激励、独立第三方评估等措施，最终还需要依靠建立包含完备的发行人、投资者、第三方专业机构、监管部门的绿色金融市场体系。坚持绿色标准即绿色资产及项目的筛选和界定要保持严格的标准，对于绿色效益不明显的项目，应拒绝冠以绿色标签发行。

持续而透明的信息披露是保证绿色资产支持证券健康发展的另一关键。信息是金融市场的核心要素，传统的金融市场信息往往只包括财务信息，而对于绿色金融产品而言，必须进行持续的项目环境信息公开披露，逐步使参与各方接收环境信息也是市场信息的必备组成部分，使其直接作用于金融产品的价格。针对绿色资产支持证券，特别要对其资金投向做全周期的披露，确保所募集资金不投向负环境效益的项目。

在绿色金融市场发展的初期，政府的政策激励是推动市场发展的有效措施。在日前中国人民银行等七部委印发的《关于构建绿色金融体系的指导意见》中，明确提出了探索通过提高核准(备案)效率、专业化的担保机制、财政贴息等方式支持绿色金融体系的发展。但为了避免道德风险，对绿色金融产品政策激励的前提是需保证其激励落在真正"绿色"的金融产品之上。

为保证绿色资产证券化产品的"绿色"属性，独立的第三方评估必不可少。目前从事绿色金融产品第三方认证的机构大致有四类：专门开展绿色金融、可持续发展等相关业务的机构，环境工程咨询类的公司，传统的会计师事务所，学术类研究机构。对于这些机构而言，亟待统一规范认证的边界、流程和报告内容，同时社会上也需推动建立对认证机构明确的准入要求和自律准则。

没有"购买"就没有市场，投资者的关注对于绿色资产支持证券的发展至关重要。而吸引投资者的关注可从"利"和"义"两方面着手：一方面通过增信、补贴等方式提高绿色金融产品的收益率来满足投资者的利润最大化诉求，并持续加强对具有环境风险企业的处罚力度，引导投资者将环境风险考量加入投资决策，促进资金向绿色产业流动；另一方面要激发投资者在社会责任、环境效益方面的诉求。目前投资者对于绿色投资领域的关注还是基于产品本身的风险和回报，对于社会责任的"绿色溢酬"的关注虽开始出现，但相比于责任投资发达的国外市场还有很大差距。需要培育投资者认可投资过程中创造的社会价值、环境价值，并促进企业加强社会责任意识，让投资行为做到寓利于义。

资料来源：张睿，李再加. 绿色资产支持证券助力绿色发展[EB/OL]. (2016-10-18). http://epaper.21jingji.com/html/2016-10/18/content_48605.htm.

【思考提示】 试讨论什么是绿色资产证券化。

11.1 资产证券化概述

11.1.1 资产证券化的国际发展情况

资产证券化最早起源于美国，时间可追溯到1920年末期的大萧条。当时美国为了救市，建立了不动产抵押贷款次级市场，为资产证券化开启了大门。1970 年，美国的政府国民抵押协会首次发行以抵押贷款组合为基础资产的抵押支持证券——"房贷转付证券"。资产证券化逐渐成为一种被广泛采用的金融创新工具，近年来迅猛发展，也逐渐出现在老百姓的视野中。

1980—2010 年，美国资产证券化产品存量规模由 1108 亿美元增加到 10 万亿美元；2012 年，资产证券化产品发行量 2.26 万亿美元，同比增长 26.9%，资产证券化产品余额 9.9 万亿美元，占全部债券余额的 25.8%，仅次于美国国债。

欧洲的资产证券化最早萌芽于英国。20 世纪 70 年代末，英国商业银行进入住房抵押贷款市场。随着住房抵押贷款市场的膨胀和竞争加剧，信贷市场资金来源紧张，从而催生了英国的资产证券化业务。1987 年，全英住房贷款公司(NHLC)发行了英国历史上第一笔住房贷款抵押证券，标志着欧洲资产证券化业务正式起步。目前，欧洲已发展成为除美国之外的全球第二大资产证券化市场。

日本目前是亚洲最大的资产证券化市场。20 世纪 80 年代，金融脱媒带来了以银行为绝对主导的金融体系改革压力，催生了资产证券化立法。亚洲金融危机后，日本资产证券化制度建设逐渐完善。1998 年，颁布新的《特定目的公司特定资产证券化法》，该法规大幅放宽可供证券化的金融资产，促使资产证券化市场蓬勃发展，并于 2000 年被修订更名为《资产证券化法》，日本的证券化业务开始进入快速发展期。

我国资产证券化发展发展起步较晚，在 20 世纪末开始对资产证券化的探索，2005 年开始进行资产证券化业务试点，目前正在加速扩张。资产证券化市场延续快速增长态势，企业 ABS 发行规模更是在 2015 年的基础上大幅跃升，成为发行量最大的品种。2016 年上半年，我国共发行资产证券化产品 2892.27 亿元，同比增长 71%，市场存量为 8784.83 亿元，同比增长 88%。

11.1.2 资产证券化的概念

资产证券化是金融市场发展到一定阶段的必然产品，是成熟市场的重要品种。从功能上来看，资产证券化宏观角度可以优化资源配置、提升金融系统的安全性，微观角度则有提升流动性、加强资产负债管理、降低融资成本的好处。什么是资产证券化?

资产证券化是指将现金或者流动性较差的特定资产作为信用工具，通过特殊目的机构对其进行结构性重组，使该信用工具能够在可预见的未来为企业创造稳定现金流，并实施一定的信用增级，从而将其预期现金流转换为可在金融市场出售、流通的证券产品的过程。

从本质上，资产证券化就是将基础资产产生的现金流打包成为易于出售的证券，将可预期的未来现金流立即变现。所以可以预见的现金流是进行证券化的先决条件。广义的资产证券化不仅包括传统的资产证券化，而且还将基础资产扩展至特定的收入及企业的运营资产等权益资产，甚至还可以进一步与信用衍生品结合形成了合成型的证券化。就是通过证券化的形式调动社会资源，使资源再一次转动起来，产生新的社会效益。

虽然资产证券化的历史不长，但相关证券化产品的种类层出不穷，名称也千变万化。在资产证券化发展较为成熟的欧美市场，传统的证券化资产包括银行的债权资产，如住房抵押贷款、商业地产抵押贷款、信用卡贷款、汽车贷款、企业贷款等，以及企业的债权资产，如设备租赁等。这些传统的证券化产品一般统称为ABS(Asset-Backed Securities),但在美国通常将基于房地产抵押贷款的证券化产品称为MBS(Mortgage-Backed Securities),而将其余的证券化产品称为ABS。发展再到后来,由于混合型证券(具有股权和债权性质)越来越多,用CDOs(Collateralized Debt Obligations)概念代指证券化产品,并细分为CLOs、COMs、CBOs等产品。最近几年,还采用金融工程方法,利用信用衍生产品构造出合成CDOs。

根据证券化产品的金融属性不同,可分为股权型证券化、债券型证券化和混合型证券化;根据证券化的基础资产不同,可将资产证券化分为不动产证券化、应收账款证券化、信贷资产证券化、未来收益证券化、债券组合证券化等类别。

资产证券化按照地域分类,根据资产证券化发起人、发行人和投资者所属地域不同,将资产证券化分为境内资产证券化和离岸资产证券化。国内融资方通过在国外的SPV或结构化投资机构(Structured Investment Vehicles,SIVs)在国际市场上以资产证券化的方式向国外投资者融资称为离岸资产证券化;融资方通过境内SPV在境内市场融资则称为境内资产证券化。

11.1.3 SPV

特殊目的载体(Special Purpose Vehicle,SPV)是资产证券化过程中的核心组成部分。SPV代表了投资者承接债权出售者的资产并发行证券化的收益凭证或证券,是整个证券化产品名义上的发行人。所谓特殊目的,是指它的设立仅仅是为了发行证券化产品和收购资产,不进行其他的投融资或经营活动。SPV有信托、公司等多种组织形式,一般视税收或法规限制情况而定,但以信托形式居多。但是在资产证券化的续存过程中,SPV本身并不参与任何基础资产的管理和运营工作,而是交由受托机构来管理。受托机构不仅负责向投资者支付本金和利息,而且需要保证整个证券化交易过程中投资者利益不受侵害。

就法律组织形式而言,SPV有信托型和公司型两种,但在实践中,还有更加简化的有限合伙模式。

信托型SPV又称为特殊目的信托(Special Purpose Trust,SPT),在这种形式下,原始权益人将基础资产转让给作为受托人的SPV,成立信托关系,由SPV作为资产支撑证券的发行人发行代表对基础资产享有权利的信托收益凭证。在这样一个信托关系中,委托人为原始权益人;作为受托人的SPV是法律规定的营业受托人,即有资格经营信托业务的信托机构;信托财产为基础资产的资产池;受益人则为受益凭证的持有人,即投资者。在信托关系的法律构造下,原始权益人将其基础资产信托给SPV后,这一资产的所有权就属于SPV,原始权益人的债权人就不能再对不属于原始权益人的基础资产主张权利,从而实现了基础资产与原始权益人的破产隔离。我国目前银行信贷资产的证券化采取的就是这种信托模式。

公司型SPV即特殊目的公司(Special Purpose Company,SPC),在这种形式下,原始权益人将基础资产真实销售给SPC,即将基础资产的所有权完全、真实地转让给SPC,SPC向投资者发行资产支撑证券,募集的资金作为购买基础资产的对价。真实销售旨在保证在原始权益人破产时,出售给SPC的资产不会被列为破产财产,从而实现破产隔离。

有限合伙制模式最为简单，成员较少，权责分明，合伙人通过购买基础资产，再和其他合伙人融资，把 SPV 和投资者结合在一起。这种模式实现了真实出售，但风险比较集中。

作为资产证券化中的核心组成，SPV 首先是代表投资者拥有基础资产，并且是证券或受益凭证的发行主体。在资产证券化过程之初，资产原始权益人必须将旗下具有稳定预期收入的资产出售给 SPV，后者必须代表投资者承接这些资产。这个资产出售的过程结束之后，SPV 才具备发行证券的资格。

另外 SPV 持有基础资产后能够起到隔离资产，保护投资者收益的作用。由于 SPV 已经代表投资者获得了资产的所有权，所以当资产出售人发生财务困难时，其债权人无权对已证券化的资产提出索偿权。由此使证券化产品的投资者的收益与原资产持有者的破产风险无关。再者，SPV 有税收优惠的好处。证券化过程中的一个重要原则是保持税收中性，即证券化本身不会带来更多的税收负担。

根据证券的发行形式和现金流特征，我们又可将 SPV 的架构分为过手架构和支付架构两种。两者的主要区别在于，SPV 收到基础资产的现金流之后，SPV 是否对基础资产的现金流做出重新安排。在过手架构中，SPV 只进行现金流的传递，在收到现金流后扣除必要的服务费，然后转付给投资者，证券的现金流形式与基础资产的现金流形式完全一致。而支付架构将对收到的现金流进行重新规划分配后，分配给不同类型的证券，这些证券到期日不同，本金收回的优先顺序和现金流的性质（固定还是浮动）可能也不同。

11.1.4　资产证券化的交易结构

资产证券化交易结构主要包括四个主要的设计交易程序。

1. 构建基础资产池

资产证券化的发起人将未来能够产生现金流的资产进行剥离、整合，形成资产池。在这一步中，基础资产的原始持有人需要挑选合适的债权项目作为资产证券化的基础资产。

2. 组建 SPV

将基础债权资产转移或者是出售给 SPV，SPV 将基础资产进行重新组合配置。

3. 发售并支付

发售并支付即 SPV 在中介机构（一般为投资银行或证券公司）的帮助下发行债券，向债券投资者进行融资活动。一般来说，资产证券化产品可采用公开发售或者私募的方式，过程类似于 IPO。等到销售完成之后，SPV 把发行所得按照约定好的价格支付给发起人，同时支付整个过程中产生的服务费用。在这个步骤中，除了投资银行或证券公司的参与之外，在发达金融市场中一般还有各种类型的外部服务机构参与其中，例如，信用评级机构、信用增信机构、承销机构及其他中介服务机构，这些机构虽然不在资产证券化交易结构中起到核心作用，但它们往往决定了资产化证券在上市后的市场接受度及流动性，所以也是整个发行过程中至关重要的一环。

4. 对资产池实施续存期间的管理和到期清偿结算工作

资产证券化成功之后，SPV 聘请专业机构对资产池进行管理，主要工作包括收取资产池的现金流，账户之间的资金划拨以及相关税务和行政事务。同时到了到期结算日，SPV根据约定进行分次偿还和收益兑现。在全部偿付之后，如果仍有现金流剩余，将返还给发起人。一般在实践中，为了保证债券投资者能够及时地获得证券化债券的本息支付，在资产证券化交易中都会有专门的资产服务机构来负责从债务人处收取本息的工作，目前全球最为常见的安排是由债权资产的原始持有人来承担此项职责。

11.1.5 资产证券化的信用增级

在发行资产证券化产品的过程中，为了增强证券产品对投资人的吸引力，需要引入各种信用增级方式来保证和提高证券化产品的信用级别，以满足不同投资者的需求。总体上，根据信用增级服务的来源，将信用增级方式划分为内部增级和外部增级。外部增级主要包括：由第三方提供信用支持，如银行提供信用状、保险公司提供债券保险、公司提供担保；或者从第三方获得次级贷款，即索偿顺序在证券化产品之后，保证当基础资产的现金流发生恶化时证券化产品能首先获得及时偿付。

外部增级的费用过高且仍然存在较大的不确定性，从本质上看，证券化产品的信用实质上依赖于担保人的信用。一旦担保人的信用评级被降低，则证券化产品的评级也将受到拖累。这一缺点在出现系统性风险之时尤为突出。所以，在2008年金融危机之后的近几年，资产证券化的信用增级步骤主要通过内部法来实现，即由证券化交易结构的自身设计来完成。目前市场上采用较多的内部信用增级方式主要有以下几种。

1. 设立超额利差账户

所谓的超额利差，是指基础资产产生的现金总收益减去证券化应支付的利息、必要的服务费和违约等因素造成的坏账损失后的超额收益。它是承受损失的首要防线。当超额利差为负时，表明现金流已明显不足，这时需要动用其他形式的信用增强措施。超额利差是评估资产池的信用状况的最重要的指标。证券化产品到期时，最后剩余的超额利差一般由发起人获得，而发起人同时也扮演资产管理服务机构的角色，因此为获得尽量多的超额利差，发起人有动力执行好账款回收的服务职能。超额利差除了能够弥补基础资产现金流遭受的违约损失，有时还设立专门的子账户，储备一定的金额来防范发起机构和资产管理服务机构的运营风险，如服务转移、混同、抵消和流动性风险。

2. 设立准备金账户或现金担保账户

在证券化开始阶段，由发起人设立一个现金账户，在超额利差为负时可拨付支持证券化产品的本息兑付。准备金账户的资金通常由资产管理服务机构或受托机构提供，这有助于加强它们履行职责的动机；现金担保账户通常向银行进行私募，并且以信托的方式进行保管，只能投资于低风险的债券，与银行提供信用状相比，该方式使证券化产品的评级不会受到银行评级降低的负面影响。

3. 优先/次级分层结构

债券按照本金偿还的先后顺序分为优先级和次级等多个档次，这是证券化产品最常用的一种信用增级方法。在资产池出现违约损失时，首先由次级承担，而优先级在次级吸收损失完全折损后才开始承受后面的损失，所以能获得更好的信用评级。如果出现本金提前偿还的情况，一般也用于提前偿还优先级债券，以避免次级债券得到清偿后规模缩小，对优先级的保护能力下降。

4. 超额担保

以超额的抵押品发行较少的债券，即基础资产的总值超过债券的发行额度，超出的部分可视为发起人的参与，以作为整个证券化的权益部分，没有利息收入，对债券投资者提供了一定的保障。这种信用保护比优先/次级结构更强。

5. 债务保障比测试

债务保障比(DSCR)测试即基础资产产生的现金流与分配给证券投资者的本息之比。对于分层结构的各档次证券化产品而言，该比例的分母包括该档及偿还顺序在之前的其他档证券的本息支付之和。DSCR 越高，信用风险越低。一般来讲，在进行现金流分配时，资产池的利息收益首先用来支付各档证券的利息，本金偿还部分先分配给高信用的证券，然后等该证券偿还完毕后再分配给低信用的证券。但如果引入债务保障比测试的保护机制，意味着在利息分配前需要对各档次证券的 DSCR 指标进行测试，如果低于要求的某一最低值，则整个资产池的利息收益将用来支付最高档的本金，也就是说，低信用的证券应得的利息将首先偿付高信用的证券的本金。

6. 加速清偿事件

当出现一些特殊情况时，如发起人破产、基础资产违约率达到一定比例或超额利差下降至一定水平，本金将进入加速清偿阶段，以保证优先级证券的本金偿还。

11.2 房地产行业企业资产证券化

目前，房地产行业企业主要可以通过两种资产证券化产品来优化资本结构、降低资金成本、盘活存量资产。其中一种是房地产信托投资基金(REITs)，另一种是房地产抵押贷款证券化(MBS)。从基础资产来看，包括住房公积金证券化、物业租金收益权证券化、酒店宾馆收入、证券化、物业费证券化、购房尾款证券化等。

11.2.1 REITs

REITs 是 SPV 以发行收益凭证的方式汇集特定多数投资者的资金，收购并持有收益类房地产(例如，公寓、购物中心、写字楼、旅馆和仓储中心等)的投资活动，这个过程附带的好处是能有税收优惠。按业务性质和收入来源，REITs 分为股权型、债权型和混合型三种，其中以股权型为主。

通过 REITs 投资的方式，普通投资者能像投资其他高流动性证券一样参与大规模收入型房地产组合投资，获得与直接投资房地产类似的投资收益，而且 REITs 自身高分红的特性，对投资者而言也是具有很高的吸引力。另外，SPV(即发行人可以以酒店、写字楼作为标的资产)通过 REITs 打包上市,实现融资。

REITs 起源于美国 20 世纪 60 年代初,是为了规避法律限制的一种金融创新产品。在美国 REITs 产品需要满足组织结构、股权结构、资产结构、收入结构和分配结构这五个方面的要求。其中组织结构,分为公司或信托的组织形式,在美国较为常见的是公司制 REITs;股权结构,要求至少有 100 个股东,其中前 5 大股东不能超过 50%(即 5/50 法则);资产结构,至少 75%的资产是房地产资产或房地产抵押、现金和政府证券;收入结构中至少 90%总收入来自不动产租金,不动产贷款利息收入、不动产、其他信托的股权或其他不动产上的共有权买卖的利得;分配结构,每年至少将其应纳税收入的 90%分配给股东。

在目前经济增速下行、企业净资产收益率不断降低的情况下,利用 REITs 产品不但可以盘活房地产企业不动产物业等重资产,还能够提高企业资产周转率,有助于房地产企业从重资产向轻资产企业转变。在金融市场发展较为发达的国家,REITs 被看作股票、债券、现金之外的第四类资产,其作为有别于传统投资标的的资产,与传统资产之间的低关联性使其成为资产组合配置中非常重要的一部分。由于我国房地产基础资产市场还不够成熟、缺乏针对 REITs 较完善的配套法律支持、缺乏 REITs 的税收支持政策等问题,国内 REITs 市场具有巨大的发展空间。

2014 年 5 月 21 日,"中信启航专项资产管理计划"在深交所综合协议交易平台挂牌转让,成为国内首个交易所场内类房地产投资基金产品(REITs),这一产品已经具备了 REITs 的一些产品特征,但与标准的 REITs 尚有一定差距,属于私募性质的 REITs,缺乏流动性。

2015 年 9 月 30 日,鹏华前海万科 REITs 作为国内首单公募 REITs 在深交所挂牌上市。

2016 年 6 月 14 日,首款由信托公司作为原始权益人的类 REITs 资产证券化产品"天风——中航红星爱琴海商业物业信托受益权资产专项计划"成功发行,产品总规模为 14 亿元。中航信托通过实际控制信托受益权的底层资产商业物业,并代表信托计划作为原始权益人,发起设立该资产证券化产品。

据我国国家统计局数据显示,截至 2016 年 6 月末,全国商业营业用房待售面积高达 15 263 万平方米,同比激增 23%。其中,全国十大城市商业市场累计存量已达 5267.75 万平方米,再次创新历史新高。而在过去五年间,中国购物中心总量也以年 21%的速度快速增长。面对这样一笔庞大的商业存量,以及当下商业地产供给过剩、同质化竞争严重的困境,导致商业地产的资产证券化需求大幅急增。为此,一些商业地产企业开始积极探索将成熟商业物业进行资产化管理,以降低融资成本、提高资金周转,诸如大悦城地产的"大资管"战略、银泰的"类 REITs"产品等。

11.2.2 MBS

MBS(Mortgage-Backed Security)房地产抵押支持债券或者抵押贷款证券化。根据基础资产类型,MBS 又分为 RMBS(Residential Mortgage Backed Securities,住房抵押贷款证券化)和 CMBS(Commercial Mortgage Backed Securities,商业地产抵押贷款证券化)。

MBS 是最早的资产证券化品种,产生于 20 世纪 60 年代美国的住房抵押贷款证券化。

房地产抵押贷款证券化原理就是，由专业银行或者SPV将其贷出的贷款，筛选出符合一定条件的，形成一个产品池，然后利用这个产品池打包发行证券，并加入政府机构或政府的担保机构进行担保，这就是美国的MBS，所以MBS也被称为过手证券。美国的过手抵押证券主要有政府国民抵押协会(GNMA)担保的过手证券、联邦住宅贷款抵押公司(FHLMC)的参政书、联邦国民抵押协会(FNMA)的抵押支持债券和民间性质的抵押过手债券。

与银行贷款“银行——融资方”的双边交易不同，MBS作为多个投资人参与的证券化产品，SPV在其中起着重要作用。SPV作为独立的第三方资产服务机构来进行风险监管和资产管理服务，为资产证券化的整个流程，包括前端资产的组建、筛选以及存续期的信息披露和资产管理提供专业服务的角色。SPV增强了资产证券化产品破产隔离的效果，能够提供基础资产服务的专业化分工、提高筛选的效率，同时能够进一步提升投资者对于产品的认知度。

住房公积金资产证券化是RMBS类产品的一种，即公积金中心或商业银行将住房抵押贷款整合成证券份额在资本市场上出售，持有人将获得住房抵押贷款未来收回的利息和本金收益，而发起机构也能借此融通资金、分散风险。对于我国2016年房地产市场火热，住房公积金额度吃紧的问题，是长久而稳定的一种市场化解决方式。2016年上半年，全国8个城市的住房公积金，总计补充了超过390亿元的现金流动性，而采取的市场化手段，就是住房公积金资产证券化。尽管有关部门并未正式对外公布，但住房公积金资产证券化已悄然在2016年上半年开闸。

据彭博报道，截至2016年9月，我国RMBS(住房贷款抵押支持证券)，包括以商业银行和公积金中心的个人住房按揭贷款为基础资产的资产证券化产品，公开发行规模至少达约728亿元，是2015年全年发行总量的近3倍，并占到全部信贷资产支持证券发行总量约四成，而2015年的比例仅为6%。

CMBS诞生于1983年。当时，美国Fidelity Mutual人寿保险公司将价值6000万美元的商业地产抵押贷款以证券的方式出售给另外三家人寿保险公司，从此开始出现了商用房产抵押贷款证券化这一崭新的证券化形式。CMBS是一种不动产证券化的融资方式，将单个或多个商业物业的抵押贷款组合包装构建底层资产，通过结构化设计，以证券形式向投资者发行。

CMBS对商业地产有多重要？首先，资产证券化满足商业物业发展所需要的长期资金，有利于提高经营水平和最大化地提升商业物业的价值；资产证券化实现了众多投资者的参与和选择，形成了有效的激励机制，有助于优质物业和资产管理人脱颖而出；资产证券化分散了投资人投资商业地产的风险，促进行业的稳定发展。

2016年8月24日，我国国内第一例交易所挂牌的符合国际标准的商业物业按揭支持证券(CMBS)产品——“高和招商—金茂凯晨专项资产管理计划”，获得上海证券交易所拟同意挂牌转让的无异议函，并发行成功。该产品规模高达40亿元，创造了资产证券化产品最低发行成本的纪录，3年期优先级成本仅为3.3%。此次国内首单交易所CMBS，将开启和加速推动我国万亿商业地产金融化时代的到来。

与其他融资方式相比，CMBS的优势在于发行价格低、流动性强、放贷人多元化、对母公司无追索权、释放商业地产价值的同时保持未来增长潜力及资产负债表表外融资等。

CMBS 在欧美金融市场发达的国家作为成熟的商业地产融资工具，已经有 40 年的经验，经历多次经济危机的考验，成为与 REITs 并驾齐驱的融资品种。

【相关阅读】

RMBS 来了！给地方公积金注入超 390 亿元

上半年热点城市房地产市场趋热造成的多地住房公积金额度吃紧问题，终于通过市场化机制得到了解决。担心自己和用人单位真金白银缴纳的住房公积金存在兑付风险的人们，可以暂时松一口气了。

通俗地说，你可以把住房公积金资产证券化理解成为，住房公积金中心将持有的贷款对应债券及其抵押担保资产带来的未来收益分级打包卖掉，借此换来现金流动性，购买的机构则获得未来这部分资产收益。对于住房公积金额度吃紧的问题，是长久而稳定的一种市场化解决方式。

记者从市场中间商处获得的信息显示，2016 年上半年，总计有 8 个城市发行了住房公积金资产证券化产品，发行额总计 390.14 亿元。这 8 个城市中，既包括苏州、泉州、滁州和龙岩这样的二、三线城市，同时也包括上海这样的特大型城市。

390.14 亿元中，上海占去绝大部分。上海市一口气发行了两笔住房公积金资产证券化产品，第一笔换得了 148.42 亿元人民币的流动性，第二笔则换取了 163.17 亿元的流动性。即上海市住房公积金 2016 年上半年补充了 311.59 亿元的流动性。

上海是上半年房地产交易最为活跃的特大型城市之一。由于市场成交活跃，住房公积金支取额度较大。2016 年 4 月，上海市住房公积金曾对媒体表示，近来确实存在贷款审批周期拉长的情况，这主要是受业务量激增、处理能力饱和的影响，为防范公积金贷款风险，公积金管理中心还加强了审核力度。目前上海住房公积金房贷总体平稳，不存在坊间传说的停贷情况。上海市公积金中心正在研究完善住房公积金制度的相关政策。

苏州市向社会公开的住房公积金运行情况也显示，到 2015 年年底，苏州市公积金资金运用率达 99.43%，市区达到 117.04%的历史高点。这意味着，苏州市区公积金放贷资金超过了归集资金，归集的资金已经不够放款。

基于这样的情况，部分城市关于住房公积金兑付存在风险的担忧持续了大半年之多。记者十分理解这样的心情。因为住房公积金完全由个人和用人单位缴存，是完全意义上的个人财产，委托由各地住房公积金管理中心代为管理，一旦出现兑付问题，道德风险的成本极高。

住房公积金模式，政府财政实际上扮演了隐性担保的角色。但从长期看，依靠政府财政隐性担保，既不能长久稳定地确保住房公积金的兑付，也难以充分提高住房公积金的运用效率。真正能解决这一问题的，还是市场化手段。正因如此，住房公积金资产证券化被提上议事日程，并悄然开闸。

但据记者了解，其中还存在一个问题，即收益率相对较低。因为住房公积金本身是带有保障和互助性质的产品，利率水平低于商业贷款。既然是市场化运营，如何从收益角度能够吸引机构购买住房公积金抵押贷款证券，是必须解决的问题。

当前解决此问题的主要方式有两种，一是超额抵押增信。即通过超过发行额度的抵押资产，增加住房公积金产品的信用和未来可能受益。

打个比方，某地住房公积金管理中心发行1亿元的住房公积金资产证券化产品，正常情况下，与1亿元对应的抵押资产即可，但是，为了增加信用和未来回报，住房公积金管理中心以1.5亿元的资产进行抵押，无疑增加了信用，也可增加收益。

另外一种方式是以财政贴息进行收益补偿。即由所在地财政承诺，在正常收益的基础上，由财政对投资机构进行补贴。例如，一份资产证券化产品的收益是10万元，政府承诺，在10万元的基础上，每一份资产证券化产品由同级财政补贴1万元，变为11万元。

我国监管部门十分关心住房公积金资产证券化的问题。记者与相关人士深入沟通讨论时，对方曾提到，如果资产证券化能够理想地运行下去，住房公积金的流动性将大为提升，就能给予缴存者购房以更多支持。

资料来源：唐紫伊. RMBS来了！给地方公积金注入超390亿元[EB/OL]. (2016-10-19). http://house.china.com.cn/home/view/859724.htm.

11.3 贷款与信贷资产证券化

ABS(Asset Backed Securities，资产抵押证券)也称资产支持证券。以贷款或信贷资产的组合作为抵押担保而发行的证券，是以特定资产池所产生的可预期的稳定现金流为支撑，在资本市场上发行证券募集资金。可以理解为发起人将流动性不足但具有未来可预期现金流的贷款或其他信贷资产，通过SPV将资产进行一定的结构重组，并采用信用增级等措施，转换成流动性强的证券投入资本市场进行资金募集的过程。

ABS中典型的资产包括除抵押贷款以外的应收账款，比如企业应收账款、信用卡应收账款等，近年来又出现了汽车贷款、设备租赁贷款和消费信贷等。基于证券化产品的不同风险特征，通常会采取风险缓释措施，例如发起机构提供组织和服务的陈述与保证，设立准备金账户，采用外部保证或超额抵押，严格制定入池标准等。

ABS与债券类似，但与其他大多数债券的不同之处在于它们的信用价值(发行流通中的90%以上信用评级为3A级)并不取决于标的资产初始持有人的偿付能力。市场对产品的接受程度、SPV的结构重组、信用增级等都起着重要作用。

资产支持证券通常由一家或几家评级机构进行评级，国际上著名的有标准普尔、穆迪、惠誉或达夫菲尔普斯评级公司。这些评级机构决定所需的信用增级程度，以便获得可用于与具有相同评级的公司债券比较的信用评级。多数的资产支持证券在发行时就获得两类最高级评级中的一种：3A级或2A级。

评级机构做出的所需信用增级的决定取决于资产支持证券担保的特征以及在严峻的压力条件下的表现，例如，在假设的"经济衰退"情景下的表现。除特定资产池(Asset Pool)所面临的所有信用风险之外，评级机构还关注与资产支持证券相关的特定风险。

11.3.1 应收账款类ABS

应收账款泛指企业或个人一切将在未来收到本金和利息的债权，包括企业的应收账款、信用卡应收账款等。狭义上，应收账款是指企业在正常的经营过程中因销售商品、提供劳务等，应向购买单位收取的款项，包括由购买单位负担的税金和各种运杂费等。在国际上，证券化的应收账款已经覆盖了汽车应收款、信用卡应收款、租赁应收款、航空应收款、高速公路收费等极为广泛的领域。

另外，我国近两年也界定了新的应收账款 ABS 的品种。2014 年 11 月 19 日，中国证监会资产证券化系列法规的出台，明确了关于资产支持专项计划备案管理办法及负面清单，将资产证券化由原来的审批制改为备案制，这意味着企业资产证券化业务进入"常态化"发展阶段。根据资产证券化的管理办法，企业应收账款属于可以做资产证券化的一种"基础资产"，而保理业务的核心标的物即为企业应收账款，保理资产实为应收账款，因此，这对商业保理公司进行证券化融资无疑是个利好消息。

应收账款证券化，就是 SPV 将企业应收账款组成资产池之后，由增信机构进行信用增级，评级机构进行评级，然后由承销机构发行给投资者，发行方式可为公募形式或者私募形式。应收账款证券化交易中的发起人，可以是一个单独的发起人，也可以由多个发起人联合，前者的优点是结构简单，而后者比较适合统一融资的集团企业架构，可以降低发行成本。交易结构方面，由于应收账款的期限较短，一般在半年至一年以内，一般采用循环结构，SPV 回收的应收账款现金流不会先用于偿付证券的本金，而是去购买新的应收账款，以维持资产池的规模。信用增信方面，会采用内部增信与外部增信相结合的方式，内部增信一般包括优先次级结构、超额抵押等，外部增信包括设置动态准备金等。SPV 将从承销商处获得的发行款支付给发起人，并支付相关中介机构的费用。最后，由资产服务机构对应收账款进行管理，SPV 来负责支付证券的本息。

应收账款与收入有密切关系，在确认收入的同时确认应收账款，例如，个人信用卡在申请的时候就需要出示相应的收入证明。一般说的应收账款是企业在销售过程中形成的一项债权，实体企业在提供产品或劳务后形成的贸易应收款，通常有具体的发货单或者发票。区别于一般的债务债权关系，应收账款通常是企业之间债务债权关系，且债务人无须对其支付利息，通常也没有抵押，纯粹以企业的商业信用作为担保。

实体企业应收账款资产证券化的基础资产主要分为两类，一是实体企业在提供产品或劳务后形成的贸易应收款，通常有具体的发货单或者发票；二是称为未来现金流，是专指公司在进行对外交易时，未来的离岸应收账款，通常没有具体的发货单或者发票，是还未形成的应收款。

未来现金流主要是通过结构设计来实现用专门的离岸账户来收集现金流，其中可用来资产证券化的资产种类随着时间不断变化，最为常见的资产种类均起源于出口应收款。现金流的来源主要包括国外进口商对应收账款的支付，国际信用卡公司对本国银行的支付，境外银行对本国银行的汇款等。

贸易应收账款证券化是发起人对自己的应收账款进行分析和筛选，选择合适的资产进行入池并打包出售 SPV，使发起人的破产风险与拟证券化应收账款进行隔离。单个发起人可以把自己的应收账款一次性销售给 SPV，也可以多个企业联合把应收账款出售给 SPV。前者的优点是结构简单，而后者比较适合统一融资的集团企业架构，可以降低发行成本。贸易应收账款证券化是境内交易，可参与的发起机构范围比较广泛，中介机构均为境内机构，可以有效地缓解国内中小企业的流动资金不足的困境。

由于应收账款证券化的产品特点与其他结构融资产品不同，因此其风险特征也不同于其他产品，首先应收账款的回收不能与发起人完全隔离，发起人信用等级较低的情况下，证券的本息偿付也将受到负面影响。

其次在应收账款证券化的交易中，发起人将应收账款转让给 SPV，SPV 再以应收账款产生的现金流发放证券。即使发起人已经将应收账款的收益权转移给了 SPV，但投资者基于应收账款的收益仍然依赖于发起人持续产生和回收应收账款的能力，投资者的收益依然暴露在发起人的信用风险和经营风险之下。

因此，为了保障应收账款的回收，发起人一般会提供关于组织和服务政策的陈述与保证，说明他们在应收账款到期之前行为，例如，对应收账款的归集和管理，违约应收账款的处理等都会保持一致，在循环期内也只提供当初符合设定标准的应收账款入池。同时，此类情况也会反映证券的优先级别。一般情况下证券的优先级别上限不能超过发起人的主体级别。在对发起人的主体信息（如出售者的历史、声誉，行业竞争程度，入池应收账款占发起人资金比例等）、债务人的支付行为、对规定条款的遵从程度、交易结构特点等进行分析后，证券的优先级别上限可以适度上调，超过发行人主体级别。

应收账款通常期限短，周转快，为了支持长期证券通常采取循环的交易模式。循环期内，SPV 回收的应收账款现金流在支付完投资者利息后，不会支付给证券的本金，而是去购买新的应收账款，以维持资产池的规模。在证券的整个存续期内包含循环期和本金摊还期。在循环期内，只向投资者支付利息而不偿还本金，循环期通常持续 18～48 个月。在本金摊还期，新的现金流不再用于购买新的应收账款，而是向投资者偿还本金。

一个证券的循环期和本金摊还期都是事先确定的，但如果在循环期内触发信用事件，就可能提前结束循环期，进入摊还期。通常情况下信用事件的触发条件包括应收账款坏账增加、原始权益人破产、发起人发生重大资产重组等。信用事件一旦触发，资金会被冻结并寻求解决途径，如果过期仍未解决，则进入摊还期。由于循环期内可以购买新的应收账款入池，而且触发信用事件的时间及条件均有较难预测，因此为循环结构的应收账款证券化产品带来较大的不确定性。

在风险控制准备方面，一般应收账款证券化会设立一个费用和利息支出的准备金账户去覆盖交易合同约定的各时点的费用和利息支出。因为应收账款是没有利息收入的基础资产，而证券化产品则在收款期间需要支付优先费用和利息支出，这部分利息及税费的支出通常由应收账款的本金进行支付，证券采用超额抵押的方式发行，用应收账款本金来支付证券利息及税费，可能导致无法按时足额支付而产生流动性风险。

作为应对流动性风险的信用增级手段主要是准备金账户，分为可变准备金账户和不变准备金账户两种形式。与之对应的信用增级方式分别称为动态信用增级和静态信用增级。静态信用增级，即采用不变准备金账户，一般是在信托设立日时即发起机构提供一笔固定准备金（外部准备金账户）或从资产池中提取一部分固定资金（内部准备金账户），用于弥补资产池中应收账款预期违约后产生的损失，如果资产池中发生违约等造成损失先由准备金账户承担，不变准备金账户的余额会随着资产池中应收账款的违约而不断减少直至为零。在动态信用增级的方法下，随着应收账款的回收和循环购买，资产池的构成和特点也会发生变化，准备金账户的水平随着资产池的构成和特点的变化不断调整。

可变准备金账户一般分为损失准备金账户和减值准备金账户，损失准备金账户用于预防应收账款的拖欠和违约的发生，一般以历史上违约和拖欠损失的一定倍数作为提取准备金账户的标准，金额会随着资产池的总额而有所变动；减值准备金账户用于预防退货等减值事件的发生，金额会随着资产池的构成和特点，如借款人的信用质量、资产所涉及行业的信用表现等的变化而变动。

在前期风控方面，由于应收账款的借款人不同，而且受宏观经济，债务人的经营情况波动，银行信贷政策等影响较大，因此若在证券化过程中不加选择，则应收账款资产池的同质性不高，而且表现波动幅度大，因此资产池的整体表现较难预测。鉴于此，在选择入池基础资产时要严格限制入池标准。

最后应收账款价值有摊薄方面的风险，一般通过来自第三方提供的流动性保证和附加的信用增级方式，如超额抵押、现金抵押、准备金账户等。在超额抵押结构中，任何损失都先由超额抵押部分承担。如果损失超过超额抵押的数量，则剩余部分由证券持有者和任何有必要的第三方承担。现金抵押同超额抵押的做法基本相同，但由于现金流的信用质量和稳定性高于还没有变现的应收账款，因此现金抵押提供相同信用增级量的所需金额低于支持同样组合的超额抵押资产的所需金额。一般通过历史违约水平来评估信用增级措施是否可以支持所要达到的信用等级。

11.3.2 不良资产 ABS

根据我国银监会发布的数据，截至 2016 年一季度，我国商业银行不良贷款余额达 13 921 亿元，较上季末增加 1177 亿元；商业银行不良贷款率 1.75%，较上季末上升 0.07 个百分点。而这已经是商业银行不良贷款余额连续 18 个季度上升，不良贷款率连续 11 个季度上升。不良率及不良贷款规模的不断攀升的情况下，不良资产 ABS 成为不良资产市场化处置的新渠道之一，受到越来越多银行的重视。

不良资产 ABS 就是资产拥有者将一部分流动性较差的资产经过一定的组合，使这组资产具有比较稳定的现金流，再经过提高信用，从而转换为在金融市场上流动的证券的一项技术和过程。一个重要作用在于规避风险，增加资产的流动性，释放资本，以从事具有更高边际收益的项目。不良资产 ABS 的历史至今已有 30 多年，它最初出现于美国，并以美国、意大利、日本和韩国最为突出，因为它们都曾深受银行体系不良资产的困扰。

通俗地讲，不良资产 ABS 就是资产管理公司从银行买断不良资产包后，通过测算现金流，采取折价的方式，以信托计划作为 SPV，然后发行重整资产支持证券，向投资者出售。至于不良资产后期的管理，仍然可以委托资产管理公司进行管理。在 2006—2008 年，我国曾有过 4 单不良资产证券化的实践，发行金额总计约 134 亿元。后因 2008 年金融危机爆发停止发行。2016 年重启，2016 年上半年市场共完成 3 单不良 ABS 发行，实现了公司贷款、信用卡贷款和小微贷款等品种的全覆盖。

不良贷款证券化可以使银行在不增加负债的前提下回收资产的贷款本金，将大量不良贷款以证券化的方式转化为众多投资者中的债券，增加了资产的流动性，更有利于分散银行业整体的金融风险。同时，不良贷款证券化有助于加速商业银行向“轻资产”经营的转型发展，提升银行主动管理和配置资产的能力。在这之中，商业银行可通过投资次级证券、担任贷款服务商收取资产处置服务费用以及超额服务费等方式合理回流不良贷款处置后产生的超额收益。

相比银行传统的不良资产处置渠道，不良资产 ABS 具有独特作用。通过不良资产证券化，可以使银行不良资产快速出表，避免对商业银行资本金和利润的侵蚀，及时腾出信贷空间以支持信贷结构调整；与此同时，还有助于化解快速处置压力和回收之间的矛盾，提高不良资产处置效率。

不良资产 ABS 有利于拓宽银行对不良资产的处置渠道，加速降低银行不良率，提高机构处置不良贷款的专业性、规范性以及资本利用率。同时，能够引入包括银行、基金、券商、资产管理公司、外资机构等一系列投资者，有助于进一步拓展不良处置市场的资金来源、提高不良处置市场消化和容纳能力，降低及分散银行业系统性风险。

但由于不良贷款证券化入池资产均为不良贷款，其在基础资产方面和交易结构设置等方面与一般 ABS 产品相比存在不同的特点。不良贷款证券化的思路也与一般资产证券化类似，但是由于一般资产证券化的基础资产通常情况下为正常类贷款，因而组合信用风险分析侧重于对基础资产违约情况的判断，而不良贷款证券化的基础资产已经违约，且资产回收金额和回收时间的不确定性较大，因此资产支持证券的风险主要取决于不良贷款的回收情况，在组合信用风险评估时，更侧重于对贷款的回收金额和回收时间进行估计。

从回收金额角度来看，主要取决于借款人的偿债意愿和偿债能力，借款人所处的行业的景气程度、所处地区的经济环境，涉及保证人还需要考察保证人的经营情况及偿债能力等，此外，对于抵质押物的分析时，应着重考察抵质押物的类型、权属是否清晰、处置抵质押物所在地的司法环境是否健康等；而从回收时间的角度来看，处置不同贷款的方式决定回收时间的不同，如批量转让的贷款效率较高，而通过贷款重组、法律诉讼处置抵质押物等手段则需要较长的时间，因而，需要考察资产不同的处置方式及不同的回收时间。

依据每笔贷款预期回收率和预期回收时间及回收率服从的回收率分布和回收时间服从的回收时间分布，进行数十万次的蒙特卡罗模拟，每次模拟得到相应的现金流分布情况，多次模拟考察了现金流对证券的覆盖程度。同时，在现金流模型中增加了提前还款率、利差、回收率和回收时间等压力条件。最终可获得量化模型的指示信用等级。

在信息披露方面，2016 年 4 月 19 日中国银行间市场交易商协会发布《不良贷款资产支持证券信息披露指引(试行)》(以下简称《指引》)。《指引》中要求披露：发起机构及为证券化提供服务的机构相关经验及历史数据，基础资产价值评估相关的尽职调查程序及方法、资产估值程序及回收预测依据，披露逐笔基础资产信息等。

尽管面临挑战，但不良资产 ABS 作为一种市场化工具和有效途径，也亟待突破。随着我国资产证券化相关法律法规的完善，资产证券化技术的不断成熟，证券化方式必将成为批量处置银行业不良资产的有效途径。但同时我们也应从 2008 年美国次贷危机中吸取教训，时刻警惕与防范不良资产证券化进程中可能出现的系统性风险，稳步推进我国金融创新进程。

资产证券化的快速发展正在吸引更多的投资者进入，机构投资 ABS 的需求普遍增加，在利率环境下，利率品种交易风险增加，信用利差被不断压缩，高收益资产更难获得，更多的资金包括专户基金甚至部分公募基金开始投资 ABS 产品。而针对银行表内资金，投资 ABS 具有风险资本权重低的优势。因此市场也出现部分专业的投资团队，发行专注于投资 ABS 的委外产品，以迎合银行资金的需求。

另外，机构投资 ABS 的风险偏好增加，资产证券化市场投资更加活跃，既有新的投资者进入，也有经验丰富的投资者风险偏好开始提升，市场开始出现有专门针对次优档投资的产品和资金。

目前我国国有商业银行、部分大型股份制商业银行都在积极通过证券化手段处置存量不良贷款，预计未来入池不良贷款类型会有所增加。预计 2016 年下半年不良 ABS 的发行总额会超过 70 亿元，发起机构增多，入池资产类型将进一步丰富。

11.4 我国资产证券化发展前景

2001 年《中华人民共和国信托法》的正式颁布实施，我国才具备了设立特定目的载体(SPV)的法律依据。

2003 年 1 月 23 日，中国信达资产管理公司与德意志银行签署了资产证券化协议，通过离岸模式完成了我国首个资产证券化项目，也是我国首个不良资产证券化项目。该项目的基础资产由 20 个债权项目组成，涉及债权余额 25.52 亿元人民币，由德意志银行主持在境外发债，但价格、项目、投资者由信达和德意志银行共同商定。

2005 年 4 月，中国人民银行(以下简称人民银行)和银监会联合颁布了《信贷资产证券化试点管理办法》，标志着资产证券化正式进入我国的资本市场。该试点办法确立了信贷资产证券化发行的中国人民银行与银监会双审批模式，确立了以信托作为特殊目的载体，明确规定特殊目的信托的资产独立性与风险隔离机制，信贷资产支持证券可以在银行间市场发行和交易。为我国资产证券化业务的开展奠定了法律基础。

2005—2008 年是我国资产证券化首轮试点时期。在此期间，我国共发行了四单不良资产证券化产品，包括东方资产管理公司所发行的“东元 2006-1 重整资产支持证券”、信达资产管理公司所发行的“信元 2006-1 重整资产支持证券”和“信元 2008-1 重整资产证券化信托”、建设银行所发行的“建元 2008-1 重整资产证券化信托”。从这四单产品的发行意义来看，其中“东元 2006-1”和“信元 2006-1”是资产证券化在我国不良资产领域的首次尝试和实践，标志着我国资本市场上出现了新的金融工具，并逐渐形成固定的交易结构，为我国不良资产证券化的实施提供了借鉴和经验；“信元 2008-1”的成功发行体现了我国资产管理公司发行不良资产证券化项目已趋于成熟和规范化；而“建元 2008-1”是我国商业银行首次“真正意义上”运用不良资产证券化处置不良资产，体现了商业银行作为发起机构发行不良资产证券化项目方面的长足进步，也为其他银行提供了市场化批量处置不良资产的成功范例。上述四单不良资产证券化产品发行规模合计 100 多亿元，这四单产品均已完成完全兑付，均未出现过任何违约事件。

2007 年 9 月，人民银行颁布《关于资产支持证券质押式回购交易有关事项的公告》，允许资产支持证券用于质押回购，支持了资产支持证券的流动性。

2008年年底，国际金融危机爆发，由于监管机构对于风险的担忧以及舆论的压力，试点暂停。

金融危机过后，市场也对资产证券化进行了思考，从恐慌逐渐恢复理性。2012年2月2日，财政部和银监会于印发《金融企业不良资产批量转让管理办法》。这是我国现有最核心的关于不良资产所有权转让的监管规定。该文件规定：第一，不良资产批量转让（10户/项以上）的受让方只能是四大资产管理公司和地方资产管理公司。地方资产管理公司只能参与本省（区、市）范围内不良资产的批量转让工作，购入的不良资产应采取债务重组的方式进行，不得对外转让。第二，不良资产非批量转让（10户/项及以下）的受让方可以是任何合法投资者，包括社会投资者。

2012年5月，人民银行、证监会和财政部共同发布《关于进一步扩大信贷资产证券化试点有关事项的通知》，规定基础资产种类和市场参与主体范围进一步扩大。

2014年11月，《关于信贷资产证券化备案登记工作流程的通知》发布，信贷资产证券化业务由审批制改为业务备案制，意味着监管态度的进一步放松，信贷资产证券化业务逐渐走向常规。

2015年3月，中国人民银行颁布《中国人民银行公告〔2015〕第7号》，正式启动了发行的注册制，注册机构可以在注册有效期内自主分期发行信贷资产支持证券，简化了信贷资产支持证券发行管理流程。

2016年5月，随着商业银行不良资产率上升，处理不良资产的需求迫切，受2008年金融危机影响而暂停的不良资产证券化试点正式重启，工行、建行、中行、农行、交行和招行6家银行参与首批试点，总额度500亿元。

经过多年的发展完善，目前我国资产证券化基本的法律框架初步构建，扫清了长期以来制约我国证券化发展的障碍，为资产证券化在我国的发展提供了支持和保障。虽然我国不良资产证券化产品结构较为简单、数量较少，发展较为缓慢，但之前的实践为未来不良资产证券化业务的发展奠定了基础。

近两年资产证券化在我国得到了迅速发展，无论是一级市场发行，还是二级市场投资，都吸引了更多市场主体的关注与参与。2016年前三季度，银监会主管信贷资产证券化，共发行64只，发行规模2064亿元；证监会主管的企业资产证券化共发行257只产品，发行规模达到2928亿元，已达到2015年全年发行规模的1.43倍。

在一级市场发行放量的同时，资产证券化二级市场也开始逐步活跃。根据中债登公布的数据显示，截至2016年8月，资产支持证券在银行间市场的现券交易金额达到969亿元，相较2015年同期增长11.92倍；银行间市场质押式回购成交金额838.5亿元，相较2015年同期增长1.23倍。

资产证券化一级发行市场与二级投资市场的联动也跟随市场的推进，效应在逐步增强。资产证券化产品作为一种直接融资工具，其本质依然是连接资金端和资产端，同时具备两种资源，或是可以对接两方资源的机构将拥有更多的业务空间。目前部分管理人或中介服务机构在发掘好的资产打包发行，同时配置资金投资次优档或次级档证券获取超额收益。随着资产证券化市场的建立，在未来我国为了提高二级市场的流动性，也会进一步放开资产证券化标的。

我国的资产证券化产品种类众多，主要包括银行系统的信贷资产证券化，通过发行股票、债券等来进行企业资产证券化，以及交易商协会发行的资产支持证券等。我国银行体系的资产证券化由来已久，从2005年展开试点，其间由于美国金融危机爆发而叫停，2016年重启。截至目前已经发展了十余年，而目前从事资产证券化的机构更青睐企业的资产证券化业务。

目前，我国为了推动资产证券化行业的发展，已经从各个方面创造了优越的条件——简化发行流程、拓宽交易场所等，从政策上给予扶持，将会让我国资产证券化市场迎来爆发，从事资产证券化工作的机构也将会在这一波浪潮中充分受益。

【相关阅读】

民办教育资产证券化有望松绑　推进教育产业发展

《中华人民共和国民办教育促进法》（以下简称《民办教育促进法》）修正案草案将于10月底进行审议。此前《民办学校分类登记实施细则》和《营利性民办学校监督管理实施细则》已于今年4月通过。业内人士表示，该草案将允许民办学校进行营利性选择，突破了民办教育机构IPO、借壳上市等资产证券化方面的障碍。

1. 实行分类管理

据了解，《民办教育促进法》将在10月底迎来三审。法律人士指出，其修订的核心条款是民办学校分类管理和营利性学校选择，改变了民办学校只能是民办非企业单位的社会地位。修订草案中规定，非营利性民办学校享受与公办学校同等的税收优惠，新建、扩建非营利民办学校，政府按公益事业用地及建设规定以土地划拨等方式给予优惠，选择为营利性的民办学校在经营与资产处理上按照《中华人民共和国公司法》（以下简称《公司法》）处理。新设民办学校可以自主选择营利性或是非营利性，已经设立的民办学校可以在三年内做出调整。

此前民办教育相关法律法规历经数次修订。2003年9月开始实施的《民办教育促进法》将民办教育机构定性为不以营利为目的的公益事业，出资人可以从办学结余中取得合理的回报，但合理回报到底是多少没有明确的标准。2015年8月，《教育法律一揽子修正案（草案）》首次提请审议，并规定民办学校可以自主选择登记为非营利性或者营利性法人。其中，非营利性民办学校收费的管理方式，由省、自治区、直辖市人民政府规定，营利性民办学校收费标准实行市场调节，由学校自主决定。2015年12月，《教育法律一揽子修正案（草案）》迎来再次修订。草案规定，民办学校的举办者可以自主选择设立非营利性或者营利性民办学校。2015年12月，根据全国人大法律委员会建议，“一揽子”中的民办教育促进法修订暂不交付表决。

2. 推进教育产业发展

统计数据显示，国内民办教育产业规模2016年将高达9200多亿元。此次总体方向是“松绑”营利性学校。目前幼儿园、课外培训、民办学校、国际学校等领域的资产证券化程度都比较低。

按照现行规定，民办学校不得将教育非流动资产进行抵押贷款，只能将部分非教学设施抵押贷款或未来学费的收费权等进行质押贷款。分析人士表示,现行规定下民办学校营利与非营利界线模糊、资产无法证券化等问题严重制约了民办教育的长期发展。事实上,民办学校在申请银行贷款时也是困难重重,学校自有的教育用地、教学大楼资产的使用和处置都受到严格监管,不能随意更改用途或转让。

由于非营利性办学限制,教育企业无法通过发行股份的方式实现外延扩张。近期电光科技拟4505万元收购幼儿园连锁企业上海佳芃元、立思辰拟2.85亿元收购高考升学咨询服务企业百年英才都是以现金方式进行。业内人士指出,仅依靠自有资金,难以实现快速发展,若此次审议通过,将突破民办教育企业在境内IPO、借壳上市等资产证券化的障碍。未来营利性办学分类后,具有品牌效应、可复制能力强的民办教育企业,能够通过资本市场实现快速扩张。

分析人士表示,教育产业有望成为新的市场热点。通过与社会资本在学校建设、投融资、办学机制、教学管理等方面深度合作,推动教育产业发展,实现教育市场化改革和增加教育有效供给。

资料来源:东方网. 民办教育资产证券化有望松绑　推进教育产业发展[EB/OL]. (2016-10-20). http://finance.sina.com.cn/stock/t/2016-10-20/doc-ifxwzuci9181396.shtml.

本章小结

本章主要针对资产证券化进行了详细的阐述,涉及了资产证券化概述、房地产行业企业资产证券化、贷款与信贷资产证券化(ABS)和我国资产证券化发展前景。完成本章的学习,应该理解和掌握以下内容。

(1) 资产证券化是指将现金或者流动性较差的特定资产作为信用工具,通过特殊目的机构,对其进行结构性重组,使该信用工具能够在可预见的未来为企业创造稳定现金流,并实施一定的信用增级,从而将其预期现金流转换为可在金融市场出售、流通的证券产品的过程。

(2) SPV(Special Purpose Vehicle)即特殊目的载体,是资产证券化过程中的核心组成部分。SPV代表了投资者承接债权出售者的资产并发行证券化的收益凭证或证券,是整个证券化产品名义上的发行人。所谓特殊目的,是指它的设立仅仅是为了发行证券化产品和收购资产,不进行其他的投融资或经营活动。

(3) 目前,房地产行业企业主要可以通过两种资产证券化产品来优化资本结构、降低资金成本、盘活存量资产。其中一种是房地产信托投资基金(REITs),另一种是房地产抵押贷款证券化(MBS)。从基础资产来看,包括住房公积金证券化、物业租金收益权证券化、酒店宾馆收入证券化、物业费证券化、购房尾款证券化等。

(4) REITs是SPV以发行收益凭证的方式汇集特定多数投资者的资金,收购并持有收益类房地产(例如,公寓、购物中心、写字楼、旅馆和仓储中心等)的投资活动,这个过程附带的好处是能有税收优惠。

(5) MBS(Mortgage-Backed Security)房地产抵押支持债券或者抵押贷款证券化。根据基础资产类型，MBS 又分为 RMBS(Residential Mortgage Backed Securities，住房抵押贷款证券化)和 CMBS(Commercial Mortgage Backed Securities，商业地产抵押贷款证券化)。

(6) ABS(Asset Backed Securities)资产抵押证券，也称为资产支持证券。以贷款或信贷资产的组合作为抵押担保而发行的证券，是以特定资产池所产生的可预期的稳定现金流为支撑，在资本市场上发行证券募集资金。

(7) 应收账款泛指企业或个人一切将在未来收到本金和利息的债权，包括企业的应收账款、信用卡应收账款等。狭义上，应收账款是指企业在正常的经营过程中因销售商品、提供劳务等，应向购买单位收取的款项，包括由购买单位负担的税金和各种运杂费等。在国际上，证券化的应收账款已经覆盖了汽车应收款、信用卡应收款、租赁应收款、航空应收款、高速公路收费等极为广泛的领域。

(8) 不良资产 ABS 就是资产拥有者将一部分流动性较差的资产经过一定的组合，使这组资产具有比较稳定的现金流，再经过提高信用，从而转换为在金融市场上流动的证券的一项技术和过程。一个重要作用在于规避风险，增加资产的流动性，释放资本，以从事具有更高边际收益的项目。

案例分析

各路资本掘金不良资产　流动性成处置关键

“不良资产毕竟还是一片蓝海，但是在这个海洋里游泳还是要有技术的。”10 月 22 日，中诚信托副总裁汤淑梅在“第二届中国不良资产行业高峰论坛”上做如是表示。

正如汤淑梅所言，随着银行业不良资产难言乐观，海外基金、民间资本、信托、保险等各类资金都对不良资产行业“跃跃欲试”。不良资产投资有较大的不确定性，也需要专业的技术和人才，进入有一定的门槛和壁垒。

海岸基金董事长张晓琳作为较早介入不良资产行业，从曾经的“吃过亏”，到如今累计投资不良资产上千亿元的“资深玩家”，她也表示，解决流动性是本轮不良资产投资的关键点。

1. “掘金”不良资产

越来越多的资金开始进入不良资产处置行业。比如，外资的代表海岸基金，张晓琳表示，2014 年至今，海岸基金投资 75 亿元收购了 300 多亿元不良资产包。而且与之前的买方主要来自四大 AMC 相比，这次大部分的不良资产包从银行直接购得，借助四大 AMC。所以资产包的金额可大可小，海岸投资的最高规模资产包本金是 100 亿元。

同时，民间资本也蠢蠢欲动，一些原来参与不良资产的律师也不甘仅仅从事中间服务，开始投资这个行业。比如，广东瀛杜律师事务所主任杜称华，他曾在不良资产法律服务领域深耕多年，2015 年年初也成立了一家资产管理公司，发行私募基金用于投资不良资产。

此外，信托、保险等机构也对不良行业表现出了浓厚的兴趣。中诚信托汤淑梅表示，信托逐渐从被动的不良资产处置跨越到了主动的不良资产投资。原来在不良资产证券化中，信托公司在里面起到被动的事务管理作用。但是2016年7月，国民信托发行了一款不良资产收购一号，设立了一个有限合伙，通过合伙企业收购不良资产，信托深度参与处置的过程。

粤财资产副总经理席宝成也表示，目前不良资产行业已经形成了完善的生态圈。首先是供应商，主要是银行及非银金融机构和企业。其次是批发商，四大国有AMC和银监会确认的地方AMC。第三是零售商，大型零售商包括海岸基金等民间大型的资产管理公司。

相对其他的乐观看法，席宝成直言“不良资产就是猛兽”，这个行业是非常残酷的，参与者需要有相当好的精力、体力和金钱来应付。他表示，“每个机构一定要认真研究好自身的特色，如果用传统的处置方法，这波行情里面亏损的概率是90%”。

2. 银行“惜售”不良

尽管越来越多的机构和资金想参与到不良资产行业，但是普遍的反映却是市场上资产包比较难买，银行“惜售”情绪浓。

新大唐资产管理公司也是不良市场的投资者之一，其董事长张纳新表示，随着金融行业爆发大量不良资产，我们在政策法规、市场体系建设、商业模式以及人才储备层面等都面临着巨大的挑战。在行业繁荣的背后，实际上存在着投资难、处置难、退出难一系列问题。

张纳新还表示，“我们项目经理在全国各地去买包，但是真正性价比高的包少之又少。从银行的角度，市场给的价格很低，只好成立各种各样的平台，暂时地解决不良。”

广州半边街资产管理公司董事长莫云飞也表示，无论任何地方都有大量的不良资产，比如广东银监局的数据是1800亿元，但是推向市场的资产包并不多。“我们今年拿了3个资产包，在谈的大概有4个，我们年初的计划是突破一百亿元，但是到现在远远没有达标。”

而另一方面，市场各方均认为，目前银行的不良被低估了，银行化解的压力很大。

广发银行资产保全部总经理刘律表示，目前暴露的不良贷款率，只有不到1.5%左右，但是关注类的比例接近5%。因此，在不良资产这个领域，目前银行累计的风险已经超过了其资本承受压力，很多银行需要再补充资本。

在多年的处置经历中，刘律认为，银行不良资产形成有一种极端的原因就是恶意套取逃债。最猖獗的是债务人团伙批量成立公司，套取银行贷款最后形成不良资产，之后实施破产，用套取的银行资产又去收购其他的失败中小企业，又开始套取贷款，套取的贷款最终投资房地产或者放高利贷。

3. 不少机构热衷“出表”业务

由于真实卖断不良后，银行的账面上就会出现较大的损失，所以相对于转让，不少银行更愿意暂时“出表”，以时间换空间。

湖南省资产管理有限公司总经理助理王舒军表示，地方AMC做地方金融机构业务，尤其是地方农商行、城商行是非常有优势的。“我们实际跟地方银行沟通的时候，更主要的做法是通过政府或股东的介入，把这些不良资产出表。也就是股东或政府想办法，找政府平台之类的，先把这些不良资产接着，真正转让、出卖，在地方很少。”

席宝成表示，从银行业金融机构的角度来讲，整个不良资产持续增长，真实出表损失巨大，监管部门也有非常严厉的严管。而对于批发商的AMC来说，不良资产包一级市场价格居高不下，买进来之后卖不出去。如果做出表业务，万亿元不良资产出表，费用千分之一就是不少的收入。

虽然，银监会发布的《关于规范银行业金融机构信贷资产收益权转让业务的通知》也称"82号文"严格限制了商业银行通过收益权转让方式将不良资产出表，但实际中需求很大。

沈阳恒信资产托管有限公司总经理姚富怀也认为，银行行长的心态是不愿意在账面上出现不良。出现了又不能出表，就考虑折中的办法。他表示，我们团队就在探索，出现了一些阶段性不良困难的企业，利用AMC的优势，和银行合作，从法律上利用临时托管的方式，帮助企业渡过困难。

资料来源：上海证券报．各路资本掘金不良资产　流动性成处置关键[EB/OL].(2016-10-25). http://news.21so.com/2016/shzqb_1025/249606.html.

【问题讨论】 试讨论为什么在不良资产证券化中，"流动性"成为关键要素。

思考题

1. 什么是资产证券化？
2. SPV是什么？
3. SPV有哪两种形式？
4. 资产证券化交易结构主要包括哪四个主要的设计交易程序？
5. 房地产行业企业主要可以通过哪几种资产证券化的形式？
6. MBS是什么？
7. 应收账款类的资产证券化包括哪些？

第12章 证券投资基金

【本章学习目标】

1. 了解全球证券投资基金的发展历史。
2. 理解证券投资基金概述。
3. 掌握私募基金、FOF和我国证券投资基金的发展。

【导入案例】

买卖万科之争：200余只基金减持套现41.2亿元 险资坚守

万科的股权大战成为2016年资本市场上的“大戏”，万科和宝能的争斗从2015年年底开始爆发，今年三季度进入高潮阶段，其间恒大、安邦等公司陆续加入，使剧情更加跌宕起伏，扣人心弦。不过就在险资不断买入之际，基金公司却开始大举减持万科。

根据同花顺和基金三季报统计数据显示，目前万科A已经从197只基金的前十大重仓股中消失了，另有32只基金重仓股里仍有万科但进行了减持。2016年7月万科复牌以来至三季度末，基金已经累计减持2.33亿股万科A，涉及金额达到41.2亿元。

1. 宝能系、恒大系双双浮盈

2016年7月4日，停牌长达8个月的万科A复牌之后，连续出现两个跌停。具备高杠杆的宝能系资管计划当时已经逼近清盘线，情况危急。为了避免功亏一篑，宝能系开始了一系列的自救活动，不断加仓买入，希望摊低成本，根据披露的公告显示，宝能系最新持有万科的股份达到28亿股，持股比例25.4%，成万科第一大股东。

不过情况并没有出现实质性的改善，直到恒大系的突然加入，使剧情发生逆转。

恒大系的突然加入，不但使宝能系转危为安，还让宝能系大赚了一笔。截至10月25日收盘，万科A报25.01元，虽然相比27.68元的高点有所回落，但是仍处于历史高位。据21世纪经济报道记者粗略统计，宝能系为了这场股权大战，动用资金438亿元，而截至25日，宝能系所持有股权的账面价值达到700.3亿元，如果不计算资金成本，则姚振华目前浮盈接近262.3亿元，账面收益率达到59.9%。

恒大系也成为这场戏的赢家，目前恒大系持有万科A的最新市值为188.3亿元，相比145.7亿元的成本，已经浮盈42.6亿元(收益率为29.3%)。

不过这一切暂时都是纸上富贵，“万宝大战”至今还没有落下帷幕，万科的股权最终鹿死谁手还不得而知。但随着硝烟四起，基金开始大举撤离万科。根据基金三季报及同花顺的统计，目前已经超过200只基金在三季度减持了万科A的股份。其中万科A从197只基金的前十大重仓股中消失，另有32只仍然重仓万科A的基金也进行了减持，累计减持数量达到2.33亿股(由于部分基金三季报还未公布，该数字还有上升的可能)，涉及金额达到

41.2 亿元。截至三季度末，基金持有万科 A 的份额为 7437.4 万股，持有金额为 19.5 亿元，相比二季度末出现大幅下降。

三季度减持万科 A 数量较多的基金是东方红中国优势灵活，2016 年二季度末该基金持有万科 A 的数量是 2100 万股，当时的市值为 3.82 亿元，不过到了三季度末，万科 A 已经从其前十大重仓股行列中消失。国泰国证房地产的减持数量也较多，2016 年 6 月底其持有万科 A 的数量是 2034.3 万股，但是到了 9 月底，该基金持有万科 A 的数量已经低至 1093.4 万股，减仓 940.9 万股。

截至目前，三季度仅有 8 只基金加仓了万科，加仓幅度也都十分有限，加仓数量最多的是申万菱信深证，也仅加仓 47.8 万股。

2. 基金加快出逃离场观望

险资在左，基金在右，大相径庭的投资手法在万科身上显示得淋漓尽致。对于大举减持万科的原因，基金公司表示主要有两点。一是被动减仓。2015 年 12 月万科 A 在高位停牌，而 2016 年一季度市场因 4 次熔断，指数重挫，个股也出现较大跌幅的下跌，万科 A 在基金中的仓位比例被动上升，一批公募基金被动突破或者逼近"双十红线"。

根据 21 世纪经济报道记者测算，在万科复牌前，有 8 只基金持有万科 A 的市值占基金净值的比重超过 10%，突破了"双十规定"红线。这些基金分别是：华安中证细分地产 ETF、嘉实深证基本面 120ETF、建信深证基本面 ETF、鹏华中证 800 地产、博时深证基本面 200ETF、工银瑞信深证红利 ETF、国泰国证房地产、交银深证 300 价值 ETF。其中，国泰国证房地产基金持有万科 A 超过 2000 万股，占基金净值比 15.47%。因此在复牌之后，基金需要被动减仓。

另一种则是主动减仓，不看好万科 A 的未来。"从 2015 年开始万科经历了太多事情，对于大多数机构投资者来说，万科的核心价值就是品牌和管理团队，其中管理团队的重要性要更胜一筹。目前股权大战最终鹿死谁手仍不得而知，但可以看到的现象是万科的管理团队在不断流失，据我们了解的情况，整个公司是人心惶惶。这种情况如果持续，对于公司来说肯定不是好事。再加上经过恒大、宝能、安邦等机构的先后角逐，万科 A 的股价已经不便宜，动态市盈率已经逼近 30 倍，股息率也大大降低，我们趁高位兑现其实是好事。"华南一家基金公司的基金经理对 21 世纪经济报道记者表示。不过他也表示，万科仍是优质资产，虽然已经大幅度减持了万科 A，但是仍会继续观察公司的一举一动，"如果最终事情得以完满的解决，我们也会再买回来。"该基金经理补充道。

根据公告万科将于 10 月 28 日公布三季报，目前公司并没有披露业绩预告。不过根据万科 10 月 9 日晚间发布的 9 月销售及近期新增项目简报显示，2016 年 9 月，公司实现销售面积 213.4 万平方米，销售金额 253.8 亿元；2016 年 1—9 月公司累计实现销售面积 1992.1 万平方米，销售金额 2629 亿元。对比半年报（2016 年 1—6 月累计实现销售面积 1409.0 万平方米，销售金额 1900.8 亿元），业绩增幅较为平稳。

资料来源：叶麦穗. 买卖万科之争：200 余只基金减持套现 41.2 亿元 险资坚守[EB/OL].（2016-10-26）. http://www.21so.com/.

【思考提示】 试讨论基金在"买卖万科之争"中起什么作用。

12.1 全球证券投资基金的发展历史

12.1.1 证券投资基金的发展历史

1774 年和 1776 年间，荷兰人亚伯尔许·冯和淮特维希分别创设了量子基金(Quantity Fund)和偏好与谨慎基金(Favorable and cautious Fund)——这是历史上最早出现的基金。

1868 年，在遥远的英伦三岛上，当"基金"这个陌生的名词第一次走进公众视线时，也许没有人会想到，短短一百多年过去后，证券投资基金会成为如今国际金融业不可或缺的重要部分。

19 世纪的欧洲，一些达官贵人为了保管私人财产，专门聘请理财有方的律师及会计师管理运用他们的财产，只支付少量的管理费用。荷兰国王威廉一世于 1822 年创立了第一个私人基金，主要投资于市场上的有价证券，并从事欧洲和美洲之间的商品货币投资事业。被世人公认为早期的证券投资信托基金。证券投资基金作为社会化的理财工具，从单一的封闭式基金发展到如今庞大的基金家族，在瞬息万变的金融市场上，证券投资基金书写着创造无数财富的传奇。

作为社会化的理财工具，证券投资基金真正起源于英国。19 世纪，产业革命极大地推动了英国生产力的发展，国民收入大幅增加，社会财富迅速增长。由于国内资金充裕，那些需要大量产业资本的国家在英国发行各种有价证券。另外，为谋求资本的最大增值，人们希望能够投资海外，却苦于资金量小和缺乏国际投资经验，因此萌发了集合众多投资者的资金、委托专人经营和管理的想法。证券投资基金由此萌芽。

1868 年，英国成立"海外及殖民地政府信托基金"，在英国《泰晤士报》刊登招募说明书，公开向社会公众发售认股凭证，投资于美国、俄国、埃及等国的 17 种政府债券。该基金与股票类似，不能退股，也不能将基金份额兑现，认购者的权益仅限于分红和派息两项。因其在许多方面为现代基金的产生奠定了基础，金融史学家将之视为证券投资基金的雏形。

早期的基金管理没有引进专业的管理人，而是由投资者通过签订契约，推举代表来管理和运用基金资产。1873 年，苏格兰人罗伯特·富莱明创立"苏格兰美国投资信托"，专门办理新大陆的铁路投资，聘请专职的管理人进行管理，这时投资信托才成为一种专门的盈利业务。

从 1870 年起的 60 年时间内，英国共有 200 多个投资基金公司在全国各地成立。1931 年，英国出现了世界第一只以净资产值向投资人买回基金单位的投资基金，它成为现代投资信托基金的里程碑。

初创阶段的基金多为契约型投资信托，投资对象大多为债券。1879 年《英国股份有限公司法》发布，从此投资基金从契约型进入股份有限公司专业管理时代，这是基金发展史上的一次大飞跃。

20 世纪以后，世界基金业发展的大舞台转移到美国。1924 年 3 月 21 日，"马萨诸塞投资信托基金"(Massachusetts Investment Trust，MIT)在美国波士顿成立，成为世界上第一只公司型开放式基金。MIT 在今天应该被称为大市值股票基金。它是从投资于 19 只蓝筹股、14 只铁路股、10 只公共事业股和 2 只保险公司股开始的，并把销售费用有效地控制在 5%的水平上。它最初的资产规模只有 5 万美元，是由哈佛大学 200 名教授出资组成的宗旨是为投资人提供专业化投资管理，其管理机构是马萨诸塞金融服务公司。这一基金发展到今天，资产已经超过 10 亿美元，有 85 000 多个投资人。

1926 年到 1928 年 3 月，美国成立的公司型基金多达 480 家。1929 年 10 月，全球股市崩溃，大部分基金倒闭或停业，整个 20 世纪 30 年代，基金业的发展一直处于停滞不前的状态。

随着经济逐渐复苏，众多发达国家的政府认识到证券投资基金的重要性，纷纷立法加强监管，完善对投资者的保护措施，为基金业发展提供了良好的外部环境。

1933 年美国公布《证券法》，涵盖了较共同基金更为广阔的领域，建立了任何公开发行证券的规则；1934 年美国公布《证券交易法》，提出公开交易有价证券的交易规则，建立了销售机构和过户代理人必须遵守的规则，过户代理人必须在相应的管理机构注册登记。

1940 年美国公布了《投资公司法》，详细规范了投资基金的组成及管理的要件，特别关注实践中发生的对国家公共利益和投资人造成的不利影响等 8 个问题，为投资者提供了完整的法律保护，从而奠定了投资基金健全发展的法律基础。同年公布《投资顾问法》，要求任何给共同基金提供投资咨询服务的组织必须在证券交易委员会注册，还对投资顾问和基金公司所签合约做出了严格的限制。

1943 年，英国成立了海外信托契约组织，该基金除规定基金公司以净资产价值赎回基金单位外，还在信托契约中明确了灵活的投资组合方式，标志着英国现代证券投资基金的开端。

1951 年，日本通过了《证券投资信托法》，共同基金行业开始起步。这项法案建立了投资信托的标准，其结构和英国的单位信托很相似，投资信托成立之前必须签订一份信托合同并事先规定一个期限。但日本对证券投资基金设立方式的划分，并不用开放式与封闭式，而是以单位型与追加型区分的。单位型优点类似于封闭式基金，但是因为允许投资人赎回投资而又不完全等同于封闭式基金，追加型与开放式则是相当一致的。日本的投资信托可以归为两大类：同时持有股票和债券的股票投资信托、只能持有债券及其他固定收益证券的债券投资信托。

进入 20 世纪 70 年代后，全球大部分投资基金从封闭型走向开放型，封闭型基金不断萎缩。随着货币市场的发展，出现了一种短期市场基金——货币市场基金(MMF)。它使投资基金从长期投资为主的长期型转向长短期并重的均衡型。投资基金正跨入银行业务领域，从而打破了银行与证券的分工壁垒。同时，开放式基金出现了一些新的特点，它的产品和服务趋于多样化，其局面和规模也发生了巨大的变化。

1974 年至 1982 年，美国货币市场共同基金所持有的资产奇迹般地增加了两位数，从不到 20 亿美元增加到 2000 多亿美元。1982 年，美国证券投资基金市场中共同基金资产的 3/4 是货币市场基金。

1981 年美国通过《税收改革法》，允许每一个美国人用其收入所得建立“个人退休账户”，并且在许多情况下，允许将税前收入作为年度缴款资金划入该账户。个人退休账户使大量资金进入共同基金。这种强大的现金流持续数年一直延续到1986年。1999年年末，退休储蓄占共同基金资产的38%，个人退休账户和雇主发起的缴费确定型计划各占一半。

英国将投资基金业隶属于资产管理业，为规范英国投资基金业，陆续出台了相关法律主要是1986年《金融服务法》，1997年《开放式投资公司法》以及2001年生效的《金融服务与市场法》。

英国的投资人更倾向于投资股票基金，1999年年底股票基金的资产价值占英国基金的84%左右，债券基金占85%左右，余下的为混合型基金或平衡型基金。英国货币市场基金的资产几乎可以不计，管理的资产不到总额的1%，英国投资者把共同基金主要视为长期的投资工具。但英国股票基金发达而货币市场基金规模偏小，主要是因为英国银行和住房互助协会对小额储蓄存款利息不限制，证券市场交易活跃，故很少有投资者将资金停泊于货币市场基金，这种情况与美国大相径庭。

证券投资基金在世界范围内得到普及性发展，证券投资基金业的快速扩张成为一种国际性的现象。美国投资公司协会(ICI)网站最新发布的统计报告显示，截至2014年第二季度末，全球共同基金资产规模达32万亿美元。ICI和欧洲基金与资产管理协会(EFAMA)代表国际基金业协会(IIFA)编写并发布的2014年第二季度全球共同基金资产及资金流动报告中显示，美洲共同基金资产占56%，欧洲占32%，亚太地区和非洲占12%。其中美国共同基金规模达到15.66万亿美元，占全球共同基金规模的近一半。卢森堡以3.31万亿美元排名第二，澳大利亚、爱尔兰、法国、英国、巴西和加拿大等国家基金规模均超过1万亿美元，中国以5613亿美元排名第十。2014年上半年，中国、新西兰、挪威、罗马尼亚、斯洛伐克等国家增长最快，均达到20%左右，印度共同基金规模也出现17.76%的较快增长，规模最大的美国共同基金上半年规模增长幅度为4.31%。

12.1.2 全球证券投资基金的发展特点

1. 全球证券投资基金以美国为主导，欧洲平稳发展和亚洲等新兴经济地区发展迅猛

目前，美国的证券投资基金资产总值占世界半数以上，对全球证券投资基金的发展有着重要的示范性影响。截至2014年年末，美国注册投资公司为9000万家，美国投资者管理着18.2万亿美元资产，其中包含24%的美国家庭金融资产。美国基金业构成了美国股票、商业票据和市政债券市场最主要的投资群体，在经济发展与全球金融市场中扮演着重要角色。随着数量、品种、规模的大幅度增长，证券投资基金日益成为各国或各地区资本市场中的重要力量，市场地位和影响不断提高。

2. 开放式基金成为证券投资基金的主流

比封闭式基金更加市场化的运作机制和制度安排的开放式基金，其独特灵活的赎回机制适应了市场竞争的客观需要，是金融创新顺应市场发展潮流的集中体现和必然结果。20世纪80年代以来，开放式基金的数量和规模增加幅度最大，开放式基金更加全面的客户服务和更加充分的信息披露，已经获得了基金投资者的广泛青睐，目前已成为证券投资基金中的主流产品。

据统计，2015年一季度末，全球开放式基金(不包括FOF基金)资产规模约为37.28万

亿美元。与2014年四季度现金净流入5480亿美元相比，2015年一季度全球开放式基金净销售额达到5540亿美元。2016年第一季度末，全球开放式基金资产的42％为股票型基金，22％为债券型基金，14％为混合型基金，13％为货币市场基金。

3. 证券投资基金行业竞争加剧、集中趋势突出

在证券投资基金的发展过程中，市场行业集中趋势明显，资产规模位居前列的少数最大的基金管理公司所占的市场份额不断扩大。例如，中国从证券投资信托业务的行业集中度情况来看，2013—2015年证券投资信托业务管理规模排名前10位的信托公司合计规模占市场总体规模的比重直线上升，从2013年的69.28％上升到了2015年的76.15％。随着市场竞争的加剧，许多基金管理公司不得不走上兼并收购的道路，这反过来进一步加剧了证券投资基金市场的集中趋势。

据中国上海证券报2016年10月21日报道，根据中国基金业协会统计数据，截至2016年9月底，我国境内共有基金管理公司107家，其中中外合资公司44家，内资公司63家；取得公募基金管理资格的证券公司或证券公司资管子公司共12家，保险资管公司1家。以上机构管理的公募基金资产合计8.83万亿元，创下历史新高。

4. 证券投资基金的资金来源呈现多元化，但机构投资者占比逐渐扩大

个人投资者一直是传统上的证券投资基金的主要投资者，随着经济的完善和发展，逐渐呈现多元化，但目前已有越来越多的机构投资者，特别是养老退休基金成为基金的重要资金来源。例如，美国市场，开始于20世纪80年代初的401K计划，是一种由雇员、雇主共同缴费建立起来的完全基金式的养老保险制度。美国允许雇主发起的养老金计划和个人税收优惠储蓄计划，以共同基金为投资对象。在近年来，美国共同基金业的迅速发展壮大与退休养老金快速增加紧密相关。

12.2 · 证券投资基金概述

12.2.1 证券投资基金的概念

证券是多种经济权益凭证的统称，也指专门的种类产品，是用来证明券票持有人享有的某种特定权益的法律凭证。证券主要包括资本证券、货币证券和商品证券等。通俗地说，不只包括通常大家知道的房产证、股票、债券、保险保单、纸黄金、期货合约等，甚至发票、货币和在银行购买理财产品的凭证，都属于证券。对照第11章的阐述，资产证券化就是尽可能将有价值的资产转化成证券，在市场中进行流通。

证券投资就是投资者购买有价证券以获得收益的投资行为和投资过程，例如，购买股票、债券、保险等行为。

证券投资基金是指通过公开发售基金份额募集资金，由基金托管人托管，由基金管理人管理和运作资金，为基金份额持有人的利益，以资产组合方式进行证券投资的一种利益共享、风险共担的集合投资方式，即集合证券投资的方式。简单来说就是集合大众资金，委

托专业机构操作管理，通过建立投资组合投资于股票、债券等金融工具，并由投资人共同分享投资收益的投资方式，简称“基金”。

证券投资基金涉及三方当事人——投资者、管理人、托管人。基金管理人，或者是基金管理公司，是指凭借专门的知识与经验，运用所管理基金的资产，根据法律、法规及基金章程或基金契约的规定，按照科学的投资组合原理进行投资决策，谋求所管理的基金资产不断增值，并使基金持有人获取尽可能多收益的机构。基金托管人，又称基金保管人，是根据法律法规的要求，在证券投资基金运作中承担资产保管、交易监督、信息披露、资金清算与会计核算等相应职责的当事人。基金托管人是基金持有人权益的代表，通常由有实力的商业银行或信托投资公司担任。基金托管人与基金管理人签订托管协议，在托管协议规定的范围内履行自己的职责并收取一定的报酬。

证券投资基金在不同的国家或地区称谓都有所区别，在美国称为“共同基金”，在英国和中国香港地区称为“单位信托基金”，在欧洲一些国家称为“集合投资基金”或者“集合投资计划”，在日本和中国台湾称为“证券投资信托基金”。其实无论称谓如何，本质上都是证券的集合资金投资。

12.2.2 证券投资基金的分类

1. 按组织形式不同分为契约型基金和公司型基金

契约型基金是指专门的投资机构共同出资组建一家基金管理公司，基金管理公司作为委托人通过与受托人签订“信托契约”的形式发行受益凭证——“基金单位持有证”来募集社会上的闲散资金。契约型基金起源于英国，又被称为单位信托基金。契约型基金的本质是基于契约原理而组织起来的代理投资行为，没有章程，也没有董事会，而是通过契约来规范三方当事人的行为。

公司型基金是按照公司法以公司形态组成的，设立程序类似于一般的股份公司，依法注册为法人，该基金公司以发行股份的方式募集资金，一般投资者则为认购基金而购买该公司的股份，也就成为该公司的股东，凭其持有的股份依法享有投资收益。这种基金要设立董事会，重大事项由董事会讨论决定。公司型投资基金的经营方式与一般的企业股份有限公司相同，即发行股票或公司债券集资，或向银行借款。不同的是，公司型投资基金既没有工厂，也不从事一般工商业的营运活动，其唯一经营对象就是投资有价证券，委托专业的财务顾问或管理公司来经营与管理。

由此可见，契约型基金和公司型基金在法律依据，组织形态以及有关当事人扮演角色上是不同的。但对投资者来说，投资于公司型基金和契约型基金并无多大区别，它们的投资方式都是把投资者的资金集中起来，按照基金设立时所规定的投资目标和策略，将基金资产分散投资于众多的金融产品上，获取收益后再分配给投资者。从世界基金业的发展趋势看，公司型基金除了比契约型基金多了一层基金公司组织外，其他各方面都与契约型基金有趋同化的倾向。

2. 按运作方式不同，分为封闭式基金和开放式基金

封闭式基金是基金的发起人在设立基金时，就限定了基金单位的发行总额，筹集到这

个总额后，基金即宣告成立，并进行封闭，在一定时期内不再接受新的投资，在此期间也不允许投资人赎回，所以又被称为固定型投资基金。基金单位的流通采取在证券交易所上市的办法，投资者日后买卖基金单位都必须通过证券经纪商在二级市场上进行竞价交易。但是如果封闭式基金在运行过程中，因为某些特殊的情况，使基金的运作无法进行，报经主管部门批准，可以提前终止。提前终止的一般情况包括国家法律和政策的改变使该基金的继续存在为非法或者不适宜；管理人因故退任或被撤换，无新的管理人承继的；托管人因故退任或被撤换，无新的托管人承继的；基金持有人大会上通过提前终止基金的决议。

开放式基金是指基金管理公司在设立基金时，发行基金单位的总份额不固定，可视投资者的需求追加发行，投资者也可以随时提出赎回申请。投资者也可根据市场状况和各自的投资决策，或者要求发行机构按现期净资产值扣除手续费后赎回股份或受益凭证，或者再买入股份或受益凭证，增持基金单位份额。为了应付投资者中途抽回资金，实现变现的要求，开放式基金一般都从所筹资金中拨出一定比例，以现金形式保持这部分资产。这虽然会影响基金的盈利水平，但作为开放式基金来说，这是必需的。与封闭式基金相比更加灵活的投资优势，开放式基金已成为世界投资基金的主流。

封闭式基金与开放式基金的基金单位除了首次发行价都是按面值加一定百分比的购买费计算外，以后的交易计价方式不同。封闭式基金的买卖价格受市场供求关系的影响，常出现溢价或折价现象，并不必然反映基金的净资产值。开放式基金的交易价格则取决于基金每单位净资产值的大小，其申购价一般是基金单位资产值加一定的购买费，赎回价是基金单位净资产值减去一定的赎回费，不直接受市场供求影响。

封闭式基金的基金单位数不变，资本不会减少，因此基金可进行长期投资，基金资产的投资组合能有效地在预定计划内进行。开放式基金因基金单位可随时赎回，为应付投资者随时赎回兑现，基金资产不能全部用来投资，更不能把全部资本用来进行长线投资，必须保持基金资产的流动性，在投资组合上需保留一部分现金和高流动性的金融商品。

3. 按投资目标分类，分为成长型基金、收入型基金和平衡型基金

成长型基金是基金中最常见的一种，它追求的是基金资产的长期增值。为了达到这一目标，基金管理人通常将基金资产投资于信誉度较高、有长期成长前景或长期盈余成长公司的股票。成长型基金又可分为稳健成长型基金和积极成长型基金。

收入型基金主要投资于可带来现金收入的有价证券，以获取当期的最大收入为目的。收入型基金资产成长的潜力较小，损失本金的风险相对也较低，一般可分为固定收入型基金和股票收入型基金。固定收入型基金的主要投资对象是债券和优先股，因而尽管收益率较高，但长期成长的潜力很小，而且当市场利率波动时，基金净值容易受到影响。股票收入型基金的成长潜力比较大，但容易受到股市波动的影响。

平衡型基金将资产分别投资于两种不同特性的证券上，并在以取得收入为目的的债券及优先股和以资本增值为目的的普通股之间进行平衡。这种基金一般将25%～50%的资产投资于债券及优先股，其余的投资于普通股。平衡型基金的主要目的是从其投资组合的债券中得到适当的利息收益，与此同时又可以获得普通股的升值收益。投资者既可获得当期收入，又可得到资金的长期增值，通常是把资金分散投资于股票和债券。平衡型基金的特点是风险比较低，缺点是成长的潜力小。

4. 按投资标的分类，分为债券基金、股票基金、货币市场基金、混合型基金和对冲基金

债券基金以债券为主要投资对象，债券比例须在 80%以上。由于债券的年利率固定，因而这类基金的风险较低，适合于稳健型投资者。通常债券基金收益会受货币市场利率的影响，当市场利率下调时，其收益就会上升；反之，若市场利率上调，则基金收益率下降。除此以外，汇率也会影响基金的收益，管理人在购买非本国货币的债券时，往往还在外汇市场上做套期保值。

股票基金以股票为主要投资对象，股票比例须在 60%以上。股票基金的投资目标侧重于追求资本利得和长期资本增值。基金管理人拟定投资组合，将资金投放到一个或几个国家，甚至是全球的股票市场，以达到分散投资、降低风险的目的。投资者之所以钟爱股票基金，原因在于可以有不同的风险类型供选择，而且可以克服股票市场普遍存在的区域性投资限制的弱点。此外，还具有变现性强、流动性强等优点。由于聚集了巨额资金，几只甚至一只基金就可以引发股市动荡，所以各国政府对股票基金的监管都十分严格，不同程度地规定了基金购买某一家上市公司的股票总额不得超过基金资产净值的一定比例，防止基金过度投机和操纵股市。

货币市场基金是以货币市场工具为投资对象的一种基金。货币市场基金通常被认为是无风险或低风险的投资。其投资对象一般期限在一年内，包括银行短期存款、国库券、公司债券、银行承兑票据及商业票据等。通常，货币基金的收益会随着市场利率的下跌而降低，与债券基金正好相反。

混合基金就是主要从资产配置的角度看，基金内包含有多种投资品种，股票、债券和货币的投资比例没有固定的范围。

对冲基金是指由金融期货、金融期权等金融衍生工具与金融组织结合后，用高风险投机为手段而以营利为目的的金融基金。

5. 按投资理念不同分类，分为主动型基金和被动型基金

一般主动型基金以寻求取得超越市场的业绩表现为目标。其基金管理者一般认为证券市场是无效的，存在着错误定价的股票。

被动型基金也称指数型基金，是一种按照证券价格指数编制原理构建投资组合进行证券投资的基金，一般选取特定的指数成分股作为投资的对象，不主动寻求超越市场的表现，而是试图复制指数的表现。其投资管理者认为，市场是有效的，投资者不可能超越市场。

指数基金的优势如下。

(1) 费用低廉，指数基金的管理费较低，尤其交易费用较低。

(2) 风险较小。由于指数基金的投资非常分散，可以完全消除投资组合的非系统风险，而且可以避免由于基金持股集中带来的流动性风险。

(3) 以机构投资者为主的市场中，指数基金可获得市场平均收益率，可以为股票投资者提供更好的投资回报。

(4) 指数基金可以作为避险套利的工具。对于投资者尤其是机构投资者来说，指数基金是他们避险套利的重要工具。指数基金由于其收益率的稳定性和投资的分散性，特别适用于社保基金等数额较大，风险承受能力较低的资金投资。

6. 按资本来源和运用地域的不同对投资基金分类，可分为国内基金、国际基金、离岸基金、海外基金等

(1) 国内基金。它是基金资本来源于国内并投资于国内金融市场的投资基金。一般而言，国内基金在一国基金市场上应占主导地位。

(2) 国际基金。它是基金资本来源于国内但投资于境外金融市场的投资基金。由于各国经济和金融市场发展的不平衡性，因而在不同国家会有不同的投资回报，通过国际基金的跨国投资，可以为本国资本带来更多的投资机会以及在更大范围内分散投资风险，但国际基金的投资成本和费用一般也较高。国际基金有国际股票基金、国际债券基金和全球商品基金等种类。

(3) 离岸基金。它是基金资本从国外筹集并投资于国外金融市场的基金。离岸基金的特点是两头在外。离岸基金的资产注册登记不在母国，为了吸引全球投资者的资金，离岸基金一般都在素有"避税天堂"之称的地方注册，如卢森堡、开曼群岛、百慕大等，因为这些国家和地区对个人投资的资本利得、利息和股息收入都不收税。

(4) 海外基金。它是基金资本从国外筹集并投资于国内金融市场的基金。利用海外基金通过发行受益凭证，把筹集到的资金交由指定的投资机构集中投资于特定国家的股票和债券，把所得收益作为再投资或作为红利分配给投资者，它所发行的受益凭证则在国际著名的证券市场挂牌上市。海外基金已成为发展中国家利用外资的一种较为理想的形式，一些资本市场没有对外开放或实行严格外汇管制的国家可以利用海外基金。

7. 特殊类型基金，包括 ETF、LOF、QDII、分级基金

(1) ETF(交易型开放式指数基金)：属于开放式基金的一种特殊类型，它综合了封闭式基金和开放式基金的优点，投资者既可以向基金管理公司申购或赎回基金份额，同时，又可以像封闭式基金一样在证券市场上按市场价格买卖 ETF 份额，申购赎回必须以一揽子股票换取基金份额或者以基金份额换回一揽子股票。由于同时存在证券市场交易和申购赎回机制，投资者可以在 ETF 市场价格与基金单位净值之间存在差价时进行套利交易。套利机制的存在，使 ETF 避免了封闭式基金普遍存在的折价问题。

(2) LOF(上市型开放式基金)：也就是上市型开放式基金发行结束后，投资者既可以在指定网点申购与赎回基金份额，也可以在交易所买卖该基金。投资者如果是在指定网点申购的基金份额，想要上网抛出，须办理一定的转托管手续；同样，如果是在交易所网上买进的基金份额，想要在指定网点赎回，也要办理一定的转托管手续。根据深圳证券交易所已经开通的基金场内申购赎回业务，在场内认购的 LOF 不需办理转托管手续，可直接抛出。

(3) QDII：国内机构投资者赴海外投资资格认定制度，制度由我国香港相关部门最早提出，与 CDR(预托证券)、QFII(国外机构投资者到内地投资资格认定制度)一样，将是在外汇管制下内地资本市场对外开放的权宜之计，以容许在资本账项目未完全开放的情况下，国内投资者往海外资本市场进行投资。

(4) 分级基金：证券投资基金还可以按募集对象不同分为公募基金和私募基金；按投资货币种类不同分为美元基金、英镑基金、日元基金等；按收费与否分为收费基金和不收费

基金；按投资计划可变更性分为固定型基金、半固定型基金、融通型基金；还有专门支持高科技企业、中小企业的风险基金；因交易技巧而著称的对冲基金、套利基金以及投资于其他基金的基金等。

【相关阅读】

9月公募基金规模突破8.83万亿元　创三大历史新高

尽管A股市场进入千股横盘时代，但公募基金资产规模却在委外资金助推下再创新高。根据基金业协会公布的数据，截至9月末，公募资产规模已经突破8.83万亿元。其中，债券型基金规模突破1万亿元，混合型基金规模突破2万亿元，这三个数据均刷新历史纪录。

1. 公募资产规模破8.8万亿元

根据数据，截至9月末，国内基金管理公司管理的公募资产规模达到8.83万亿元，较8月末增长了3057.32亿元，增幅为3.59%，再创历史新高。目前这8.83万亿元资产由107家基金管理公司和取得公募基金管理资格的12家证券公司或证券公司资管子公司、1家保险资管公司管理。

早在2016年8月，公募基金资产就达到8.53万亿元，超过了2015年12月末创下的最高水平8.4万亿元，已经刷新历史高点，9月，公募资产规模再接再厉，再创新高。按照这个速度计算，公募资产规模破10万亿元也是指日可待了。

分类型来看，债券型基金和混合型基金是规模破新高的主力。9月，全市场新成立的公募基金达到119只，进一步超过8月117只新设的水平。其中新成立的混合型基金为48只，债券型基金38只，股票型和货币型分别为8只和7只，QDII基金1只。

债券型基金的“吸金能力”较混合型基金更胜一筹。债券型基金规模增长1604.92亿元，混合型基金规模增长1505.32亿元，较8月的增幅分别达到16.27%和8.11%，而货币型基金缩水982.94亿元，股票型基金规模减小36.19亿元，QDII增长23.66亿元。

受此影响，债券型基金和混合型基金的资产规模也分别达到1.15万亿元和2.01万亿元，双双同样创出历史新高。9月，公募基金资产规模创出了三大历史新高。

2. 委外资金助推基金规模分化

委外资金无疑是近期公募规模持续增长的重要推手。而从不同类型的产品规模变动来看，委外资金对债券型和仓位灵活的混合型基金较为青睐。

9月公募规模增长最多的是债券型基金，从8月末的9866.18亿元直接迈过万亿元大关至11 471.1亿元。其中，定期开放型基金成为支撑债券基金规模增长的主力。

根据数据，9月新成立的基金中，中银悦享定期开放债券型基金首募规模达到280亿元，是月内首募规模最高的基金，在年内成立的基金中规模也仅次于工银瑞信泰享三年。该基金发售期仅为一天，有效认购户数仅有290户，该基金为委外资金定制概率较高。除此之外，博时安恒18个月、长盛盛琪一年期等定期开放债券型基金的首募规模则在20亿元以上。非定期开放型的债券基金中，易方达7～10年国开债、广发7～10年国开债也受到机构的青睐。

灵活配置型基金由于仓位变动范围灵活，便于打新，同样也受到委外资金的喜爱。9月新增的规模仅次于债券型基金。9月新成立的基金中，南方多元发行资产规模也达到50.1亿元，首募规模仅次于中银悦享定期开放，认购天数同样只有一天，3户认购，无疑是定制款。

以目前的情况来推测，委外资金不仅成为公募基金资产规模增长的重要力量，并且也将成为各大基金管理公司规模扩张的重要依赖。到2016年年末，基金公司之间或许就将出现较为明显的分化。

资料来源：金融投资报. 9月公募基金规模突破8.83万亿元 创三大历史新高[EB/OL].(2016-10-23). http://fund.sohu.com/20161023/n471042152.shtml.

12.3 私募基金

截至2015年10月底，我国基金业协会已登记私募基金管理人21 821家，其中私募证券管理人9632家，私募股权管理人10 195家，占比分别为44%和46%。已备案私募基金20 853只，其中私募证券基金12 407只，私募股权基金6382只，占比分别为60%和30%。私募基金认缴规模4.89万亿元(约合7700亿美元)，其中私募证券基金总规模19 038亿元，私募股权基金总规模25 532亿元，占比分别为39%和52%。

随着2016年国内金融行业的百花齐放、风生水起，越来越多的专业名词映入眼帘，其中以私募基金最为耀眼。那么，什么是私募基金？为何私募基金能迅速地发展呢？

在证券投资基金的分类里，其中一种分类方法，按照募集对象的不同，分为公募基金和私募基金。公募基金就是向不特定投资者公开发行受益凭证的证券投资基金，这些基金在法律的严格监管下，有着信息披露，利润分配，运行限制等行业规范；私募基金是指在中国境内以非公开方式向合格投资者募集资金设立的投资基金，包括契约型基金或者资产由基金管理人或普通合伙人管理的以投资活动为目的设立的公司或者合伙企业。

私募基金按照投资标的的不同，分为私募证券投资基金、私募股权投资基金。私募证券投资基金投资于公开发行的股份有限公司(上市公司)的股票、债券、基金份额，以及证监会规定的其他证券及其衍生品种，也就是私募证券基金投资于公开发行的证券；私募股权投资基金投资于非上市企业的股权权益，例如，投资企业初创期的天使投资基金、投资于企业成长期的VC等。

私募基金最大的特点就是，以非公开方式向合格投资者募集资金，不得公开或者变相公开募集，不得向不特定对象宣传推介。其中单只私募基金投资人数累计不得超过我国《证券投资基金法》《公司法》《合伙企业法》等法律规定的特定人数。合伙型基金投资者、有限公司型基金投资者累计不得超过50人，契约型基金投资者、股份公司型基金投资者累计不得超过200人。

在私募基金中有一个特别的参与者——合格投资者，在我国相应法律中有相关规定，这个“合格投资者”就是指具备相应风险识别能力和风险承担能力，投资于单只私募基金的金额不低于100万元且净资产不低于1000万元的单位；或投资于单只私募基金的金额不低于100万元且金融资产(金融资产包括银行存款、股票、债券、基金份额、资产管理计划、银行理财产品、信托计划、保险产品、期货权益等)不低于300万元或者最近三年个人年均收入不低于50万元的个人。

美国的法律规定,所谓"有资格的投资者",是指个人投资者必须拥有500万美元以上的证券资产,并且最近两年的年均收入高于20万元,或包括配偶的收入高于30万元;如以法人机构的名义进行投资,则机构的财产至少在100万美元以上。在1996年9月1日之前,不多于100个"有资格购买者"设立的私募基金不必经过美国证券委员会(SEC)的批准。1996年9月1日后,根据美国的《国民证券市场改革法》的规定,这一人数限制增至500人。同时,SEC允许私募基金吸纳拥有2500万美元以上的机构投资者加入。

私募基金中的另外一个参与者,基金管理人也有明确规定,私募基金管理人由依法设立的公司或者合伙企业担任,自然人不能成为私募基金管理人。而且私募基金管理人、私募基金募集机构,不得向投资者承诺投资本金不受损失或者承诺最低收益。在我国,私募基金管理人应当向中国基金业协会履行基金管理人登记手续并申请成为基金业协会会员。私募基金管理人应如实申报基金管理人基本信息、高级管理人员及其他从业人员基本信息、股东或合伙人基本信息、管理基金基本信息。

基金托管人也是基金中的一个参与者,是指根据法律法规及托管协议约定,在投资基金运作中承担资产保管、交易监督、信息披露、资金清算与会计核算等职责的当事人。基金托管人由商业银行或者中国证监会核准的其他金融机构担任。基金托管人与基金管理人不得为同一机构,不得相互出资或者持有股份。私募基金也是应当由基金托管人托管,除基金合同或者合伙协议另有约定外。基金合同约定私募基金不进行托管的,将在基金合同中明确保障私募基金财产安全的制度措施和纠纷解决机制。

经过几十年的发展,全球私募基金的操作理论、投资策略早已超越了早期的简单地利用股市买卖进行对冲操作的方式,现代的私募基金大量地涉足期权、期货等投资领域,大胆地运用各种投资策略,操作手法多种多样。

尽管各国私募基金的投资方式不尽相同,但是私募基金大多雇用专业人士负责基金管理,采用精确的数量模型,对投资交易实行所谓的程序化投资决策管理。例如,长期资本管理公司的合伙人中就有1997年诺贝尔经济学奖获得者默顿和斯克尔斯等人,并且雇用了一些大学里的博士弟子操盘,通过定价模型计算各种相关证券的价格差异,捕捉交易机会。

截至2014年四季度末,美国私募报告由美国证券交易委员会(SEC)统计资产规模在1.5亿美元以上的私募基金管理人总计2694家,管理总规模达到9.96万亿美元(净资产总规模为6.71万亿美元)。粗略计算,美国私募行业管理资产总规模在中国10倍以上。

根据欧洲私募和风投企业协会投资欧洲(Invest Europe)的数据,2015年欧洲私募基金投资的总体规模较上一年增长了14%,达到了474亿欧元。随着欧洲自己的后技术企业的发展,所谓成长型基金(介于风险投资和杠杆收购之间)增长迅速,在2015年达到了65亿欧元,较前一年增长了11%。与此同时,获得成长型基金投资的公司数量降低了13%,仅有1100多家,显示投资集中在较大型的创业企业上。多家专门从事成长型基金的美国私募企业在过去几年中扩大了在欧洲的业务。2015年4/10以上投资于欧洲的私募基金来源于欧洲以外的地区。

12.4 FOF

12.4.1 FOF,基金中的基金

FOF 起源于 20 世纪 70 年代的美国,其最初形式为投资于一系列私募股权基金的基金组合。因为私募股权基金投资门槛较高,大多数投资者无法企及,于是就有机构发行了 PEFOF 以降低投资门槛。第一只证券类 FOF 由先锋基金(Vanguard)于 1985 年推出,该只共同基金 FOF 中 70%的资产投资于股票类基金,30%投资于债权类基金,投资标的均为公司旗下的基金。基金推出后大受欢迎,同时也带动了先锋基金旗下其他基金的销售,1986 年年末,先锋公司旗下基金规模增长 44.23%。

FOF(Fund of Funds,基金中的基金)不直接投资于股票、债券或其他证券,而是以"基金"为投资标的,通过在一个委托账户下持有多个不同基金,技术性降低集中投资的风险,简单来说就是投资基金组合的基金。FOF 作为资产管理行业发展到一定阶段的产物,自身具备分散风险、降低投资门槛等特点。

FOF 基金有松耦合方式和紧耦合两种方式,松耦合即以老基金为投资标的,此种类型因相关产品涉及理念有差异,需要做调节和安排;紧耦合就是在选择投资标的时要求管理人新设立基金,各个产品的衔接协调统一会较方便。对于对二级市场投资经验不足的机构来说,FOF 基金可被视为一种较为安全的投资方式。

根据标的基金种类不同,FOF 可以分为对冲基金的基金(Fund of Hedge Funds,FOHF)、共同基金的基金(Fund of Mutual Funds,FOMF)、私募股权投资基金的基金(Private Equity Fund of Funds,PEFOF)以及信托投资基金的基金(Fund of Investment Trust Funds,FOITF)。

对冲基金的基金,也有叫作对冲基金的母基金,是一组对冲基金的组合,它避免了传统基金的较高波动性问题,提供了避险的功能,又可以实现相对稳定的收益。因其稳定的表现,对冲基金的母基金提供了一种良好的资产配置平台,成为全球资产配置的利器。

1969 年 11 月,罗斯柴尔德家族推出了世界上第一只 FOHF 产品 Leveraged Capital Holdings。由于当时社会财富积累不多,而对冲基金门槛较高,且美国股市正处于漫长的动荡和整理阶段,对冲基金以及 FOHF 的发展相对缓慢。20 世纪 90 年代,随着美国慢牛行情的来临以及 401K 计划和 D Cplan 的推行,FOHF 进入快速发展期。

私募股权母基金作为私募股权投资体系的重要组成部分,是多层次资本市场的投资组合工具。相对于 VC/PE 基金,私募股权母基金是以多只基金为投资对象,机构按照自身优势和特点在不同投资形式中进行选择、确定重心。私募股权母基金作为 LP 时通常能够为业绩优秀的子基金团队长期注资,而不受到私募股权市场资产配置比例的限制。此外,私募股权母基金还能为子基金构筑更优化的 LP 结构,保证长期稳定的资金渠道。

在我国,由于 2014 年之前私募机构无法自己发行私募产品,主要通过信托平台发行,故证券类私募基金 FOF 的雏形为 TOT(即信托中的信托)。我国的第一只 FOF 诞生于

2005年，由招商证券发行，主要投资于公募基金。此后，各大银行、券商等也分别开始发行FOF产品。与普通FOF不同，银行、券商发行的这些类公募基金FOF除了投资于其他公募基金外，基金资产还可以大量投资于二级市场。由于当时公募基金产品差异不大，且这些FOF真正投资公募基金的比例较低，致使投资收益与公募基金相比缺乏优势，加上后来政府对私募基金从事FOF投资的资格放开以及对银行理财产品投资范围的限制，此类FOF规模开始逐步缩减。

根据彭博统计，截至2015年10月30日，欧洲地区共有3746只FOF，规模达到5620亿美元。从基金成立的时间上看，欧洲地区的FOF大约是从20世纪90年代开始呈现较快的发展势头。其中2000—2001年是一波FOF发行的高峰期，2005—2008年也是发行量较高的时期。

在金融机构高度发达的海外市场，专业化分工十分明显，FOF的投资管理模式也从内部管理延伸到了聘请第三方投资顾问的方式，如今美国和欧洲FOF外包投资顾问功能的做法十分普遍。在采用该模式的基金公司中，不乏投资管理能力强、旗下基金类型丰富的公司，例如，富达、美洲基金等。据统计，截至2012年年底，全球约50%的FOF外聘了第三方投资顾问或二级投资顾问。在欧洲，第三方FOF管理的资产规模比重已从2001年的54%提高到2013年的63%。其中，英国、法国、德国、意大利等国第三方FOF所占的比重较高。

2014年7月7日，我国证监会颁布了《公开募集证券投资基金运作管理办法》，从法规的角度正式提出了公募基金FOF的概念，确立了公募FOF的法律地位。我国证监会于2016年6月17日对《公开募集证券投资基金运作指引第2号——基金中基金指引》公开征求意见，奠定了公募基金FOF未来发展的法律基础。

12.4.2 FOF与MOM

2015年中国A股的大起大落让一些较为陌生的私募基金，例如，MOM(Manager of Manager，管理人的管理人基金)崭露头角，并逐渐打开了市场，为投资人所熟悉。MOM是一个基金的基金经理不直接管理基金投资，而是将基金资产委托给其他的一些基金经理来进行管理，直接授予这些基金经理投资决策的权限。那么MOM与FOF又有什么差别呢？

MOM与FOF模式相似而不同，MOM基金经理仅负责挑选优秀的受委托基金经理和跟踪监督这些受委托基金经理的表现，并在需要的时候进行更换。MOM基金与受委托基金经理签订相应的委托合同来实现这种委托代理关系。MOM与FOF虽然都是多管理人基金，但是MOM是将基金资产委托给其他基金经理进行管理；FOF以精选基金组合为投资对象，简单来说，MOM是管理人的管理人基金，FOF是基金中的基金，FOF是MOM模式的雏形。

MOM组合的是优质基金经理，FOF组合的是优质基金产品，二者的组合对象不同。具体而言，就是MOM从市场上精选符合需要的优质基金经理来管理MOM基金，而FOF则是在基金市场筛选优质基金。

FOF投资于现有市场上的基金产品，容易出现双重收费，即标的基金收费一次，FOF再收费一次；但是在MOM模式下，可变双重收费为单一收费，MOM通过专户、虚拟子账户运作，相对费率较低，流动性好，且 MOM 中两类基金经理共享管理费和业绩提成，利于投资者。对于普通投资者，由于全球许多知名基金经理只做机构业务而不做散户业务，只有通过投资这类基金，散户才可以享受到一般情况下接触不到的明星基金经理提供的服务。同时，MOM 可以享受到明星基金经理提供给机构投资者的较低费率，但目前全球 MOM 远没有 FOF 那样普及，由于其对发行人的资质要求较高，目前只有一些实力雄厚的投资公司发行了该类产品。

运作管理模式方面，FOF 并不直接投资股票或债券，其投资范围仅限于市场上的其他基金，FOF 没有新设产品，而直接投资标的市场。MOM 通过精选市场顶尖私募管理人，既可以投资于证券市场，也可以投资于市场的其他基金。

在投资策略上，FOF 多将资产配置放在重要位置，FOF 整个产品层面的投资策略由产品的管理者负责制定，但具体到每只基金的策略是基金经理自己制定的。而 MOM 则更多的放权给被雇用的基金经理，将基金经理配置放在突出位置。MOM 模式下的管理者对投资策略和风险控制方面的影响力更强，因为 MOM 产品的管理者负责制定产品的整体投资策略并把控风险，而且选择的优质基金管理负责具体的操作和执行，起到辅助作用。

FOF 基金经理负责大类资产配置决策，制定基金在各类资产基金上的配置比例，挑选并购买投资各类资产的子基金。而 MOM 模式下，其基金经理负责大类资产配置并挑选、分配基金资产给其他被雇用的基金管理人，同时监督被聘用的基金经理的后续表现并及时进行调整。

中国的 FOF 和 MOM 基金的发展与 A 股市场呈强相关关系。MOM 基金更注重于资产配置，属于资产配置的范畴。资产配置的类别，投资者一般可接触到，包括固定收益类，浮动收益类。而浮动收益类大部分就是股市，期货及一些衍生产品等高风险的投资。固定收益类，包括信托、债券基金、大额存单等。MOM 基金能成为震荡市中的避险利器关键还是 MOM 母基金，能做到在各种配置中进行合理调节。在 2016 年 6 月单边下调阶段，如果大部分的资金仍放在单边的 A 股多头上，那么无可避免会造成一定的损失。但是 MOM 基金，其能进行资产配置，能更好地选择多少比例投资固定收益类品种，多少比例投资浮动收益类品种。甚至在目前震荡市，看不清的环境里面，也能应对自如。此产品的投资主要是在一些量化对冲的固定收益类及稳定的一些浮动收益类产品。而且这类产品无论在 2016 年的 6 月还是 7 月，表现都很不错，甚至战胜了一些单边的光头的 A 股的资产配置。另外，此类产品最关键的一点就是能根据市场行情，不断做出投资策略的调整。比较适合那些追求长期稳健利益的投资者。

简单地说，MOM 基金新型模式，就是常见“别把鸡蛋放一个篮子里”的投资策略，也正是在化解投资者股市震荡时期面临的选择困难时最好的选择。但是 MOM 基金一般投资门槛 50 万元起，所以还是比较适合那些具备一定资产的投资者。

MOM 在国际上已经是一种比较常见的基金种类，这类基金具备组合投资分散风险、一站式选基服务便捷、把握养老需求等特点，表现出了持续旺盛的生命力。近年来，FOF 和 MOM 基金产品的发行数量占整体私募基金数量的比例在逐步上升。据统计，我国截至 2016 年 4 月底，私募 FOF 和 MOM 基金管理规模超过 527 亿元，自主发行成为主流产品类型。

12.5 我国证券投资基金的发展

我国的投资基金是在计划经济体制向市场经济体制的过渡中出现的，与西方发达国家相比，具有规模较小、经验缺乏和先天不足的特点，但近年来发展迅速。

投资基金这一概念从观念和实践引入我国则应追溯到1987年，当年中国人民银行和中国国际信托投资公司首开中国基金投资业务之先河，与国外一些机构合作推出了面向海外投资人的国家基金，它标志着中国投资基金业务开始出现。1989年，第一只中国概念基金即香港新鸿信托投资基金管理有限公司推出的新鸿基中华基金成立，之后，一批海外基金纷纷设立，极大地推动了中国投资基金业的起步和发展。

但中国基金业真正起步于20世纪90年代，在一系列宏观经济政策纷纷出台的前提下，中国基金业千呼万唤，终于走到了前台。

1991年8月，珠海国际信托投资公司发起成立珠信基金，规模达6930万元，这是我国设立最早的国内基金。

1991年10月，武汉证券投资基金和南山风险投资基金分别经中国人民银行武汉市分行和深圳市南山区人民政府批准设立，规模分别达1000万元和8000万元。

1992年，中国投资基金业的发展异常迅猛，当年有各级人行批准的37家投资基金出台，规模共计22亿美元。同年6月，我国第一家公司型封闭式投资基金——淄博乡镇企业投资基金由中国人民银行批准成立。同年10月8日，国内首家被正式批准成立的基金管理公司——深圳投资基金管理公司成立。

1993年，全国各地大大小小的基金约有70家，面值达40亿元。已经设立的基金纷纷进入二级市场开始流通。这一时期是我国基金发展的初期阶段。

1993年6月，9家中方金融机构及美国波士顿太平洋技术投资基金在上海建立上海太平洋技术投资基金，这是第一个在我国境内设立的中外合资的中国基金，规模为2000万美元。10月建业、金龙和宝鼎三家面向教育界的基金批准设立。

1993年5月19日，中国人民银行总行发出紧急通知，要求省级分行立即制止不规范发行投资基金和信托受益债券的做法。通知下达后，各级人民银行认真执行，未再批设任何基金，把精力放在已经设立的基金的规范化和已批基金的发行工作上。

1994年3月7日，沈阳证券交易中心和上交所联网试运行；同年3月14日，南方证交中心同时和沪、深证交所联网。全国各地一些证交中心和深沪证交所的联网使一些原来局限在当地的基金通过深沪证券交易所网络进入全国性市场。全国性的交易市场开始形成，随着其市场表现为越来越多的投资者所认识和熟悉，开拓了中国投资基金业的发展道路。

1994年7月底，证监会同国务院有关部门就推出股市新政策，提出发展我国的共同投资基金，培育机构投资人，试办中外合资基金管理公司，逐步吸引国外基金投资国内A股市场，基金业基金与海外证券基金业联络、商洽，设计和申报了一批中外合资基金的方案。截至1996年，我国申请待批的各类基金已经达数百家，但由于法律的滞后，基金发展基本上处于停滞的状态。

1998 年 3 月 23 日，开元、金泰两只证券投资基金公开发行上市，这使封闭式证券投资基金的发展进入了一个新的历程。1998 年我国共成立了第一批 5 只封闭式基金：基金开元、基金金泰、基金兴华、基金安信和基金裕阳。

2001 年，我国已由基金管理公司 14 家，封闭式证券投资基金 34 只。2001 年 9 月，经管理层批准，由华安基金管理公司成立了我国第一只开放式证券投资基金——华安创新，我国基金业的发展进入了一个崭新的阶段。

2002 年，开放式基金在我国出现了超常规式的发展，规模迅速扩大，截至 2002 年年底，开放式基金已猛增到 17 只。

2003 年 10 月 28 日由十届全国人大常委会第 5 次会议通过的《证券投资基金法》的颁布与实施，是中国基金业和资本市场发展历史上的又一个重要的里程碑，标志着我国基金业进入了一个崭新的发展阶段。

2002 年 1 月已成立的 33 只封闭式基金到 2004 年 1 月初才基本恢复到前一轮下跌前的净值，期间经历了 24 个月左右的时间；这些投资者的本金到 2006 年下半年才得以恢复，期间经历了至少 54 个月的时间。我国基金发展的历史说明了股票型投资基金是长期理财的工具，而不是作为短期投机炒作的发财工具。

2013 年 6 月 1 日实施新《证券投资基金法》，将非公开募集基金纳入监管范畴；明确了私募基金的三种组织形式——契约型、公司型和合伙型，为契约型私募基金奠定了法律基础。

2014 年 2 月 7 日施行《私募投资基金管理人登记和基金备案办法(试行)》，明确了设立私募基金管理机构和发行基金产品采取登记备案制，不设行政审批。

2014 年 3 月基金业协会为首批 50 家私募机构发放私募基金管理人登记证书，取得资格的私募可以从事私募证券投资、股权投资、创业投资等业务。私募基金由“游击队”变身“正规军”。

2014 年 8 月 22 日施行《私募投资基金监督管理暂行办法》，明确了私募投资基金的全口径登记备案制度、适度监管原则，并进行了负面清单制度的探索，进一步确定了契约型私募投资基金监管的监管框架。

2014 年以来，多地爆发以私募基金为名的非法集资案件，涉及已登记机构 32 家，已备案私募基金 59 亿元，投资者上万人。在中国证监会的指导下，从 2015 年下半年开始，中国证券投资基金业协会开始制定出台多个重磅政策，拉开了私募行业的监管序幕。

2015 年人民币国际化连下数城，给基金行业也带来了不少利好。12 月 18 日，备受期待的内地与中国香港互认基金正式启动。当天，中国证监会正式注册了首批 3 只中国香港互认基金，中国香港证监会也于同日正式注册了首批 4 只内地互认基金。从 2016 年 1 月 8 日起，由深交所、中国证券登记结算公司以及中国香港金融管理局、两地基金业界共同推出的内地与中国香港基金互认服务平台将正式上线。基金互认服务平台的上线，标志着内地与中国香港基金互认将进入常规阶段，基金业对外开放迈出重要步伐。

2016 年基金业协会陆续发布《私募投资基金管理人内部控制指引》《私募投资基金信息披露管理办法》《私募投资基金募集行为管理办法》等私募行业自律规则，同时发布《关于进一步规范私募基金管理人登记若干事项的公告》，并从 2015 年 11 月开始公布了 8 批失联私募名单。协会希望构建一套私募基金行业的自律规则体系，规范私募行业发展。

2016年6月底，原华夏基金固收投资总监杨爱斌终于拿下了公募批文，成立公募鹏扬基金，成为首个"私转公"的投资人。私募申请公募，对私募公司的管理体系、产品线、风控流程和人才队伍等多方面提出要求，还涉及原有私募业务融合、建立防火墙制度等。自2013年证监会颁布的新《基金法》《资管机构设立公募基金管理业务暂行规定》，私募想要跨入公募大门已无政策障碍。但私募设立公募基金后，如何处理原来的私募业务，如何建立公私募的防火墙制度，防止利益输送和冲突，仍然有待进一步明确。

2016年7月15日，中国基金业协会也正式披露了2016年上半年私募基金行业的发展数据。截至2016年6月底，基金协会已登记私募基金管理人24 094家，已备案私募基金32 355只，认缴规模6.83万亿元，实缴规模5.58万亿元，相比2015年年底分别增长34.51%、34.71%和37.78%。

【相关阅读】

私募：热点轮动　四季度仍是结构性行情

私募人士认为，短期A股有望形成小幅上升通道，但整体而言，四季度主要是个股和板块行情，其中国企改革、PPP板块，具有业绩支撑、受到政策扶持的景气度回升公司值得关注。中字头股的反弹存在市场基础，但持续性有限。

北京勃尔金投资管理有限公司董事长陈江红认为：近期走势不如预期强，主要是股市流动性短缺及赚钱效应不佳所致。虽然房地产密集调控在心理上对股市走高形成支持，但是预期中的资金分流入股市有待盘面观察。技术上看，短期有望形成小幅上升通道。

南京胡杨投资有限公司总经理张凯华认为：许多"中字头"个股受益于混改、债转股、PPP三大投资主题。特别是部分行业龙头公司，债转股项目比其他公司会相对容易，投资者可重点关注这类品种。列入混改试点的"中字头"公司，相关混改方案正式落地前，仍可以适当关注。

1. 震荡上升热点轮动

中国证券报：本周二，A股呈现久违的普涨态势，沪指一举涨超1%，原因何在？

陈江红：首先，周一下跌的主要原因是人民币汇率贬值预期加剧及B股午后大幅跳水导致，而周二的大幅上涨将周一的阴线全部覆盖，一改颓势。周一的下跌是不合理地放大了B股市场对A股的影响力，周二走势是对周一的纠错。此外，三季报正逢披露期，从公布的预案看，预喜公司占多数，不少行业受益供给侧改革，产品价格进入上涨周期。

总体来说，市场近期走势不如预期强，主要是股市流动性短缺及赚钱效应不佳所致。虽然房地产密集调控在心理上对股市走高形成支持，但是预期中的资金分流入股市有待盘面观察。技术上看，短期相对乐观，有望形成小幅上升通道，上涨时间约在一个月。

张凯华：国庆期间，全国20多个城市推出限购和限贷政策，这是一个具有标志性意义的事件，对房地产调控是股市长期重大利好。

中国证券报：如何看待四季度行情？

陈江红：从现在开始至11月中旬可以阶段性看涨，但是震荡性上涨，投资者要把握个股热点机会。操作上，要做到不追涨，不杀跌，对于业绩不断向好的股票，可以在盘面上做高抛低吸，目前还没有过分乐观的理由。11月中旬后，美国加息的可能性增加，如果美国加息幅度超预期，将导致人民币汇率进一步贬值。另外，历来年底前流动性偏紧。因此，在11月下旬后应保持谨慎态度，操作上准备适当减仓休息，以回避可能出现的回调风险。

张凯华：四季度行情是上涨概率较大的平衡市，因为下跌的空间很小，无论是估值还是资金面都没有下跌空间，主要是个股和板块行情。2016年只剩下两个多月，回顾前三个季度，除1月暴跌，2月至9月基本维持了震荡攀升的运行态势。这种状态属于非指数型上涨行情，所以更多地表现为热点轮动，即每一个小的上涨波段就会产生一个新的热点板块。这与2015年9月至12月市场的整体反弹所引发的指数上涨行情有一定区别，投资需要特别注意这样的变化。

2. "中字头"股受关注

中国证券报：近期"中字头"股表现较好，对此如何看待？

陈江红：本周二，"中字头"股集体爆发，是因中铁二局等突然涨停的示范效应，高铁基建等板块全线激活。其上涨的理由合乎逻辑：在央企整合、加码基建及力推PPP模式的背景下，"中字头"股的反弹存在市场基础，但持续性有限。原因是入市资金目前比较有限，存量资金只是游击战术，大行情需要成交量的充分配合，需要密切观察成交量的变化再作最终的判断。

张凯华："中字头"股集体爆发，与做大做强国有企业的战略决策有关。国庆后，"中字头"个股受到资金追捧是市场的理性选择，有想象力和成长性的"中字头"个股有望成为近期热点，对其持续性可抱谨慎乐观态度。"中字头"个股具有高成长、大股东资产多等特点，许多个股受益于混改、债转股、PPP三大投资主题。特别是部分行业龙头公司，债转股项目比其他公司会相对容易，投资者可重点关注"中字头"行业龙头个股。列入混改试点的"中字头"公司，相关混改方案正式落地前，投资者仍可以适当关注，但对于涨幅过大股票要回避。

中国证券报：四季度有哪些投资机会值得把握？

陈江红：第一，国企改革板块蕴含较大机会，提高资产证券化率至50%以上是各省目标。大集团小公司、亏损严重的央企及央企整合都值得关注。第二，政府加码基建和PPP来对冲房地产投资的下滑是大方向，因此PPP的机会更具有确定性。第三，可关注具有业绩支撑、受到政策扶持的景气度回升的公司。第四，股价跌幅巨大，前期有强势资金关注的股票也值得短线操作。

张凯华：四季度的投资机会和三季度一样，主要在价值成长股和并购重组股。在熊市中期，市场机会主要集中在价值成长股和并购重组股，只有这两个板块可以在熊市中期规避大盘系统性风险。

中国证券报：近期壳资源股成为市场关注的一大热点，如何看待？

陈江红：壳资源股存在较大机会，原因是注册制的真正落地实施预计还有较长时间，众多上市公司还在排队，类似"360""美图秀秀""汽车之家"等海外回归概念股借壳欲望迫切，创投活跃而新三板交投清淡，规范后的市场并购重组渐趋活跃，壳资源股仍是稀缺资源和变通捷径。

张凯华：壳资源股机会较多，监管部门虽然打击假重组，但对真正的重组是支持的。重组新规严厉以及部分机构撤出并不代表所有壳资源股从此一文不值。现在“乌鸡变凤凰”的例子越来越少，《重组办法》对借壳方和壳公司都提出更高的监管要求，想借壳和想卖壳都难，但市场需求很大。

资料来源：中国证券报．私募：热点轮动　四季度仍是结构性行情[EB/OL]．(2016-10-23)．http://fund.sohu.com/20161023/n471045358.shtml．

本章小结

本章主要针对证券投资基金进行了详细的阐述，涉及了全球证券投资基金的发展历史、证券投资基金概述、私募基金、FOF和我国证券投资基金的发展。完成本章的学习，应该理解和掌握以下内容。

(1) 证券投资基金是指通过公开发售基金份额募集资金，由基金托管人托管，由基金管理人管理和运作资金，为基金份额持有人的利益，以资产组合方式进行证券投资的一种利益共享、风险共担的集合投资方式，即集合证券投资的方式。

(2) 契约型基金是指专门的投资机构共同出资组建一家基金管理公司，基金管理公司作为委托人通过与受托人签订“信托契约”的形式发行受益凭证——“基金单位持有证”来募集社会上的闲散资金。契约型基金起源于英国，又被称为单位信托基金。

(3) ETF(交易型开放式指数基金)属于开放式基金的一种特殊类型，它综合了封闭式基金和开放式基金的优点，投资者既可以向基金管理公司申购或赎回基金份额，同时，又可以像封闭式基金一样在证券市场上按市场价格买卖ETF份额，申购赎回必须以一揽子股票换取基金份额或者以基金份额换回一揽子股票。

(4) 在证券投资基金的分类里，其中一种分类方法，按照募集对象的不同，分为公募基金和私募基金。公募基金就是向不特定投资者公开发行受益凭证的证券投资基金，这些基金在法律的严格监管下，有着信息披露、利润分配、运行限制等行业规范；私募基金是指在中国境内以非公开方式向合格投资者募集资金设立的投资基金，包括契约型基金或者资产由基金管理人或普通合伙人管理的以投资活动为目的设立的公司或者合伙企业。

(5) 私募基金按照投资标的的不同又分为私募证券投资基金、私募股权投资基金。私募证券投资基金投资于公开发行的股份有限公司(上市公司)的股票、债券、基金份额，以及证监会规定的其他证券及其衍生品种，就是私募证券基金投资于公开发行的证券；私募股权投资基金投资于非上市企业的股权权益，例如，投资企业初创期的天使投资基金、投资于企业成长期的VC等。

(6) FOF即基金中的基金。FOF不直接投资于股票、债券或其他证券，而是以“基金”为投资标的，通过在一个委托账户下持有多个不同基金，技术性降低集中投资的风险，简单来说就是投资基金组合的基金。FOF作为资产管理行业发展到一定阶段的产物，自身具备分散风险、降低投资门槛等特点。

(7) 2014年7月7日，我国证监会颁布了《公开募集证券投资基金运作管理办法》，从法规的角度正式提出了公募基金 FOF 的概念，确立了公募 FOF 的法律地位。我国证监会于 2016 年 6 月 17 日对《公开募集证券投资基金运作指引第 2 号——基金中基金指引》公开征求意见，奠定了公募基金 FOF 未来发展的法律基础。

（8）MOM 与 FOF 模式相似而不同，MOM 基金经理仅负责挑选优秀的受委托基金经理和跟踪监督这些受委托基金经理的表现，并在需要的时候进行更换。MOM 基金与受委托基金经理签订相应的委托合同来实现这种委托代理关系。MOM 与 FOF 虽然都是多管理人基金，但是 MOM 是将基金资产委托给其他基金经理进行管理；FOF 以精选基金组合为投资对象，简单来说，MOM 是管理人的管理人基金，FOF 是基金中的基金，FOF 是 MOM 模式的雏形。

案例分析

养老金入市倒计时 “先头部队”料达 4000 亿元

人力资源和社会保障部新闻发言人李忠 25 日表示，人社部会同财政部、社保基金理事会一起制定的委托投资合同已经印发，年内将优选出第一批养老基金管理机构，正式启动投资运营。分析人士预计，首批入市养老金规模约 4000 亿元，其在 A 股市场的投资将严格把控风险，兼顾稳健和流动性。

1. 加快制定配套政策

李忠在新闻发布会上表示，将加快制定配套政策，如托管机构、投资管理机构评审办法等。目前，部分省份已经制订了具体方案，形成了委托投资的计划。此外，将研究制定基金资产配置、设计投资产品、管理投资风险相关预案。

人社部社会保障研究所所长金维刚表示，现有养老保险基金积累虽有 4 万亿元，但真正能够用于资本市场进行投资的部分其实有限。目前，养老保险还没有实现全国统筹，养老保险基金还是分散在各个统筹地区。除了极少数地方实现了完整意义上的省级统筹之外，绝大多数地方只是实行省级预算和调剂金制度，还没有真正归到省一级统收统支。如果将养老保险基金进行投资，首先要经过基金归集的过程，2016 年如果真正能归集到位，能够超出 1 万亿元就很不错。

华泰证券分析师张晶表示，根据基本养老保险基金累计结存余额、投资限制和地方委托比例，测算出基本养老保险基金初次入市规模为 4000 亿元，占流通市值比重为 1.1%。总体来说，养老基金作为长期入市资金，追求长期价值投资，对短期投机性投资具有一定抑制作用；有利于减少股指波动的幅度，在一定程度上起到稳定市场的作用。

2. 瞄准“稳健＋成长”

武汉科技大学金融证券研究所所长董登新认为，基本养老保险基金入市，应首选固定收益证券，其次才是股权类资产。各类投资比例必须满足法定要求。同时，基本养老保险基金资产配置必须保有相当比例的货币市场产品，以满足更高的流动性目标需要。

张晶预计，在股票配置方面，基本养老保险基金将注重股票的稳健性和成长性，稳健性板块包括机械设备、建筑业、金融保险和社会服务,成长类板块为信息技术和医药生物。在个股选择上,养老金会倾向于投资行业龙头股,注重企业规模、业绩成长及股票价格的稳定性和抗跌性,大盘股和低估值蓝筹股获青睐的可能性较大。

3. 机构竞相谋求“选秀”入围

养老金入市前夕,各类资产管理机构摩拳擦掌,希望能够获得投资管理人资格。民生通惠资产管理公司副总经理庄粤珉表示,保险资管机构在管理养老金方面优势明显,目前险资管理的大部分资产都是固收类资产,而养老金需要的恰恰是相对固定的安全回报。保险资金长期以来形成的对风险偏好的把控能力,以及对整个趋势的判断能力,都是其独特的优势,与养老金的性质可很好吻合。同时,保险资金又具备一定的权益投资的经验,这与养老金和企业年金的投资范围和比例也大致相同。所以,应允许保险资管参与竞争。

太平资产管理有限公司市场总监李冠莹表示,相对于养老金的体量,获得社保基金投管人资格的保险资管公司为数不多,不利于形成多元化、多策略的市场化养老金管理模式,需要更多的具有卓越投资能力的机构参与到管理中。

实际上,太平资管、平安资管等多家保险资管都表示愿意争取获得未来养老金的受托管理人资格。平安资管董事长万放表示,在养老金委托管理方面,社保基金理事会如果要选择市场上最优秀的、最适合的机构管理,应当考虑扩大备选机构的范围,将可能适合的机构先纳入备选库。

中国建设银行建信养老金管理公司总裁冯丽英表示,全国社保基金优异的投资业绩表现与全国社保基金会强调受托人职责有着密切关系。考虑到基本养老保险基金的归集分散在全国各个省份,全国社保基金理事会完全可以借助现有的企业年金基金受托人的分支机构和网点优势,将部分工作委托给现有的企业年金基金受托机构。

资料来源:中国证券报. 养老金入市倒计时 “先头部队”料达4000亿元[EB/OL]. (2016-10-26). http://fund.eastmoney.com/news/1590,20161026676817072.html.

【问题讨论】 试讨论社保资金入市将产生什么影响。

思考题

1. 什么是证券?
2. 什么是证券投资基金?
3. 证券投资基金的参与者都有哪些?
4. 什么是ETF?
5. 公募基金与私募基金有什么区别?
6. 什么是FOF?
7. FOF与MOM有什么异同?

第13章　有价证券的投资价值分析

【本章学习目标】

1. 了解有价证券与估值。
2. 理解有价证券投资价值的分析方法、有价证券的投资策略。
3. 掌握有价证券投资信息的收集。

【导入案例】

A股四季度如何布局？国信证券：两主线把握低估值板块

国信证券最新观点指出，从历史数据看，A股并没有明显的四季度涨跌规律。“估值切换”除了预期业绩增速高的基础之外，还隐含当前估值合理或者相对低估的假设，而历史数据也显示低估值板块在12月确有相对收益。

进入四季度，投资者将关注的焦点转变至2017年的业绩表现上，因此市场对所谓的“估值切换”行情开始有所关注。从历史数据看上证综指和创业板指在四季度上涨的历史概率分别为56.25%和50%，并没有明显的涨跌规律；相对来说中小板综指的四季度上涨的历史概率较高，达到72.7%，主要集中在11月，而10月和12月并没有明显的涨跌规律。而从行业看，除了传媒行业11月跑赢上证综指的历史概率为81%之外，其余行业在四季度各个月份跑赢上证综指的历史概率均没有超过70%。因此，至少从历史数据看，A股各板块和各行业在四季度并没有明显的上涨规律。

“估值切换”存在两个隐含的假设：第一，第二年有较高的业绩增速并且相对确定性高；第二，当前的估值水平是合理或者低估的。相对而言，在讨论“估值切换”时市场往往关注业绩增长，而忽视了当前估值是否合理这个假设。而从另一个角度讲，如果存在四季度的“估值切换”行情，那么低估值板块的表现应该更佳。而从历史数据看，低估值板块往往在12月能够取得相对收益。而从逻辑上看，低估值板块由于本身当前的估值相对较低，在年末业绩增速预期切换时期，股价将更容易受到业绩增长的驱动。

尽管全部A股估值回落至均值水平，但非金融A股仍高出历史均值30%以上，而中外历史数据显示低利率也并非一定推升估值中枢。从均值回归角度看，当前A股的估值仍然有向下消化的需求。

从目前的估值水平看，全部A股的PE(TTM，下同)在19倍左右，略低于历史均值(20倍左右)；非金融A股的PE(TTM)在33倍左右，较历史均值(25倍左右)高出34%，处在1倍标准差的波动区间上沿。尽管主板估值已回落至历史均值以下，但中小创仍在历史均值以上。此外，从中、日、美三国的历史数据看，首先无风险利率与估值水平并不总是呈反向关系；其次低利率水平也并非一定能推升估值中枢，因此，从均值回归角度看，当前

A股的估值并非“合理”，仍然有向下消化的需求。

行业间的估值分化依旧显著。金融的当前估值处在历史底部位置，上游资源和中游原材料等周期品当前PB普遍低于历史均值，但是相较于历史低值仍处在偏高位置；中游制造业除了建筑装饰外，其余也均高于历史均值水平；汽车、房地产、家电等可选消费以及食品饮料等当前估值低于历史均值；而TMT等新兴行业估值依旧高于历史均值水平。

当前A股仍然无法摆脱区间震荡格局，尽管“估值切换”行情似是而非，但仍可把握低估值板块和业绩高增长行业的结构性机会。

尽管A股目前仍然无法摆脱区间震荡格局，并且市场关注的“估值切换”行情也缺乏历史数据的支持，但是从配置角度依旧可以把握结构性的“估值切换”机会，我们建议投资者从两条主线寻找机会：

第一是把握低估值板块，建议关注金融行业。一方面从历史数据看，低估值板块在四季度特别是12月能大概率跑赢大盘，取得相对收益；另一方面当前金融行业估值处在底部位置，其中银行的PB接近历史最低位置，非银金融的PB则处在历史底部区域。

第二是寻找业绩高增长板块，建议关注煤炭、机械设备、化工、轻工制造等行业。我们根据各个行业净利润增速的历史波动性和市场对各个行业2017年的EPS预测（基于一致预期），筛选历史业绩波动性较小和2017年预期业绩增速较高的行业，从筛选结果看我们建议关注煤炭、机械设备、化工、轻工制造4个行业。

资料来源：东方财富网. A股四季度如何布局？国信证券：两主线把握低估值板块[EB/OL].(2016-10-20). http://www.cs.com.cn/gppd/hyyj/201610/t20161020_5075928.html.

【思考提示】 什么是估值切换？

13.1 有价证券与估值

13.1.1 货币的时间价值

投资是因为货币有时间价值，有价值才能对有价证券进行估值。钱生钱，并且所生之钱会生出更多的钱，这就是货币时间价值的本质。货币的时间价值是货币经过一定时间的投资和再投资所增加的价值，称为资金的时间价值。货币的时间价值不产生于生产与制造领域，而产生于社会资金的流通领域。货币的时间价值就是指当前所持有的一定量货币比未来获得的等量货币具有更高的价值。从经济学的角度而言，当前的一单位货币与未来的一单位货币的购买力之所以不同，是因为要节省现在的一单位货币不消费而改在未来消费，则在未来消费时必须有大于一单位的货币可供消费，作为弥补延迟消费的贴水。

所以在这个过程中会首先涉及对货币的一个估值，货币的此时此刻的价值与一个月、一年后或者是十年后的价值都是不一样的，证券的票面价值和实际价值往往也是不同的，所以在估值和计算之前就先有了关于货币的单利、复利、名义利率与实际利率等的问题。

1. 单利的计算

本金在贷款期限中获得利息，不管时间多长，所生利息均不加入本金重复计算利息。

单利利息计算　　　　　　$I = P \times i \times t$

单利终值计算　　　　　　$S = P + P \times i \times t$

单利现值计算　　　　　　$P = S - I$

式中，P 是本金，又称期初额或现值；I 是利息；i 是利率，通常指每年利息与本金之比；S 是本金与利息之和，又称本利和或终值；$t(n)$是时间(计算利息的期数)。

例如，某人有一张带息期票，面额为 1200 元，票面利率为 4%，出票日期 9 月 25 日，11 月 24日到期(共 60 天)，则到期时利息为

$$I = 1200 \times 4\% \times 60 \div 360 = 8(\text{元})$$

2. 复利计算

每经过一个计息期，要将所生利息加入本金再计利息，逐期滚算，俗称"利滚利"。

(1) 复利终值

$$S = P \times (1 + i)^n$$

式中，$(1 + i)^n$ 被称为复利终值系数或 1 元的复利终值，用符号$(S/P, i, n)$表示。

(2) 复利现值

$$P = S \times 1 \div (1 + i)^n$$

式中，$1 \div (1+i)^n$ 称为复利现值系数，或称 1 元的复利现值，用$(P/S, i, n)$表示。

(3) 复利利息

$$I = S - P$$

3. 名义利率与实际利率

复利的计息期不一定总是一年，有可能是季度、月、日。当利息在一年内要复利几次，给出的年利率叫作名义利率。例如，本金 1000 元，投资 5 年，利率 8%，每年复利一次，其本利和与复利息：

$$S = 1000 \times (1 + 8\%)^5 = 1000 \times 1.469 = 1469$$

所以　　　　$I = 1469 - 1000 = 469$

如果每季复利一次，每季度利率＝8%÷4＝2%。

复利次数＝5×4＝20。

$$S = 1000 \times (1 + 2\%)^{20} = 1000 \times 1.486 = 1486$$

所以　　　　$I = 1486 - 1000 = 486$

当一年内复利几次时，实际得到的利息要比按名义利率计算的利息高。

以上例子中的实际利率：根据公式 $S = P \times (1+i)^n$，得出 $1486 = 1000 \times (1 + i)^5$，所以 $(1 + i)^5 = 1.486$ 即$(S/P, i, n) = 1.486$。

所以查表得出：

$$(S/P, 8\%, 5) = 1.469$$

$$(S/P, 9\%, 5) = 1.538$$

货币的时间价值能反映货币在不同时点的价值，它在很多方面都具有积极的作用。所以，在做投资决策时，在评价、估值等多方面的金融活动中，货币的时间价值都是必须全面考虑的因素。

13.1.2 有价证券与估值概述

有价证券是指标有票面金额，用于证明持有人或该证券指定的特定主体对特定财产拥有所有权或债权的凭证。有价证券按其所表明的财产权利的不同性质，可分为商品证券、货币证券及资本证券，资本证券又包括债券、股票、基金等。狭义上的有价证券不包括商品证券，通常讨论的有价证券多指资本证券。

在金融市场中，有价证券的买卖双方根据各自掌握的信息，对证券价值分别进行评估，针对各自对有价证券的估值进行心理博弈，最后达成交易。所以，在这个过程中，对有价证券的有效估值至关重要。证券的估值就是对证券价值的评估。

证券的估值取决于人们对证券的接受程度、交易双方对信息的收集等多方面的影响。首先是市场价格，有价证券的市场价格直接反映了市场参与者对证券价值的评估，包括历史价格、当期价格和预期市场价格；内在价值是证券的核心，投资者在心理上会假设证券都存在一个由证券本身决定的价格，称为内在价值；信息的收集很多时候影响着投资者的投资决策，影响投资者对证券价值的评估。

我国财政部颁布的《企业会计准则第 22 号——金融工具确认和计量》中阐明，如果存在活跃交易的市场，则以市场报价为金融工具的公允价值，否则采用估值技术确定公允价值。该准则特别指出，估值技术包括参考熟悉情况并自愿交易的各方最近进行的市场交易中使用的价格、参照实质上相同的其他金融工具的当前公允价值、现金流量折现法和期权定价模型等。

证券估值方法一般包括绝对估值法、相对估值法、资产价值法和其他估值方法。其中绝对估值法包括红利贴现模型、企业自由现金流贴现模型、股东现金流贴现模型和经济利润估值模型；相对估值是运用证券的市场价格与某个财务指标之间存在的关系进行估值，通常有市盈率(P/E)、市净率(P/B)、市销率(P/S)、经济增加值与利息折旧摊销前收入比和市值回报增长比；资产价值就是根据企业资产负债表，判定企业资产价值、负债价值与权益价值之间的关系(权益价值＝资产价值－负债价值)；其他估值方法还包括无套利定价和风险中性定价。下面将举例对债券和股票的估值进行讲述。

13.1.3 债券估值

债券估值是决定债券公平价格的过程。准确的债券估值是债券投资的基础。债券估值就是根据债券的现金流、付息频率、期限等各种条款来决定其价格的过程。债券估值可以作为二级市场的交易基准和一级市场招投标的理论依据，并由此决定各类债券资产组合净值的涨跌，从而影响投资人的实际利益。因此，债券的市场售价、票面利率、到期时间和付息还本方式是判断债券估值的四个最重要指标。

首先债券公平价格是债券的预期现金流经过合适的折现率折现以后的现值，所以就有了债券价格的公式：

$$P_0 = \sum_{t=1}^{T} \frac{C}{(1+r)^t} + \frac{F}{(1+r)^T}$$

式中，C 是每过一定时期支付的息票，F 是债券面值，T 为债券持有的时间，r 是报酬率。

（r是新发行的具有类似风险评级的债券市场利率）。

由此衍生出债券基金的估值方法，主要有三种，包括成本法、市价法和摊余成本法。成本法主要为用于银行间债券投资的估值，但该方法可能导致基金净值严重偏离公允价值。市价法则主要用于交易所债券，由于收盘价格可能异常且波动频繁，该方法容易降低基金净值的稳定性，不利于引导投资者进行长期、理性的投资。这种方法在债券市场价格向上走的时候是平安无事的，但是当债券市场价格下跌时，这种方法则可能会高估了债券的净值。由于这种计算方法可能会隐藏风险，因此在"中短债基金"中还存在另一种参考计算方法——"影子定价法"。

影子定价又称"计算价格""影子价格""预测价格""最优价格"，是荷兰经济学家詹恩·丁伯根在20世纪30年代末首次提出来的，运用线性规划的数学方式计算的，反映社会资源获得最佳配置的一种价格。

影子定价就是基金管理人于每一个计价日，采用市场利率和交易价格，对基金持有的计价对象进行重新评估，即"影子定价"。当基金资产净值与影子定价的偏离达到或超过基金资产净值的0.5%时，或基金管理人认为发生了其他的重大偏离时，基金管理人可以与基金托管人商定后进行调整，使基金资产净值更能公允地反映基金资产价值，确保以摊余成本法计算的基金资产净值不会对基金持有人造成实质性的损害。

基金按照"摊余成本法"和"影子定价"对基金进行估值。影子定价的作用在于为了避免采用摊余成本法计算的基金资产净值与按市场利率和交易市价计算的基金资产净值发生重大偏离，从而对基金持有人的利益产生稀释和不公平的结果。

13.1.4 股票估值

股票是股份公司在筹集资本时向出资人发行的股份凭证，代表着其持有者对股份公司的所有权，购买股票也是购买企业生意的一部分，即可和企业共同成长发展。判断高估值股票和低估值股票的方法有市盈率和市净率（当前股价除以每股净资产）。

市盈率是某种股票每股市价与每股盈利的比率。市场广泛谈及市盈率通常是指静态市盈率，通常用来作为比较不同价格的股票是否被高估或者低估的指标。用市盈率衡量一家公司股票并非总是准确的。一般认为，如果一家公司股票的市盈率过高，那么该股票的价格具有泡沫，价值被高估。当一家公司增长迅速以及未来的业绩增长非常看好时，利用市盈率比较不同股票的投资价值时，这些股票必须属于同一个行业，因为此时公司的每股收益比较接近，相互比较才有效。

市盈率是很具参考价值的股市指针，一方面，投资者往往不认为严格按照会计准则计算得出的盈利数字真实反映公司在持续经营基础上的获利能力，因此，分析师往往自行对公司正式公布的净利加以调整。

除了市盈率和市净率外，企业所处的生命周期也至关重要。从投资角度来说，在市场中，通常投资者都希望找寻成长期的企业进行投资。因为从企业生命周期的角度看，企业的发展历程分为初创期、成长期、成熟期和衰退期，成长期的企业，由于企业已经闯过荆棘遍布初创期，进入快速增长期，较高的估值不但给企业的所有者以回报，同时也为投资者带来丰厚的资本增值。

对于如何计算增长率是估值的关键。增长率就是增长的部分除以原本的数目。从企业增速的角度考虑，增长率会受到企业规模的变化影响，营业收入从10亿元增长到100亿元，要易于从100亿元到1000亿元。但是增速在何时开始转变，则更多地体现了分析师的主观判断。此外，成功的企业会引入竞争者，除非企业能挖出一条宽阔的护城河，否则企业的增速难以保证。

对一家企业的股票进行估值的另一个关键点在于贴现率。贴现率是指将未来支付改变为现值所使用的利率。从影响贴现率的角度看，业务的投资风险和负债结构是最大因素。企业的价值更多来自增长性资产，但其比现有资产的风险更高，这就要求我们用更高的折现率来弥补。同时一旦企业的股权价值变化较大，会影响资产负债结构，带来的经营风险进一步影响贴现率。此外，公司在发展过程中的变化，也要求在不同时期使用不同的贴现率，这对估值提出了更高的要求。

13.2 有价证券投资价值的分析方法

在证券投资的过程中，对证券进行分析是一个非常重要的过程。那么在分析的过程中采用什么样的分析方法对投资者的投资决策有着重要的影响，目前主要的分析方法有基本分析法、技术分析法和量化分析法，这三种分析方法是进行证券投资分析所普遍采用的方法。

13.2.1 基本分析法

基本分析法就是通常所说的对基本面进行分析。专业的证券分析师通常根据经济、金融、财务的基本原理，对影响证券价值的基本要素，包括宏观经济数据、国家经济政策、行业发展情况、产品的市场状况、企业的财务状况和销售等进行分析，预测企业发展前景，进一步预测证券的价值和价格走向。

1. 宏观方面

宏观方面主要是指宏观经济数据和国家的经济政策。其中宏观经济数据是指一系列的宏观经济学的统计指标经过一定公式计算得到的一个综合指标，包括国内生产总值（GDP）、国民总收入（GNI）、劳动者报酬、消费水平等。宏观经济数据主要有工业增加值、城镇固定资产投资同比增长、国民生产总值（GDP）、全民消费价格指数（CPI）、工业产品出厂价格指数（PPI）、消费品零售总额、人民币贷款增加、广义货币同比增长（M2）、狭义货币同比增长（M1）等。

在市场经济条件下，国家用于调控经济的财政政策和货币政策将会影响到经济增长的速度和企业经济效益，进而对证券市场产生影响。财政政策的手段主要包括国家预算、税收、国债、财政补贴、财政管理体制和转移支付制度等。其中包括扩张性财政政策、紧缩性财政政策和中性财政政策。实施扩张性财政政策有利于扩大社会的总需求，将刺激经济发展；而实施紧缩性财政政策则在于调控经济过热，对上市公司及其股价的影响与扩张性财政政策所产生的效果相反。货币政策是政府为实现一定的宏观经济目标所制定的关于货币供应和货币流通组织管理的基本方针和基本准则。调控作用主要表现在通过调控货币供应总量保持社会总供给与总需求的平衡，通过调控利率和货币总量控制通货膨胀，调节国民收入中消费与储蓄的比例，引导储蓄向投资的转化并实现资源的合理配置。

货币政策的工具可以分为一般性政策工具(法定存款准备金率、再贴现政策、公开市场业务)和选择性政策工具(直接信用控制、间接信用指导等)。如果市场物价上涨、需求过度、经济过度繁荣，被认为是社会总需求大于总供给，中央银行就会采取紧缩货币的政策以减小需求；反之，中央银行将采用宽松的货币政策手段以增加需求。

2. 行业分析

行业分析是综合运用统计学、计量经济学等分析工具对行业经济的运行状况、产品生产、销售、消费、技术、行业竞争力、市场竞争格局、行业政策等行业要素进行深入分析，从而发现行业运行的内在经济规律，预测未来行业发展的趋势。行业概述、行业发展的历史回顾、行业发展的现状与格局分析、行业发展趋势分析、行业的市场容量、销售增长率现状及趋势预测，行业的毛利率，净资产收益率现状及发展趋势预测等都是在行业分析时必须要考虑的分析因素。

投资者在选择投资证券时，不能被眼前的景象所迷惑，而要分析和判断企业所属的行业是处于初创期、成长期，还是稳定期或是衰退期，绝对不能购买那些属于衰退期的行业。行业特征是直接决定公司投资价值的重要因素之一。行业分析是上市公司分析的前提，是连接宏观经济分析和上市公司分析的桥梁。行业分析旨在界定行业本身所处的发展阶段及其在国民经济中的地位，同时对不同的行业进行横向比较，为最终确定投资对象提供准确的行业背景。行业分析的目的是挖掘最具投资潜力的行业，进而选出最具投资价值的上市公司。行业分析是介于宏观经济与微观经济分析之间的中观层次的分析，是发现和掌握行业运行规律的必经之路，是行业内企业发展的大脑，对指导行业内企业的经营规划和发展具有决定性的意义。

3. 公司方面的分析

公司方面的分析涉及非常微观的数据，包括公司的发展前景、产品的市场前景、公司的财务状况、公司的人员情况等多方面因素。具体的指标有销售额、回款额、销售利润率、现金流、生产效率和生产能力、产品的市场占有率、品牌的知名度和扩散能力、研发能力和研发成果等。

财务分析是公司方面的分析中的一个重要成分。财务分析是分析各项财务计划完成情况。财务分析按其涉及内容的范围不同，可以分为全面分析、简要分析、典型分析、专题分析、分列对比分析。通常财务分析都需要用到5个最主要的财务指标，分别是偿付比率、负债比率、流动性比率、负债收入比率和投资与净资产比率。

(1) 偿付比率=净资产÷总资产。这个指标反映了公司的财务结构是否合理，反映了公司综合还债能力的高低。一般来说，偿付比例的变化范围在0到1，该项数值为0.5较为适宜。如果偿付比率太低，意味着的公司主要靠借债来维持，经济不景气时，公司很可能出现资不抵债的情况。如果偿付比率太高，意味着公司没有充分利用现有资产，应适当地使用财务杠杆。

(2) 负债比率=负债总额÷总资产。负债比率是公司负债总额与总资产的比值,它是衡量公司财务状况是否良好的一项重要指标。该项数值应控制在0.5以下,才能预防因流动资产不足而可能出现的财务危机。

(3) 流动性比率=流动性资产÷每月支出。流动性比率反映了客户支出能力的强弱。通常公司的流动资产是指那些在未发生价值损失条件下能迅速变现的资产,主要由库存现金、银行存款、货币市场基金等资产构成。一般来说,公司流动性资产应满足一年之内短期的日常开支。由于流动资产的收益一般不高,该数值不宜过大,否则会影响公司资产的进一步升值能力。

(4) 负债收入比率=每年偿债额÷税前年收入。负债收入比率是公司到期需支付的债务本息与同期收入的比值,它是衡量公司一定时期财务状况是否良好的重要指标。该项数值保持在0.5以下比较合适。负债收入比率过高,则公司在进行借贷融资时会出现一定困难。

(5) 投资与净资产比率=投资资产÷净资产。投资与净资产比率是指公司投资资产与净资产的比值,它反映了公司通过投资提高净资产的能力。该项数值在0.5左右为宜,在0.5的水平下,既可保持适当的投资收益,又不会面临太高的风险。投资资产是能带来投资收益的资产,包括金融资产和投资用不动产,但厂房和办公楼只能算是资产,不能算作投资资产。

13.2.2 技术分析法

技术分析的历史与证券市场一样久远,众多分析大师不断地贡献和丰富着这一部分内容。技术分析法是通过观察证券市场的行为来分析证券价格的变化趋势并做出判断的方法。传统的技术分析理论是建立在三个假设之上的,包括市场的行为反映所有信息、价格沿着趋势在移动、历史会重复。常见的技术分析理论有K线理论、切线理论、形态理论、技术指标理论、波浪理论和循环周期理论。

种类繁多的K线组合是在分析中提供局部的最佳介入点。作用巨大的黄金分割线可以判断价格趋势的起始点。神秘莫测的波浪理论曾经做出一些在开始被认为是难以置信后来却成为现实的上佳表现。为数众多且不断增加的技术指标从各个方面表现出市场行为和投资者的心理变动过程。

(1) K线图源自于日本德川幕府时代,被当时日本米市的商人用来记录米市的行情与价格波动,后因其细腻独到的标画方式而被引入股市及期货市场。当前,这种图表分析法在我国以至整个东南亚地区尤为流行。由于用这种方法绘制出来的图表形状颇似一根根蜡烛,加上这些蜡烛有黑白之分,因而也叫阴阳线图表。通过K线图,我们能够把每日或某一周期的市况表现完全记录下来,股价经过一段时间的盘档后,在图上即形成一种特殊区域或形态,不同的形态显示出不同意义。我们可以从这些形态的变化中摸索出一些有规律的东西出来。K线图形态可分为反转形态、整理形态及缺口和趋向线等。K线图有直观、立体感强、携带信息量大的特点,蕴含着丰富的东方哲学思想,能充分显示股价趋势的强弱、买卖双方力量平衡的变化,预测后市走向较准确,是各类传播媒介、计算机实时分析系统应用较多的技术分析手段。这种分析法在股票二级市场运用广泛并且广受欢迎。

(2) 切线理论包括趋势线、通道、黄金分割线等，能够帮助投资者在投资过程中认清证券的发展趋势的延续和逆转，通常在股票市场运用得较多。

趋势线是衡量价格波动方向的，由趋势线的方向可以明确地看出股价的变化趋势。在上升趋势中，将两个低点连成一条直线，就得到上升趋势线。在下降趋势中，将两个高点连成一条直线，就得到下降趋势线。要得到一条真正起作用的趋势线，要经多方面的验证才能最终确认。

通道线又称轨道线或管道线，是基于趋势线的一种方法。在已经得到了趋势线后，通过第一个峰和谷可以做出这条趋势线的平行线，这条平行线就是轨道线。两条平行线组成一个轨道，这就是常说的上升和下降轨道。轨道的作用是限制股价的变动范围。对上面的或下面的直线的突破将意味着有一个大的变化。与突破趋势线不同，对轨道线的突破并不是趋势反向的开始，而是趋势加速的开始。轨道线的另一个作用是提出趋势转向的警报。

画黄金分割线的第一步是记住若干个特殊的数字，这些数字中 0.382、0.618、1.382 和 1.618 最为重要，股价极为容易在由这四个数产生的黄金分割线处产生支撑和压力。第二步是找到一个点。某个趋势的转折点就可以作为进行黄金分割的点，这个点一旦选定，我们就可以画出黄金分割线进行分析了。

(3) 形态分析是通过对市场横向运动时形成的各种价格形态进行分析，并且配合成交量的变化，推断出市场现存的趋势将会延续或反转。价格形态可分为反转形态和持续形态，反转形态表示市场经过一段时期的酝酿后，决定改变原有趋势，而采取相反的发展方向；持续形态则表示市场将顺着原有趋势的方向发展。形态理论是通过研究股价所走过的轨迹，分析和挖掘出曲线的一些多空双方力量的对比结果，进行行动。

(4) 技术指标分析就是依据一定的数理统计方法，运用一些复杂的数学计算公式，来判断证券走势的量化的分析方法。由于以上的分析往往需要一定的计算机软件的支持，所以对于个人实盘买卖交易的投资者，只作为一般了解。该类指标反映的东西大多是从行情报表中直接看不到的。但值得一提的是，技术指标分析是国际外汇市场上的职业外汇交易员非常倚重的汇率分析与预测工具。

目前证券市场上的各种技术指标数不胜数。例如，相对强弱指标(RSI)、随机指标(KD)、趋向指标(DMI)、平滑异同平均线(MACD)、能量潮(OBV)、心理线、乖离率等。这些都是很著名的技术指标，在股市应用中长盛不衰。随着时间的推移，新的技术指标还在不断涌现，包括 MACD(平滑异同移动平均线)、DMI(趋向指标)、DMA EXPMA(指数平均数)、TRIX(三重指数平滑移动平均)、BRARCR VR(成交量变异率)、OBV(能量潮)、ASI(振动升降指标)、EMV(简易波动指标)、WVAD(威廉变异离散量)、SAR(停损点)、CCI(顺势指标)、ROC(变动率指标)、BOLL(布林线)、WR(威廉指标)、KDJ(随机指标)、RSI(相对强弱指标)和 MIKE(麦克指标)。

(5) 1946 年，艾略特完成了关于波浪理论的集大成之作《自然法则——宇宙的秘密》。艾略特坚信，他的波浪理论是制约人类一切活动的普遍自然法则的一部分。波浪理论的优点是，对即将出现的顶部或底部能提前发出警示信号，而传统的技术分析方法只有事后才能验证。

波浪理论的数学基础，就是在 13 世纪发现的费氏数列。该理论认为市场走势不断重复一种模式，每一周期由5个上升浪和3个下跌浪组成。艾略特波浪理论将不同规模的趋势分成九大类，最长的超大循环波是横跨200年的超大型周期，而次微波则只覆盖数小时之内的走势。但无论趋势的规模如何，每一周期由8个波浪构成这一点是不变的。

(6) 循环周期理论的代表人物伯恩斯提出循环周期理论的四种买卖信号，分别是突破信号、转向信号、高低收盘价信号和三高在低信号。

循环周期理论认为事物的发展有一个从小到大和从大到小的过程，这种循环发展的规律在证券市场也存在。循环周期理论认为，无论什么样的价格活动，都不会向一个方向永远走下去。价格的波动过程必然产生局部的高点和低点，这些高低点的出现，在时间上有一定的规律。我们可以选择低点出现的时间入市，高点出现的时间离市。

13.2.3 量化分析法

量化分析法是利用统计、数值模拟和其他定量模型进行证券市场相关研究的一种方法，是继传统的基本分析和技术分析之后发展起来的一种重要的证券投资分析方法。量化分析法涉及很多数学和计算机方面的知识和技术，总的来说，主要有人工智能、数据挖掘、小波分析、支持向量机、分形理论和随机过程。

(1) 专业的证券投资是一项复杂的、综合了各种知识与技术的学科，对智能的要求非常高。所以人工智能的很多技术可以用于量化投资分析中，包括专家系统、机器学习、神经网络、遗传算法等。人工智能是研究使用计算机来模拟人的某些思维过程和智能行为(如学习、推理、思考、规划等)的学科，主要包括计算机实现智能的原理、制造类似于人脑智能的计算机，使计算机能实现更高层次的应用。

(2) 数据挖掘是从大量的、不完全的、有噪声的、模糊的、随机的数据中提取隐含在其中的、人们事先不知道的，但又是潜在有用的信息和知识的过程。在量化分析方法中，数据挖掘的主要技术包括关联分析、分类、聚类分析等。

关联分析是研究两个或两个以上变量的取值之间存在某种规律性。关联分为简单关联、时序关联和因果关联。关联分析的目的是找出数据库中隐藏的关联网。一般用支持度和可信度两个阈值来度量关联规则的相关性，还不断引入兴趣度、相关性等参数，使所挖掘的规则更符合需求。

分类就是找出一个类别的概念描述，它代表了这类数据的整体信息，即该类的内涵描述，并用这种描述来构造模型，一般用规则或决策树模式表示。分类是利用训练数据集通过一定的算法而求得分类规则。分类可被用于规则描述和预测。预测是利用历史数据找出变化规律，建立模型，并由此模型对未来数据的种类及特征进行预测。预测关心的是精度和不确定性，通常用预测方差来度量。

聚类分析就是利用数据的相似性判断出数据的聚合程度，使同一个类别中的数据尽可能相似，不同类别的数据尽可能相异。

(3) 小波分析在量化投资中的主要作用是进行波形处理。任何投资品种的走势都可以看作一种波形，其中包含很多噪声信号。利用小波分析，可以进行波形的去噪、重构、诊断、识别等，从而实现对未来走势的判断。

(4) 支持向量(SVM)方法是通过一个非线性映射，把样本空间映射到一个高维乃至无穷维的特征空间中，使在原来的样本空间中非线性可分的问题转化为在特征空间中的线性可分的问题，就是升维和线性化。一般的升维都会带来计算的复杂化，SVM 方法巧妙地解决了这个难题，应用核函数的展开定理，就不需要知道非线性映射的显式表达式；由于是在高维特征空间中建立线性学习机，所以与线性模型相比，不但几乎不增加计算的复杂性，而且在某种程度上避免了维数灾难。这一切要归功于核函数的展开和计算理论。正因为有这个优势，使 SVM 特别适合于进行有关分类和预测问题的处理，这就使它在量化投资中有了很大的用武之地。

(5) 被誉为大自然的几何学的分形理论，是现代数学的一个新分支，但其本质却是一种新的世界观和方法论。它与动力系统的混沌理论交叉结合，相辅相成。它承认世界的局部可能在一定条件下，在某一方面(形态、结构、信息、功能、时间、能量等)表现出与整体的相似性，它承认空间维数的变化既可以是离散的也可以是连续的，因而极大地拓展了研究视野。分形理论在量化分析中得到了广泛的应用，主要可以用于金融时序数列的分解与重构，并在此基础上进行数列的预测。

(6) 随机过程是一连串随机事件动态关系的定量描述。随机过程论与其他数学分支如位势论、微分方程、力学及复变函数论等有密切的联系，是在自然科学、工程科学及社会科学各领域中研究随机现象的重要工具。随机过程论目前已得到广泛的应用，在诸如天气预报、统计物理、天体物理、运筹决策、经济数学、安全科学、人口理论、可靠性及计算机科学等很多领域都要经常用到随机过程的理论来建立数学模型。

尽管有经验的风险经理有时在风险识别之后直接进行定量分析，但定量风险分析一般在定性风险分析之后进行。定量风险分析一般应当在确定风险应对计划时再次进行，以确定项目总风险是否已经减少到满意。重复进行定量风险分析反映出来的趋势可以指出需要增加还是减少风险管理措施，它是风险应对计划的一项依据，并作为风险监测和控制的组成部分。

【相关阅读】

广发证券策略周报：年底会有“估值切换”吗

上周 A 股市场稍有起色，大家开始关注是否是因为临近年底市场要开始进行“估值切换”了。就以上问题，我们的看法如下。

(1) 首先从统计规律来看，大盘指数在每年四季度或者年底月份上涨的概率并不高，这说明“估值切换”并不具有简单的季节性特征。我们分别统计了上证综指和创业板指从成立以来，在每年四季度以及 10 月、11 月、12 月的上涨概率，结果显示——上证综指和创业板指在每年四季度的上涨和下跌的概率基本是一半对一半，完全没有规律；而虽然每年 11 月的上涨概率稍大，但也不超过 70%，这对股市投资来说其实没有什么意义。

(2) 再结合“估值切换”的内涵来看，要让估值切换到第二年能带来股价上涨，至少需要对第二年的盈利增长有一个乐观的预期——如果对第二年的盈利预期很差，那就失去了“估值切换”的根基。2003 年以来，A 股上市公司整体分别在 2006 年、2009 年、2013 年、2016 年迎来了盈利回升周期，而我们回顾这四次盈利回升周期的前一年年底，似乎股市的表现都不错——在2005年的12月、2008年的11—12月、2012年的12月、2015年的整个四季度，上证综指都是上涨的。回顾这几次市场上涨，虽然不排除还有其他因素的影响，但是至少当时投资者对第二年的盈利增长是抱有乐观预期的(比如在2008年11月推出"四万亿"计划之后，投资者对第二年的盈利预期就出现了明显改善；又如在2012年年底，投资者对中国经济"新周期"启动带动A股盈利回升的预期十分强烈)——可见只有在对第二年盈利的乐观预期下，"估值切换"才能构成市场上涨的理由。

(3) 回到当前，无论是从周期规律还是逻辑推演来看，2017年都应该是一个盈利下行周期——在对明年比较差的盈利预期下，"估值切换"很难构成年底市场上涨的理由。在经历了2014年、2015年两年盈利下滑后，2016年迎来了盈利回升周期。但从过去的历史经验来看，A股的盈利改善周期一般只有一年，接下来两年是盈利下行周期——因此从时间规律来看，2017—2018年应该会再次进入盈利下行周期。另外，2016年下半年国内宏观数据出现改善，这应该是受到了地产周期、库存周期、基建周期"三期叠加"的共同正面影响。但展望2017年，地产周期和库存周期应该都会见顶回落，仅靠基建的力量将很难支撑基本面进一步向上。因此从逻辑推演来看，2017年的宏观基本面大概率向下，这也会导致A股盈利回落。综上来看2017年的盈利预期应该是比较差的，在这种预期下"估值切换"就无法构成市场上涨的理由。

(4) 从细分结构上来看，照理说年底"估值切换"更容易发生在一些稳定增长的"白马股"身上。但在2016年特殊的市场环境下，一些优质白马股早在2016年二季度就已经开始进行"估值切换"了，这就对年底构成了"透支"。在2016年年初的第三次"股灾"之后，市场情绪一直没有得到真正的恢复，且热点轮动很快。在这种环境下，那些受够了热点快速轮动的投资者就会选择多去配置一些业绩稳定增长的"白马股"。他们配置的理由是：即使这些股票短期不是最大的热点，但只要2017年、2018年还能保持稳定增长，那么股价迟早会涨上去——可见这本质上就是一种"估值切换"的思路。在这种思路下，很多白马股很早就被大家"抱团取暖"，结果估值水平也就很早早地切换到了第二年(例如，索菲亚、美的集团、网宿科技等公司)——索菲亚自上市以来，其TTM的PE中枢水平一般稳定在35～45倍。但在2016年4月以后，其估值水平便开始向上突破45倍(目前已达到52倍)，这意味着其目前的股价已经隐含了估值切换到2017年的预期，因此预计这类股票很难再因为"估值切换"而上涨。此外，网宿科技在本周五发布了预增50%以上的三季报预告之后，股价仍然暴跌，这也是给投资者对白马股"估值切换"的幻想敲响了警钟。

(5) 综上来看，建议投资者不要对市场整体或白马股在年底发生"估值切换"抱过高期望。只能在一些稳定增长且预期不充分的行业中去找结构性的"估值切换"机会——继续建议投资者关注化药和机场这两个行业。从上文"白马股"的案例可以看出，2016年底能发生"估值切换"的品种，不仅要业绩稳定增长，还需要"预期不充分"，否则股价可能早就已经切换到第二年的估值了。我们认为目前能同时符合这两个条件的板块已经非常稀缺，只建议投资者关注两个行业：化药和机场。首先化药和机场都属于稳定增长的行业，其次它们都存在"预期不充分"的积极因素——根据目前我们和投资者的交流反馈，大家对化药仍然存在"医保控费"的担忧，但其实"医保控费"对化药企业边际上冲击最大的时候已经过去，且行业集中度在这个过程中有了明显提升，龙头公司的盈利能力进一步改善；大家对机场仍然存在“投资过度”的担忧，但其实国内几大机场的资本开支高峰期都已经过去，因此在最近几年A股整体ROE不断创新低的过程中，机场行业的ROE却在创新高。

资料来源：和讯股票. 广发证券策略周报：年底会有“估值切换”吗[EB/OL].(2016-10-17). http://sc.stock.cnfol.com/gppdgdzx/20161017/23634265.shtml.

13.3 有价证券的投资策略

策略是投资的核心，没有策略就等于盲人骑瞎马，其风险可想而知。策略是连接知识和行动的桥梁，是行动的依据，是约束我们行为的纪律准则。市场形势千变万化，外在现象纷繁复杂，但内在规律相对稳定和简单，依据规律制订操作计划能在一定程度上避免被变化万千的表面现象所迷惑和欺骗，从而达到防范风险的目的。

投资策略就是在投资的过程中，对投资资产根据不同需求和自身的风险承受能力进行的安排、配制，具体包括在选择股票、债券、金融衍生品及不动产品种、配制投资资产比例、安排投资周期等内容进行的判断依据和规律。

(1) 投资多元化策略就是将资金有选择地分散投资于多种证券，以努力减少未来的不确定性，也就是说，要争取以较少的投资风险来获取较多投资收益，这是证券投资者制定投资多元化策略的基本考虑。投资多元化的理论依据是，如在各种股票短期内的趋势难以捉摸时，买进多种股票则是可减少风险，因为在一般情况下，一种或几种股票市价下跌，收益受损，但总有会另一些股票市价上升，收益增加，从而能够弥补投资者的部分或全部损失。

投资多元化一般在股票二级市场运用较多，具体策略较多，一般是当股票市价轮番上涨时，股票持有者相继以高价抛出手中的股票，以获取收益，但这样就往往会把手中的好股票在价格较低时就卖出了，而把一些劣势股票握在手中。为此，也可以采用“追涨卖跌法”，即哪种股票市价上涨就多买一些；哪种股票股价不上涨或者下跌时，就卖出哪种股票，这样就会获得较多的强势股票，使获利能力大大增强。因此，在具体运用投资多元化策略时，关键是要分析时弊、把握时机。在投资安全性较高时，对投资多元化的要求也就较低；而当投资风险较高时，对投资的多元化要求也就相对较高。

(2) 消极型投资策略也被称为被动投资策略，对股票投资来说也称非时机抉择型投资策略。消极投资策略认为证券分析并不能带来超额收益，理智的投资者应放弃证券选择决策与时机选择。消极投资策略指出最理性的投资方式应该是买入并持有指数基金(即指数化投资)。

消极型投资策略又分为简单型长期持有策略和科学组合型长期持有策略两种。简单型长期持有策略以买入并长期持有战略为主，一旦确定了投资组合，就不再发生积极的股票买入或卖出行为；科学组合型长期持有策略是指通过构造复杂的股票投资组合来拟合基准指数的表现，并通过跟踪误差来衡量拟合程度。

(3) 与消极型投资策略相对应的是主动型投资策略，也称积极性投资策略或者时机抉择型投资策略。积极性投资策略又分为概念判断型投资策略、价格判断型投资策略和心理判断型投资策略三种。

概念判断型投资策略是指以基本分析为基础的投资策略，分为价值投资策略与成长投资策略。价值投资策略是指投资价格低于其内在价值的企业，以追求较为固定的投资回报为目标。根据是否介入被投资企业的管理又分为消极价值投资和积极价值投资两类。消极价值投资是指不介入企业的管理，积极价值投资是指透过持有的股份影响企业的改造重组以提升企业价值。成长投资策略以投资成长股为主要对象，以获取企业成长时的股价增长为主要目标。

价格判断型投资策略是以技术分析为基础的投资策略，根据操作与趋势的关系分为顺势策略与反转策略两种。心理判断型投资策略以投资者的悲观与乐观程度作为时机抉择的主要依据。

另外，这两年风靡的量化投资是一种积极性投资策略，主动型投资的理论基础就是市场非有效的或弱有效的，基金经理可以通过对个股、行业及市场的驱动因素进行分析研究，建立最优的投资组合，试图战胜市场从而获取超额收益。与海外成熟市场相比，A股市场的发展历史较短，投资理念还不够成熟，相应地留给主动型投资发掘市场的潜力和空间也更大。量化主动投资策略以正确的投资理念为根本，通过各种因素的分析，以全市场的广度、多维度的深度视角扫描投资机会，在中国市场的应用将更显其优势。

量化投资不仅可以结合定性思想(即投资理念)，而且也可以让量化投资模型与基金经理的个人判断相结合，这些都将基金投资变得更加完美，也能把基金经理和投资总监们从琐碎的日常信息分析中解放出来。基金经理完全可以花更多的心思考虑市场趋势的变化、市场拐点的状况、市场结构的变化、市场上的黑天鹅，以及向量化模型中添加更多更有用的新信息，更好地为投资决策服务。

(4) 战略性投资策略也称为战略性资产配置策略，或者长期资产配置策略，是指对企业未来产生长期影响的资本支出，具有规模大、周期长、基于企业发展的长期目标、分阶段等特征，影响着企业的前途和命运的投资，对企业全局有重大影响的投资。战略性投资策略又细分为买入持有策略、固定比例策略和投资组合保险策略。

买入持有策略是消极型的长期再平衡方式，适用于有长期计划水平并满足于战略性资产配置的投资者。就是一般在确定了投资组合之后，会持有3～5年的时间。买入持有策略的优点是交易成本和管理费用较少，但是无法即时反映环境的变化。采取买入并持有策略的投资者通常忽略市场的短期波动，而着眼于长期投资。

固定比例策略就是保持投资组合中的各类资产的占比不变，但产品随着市场的变化进行调整。例如，投资组合中包含有货币、债券和股票三类资产各占1/3，这个比例不变，但是里面具体的产品会随着市场变化而变化。

投资组合保险策略是在将一部分资金投资于无风险资产从而保证资产组合的最低价值的前提下，将其余资金投资于风险资产并随着市场的变动调整风险资产和无风险资产的比例，同时不放弃资产升值潜力的一种动态调整策略。当投资组合价值因风险资产收益率的提高而上升时，风险资产的投资比例也随之提高；反之则下降。因此，当风险资产收益率上升时，风险资产的投资比例随之上升，如果风险资产收益继续上升，投资组合保险策略将取得优于买入并持有策略的结果；而如果收益转而下降，则投资组合保险策略的结果将因为风险资产比例的提高而受到更大的影响，从而劣于买入并持有策略的结果。

(5) 战术性投资策略，与战略性投资策略相对应，就是在确定了大方向的基础上，在具体的操作方式方法上的讨论。通常情况下的战术性投资策略是多种多样的，每个人的操作方法各有长处，概括起来就是交易型策略、多空组合策略、事件驱动策略。

交易型策略就是根据市场中的交易规律来制定某种适合自己操作的能够获利的策略。

多空组合策略就是基于各种理论模型和经验总结，在投资中配置不同比例的多头和空头(即买入和融券卖空)，构建成符合自己预期收益和风险特征的投资组合，并持续跟踪和调整的投资策略。由于不同的原理和多空比例，股票多空策略又分为多种形式，包括市场中性策略、130/30 策略和统计套利策略。

事件驱动交易策略就是在提前挖掘和深入分析可能造成股价异常波动的事件基础上，通过充分把握交易时机获取超额投资回报的交易策略。采用一系列合理手段，提前分析出可能对股价产生影响的事件将要公布的内容和时间范围，采取事件明朗化前逢低买入，事件明朗化后逢高卖出为主要原则的中短线投资策略。例如，2016 年的英国脱欧，美国大选等事件的发生都会造成全球金融市场的波动，提前分析才能避开风险，实现盈利。

(6) 混合型(博采型)投资策略，就是博采众长，多种投资策略混合的策略。该策略运用得当能够在牛市博得高收益，在熊市避开风险，现在越来越多的投资人热衷于采用混合型的投资策略在市场中进行操作。

例如，心理判断与概念判断复合型投资策略，就是以独立的投资概念为品种选择依据基础，以心理判断为进出时机抉择依据的投资策略；心理判断与价格判断复合型投资策略，就是将技术分析与心理分析相结合的时机抉择投资策略；概念判断与价格判断复合型投资策略，是以独立的投资概念为品种选择依据基础，以技术分析为进出时机抉择依据的投资策略。

13.4 有价证券投资信息的收集

信息收集是有价证券投资信息得以利用的关键一步。投资信息收集工作直接关系到整个证券的投资质量。有效的信息收集可以避免盲目地投资，看清市场行情，抽丝剥茧，摸清市场脉络，进行准确的市场判断。证券信息主要包括宏观层面、中观层面和微观层面。

(1) 宏观方面主要是指国家经济层面的方向、方针、政策法规、整个经济大环境的情况。通常情况下，不论是国际组织或者是国家层面都会定期出版大众化刊物，许多信息也都可以从官方媒体和互联网门户网站上搜寻得到。

例如，世界银行提供的《世界经济发展指标》，是世界银行最大众化的统计类读物，还提供光盘版。国际货币基金组织提供《国际金融统计年鉴》，它主要提供成员国的金融数据，但也包括一些总体数据，比如 GDP、失业和通货膨胀等。《OECD 经济展望》每年出版两次，提供许多跨国宏观经济数据。这些数据一般都上溯到 20 世纪 70 年代，而且具有很好的一致性；《OECD 就业展望》每年出版一次，专门提供劳动力市场的数据；《OECD 历史统计》不定期出版，将当期数据和过去数据放在一起。

或者直接登录网站查询,例如,IMF 的网址：www. imf. org。如果还没有找到想要的数据,哈佛商学院的宏观经济学资源网站 www. hbs. edu. /units/bgie/internet/也提供了大量信息。

我国的许多经济信息可以在网站中看到,例如,财新网、财联社等网站。另外,还有许多网站也有提供较为翔实的中国宏观经济数据,例如,中国资讯行数据库 Welcome BJINFOBANK、中国经济信息网等。另外人大经济论坛是国内最大的经济、管理、金融、统计在线教育和咨询网站,提供大量的可供下载的经济学资源,而且还有许多有用的链接。

(2) 中观层面。上市公司的信息,很多都会在公告中展现,可以在交易所网站,以及证监会指定信息公布平台看到。

交易所是实现产权信息共享、异地交易,统一协调产权交易市场,以及通过各种条款来平衡交易的场所。交易所具体分为证券交易所和商品交易所。以股票、公司债券等为交易对象的是证券交易所,例如,上海证券交易所、深圳证券交易所;以大宗商品(如棉花、小麦等)为交易对象的是商品交易所,例如,大连商品交易所、郑州商品交易所。

除了交易所之外,还有证券业协会也提供信息。例如,我国证券业协会,是证券业的自律性组织,是社会团体法人。协会的宗旨是根据发展社会主义市场经济的要求,贯彻执行国家有关方针、政策和法规,发挥政府与证券经营机构之间的桥梁和纽带作用,促进证券业的开拓发展。依法维护会员的合法权益,向证券监督管理机构反映会员的建议和要求;收集整理信息,为会员提供服务;制定会员应遵守的规则,组织会员单位从业人员的业务培训,开展会员间的业务交流;调解会员之间、会员与客户之间发生的纠纷;组织会员就证券业的发展、运作及有关内容进行研究。

另外,想要获取企业的信息,可以登录企业的官方网站搜寻,或者财经媒体对企业的相关报道也能透露出企业的最新动向。

(3) 微观层面主要是指证券市场投资标的的情况,例如,某个股票的最近表现、历史情况,基金的价格,基金经理的过往业绩,黄金价格的走势,最近汇率对期货的影响,多空势力的博弈情况等。

股票的价格走势信息在炒股软件可以查看。基金的价格走势在券商的 APP,或者一些可以购买基金的 APP 可以看到。

现在是信息爆炸的时代,我们每天都被大量的信息环绕,所以在收集信息时一定要选择适当的信息媒体,切莫以偏概全。在收集信息时要避免主观喜好,多看不同的观点。

如今在互联网的推动下,信息变化速度加快,形式也是多种多样的,要适应这种变化就必须收集和筛选信息,并且在实践中不断地加以检验。这样才能在降低风险的基础上把握盈利的机会。

(4) 除以上介绍的几种资料收集渠道外,结合近年互联网的发展,在博客、微博、微信等也能搜寻到有效信息。

国内有网易、新浪、搜狐以及和讯等博客网站,有些数据也可以从博客中找到;新浪微博用户量极大,其中有些数据可以通过搜索查询到;微信用户已经超过 4 亿,每个人都是新闻的发布者,其中数据资源丰富,可以通过关注相关公共账号或关注朋友圈获取。

【相关阅读】

大数据行业发展现状分析

大数据是指不用随机分析法(抽样调查)这样的捷径,而采用对所有数据进行分析处理的新的数据处理方式,与传统的BI数据分析相比,大数据分析能力更强,处理速度更快,更适用于互联网时代下,各行业对海量数据快速分析、处理的需要,因而备受重视,市场空间迅速打开。

2014年全球大数据市场规模为285亿美元,同比增长53.2%,增速势头强劲。预计未来几年大数据市场发展可保持20%以上的年均增速,到2017年全球大数据市场规模可突破500亿美元。

大数据发展潜力由此可见一斑。我国政策已经开始偏向大数据,再加上大数据产业孵化基地利好提振,国内大数据产业发展将驶向快车道。

1. 政策利好大数据,国内企业接连参与

我国大数据市场起步于2009—2011年,大数据行业关注度极高;在2012—2013年,由于技术相对不成熟,大数据技术落地艰难,行业混乱;2014年后,基于大数据良好的发展势头,政策开始力挺,大数据市场进入高速发展时期。

2014年3月,我国在《政府工作报告》中首次提及大数据概念;2015年十八届五中全会上,我国提出了实施国家大数据战略,并颁发了《促进大数据发展的规划纲要》,大数据上升至国家战略层面;"十三五"规划中,大数据发展也被纳入其中,这意味着未来5年甚至更久时间内,国家都将积极推动大数据产业发展。

同时,国内企业也争相发力大数据业务。其中,以互联网应用服务为切入点抢占大数据制高点最为常见。

例如,阿里巴巴已在利用大数据技术提供阿里信用贷款;腾讯通过社交网络数据挖掘打造全新营销平台,为广告主实现精准营销;百度建立了包括百度指数、司南、风云榜、数据研究中心、百度统计5大数据体系平台,提供企业实时数据服务……

2. 百亿元市场,大数据市场迅速发展

前瞻产业研究院提供的《中国大数据产业发展前景与投资战略规划分析报告》指出,2011年我国大数据市场规模为2.6亿元,2013年市场规模为11.2亿元,同比2012年暴增138.3%,随后市场增速略有下滑,但发展速度依旧强势。2014年大数据市场规模达23.2亿元,同比增长107.14%。2015年大数据产业市场规模约为46.8亿元,同比增长依旧超过100%,达101.72%。

未来,受政务大数据资源放开,政策进一步利好大数据发展影响,我国大数据市场仍将高速发展,预计到2020年时,大数据市场规模可达454.33亿元,增长速度为20%。

3. 大数据投资拐点到来,两方向值得把握

大数据市场培育不断成熟,预计大数据市场的爆发点将会在2016年以及之后5年出现,更好的投资机会也将在此阶段显现。投资上,信息行业(互联网和电信)、政府、金融这几大领域数据量极大,是大数据应用的重点行业,其投资占比超过了整个产业的50%,未来它们依旧将是投资重点。

除此之外，医疗、零售、交通等领域的大数据应用范围正在不断扩大。尤其是医疗、生物领域，随着医疗信息化和医疗改革的不断推进，医疗领域大数据的应用空间同样非常广阔。

资料来源：经济学人. 大数据行业发展现状分析[EB/OL]. (2016-07-27). http://mt.sohu.com/20160727/n461221169.shtml.

本章小结

本章主要针对有价证券的投资价值分析进行了详细的阐述，涉及了有价证券与估值、有价证券投资价值的分析方法、有价证券投资策略和有价证券投资信息收集等内容。完成本章的学习，应该理解和掌握以下内容。

(1) 有价证券是指标有票面金额，用于证明持有人或该证券指定的特定主体对特定财产拥有所有权或债权的凭证。

(2) 证券的估值取决于人们对证券的接受程度、交易双方对信息的收集等多方面的影响。首先是市场价格，有价证券的市场价格直接反映了市场参与者对证券价值的评估，包括了历史价格、当期价格和预期市场价格；内在价值是证券的核心，投资者在心理上会假设证券都存在一个由证券本身决定的价格，称为内在价值；信息的收集很多时候影响着投资者的投资决策，影响投资者对证券价值的评估。

(3) 债券估值是决定债券公平价格的过程。准确的债券估值是债券投资的基础。债券估值就是根据债券的现金流、付息频率、期限等各种条款来决定其价格的过程。

(4) 基本分析法就是通常所说的对基本面进行分析。专业的证券分析师通常根据经济、金融、财务的基本原理，对影响证券价值的基本要素，包括宏观经济数据、国家经济政策、行业发展情况、产品的市场状况、企业的财务状况和销售等进行分析，预测企业发展前景，甚至企业领导者等这些因素都会影响证券的价值和价格走向。

(5) 量化分析法是利用统计、数值模拟和其他定量模型进行证券市场相关研究的一种方，是继传统的基本分析和技术分析之后发展起来的一种重要的证券投资分析方法。

案例分析

投资策略：等待市场蓄势向上

上周市场冲高回落。上证综指上涨 0.43%，中小板指下跌 0.53%，创业板指下跌 0.71%。两市总交易量持续回升至 2.6 万亿元。成交量回升预示着市场总体蓄势向上迹象比较明显，但仍有一定阻力，历史上四季度风险偏好整体较低，短期需要进一步观察市场表现。板块表现方面，上周各板块涨跌互现，其中受铁矿石、焦煤焦炭商品暴涨的影响，采掘涨势依旧强势。在焦煤、焦炭的带动下，铁矿石价格本周上涨，并一举突破了 4 月创下的年内高点，黑色金属原材料价格仍保持快速上涨态势。而受年末白酒回暖影响，食品饮料上周出现 4 个点以上的涨幅。

四季度经济基本面稳定，2017 年经济可能再下一个台阶。随着房地产调控开始，投资可能会发生下滑。四季度基建投资很难持续，但是四季度经济基本稳定。

一方面，房地产调控从 9 月升级，短期调控升级对投资影响不致房地产投资断崖式的下跌。四季度房地产投资增速仍可能有 3%。另一方面，基建虽然开始失速，但是 PPP 有望弥补一些资金，而且 2016 年财政赤字可能超预期。我们预期四季度基建投资的增速仍有望保持在 15%以上。考虑到 2015 年四季度 GDP 的增速较低，基数效应可能使 2016 年四季度 GDP 增速仍然维持在 6.6%～6.7%水平。地产调控对投资的影响在 2017 年最大，而由于财政很可能连续三年超出 3%，财政对基建的边际作用递减，2017 年基建大概率低于 2016 年水平。投资的下滑将使 2017 年的经济出现回落的概率非常大。

技术分析看市场：短期蓄势调整。虽然目前市场较为强势，但我们认为接下来短期仍处于调整期：①52 天周期未结束；②上涨接近前期高点；③周线出现上影线，但短期调整为中期上涨做蓄势之力。不以物喜、不以己悲。行情不会因我们悲观而下跌，也不会因我们乐观而上涨，反之亦然。从 2016 年行情来看，市场一直处于股灾大跌后的反弹之中，市场底部逐步提高，选股重要性大于仓位控制和波段操作。

配置建议方面，我们建议四季度开始关注以下品种：①大金融板块，尤其以低估值高股息的银行为主；②行业景气提升：新能源汽车、PPP 领域的轨交、供给侧改革的煤炭；③国企改革，尤其上海国企；④精选成长个股（军工、北斗、VR、智能驾驶、人工智能、体育经济等领域）。

风险提示：

（1）市场减持和流动性压力持续增加。

（2）四季度改革和创新落地不达预期。

（3）海外市场风险持续增加。

资料来源：东方证券研报．投资策略：等待市场蓄势向上[EB/OL]．(2016-11-02)．http://finance.qq.com/a/20161102/027039.htm.

【问题讨论】 试讨论该篇研报的投资策略。

思 考 题

1．什么是货币的时间价值？

2．复利的公式是什么？

3．证券的估值方法有哪些？

4．债券估值需要注意哪些因素？

5．股票估值会受到哪些因素的影响？

6．基本分析法包括哪些方面？

7．什么是 K 线理论？

8．多元化策略有什么优势？

第14章 金融理论的发展(一)

【本章学习目标】

1. 了解金融理论的发展。
2. 理解投资组合理论。
3. 掌握投资组合理论的发展。

【导入案例】

现代金融：欢迎来到“宽容”帝国

中国人有一个普遍误解，认为投行只会做股票投资、企业上市和并购之类的业务，其实不是这样。从摩根士丹利刚公布的2015年业绩构成就可以看出，真正的投资银行里，最赚钱业务有两大块：一个是环球市场部；另一个才是中国人所熟悉的投行业务。并购、发债这些中国券商所做的事，在摩根士丹利这样的投资银行里，只占了整个业务的36%，其他64%都是在交易室里产生的。

交易室里做的是什么？是所有和固定收益、外汇以及股票相关的现货或者衍生品，这里才是真正的核心部门。而环球市场部，其实就可以看作一个交易室，在这个交易室里有几种(人)，一种是交易员，为银行、为客户服务，进行报价、买出卖出；一种是销售人员——将金融产品卖给企业客户，帮其对冲金融风险等；另外比较重要的一种人是金融工程师，他们从事的工作是建模，为所有的金融产品做设计、做模型、做估算；还有，大家知道，经过金融危机，银行对风险管理的要求非常高，风险管理人员就是监控所有潜在交易以及客户产品的风险。这是一个交易室里主要的人员构成。

这些人从哪里找？以法兴银行为例，作为全球最佳衍生品银行，在法国和伦敦的交易室里工作的，基本上都是巴黎综合理工和巴黎中央理工毕业的工程师。在巴黎综合理工、巴黎中央理工这些工程师大学校，学生上到三年级，就会面临方向选择，金融是一个比较热门的行业，工程师大学相对来讲培养的金融人才比较多，尤其是金融工程师。而商学院则在销售人才方面贡献较大，比如法国高商(HEC)等。

为什么国际投行会青睐工程专业的人才？这是因为目前的金融业，其整个理论体系在本质上是建立在数学模型之上。

对现代金融理论真正成系统地研究开始于20世纪法国的一个数学学生(后来成为数学家)劳伦斯·巴施里耶(Louis Bachelier)，他的论文题目就叫《投机理论》(*Theorie de la speculation*)这是世界上第一个系统地用模型方法研究金融市场和股票。在西方，股票市场在18世纪就出现了，但直到19世纪60—80年代，朱利·荷纽(Jules Regnault)埃德温·勒费夫尔(Edwin Lefevre)等人才把数学概念引入金融中。但真正的系统研究还是巴施里耶，他把“随机游走理论”用于股票价格的行为分析，可以精确地描述金融市场的行为、走势规律。但在当时论文却并没有引起很大反响，甚至当时听他做论文答辩的数学家们都认为他不务正业，他的博士论文成绩只得了一个及格。一直到1965年美国人把它翻译成英文在国际杂志上发表了以后，大家才恍然大悟：金融市场应该用这样的方法来研究！

其实，这种“随机游走理论”在物理学里被称为“布朗运动”，很多物理学家包括爱因斯坦、郎之万在20世纪初做了很多工作，但随机分布特别是随机一维积分的发展，其实是由数学家后来研究出来的，包括维纳、伊藤清等，伊藤清的“伊藤清定理”成为工程专业学生的必修课，是数学上很重要的一个定理。

实际上还有一个犹太人比他更早发现，然而很可惜，这人在“二战”前线牺牲了，但是由于在法国科学院有个传统——你可以往科学院寄一篇好文章，它就可以帮你保存一百年，不发表但是会保存起来。第二次世界大战时死亡的犹太人的论文就是在几十年后，他的后人想拿来看看，才被发现所研究的内容实际上就是后来伊藤清发现的定理。

说这个其实是想说，现代金融一开始就是很多数学家、物理学家在思考的问题，到了20世50—60年代，美国一大批经济学家开始把数学引入金融做理论研究，包括哈里·马科维茨（Harry M. Markowitz）1952年提出的现代投资组合理论；詹姆斯·托宾（James Tobin）1958年提出的两基金分离理论；威廉·夏普（William Sharpe）的基本资产定价模型；莫迪利亚尼和米勒（Modigliani & Miller）的公司金融理论等，这些都开始用数学模型来研究经济或金融市场。

对金融尤其重要的还是Black-Scholes-Merton期权定价模型，也叫作B-S-M。实际上三个人都是独立地完成了关于期权定价的研究，分别发现了期权定价公式，只是通过不同的方法，但默顿（Merton）比较不走运，1970年研究成果已经出来了，但是一直没有找到科学刊物愿意发表，一直等到1973年，另外两个人都发表了，默顿才发表了自己的文章，所以人们认为是其他两人早发现的，但实际上是默顿最早。

Black-Scholes-Merton期权定价模型、尤金·法玛（Eugene F. Fama）的有效市场假说、斯蒂芬·罗斯（Stephen A. Ross）的套利定价理论等，这些构成了现代金融理论和古典经济学基石，发明者都是拿了诺贝尔奖的。但默顿和舒尔斯（Scholes）诺贝尔奖很晚才拿到，为什么？据传闻是因为当时的金融界一直是所谓学院派主宰，他们很早就投身商圈、银行。默顿在高盛担任过金融工程研究实验室的主任，一直是商界人物，所以（诺贝尔）不愿意给一个赚大钱的人物，默顿根据自己的理论开公司，最早把期权定价理论应用到实践，在金融市场赚了很多钱，芝加哥金融交易所1970年推出第一个期权产品时，他根据自己的理论无风险套利赚了很多钱。舒尔斯也是很有名的一个资本公司老板，后来这个公司倒台了，这也引发了理论是否正确的讨论。

法玛的有效市场假说在金融学里面也很有地位。这个假说是说，因为投资者都是理性的，所以人们所能获得的关于一家企业的所有信息都已经反映在股票价格上。但是这个市场是否真的“有效”众说不一。

所以，现代金融基于这些数学理论，整个体系在20世纪80年代就已基本成型。这个体系拥有理性特点，是关于参与者的理性行为和无套利均衡的理论，是关于市场供需一定的条件下正确组合选择和资产定价的理论。

为方便掌握金融学理论体系，可以抓住“三个最重要”，最重要的评估——风险和风信、最重要的产品——期权、最重要的变量——波动。所有这些前提假设的投资者都是完全理性的，追求在一定风险下的最大收益，或者说一定收益下的最小风险。另外，全球金融资产收益率是独立服从正态分布的随机变量，这也是一条最基础的假设。正是由于这些假设，20 世纪 80 年代，国际金融界完全向数学和物理研究敞开了大门，成就了金融工程师这个新兴职业——在华尔街叫 Quant，中文翻译为“宽客”。显然，数学和物理是所有有志于成为“宽客”的人的必修课。

资料来源：何昕. 现代金融：欢迎来到“宽容”帝国[EB/OL].（2015-12-23）. http://www.jiemian.com/article/482972.html.

【思考提示】 什么是“宽客”。

14.1 金融理论概述

金融理论在经济学中的历史相当短。虽然经济学家们很早就意识到信贷市场的基本经济职能，但他们并不热衷于分析金融市场的更多内容。因此，早期对金融市场的观点大多是直观的，主要是由实践者形成的。最早对金融市场的理论框架，基本上被理论家和实践者共同忽略了。

在早期阶段，对许多经济学家而言，金融市场被视为单纯的“赌场”，而不是“市场”。在他们看来，资产价格主要取决于资本收益的预期与反预期，因此他们是所谓的“自身规定自身”。

这一时期，经济学家们都把大量的关注点放在了投机上，例如，凯恩斯和希克斯在其对期货市场的先行理论中认为，商品的期货合约交割价格将普遍低于预期的现货价格，即凯恩斯所谓的“正常贴水”。凯恩斯和希克斯解释为，这主要是因为套期保值者将价格风险转移到换取风险溢价的投机者身上。尼古拉斯·卡尔多又分析了稳定价格基础上投机是否能够成功的问题，并借此广泛扩大了凯恩斯的流动性偏好理论。

但这一切并不意味着早期经济学家忽视了金融市场。约翰·布尔·威廉姆斯是最早挑战经济学家对金融市场的“赌场”观点和资产定价问题的人之一。他认为，金融资产的资产价格反映了资产的“内生价值”，而这是可以用资产预期分红的现金流贴现来衡量的。这种“基本面分析”的概念十分符合欧文·费雪的理论，以及“价值投资”的从业人员。欧文·费雪概述了信贷市场对于经济活动的基本职能，特别是随着时间的推移作为一种资源配置的方式，也已认识到这一过程中风险的重要性。

哈里·马科维茨认识到，既然“基本面分析”的概念依赖于预期的未来，那么风险因素必须发挥作用，所以约翰·冯·诺伊曼和奥斯卡·摩根士丹新开发的预期效用理论可大大加以利用。马科维茨理论制定的最优投资组合选择理论置于权衡风险和回报的背景下，着眼于将组合多样化作为减少风险的方法，从而形成了所谓“现代投资组合理论”。

现代金融学的研究一直是和金融实践紧紧连在一起的，理论一直在实践中检验、发展和完善，哈里·马科维茨的证券组合理论为大规模的基金管理提供了可行的操作工具；法玛的市场有效理论和行为金融理论则为基金业业态的丰富和发展提供了理论依据；而行为金融的兴起为后来对冲基金的兴起提供了有力的支持；米勒和莫迪利安尼的 MM 理论是现代企业融资投资决策的基石；布莱克-舒尔斯模型，则为全球衍生品市场步入全盛期提供了巨大的助力。

从马科维茨给出了风险—收益的风险框架开始，夏普等人解析出一般均衡下的风险—收益关系(资产定价理论)，再到罗斯给出的更一般性的风险—收益线性模型，金融市场和金融学的两大永恒主题被确立了：风险和收益率。投资者孜孜不倦的追求着更高的收益，希冀承担更小的风险。金融学者则苦苦探索着风险与收益之间"均衡"和"适配"的关系。一切活动都围绕着这两大主题在展开。

现代金融学已经完成了自己的演化过程，登上历史舞台。1997 年度诺贝尔经济学奖得主之一的莫顿对现代金融学给出了一种全新解释，金融学研究如何在不确定条件下对稀缺资源进行跨时期分配。金融理论的核心是研究在不确定环境下，经济行为人在配置和利用其资源方面的行为，这里既包括跨越空间又包括跨越时间的情况。时间和不确定性是影响金融行为的中心因素。这两者相互作用的复杂性成为刺激金融研究的内在因素，这种复杂性需要复杂的分析工具来捕获相互作用的影响。

与宏观金融学脱胎于宏观经济学一样，微观金融学脱胎于微观经济学。微观经济学是从个体的角度，研究人们如何在不确定的环境下进行资源跨期配置的科学。不确定的环境和跨期的资源配置因此成了这个学科最典型的标志。与此相适应，对于风险、风险收益、对风险证券的定价、公司投融资决策，以及影响这些因素的市场结构和制度安排成为其主要内容。

对于宏观金融学是宏观经济学的隶属地位不同，从微观经济学基础上衍生发展的现代金融学基本上已经成为一门十分独立的学科，有着自己独特的研究方法和研究思想。那么，现代金融学究竟有什么样特别的研究方法和研究思想，什么样独特的魅力使它在这半个世纪独领风骚？

14.2 华尔街第一次革命

真正现代意义上的金融学要回溯到 1952 年。芝加哥大学的一名博士生马科维茨在他的博士论文里提出了一个简单的框架来解决这个问题。哈瑞·马科维茨提出的理论是一个叫投资组合的理论，就像地球产生于宇宙黑洞的爆炸一样，马科维茨的投资组合理论被称为是现代金融学的大爆炸，也被称为"华尔街第一次革命"。这是在人类历史上第一次能够清晰地用数学概念定义和解释了"风险"和"收益"这两个概念。这也是金融学里最基本核心的概念。以后几乎所有的金融研究都没有再离开过"风险—收益"的框架。

1952 年的美国华尔街已经是一个名副其实的世界金融中心，各种金融证券的交易已成气候。财富的跌宕起伏是华尔街最司空见惯的故事。然而熙熙攘攘忙着交易的人们并不是很清楚，金融市场上的风险究竟是什么，如何去衡量这些看上去不确定的因素，这些东西和人们孜孜追求的收益又有什么样的关系。

风险是什么？风险就是不确定性，证券投资的风险也就是证券投资收益的不确定性。因此我们可以将收益率视为一个数学的随机变量。证券的期望收益则是该随机变量的数学期望（均值），而风险则可以用该随机变量的方差来表示。

面临市面上纷繁多样的证券产品，假设我们给定一个数值的初始财富，该如何选择？如何选择才能在各种证券的投资比例中使自己的风险最小而收益最大？

马科维茨理论的基本假设回答了这些问题，包括投资者的目的是使其预期效用最大化；投资者是风险厌恶者；证券市场是有效的，即市场上各种有价证券的风险与收益率的变动及其影响因素都为投资者掌握或至少是可以得知的；投资者是理性的，即在任一给定风险程度下，投资者愿意选择预期收益高或预期收益一定、风险程度较低的有价证券；投资者用有不同概率分布的收益率来评估投资结果；在有限的时间范围内进行分析；摒除市场供求因素对证券价格和收益率产生的影响，即假设市场具有充分的供给弹性。

理论的核心是认为个别资产的某些风险是可以分散的，只要不同资产间的收益变化不完全相关，就可以通过将多个资产构成资产组合来降低投资风险，即由若干资产构成的资产组合的投资风险低于单一资产的投资风险；投资者在衡量一项资产的风险大小时，不应以它本身孤立存在时的风险大小为依据，而应以它对一个风险充分分散的资产组合的风险贡献大小为依据。将各证券的投资比例设定为变量，将这个问题转化为设计一个数学规划如何使证券组合的收益最大风险最小。对于每一固定收益率求最小方差，或者对于每一个固定的方差求最大收益率。这个简单的多元方程的解可以决定一条曲线，叫作有效前沿（即所有收益最大风险最小的投资组合的集合）。

1952 年 3 月马科维茨将《资产组合的选择》的论文发表在《金融杂志》，将概率论和线性代数的方法应用于证券投资组合的研究，探讨了不同类别的、运动方向各异的证券之间的内在相关性，并于 1959 年出版了《证券组合选择》一书，详细论述了证券组合的基本原理，也为现代西方证券投资理论奠定了基础。

由于这是一个纯技术性的理论，完全脱离了经典经济学的一般均衡的框架，因而被视为“异端”。著名的弗里德曼教授指责说“这可不是经济学”。可是华尔街不理会“异端”与否的争论。马科维茨理论由于其简单的设计，很快得到华尔街的青睐，投资者和基金很快地开始使用历史数据来做线性规划，作为他们的投资决策。

实际上，在经济学漫长的历史中，几乎没有这样成功地将理论运用到实践中的例子。金融学却不一样，从马科维茨开始，金融学的理论都是和现实紧密联系在一起的。可以这么说，现代证券投资业成为一个独立产业是从马科维茨开始的。这一理论的提出和应用使资产管理的专业化和细分化成为可能。这也被称为第一次“华尔街革命”。

【相关阅读】

“机器人投顾”——金融投资与现代计算机技术的完美 CP

1. 机器人投顾概念风起云涌

谷歌智能机器人 Alpha Go 凭借强大的运算能力将人类棋手斩于马下，一时间人工智能引得各界竞相追逐。而在金融投资领域的创新前沿，日趋成熟的“机器人投顾”业已风靡全球。早在 2009 年，最早的"机器人投顾"概念就已经在美国出现，2012 年正式诞生。随着数据、计算机技术的突破和实践应用，机器人投顾已成为国际主流成熟市场新势力，已服务于众多中产家庭，并受到资本青睐。美林证券、蒙特利尔银行、巴克莱银行、苏格兰皇家银行、劳埃德银行、桑坦德银行等也于近期均宣布即将引入机器人投顾服务。随着传统的券商、银行等金融机构的加入，机器人投顾将为金融领域创新带来巨大的影响，或将引发金融投资领域新的革命。

2015 年，机器人投顾概念被引入国内，并在 2016 年得到快速发展，因此 2016 也被业界称为国内机器人投顾爆发元年。

2. 机器人投顾在美国的发展

在美国等海外市场，近年来机器人投顾获得了快速发展，已初具规模。花旗集团最近发布的一份研究报告指出，在短短两年时间里，机器人顾问所掌握的资产从 2012 年的几乎为零增加到 2015 年年底的 18.7 亿美元，这种高科技金融服务的受欢迎度日益上升。依据 Corporate Insight 的统计，截至 2015 年年中机器人投顾公司管理的资产规模已超过 210 亿美元。截至 2016 年 2 月底，Wealthfront 的资产管理规模近 30 亿美元。

世界知名咨询公司 A. T. Kearney 预测，美国智能投顾行业的资产管理规模将从 2016 年的 3000 亿美元增长至 2020 年的 2.2 万亿美元，年均复合增长率将达到 68%。全球涌现出不少知名的智能投顾平台，如美国投资推荐领域 Wealthfront、Personal Capital，智能分析领域 Kensho，财务分析领域 Mint，Betterment、Future Advisor 都是其中的佼佼者。估值也都大幅提高。

3. 工作原理及优势

机器人投顾（Robo-Advisor）又称智能投顾，是人工智能依托大数据的计算系统，通过机器学习与用户友好型界面相结合，为投资者提供可以和专业投资管理专家媲美的投资顾问服务。它提供全自动的、以算法为基础的投资组合管理建议。狭义的理解是以智能化股票投资组合推荐、自动策略交易服务为代表的服务，根据投资者的风险偏好，为用户推荐投资组合。广义的理解则是考虑投资者的财务情况，对其个人财富进行精确配置，统筹考虑多种资产，如股票、基金、保险等。智能投顾利用互联网技术尽可能地为包括中小投资者在内的更多用户提供投资管理服务，快速、高效解决用户的投资选择难题。目前，机器人投顾在美、欧、日等发达国家和地区已经得到投资者的广泛认可，越来越多的普通投资者因此突破投资金额的瓶颈，得到专业化的投资指导。

以 Wealthfront 为例。它的特点是成本低，主要客户为中等收入年轻人，区别于传统理财主要针对高净值人群。平台的盈利来源为其向客户收取的咨询费。Wealthfront 利用现代投资组合理论为用户推荐投资组合，通过分散的投资组合降低风险，投资者能够在同样的风险水平上获得更高的收益率，或者在同样收益率水平上承受更低的风险。平台选择的资产种类多达 11 类，一方面有利于提高分散化程度，降低风险；另一方面具有不同资产的特性能为用户提供更多的资产组合选择，满足更多风险偏好类型用户的需求。

Wealthfront 还提供包括税收损失收割、税收优化直接指数化、单只股票分散投资服务等在内的其他服务项目。

单只股票分散投资服务是将单只股票逐步以无佣金、低税的方式卖出，并且分散投资到多种类型的ETF中。目前,该服务只针对Facebook和Twitter两只股票。当投资者大量持有某只公司的股票时,需要完全承担这只股票的风险,包括股价波动、抛售股票时机不当等。结合用户短期、长期的资金需求和投资计划,以及风险容忍度,Wealthfront为用户提供在一定时间内逐渐卖出一定数量该公司股票的服务,而且将卖出股票所得现金投资于用户的分散化投资组合。对比用户自己卖出股票,单只股票分散投资服务的优势包括以下几点。

(1) 免佣金。Wealthfront对使用该服务的用户不收取佣金或其他费用。

(2) 逐日卖出股票。有计划地逐日甚至每日卖出,减少错失出售股票的良机。

(3) 尽可能地减免税收支出。Wealthfront的股票售卖计划考虑纳税及短期资金需求,还能与税收损失收割等服务结合,尽可能地降低用户的税收负担。

(4) 收入再投资。基于用户的风险水平,该项服务将出售股票的税后收入自动投到Wealthfront的投资组合中,避免用户持有现金而错失投资机会。

(5) 非常灵活。用户可以根据需要随时中止、更新、重新设置售股计划,也能够随时清仓、资金转移至其他经纪账户。

与此相似,机器人投顾与传统投顾相比,具有如下共性优势。

(1) 成本低,充分发挥互联网技术的作用,大大降低投资理财的服务费用;通常,美国传统的投资理财机构收取的费用项目较多,整体费率较高,而智能投顾平台依靠互联网技术的优势,仅需要较少的办公场所即可,因而能够极大地节省传统投资理财机构所承担的经营成本,即使采用低费率的策略吸引投资者,也能够通过薄利多销实现较多的利润。

(2) 容易操作,提高投资顾问服务的效率;计算机技术的发展为机器人投顾的进一步发展提供强大的技术支持。

(3) 避免投资人情绪化的影响,机器人严格执行事先设定好的策略,不会受投资经理个人情绪的影响,提高投资成功的概率。

(4) 现代投资组合理论被越来越多的投资者所接受,智能投顾服务也被广为接受。

(5) 信息相对透明,平台披露了大量的信息,便于投资者了解较为具体的投资情况。

4. 在美国快速发展的原因

美国机器人投顾之所以能获得快速发展,与以下五点密不可分。

(1) 雄厚的技术实力和具有竞争力的模型方法。机器人投顾能从多种资产中为用户推荐个性化的投资理财服务,多样化的资产配置,而且费用很低,背后的核心是平台雄厚的技术实力和模型方法。无论是互联网技术,还是金融市场的理论、技术,美国引领着世界的潮流,将这种优势充分结合,机器人投顾公司得以快速发展。

(2) 强大的管理和投资团队。美国著名机器人投顾公司团队成员,基本上都是来自全球顶级的金融机构或互联网公司,无论是投资顾问还是量化研究人员,基本上都拥有世界一流高校的博士学历,投资经验丰富,在商界、学界、政界均有较丰富的资源。

(3) 美国EFT市场较为成熟,提供了丰富的投资工具。据中国基金报披露的数据,经过25年的发展,截至2015年12月美国ETF管理的资产规模达到2.15万亿美元,较2014年增长7%,净资金流入超过2000亿美元。而且美国的ETF种类繁多,据不完全统计超过1000多种。这为机器人投顾产品提供了非常丰富的投资工具,以满足不同类型用户的需求。

(4) 信息披露比较充分，容易获得用户的信任。与传统个人投资顾问相比更加透明，从用户的角度披露大量的信息，不仅告诉用户如何使用其产品和服务，而且进行风险提示，信息表现形式也是多样化的，有PPT、白皮书、文字、图表等，并且多处使用数据来给用户直观的解释。

(5) 美国SEC的监管较为完善，有利于持牌机构提供理财服务和资产管理。美国智能投顾与传统投资顾问一样，遵守《1940年投资顾问法》(*Investment Advisers Act of* 1940)的规定，接受SEC的监管。该法规定，仅通过网络开展业务的投资顾问公司，无论管理资产规模大小，都必须成为SEC的注册投资顾问。在美国、英国等国家，获得金融顾问牌照就可以开展投资顾问和资产管理服务，美国SEC的下设机构投资管理部，对投资管理机构监管，负责颁发投资顾问资格，持牌公司能合法地提供理财服务和资产管理业务。

资料来源：和讯. "机器人投顾"——金融投资与现代计算机技术的完美CP[EB/OL]. (2016-06-17). http://funds.hexun.com/2016-06-17/184456332.html.

14.3 投资组合理论的发展

14.3.1 资产定价模型的进一步发展

马科维茨的分散投资与效率组合投资理论，第一次以严谨的数理工具为手段，向人们展示了一个风险厌恶的投资者在众多风险资产中如何构建最优资产组合的方法。应该说，这一理论带有很强的规范意味，告诉了投资者应该如何进行投资选择。但问题是，在20世纪50年代，即便有了当时刚刚诞生的计算机的帮助，在实践中应用马科维茨的理论仍然是一项烦琐、令人生厌的高难度工作；或者说，与投资的现实世界脱节得过于严重，进而很难完全被投资者采用。

美国普林斯顿大学的鲍莫尔(William Baumol)在1966年一篇探讨"马科维茨—托宾体系"的论文中就谈到，按照马科维茨的理论，即使以较简化的模式出发，要从1500只证券中挑选出有效率的投资组合，当时每运行一次计算机需要耗费150～300美元，而如果要执行完整的马科维茨运算，所需的成本至少是前述金额的50倍；而且所有这些还必须有一个前提，就是分析师必须能够持续且精确地估计标的证券的预期报酬、风险及相关系数，否则整个运算过程将变得毫无意义。

正是由于这一问题的存在，从20世纪60年代初开始，以威廉·夏普、约翰·林特纳和莫辛为代表的一些经济学家开始从实证的角度出发，探索证券投资的现实。

"马科维茨—托宾的理论"中估计多样化带来的好处，但需要实践者计算每一个资产组合回报的方差。马科维茨对个别资产的收益及风险给予了量化，但运用马科维茨模型选择资产组合，需要进行大量繁复的计算。为解决这一缺陷，到20世纪60年代，马科维茨的学生威廉·夏普提出了单指数模型，这一模型假设每种证券的收益因为某种原因并且只因该种原因与其他证券收益相关，而且每种证券收益的变动与整个市场变动有关。

如果将单一证券的风险简单地分为系统风险和公司特有风险两部分，相应地将证券的收益率写成包含系统风险和公司特有风险的形式，而其中的系统风险可以用主要证券指数的收益来作为一般代表，这样的收益率公式就是指数模型。

夏普进一步在一般均衡的框架下，假定证券市场中所有投资人都有相同的初始偏好，以“风险—收益”函数来决策，从而推导出单个证券投资组合的期望受益率与相对风险程度间的关系。通过预测证券的期望收益率和标准差的定量关系来考虑已经上市的不同证券价格的“合理性”。这就是金融学里最著名的资本资产定价模型(Capital Asset Pricing Model，CAPM)。这一模型是现代金融市场价格理论的支柱，广泛应用于投资决策和公司理财领域。

资本资产定价模型基本公式是：

$$E(r_m)=R_f+\beta\times(R_m-R_f)$$

式中，$E(r_m)$是一种资产的预期收益率，它的倒数就是市盈率，比如预期收益率为10%，就是10倍市盈率，预期收益率为5%，就是20倍市盈率。一只或一类股票要求的预期收益率越高，对应的市盈率就越低；预期收益率越低，对应的市盈率就越高。预期收益率高低由三个因素决定：R_f 是无风险收益率，一般以一年期国债利率为标准；(R_m-R_f)是整个股市期望的高于无风险利率)的部分，即风险溢价，因为股市的波动性大，风险大，高风险就要有更高的收益。这个风险溢价受市场情绪影响，市场乐观时风险溢价就低，股市整体估值水平就高；平均市盈率就高，市场悲观时风险收益率就高，股市整体估值就低，平均市盈率就低。

在夏普和林特纳的资本资产定价模型中，他们证明了通过计算每种资产相对一般市场指数的方差可以达到同样效果，从而解决了这一实际困难。利用计算机的计算能力来演算减少后的项目，最佳投资组合选择在计算机辅助下变得可行。β是通过统计分析同一时期市场每天的收益情况，以及单个股票每天的价格收益来计算出的。1972年，经济学家费歇尔·布莱克(Fischer Black)、迈伦·斯科尔斯(Myron Scholes)等在他们发表的论文《资本资产定价模型：实例研究》中，通过研究1931年到1965年纽约证券交易所股票价格的变动，也证实了股票投资组合的收益率和它们的β间存在着线性关系。当β值处于较高位置时，投资者会因为股份的风险高，而会相应提升股票的预期回报率。

作为基于风险资产期望收益均衡基础上的预测模型之一，CAPM阐述了在投资者都采用马科维茨的理论进行投资管理的条件下市场均衡状态的形成，把资产的预期收益与预期风险之间的理论关系用一个简单的线性关系表达出来了，即认为一个资产的预期收益率与衡量该资产风险的一个尺度β值之间存在正相关关系。应该说，作为一种阐述风险资产均衡价格决定的理论，单一指数模型，或以之为基础的CAPM不仅大大简化了投资组合选择的运算过程，使马科维茨的投资组合选择理论向现实世界的应用迈进了一大步，而且也使证券理论从以往的定性分析转入定量分析，从规范性转入实证性，进而对证券投资的理论研究和实际操作，甚至整个金融理论与实践的发展都产生了巨大影响，成为现代金融学的理论基础。

夏普的CAPM模型为资产选择开辟了另一条途径，他应用对数据的回归分析来决定每种股票的风险特性，把那些能够接受其风险和收益特性的股票结合到一个“组合”中，这种做法大大简化了马科维茨模型的计算量。但这种简化是以牺牲一部分精确性为代价的，因而其应用受到了一定的限制。但资产定价模型以及它的拓展延伸模型至今运用金融市场的各个方面，寻找“错误定价”的证券，评价基金经理的业绩，为上市公司的融资定价等。

资本资产定价模型是第一个关于金融资产定价的均衡模型，同时也是第一个可以进行计量检验的金融资产定价模型。模型的首要意义是建立了资本风险与收益的关系，明确指明证券的期望收益率就是无风险收益率与风险补偿两者之和，揭示了证券报酬的内部结构。

资本资产定价模型另一个重要的意义是，它将风险分为非系统风险和系统风险。非系统风险是一种特定公司或行业所特有的风险，它是可以通过资产多样化分散的风险。系统风险是指由那些影响整个市场的风险因素引起的，是股票市场本身所固有的风险，是不可以通过分散化消除的风险。资本资产定价模型的作用就是通过投资组合将非系统风险分散掉，只剩下系统风险。并且在模型中引进了 β 系数来表征系统风险。

14.3.2 资本资产定价模型的不足

CAPM 最大的优点在于简单且明确。把任何一种风险证券的价格都划分为无风险收益率、风险的价格和风险的计算单位这三个因素，并把这三个因素有机结合在一起。CAPM 的另一优点就是实用性。它使投资者可以根据绝对风险而不是总风险来对各种竞争报价的金融资产做出评价和选择。这种方法已经被金融市场上的投资者广为采纳，用来解决投资决策中的一般性问题。

但是 CAPM 本身还存在着一定的局限性。

(1) CAPM 的假设前提是难以实现的。CAPM 的假设之一是市场处于完善的竞争状态，但是，实际操作中完全竞争的市场是很难实现的；第二个假设是投资者的投资期限相同且不考虑投资计划期之后的情况，但是在市场上，投资者数目众多，他们的资产持有期间不可能完全相同，而且在市场上进行长期投资的投资者也变得越来越多，所以这样的假设也就变得非常不现实；另外还假设投资者可以不受限制地以固定的无风险利率借贷、市场无摩擦和一致预期假设，在实际操作中，市场存在交易成本、税收和信息不对称等问题，这些假设就变得像空中楼阁，也只是一种理想状态，无法实现。

CAPM 中的理性人假设在现实中的可操作性都是值得怀疑的。例如，投资者在遇到一种证券能得到 7%～23%的收益，和另一种证券的收益为 9%～21%时，他愿意接受前者而放弃后者显然是不理智的，因为两种证券的平均收益都是 15%。按 CAPM 的理论设想，预期收益和风险的估计是一个组合及其所包括证券的实际收益和风险的正确度量；相关系数是证券未来关系；方差是度量风险的一个最适当的指标等，这些观点难以让人信服。但是历史的数字资料不大可能重复出现，而且由于一种证券的各种变量随着时间的推移而经常变化，因此证券间的相互关系不可能一成不变。

(2) 困难还在于大量不能预见的意外事件的发生，例如，一个公司股票的每股盈利若干年来一直在增长，但可能因为股票市场价格的暴跌，其股价立刻随之大幅度下降。从而导致以前对该公司的预计完全失去其真实性。此外，证券市场变化频繁，每有变化，就必须对现有组合中的全部证券进行重新评估调整，以保持所需要的“风险—收益”均衡关系，因此要求连续不断的大量数学计算工作予以保证，这在实践中不但操作难度太大，而且还会造成巨额浪费。

(3) CAPM 中的β值难以确定。按照 CAPM 模型的构思,应用β分析法的投资者愿意接受与市场相等或接近的收益率,排除了收益率更高的可能性。这种方法否定了证券的选择性和分析家识别优良证券的投资能力。事实证明,建立在大量调研基础上的选择性投资能够取得优异的收益成果,同时市场指数不一定真正反映全部股票的市场情况。CAPM 模型假定股票市场是均衡的,而且所有投资者对股票的预期都是相同的。事实并非如此,在证券投资中,有所谓"最后乐观的投资者"和"最后悲观的出卖者",这类现象用 CAPM 模型很难加以阐释。随机游走理论家们从根本上反对资产组合理论,他们认为未来的收益率是不可能预计的,因为股票的短期波动全然无法预测。在他们看来,确定的输入资料是不存在的,所以组合的构建只不过是一种有趣的数学游戏而已。

事实上很多研究也表示对 CAPM 的正确性有所质疑,但是这个模型在投资界仍然被广泛地利用。虽然用β预测单个股票的变动是困难,但是投资者仍然相信β值比较大的股票组合会比市场价格波动性大,不论市场价格是上升还是下降;而β值较小的股票组合的变化则会比市场的波动小。

由于 CAPM 的上述局限性,金融市场学家仍在不断探求比 CAPM 更为准确的资本市场理论。目前,已经出现了另外一些颇具特色的资本市场理论,但尚无一种理论可与 CAPM 相匹敌。

现代资产组合理论在基本概念的创新、理论体系的完善、研究结论的实证和结论应用的拓展上都取得了重大进展。时至今日,虽然现代资产组合理论仍然存在一些不足,但多年的发展,作为资本市场均衡理论模型关注的焦点,CAPM 的形式已经远远超越了夏普、林特纳和莫辛提出的传统形式,有了很大的发展,如套利定价模型、跨时资本资产定价模型、消费资本资产定价模型等,目前已经形成了一个较为系统的资本市场均衡理论体系。在此基础上,学者们对资产组合理论进行了延伸,又形成了套利定价模型。

14.4 华尔街第二次革命

14.4.1 米勒和莫迪利安尼与资本结构理论

20 世纪 50 年代的确是思想上群星璀璨的年代。在马科维茨提出投资组合理论后几年,两位美国经济学家米勒(Miller)和莫迪利安尼(Modigliani)于 1956 年提出了另一个划时代的理论——资本结构理论,这个理论被称为现代公司金融的奠基石和里程碑。由于他们的姓名开头字母都是 M,后人常常称其为"MM 定理"。

在这个理论中,米勒和莫迪利安尼首次阐述了无套利思想。无套利假设是说在一个完善的金融市场里,不存在确定高卖低买的套利机会。在无套利假设下,米勒和莫迪利安尼证明了理想市场条件下,公司价值与财务政策无关。米勒凭借这一理论获得 1990 年的诺贝尔经济学奖(莫迪利安尼当时已经去世),在颁奖典礼上,记者请他给大众谈谈他的资本结构理论。米勒幽默地解释说,一个比萨,你用什么刀法切,切成八块还是十块,都不会影响比萨的大小。

MM 定理的精妙之处在于，它设定了一个“理想市场”的简单框架讨论公司的资本结构。而现实世界中，每一种和“理想市场”相违背的条件都有可能对企业投融资决策造成影响，以 MM 定理作为参照点，我们可以精确地量化估算这种影响在最终企业价值上的体现——这些影响正是所有公司投资决策要理解和考虑的问题。以此为起点，对公司的投融资决策的研究开始进入一个有体系的年代，因此，这条定理被视为现代公司金融的开山之作。同时，基于无套利思想的分析框架也开始成为金融学研究中具有代表性的研究思路。

无套利均衡分析是指如果市场上存在无风险的套利机会，就说明市场处于不均衡状态，而套利力量将会推动市场重建均衡。市场一旦恢复均衡，套利机会就消失。在市场均衡时无套利机会，这就是无套利均衡分析的依据。

现代金融学的无套利均衡分析方法，实际上是 1958 年有 Modigliani 和 Miller 在研究公司资本结构与公司价值关系的 MM 理论时提出来的。MM 理论断言，在理想的市场条件下，公司的市场价值只依赖于它的利润流，而与其资本结构和分红策略无关。这就是说，MM 理论容许公司的投资决策和融资决策完全分离。上述这些结论与人们的直觉相去甚远，而且更重要的是可以引申出公司的金融活动本质上并不创造价值的结论。注意到 MM 理论成立的条件，人们终于弄清了公司的价值究竟如何创造的，公司的金融财务活动是如何创造价值的。事实上，MM 理论告诉我们，通过负债和权益重组调整资本结构，可以争取税收方面的好处，并降低交易成本，减少信息的不对称，有利于调整有关方面的利害关系，增加公司的价值。

无套利均衡分析方法是现代金融学发展中研究的主要方法之一，这方法最早体现在 Modigliani 和 Miller 研究企业资本结构和企业价值之间的关系的重要成果中，是金融学发展史上的一次飞跃，对后来人们研究金融学问题提供了一项重要的研究工具和方法。该方法继承了经济学的一般经济均衡思想，并将其在金融领域中做了重大发展，使现代金融学在研究方法上从传统的经济学中独立出来，成为一门真正意义上的独立学科。

无套利均衡方法是金融工程面向产品设计、开发和实施风险管控的基本分析技术，在现代金融学的理论与实践中占有核心地位。中国的金融市场发展与发达国家相比来说比较晚，对现代金融学理论和方法的研究相对落后，在应用方面更是如此。但是中国现阶段的金融发展速度很快，后劲十足，逐步与世界发达的金融市场接轨，各种新的金融产品也陆续产生。从中国证券市场的建立，到商品期货，再到股指期货的上市，经历的时间是很短的。中国的期权市场的开发和发展也会接踵而至，这对于推动我国的金融发展将是史无前例的成就。套利定价理论（APT）和期权定价理论（OPT）等都是运用无套利均衡分析方法取得的。所以无套利均衡理论的学习和研究也是促进我国金融市场发展的重要环节。

14.4.2 BS 模型与无套利分析

作为脱胎于经济学的学科，金融学最基本的分析方法和经济学曾无二致。供给和需求的一般均衡分析是经济学最基本的分析框架。理性预期加约束条件下的供需一般均衡是经济学中最经典的分析思路和方法。

给定约束下由消费者效用最大(理性人追求个人效用最大化)决定需求曲线,市场约束和技术约束下由供给方利润最大化决定供给曲线,两条曲线的交点则为均衡产量,相应形成最优均衡价格参数。这就是最经典的"数量—价格机制"。一旦离开这个均衡,市场供求力量则开始起作用,导致价格变动。这个简单的分析框架是非常实用的。

经济学的这个分析框架帮助解决了很多人类观察到的经济现象。然而,这个强大的分析工具到了金融市场,却变得有些捉襟见肘。金融市场的供给曲线十分模糊——试想一下,任意一个投资者既可能成为供给方也可以成为需求方。另外,卖空机制、衍生产品等因素导致供给曲线难以确定。

1827年,苏格兰植物学家罗伯特·布朗发现水中的花粉及其他悬浮的微小颗粒不停地做不规则的曲线运动,称为布朗运动。维纳在1863年提出布朗运动起源于分子的振动,他还公布了首次对微粒速度与粒度关系的观察结果。不过他看到的实际上是微粒的位移,并不是振动,之后布朗运动也被称为维纳过程。

1900年巴舍利耶(Bachelier)首次用布朗运动来描述股票价格的变化。之后,金融学者又把数学家发现的Ito公式引理运用到价格推导上,运用股票价格的Ito过程推导出衍生品价格遵循的随机过程。

20世纪70年代,无套利的分析方法再次登上金融学的舞台大放异彩。因为当时的市场上开始零零星星有了金融衍生产品。但由于没有人知道怎么精确地为衍生产品定价,其发展一直比较缓慢。美国经济学家迈伦·舒尔斯(Myron Scholes)与费雪·布莱克(Fischer Black)在1972年合作的文章中提出的基于"无套利分析"的模型(Black-Scholes Model,BS模型),就是期权或权证等金融衍生工具定价的数学模型。

例如,某只股票的买入(卖出)期权就是指以某个固定的执行价格在一定的期限内买入(卖出)该证券的权利。无套利假定告诉我们,在一定的价格随机过程假设下,每一时刻都可通过股票和股票期权的适当组合对冲风险,使该组合变成无风险证券。从而就可得到期权价格与股票价格之间的一个偏微分方程。只要解出这个偏微分方程,期权的价格就得以确定。

无套利定价模型就是无套利时的套利定价模型。该模型表明,资本资产的收益率是各种因素综合作用的结果。无套利的意思是,任何两个资产通过适当组合后,都可以用无风险债券实现。比如,现在有一个期权,通过适当购买股票,构成新的组合,而这个组合的收益率就等于无风险利率。也就是说,我们不可能通过买进或者卖出任何资产,在市场上获得高于无风险利率的收益。

运用BS模型求解,需要满足以下假设:标的资产价格行为服从对数正态分布模式;市场不存在税收和交易成本;在期权有效期内,无风险利率、标的资产期望收益变量、价格波动率是恒定的;该期权是欧式期权,即在期权到期前不可实施;不存在无风险套利机会;交易是持续的;投资者能够以无风险利率借贷。

BS模型给出了期权定价的封闭解,投资者可以利用公式计算欧式期权的价格,在期权市场被广泛接受。该模型对美式期权以及更为复杂的期权难以得到解析解,而且模型的假设条件如无交易成本、不变的无风险利率等都是不现实的,这些因素不可避免地造成理论价格与实际价格存有较大差异。

无套利定价最关键在于复制，即用一组资产组合来复制另一组组合，复制的结果必须是两个组合未来产生的现金流特征一致，收益率一致。也就是说，这两个资产组合具有相同的资产价格，无法进行套利交易，市场处于均衡状态。金融产品在市场上的合理价格是市场不存在无风险套利机会的价格，因此，无套利均衡被广泛用于金融产品定价。

美国的衍生证券市场从 1973 年开始步入繁荣期。马科维茨的投资组合理论和夏普的资产定价理论是基金业起步发展的理论根源。BS 模型毋庸置疑为全球衍生品市场步入全盛期提供了巨大的助力。BS 模型的问世被称为“华尔街第二次革命”。

14.4.3 跨期资本资产定价模型

1970 年，默顿（Robert C. Merton）提出了著名的跨期资本资产定价模型（Intertemporal Capital Asset Pricing Model，ICAPM），也称瞬时资本资产定价模型。

默顿认为投资者不仅要规避当期的风险，而且要对因投资机会变化而带来的风险进行套期保值。投资者对风险证券的需求包括两部分：马科维茨的静态资产组合最优化问题中的“均值—方差”成分和规避对投资机会集的不利冲击的需求。ICAPM 就是将 CAPM 放到动态环境中，赋予每个影响投资机会集的状态变量一个 β 系数，形成多 β 系数的资本资产定价模型。当投资机会集发生不利变动，而同时又存在一种收益率很高的证券时，每一个理性的投资者都会希望买入该种证券作为一种套期保值措施。这种套期保值需求增加的同时也导致了该证券均衡价格的升高，推导 ICAPM 的关键就是在资产定价方程中反映这种套期保值需求。

14.4.4 消费资本资产定价模型

由于 CAPM 模型是静态的，且把无风险收益率和市场组合收益率作为外生变量，所以在实证研究领域一直被质疑。卢卡斯（Lucas）和布里登（Breeden）提出了消费资本资产定价模型（CCAPM），CCAPM 的不同之处就是用资产收益同消费增长率之间的协方差描述风险，即消费 β。CCAPM 的 β 系数衡量的是资产与总消费之间的关系，资产相对于总消费的 β 系数越高，它的期望均值收益率越高。CCAPM 假设消费者的目标是当期与未来的总效用最大化，消费者需要在其预算约束条件下，在消费和投资之间做出选择。这一模型将消费选择理论与资产定价理论相结合，成为研究消费者的跨期选择行为的基本理论。

14.4.5 套利定价理论

无套利假设促使了套利定价理论（Arbitrage Pricing Theory，APT 模型）的面世。CAPM 模型一直在金融定价模式领域占统治地位，史蒂芬·A. 罗斯认为，事实上找不到实际的证券来证明这个模型。由此，罗斯提出了“套利定价理论”。

罗斯于 1976 年在其发表的论文《资本资产定价的套利理论》中提出了套利定价理论（APT）。套利定价理论研究在完全竞争和无摩擦资本市场的假设条件下，任何风险资产的单期预期率与和它相关的影响风险因子的关系，套利定价理论认为，套利行为是市场均衡价格形成的一个决定因素。只要市场未达到均衡状态，市场上就会存在无风险套利机会，并且用多个因素来解释风险资产收益，并根据无套利原则，得到风险资产均衡收益与多个因素之间存在的(近似的)线性关系。

1979 年,罗斯等人使用一种比较浅显的方法设计出一种期权定价模型,称为二项式模型(Binomial Model)或二叉树法(Binomial tree)。该模型采用离散型定价方法,其假设资产价格波动只有向上和向下两个方向,将考察的存续期分为若干阶段,并假设在整个观察期内每一阶段价格每次向上或向下波动的概率和幅度不变。该模型可以把一个给定的时间段细分为更小的时间单位,对每一路径上的每一节点计算行权收益,并用贴现法计算出期权价格,可以提前行权,每一节点上期权的理论价格应为行权收益和贴现计算出的期权价格两者较大者。因此,该模型不但可以对欧式期权进行定价,还可以计算美式期权甚至更复杂的奇异期权的价格。但是,该模型假定价格上升、下降的幅度和波动率不变则是脱离实际的。

APT 模型与 CAPM 模型的主要区别在于:CAPM 模型依赖于"均值—方差"分析,而 APT 模型则假定收益率是由一个要素模型生成的,因此后者不需像前者那样对投资者的偏好做出很强的假定,即 APT 模型并不依据预期收益率和标准差来寻找资产组合,它仅要求投资者是财富偏好者。和传统的 CAMP 模型相比,在 APT 模型中要求的基准资产组合不一定是整个市场资产组合,任何与影响证券收益的系统因素高度相关的充分分散化的资产组合均可充当基准资产组合,有效解决了 CAPM 模型依赖的市场资产组合往往难以观测这一问题。

罗斯的 APT 理论认为,每种证券的收益率都可用若干基本经济因素来进行近似的线性表示。在线性模型假设和"近似无套利假设"下,如果证券组合的风险越来越小,那么它的收益率就会越来越接近无风险收益率。通过构造套利定价模型,给出在一定风险下满足无套利条件的资产收益率,在这一收益率下,投资者仅能得到无风险利率决定的收益,而不能得到额外利润。当具有某种风险证券组合的期望收益率与定价不符合时,便产生了套利机会。

罗斯的 APT 模型脱离了 CAPM 模型的风险与回报逻辑,将"利用套期定价"的概念利用到了最大限度。正如罗斯本人指出的,套利理论推理并非他的这一理论的独特之处,实际上它是几乎所有的金融理论的基本逻辑和方法。

著名的 MM 定理对企业财务结构和公司价值的不相关性理论也运用了套利逻辑。MM 定理的核心是在符合该理论的假设之下,公司的价值与其资本结构无关。公司的价值取决于其实际资产,而不是其各类债权和股权的市场价值。MM 定理实际上可以被认为是欧文·费雪原创的"分离定理"的一个延伸。实际上,费雪指出,在充分和有效的资本市场,企业家拥有的企业的生产决策应该独立于企业家本人跨期消费的决定。这也就是说,公司利润最大化的生产计划将不受其所有者借/贷决定影响,即生产计划独立于融资决策。

套利定价模型的不足就在于这一理论的结论与 CAPM 模型一样,也表明证券的风险与收益之间存在着线性关系,证券的风险越大,其收益越高。但是,APT 的假定与推导过程与 CAPM 模型不同,罗斯并没有假定投资者都是厌恶风险的,也没有假定投资者根据"均值—方差"的原则行事。他认为期望收益与风险之所以存在正比例关系,是因为在市场中已没有套利的机会。

套利定价理论本身没有指明影响证券受益的是些什么因素,哪些是主要的因素,以及因素数目的多寡。一般而言，诸如国民生产总值增长率、通货膨胀率、利率、公司资信、付息等均属影响证券收益的基本因素，但重要因素大约在 10 个。然而，这一问题还有待理论与实务界的进一步探索。概而论之，现代资产组合理论尚存在理论研究假定太多、风险分散方式有限、风险观念判断机械、实际应用操作困难等多方面的缺陷，要改进完善之，绝非一日之功，未来还有不断探索的漫漫长路。

14.4.6 区分三个分离定理

(1) 费雪的分离定理是指在完全的金融市场中，生产技术的时间次序和个人的时间偏好无关。这样，企业家可以独立地按照生产技术的时间约束来进行生产，而不用顾及消费问题，因为有完美的金融市场可以提供借贷。费雪的分离定理告诉了人们金融市场是重要的。

(2) 托宾的分离定理表述的是风险投资组合的选择与个人风险偏好无关。这样基金经理就不用顾及客户的风险偏好特点，只选择最优的投资组合即可，即风险既定下收益最大。托宾的分离定理劝诫基金经理不要在乎客户的个人差异。

(3) 法玛的分离定理即两基金分离，风险投资组合的数量和构成与货币(无风险资产)无关。这体现了法玛的“新货币经济学”思想——在经济体系中，货币是不重要的，物物交换的瓦尔拉斯世界可以在金融市场中实现。法玛分离定理提醒人们货币对风险投资组合本身没有影响，并且任意投资组合都可以用一个无风险资产和风险资产组合的线性组合来表示。

14.4.7 投资组合理论的持续发展

一般均衡理论的理论基础是均衡价格论，均衡价格论主要关注的是不同商品之间的交换比例，或不同商品相对价格的确定问题。这种相对价格不仅取决于商品本身的供求关系，而且取决于相关商品的价格，从而取决于相关商品的供求关系。无套利均衡分析方法，源于公司财务理论(MM 理论)，是经济学一般经济均衡思想的继承及其在金融学领域的重大发展。

一般均衡理论是由瓦尔拉斯最初提出的，后来经过帕累托、希克斯、诺伊曼、阿罗、德布鲁和麦肯齐等人的改进和发展，终于形成了一套比较严密的理论体系。这个理论从它产生至今，始终注重运用数学方法，对一般均衡的存在性、唯一性、稳定性及效率性等问题进行严格的证明。在 1958 年，莫迪利安尼和米勒在研究公司资本结构与公司价值关系的 MM 理论时提出来了无套利均衡分析方法。西方理论研究特别注重使用公理化的研究方法，对无套利均衡理论也是如此。由莫迪利安尼和米勒开始，许多学者采用公理化的研究方法对其进行严格的证明。

美国经济学家肯尼斯·约瑟夫·阿罗(Kenneth J. Arrow)通过具体分析不确定条件下的消费者选择行为与市场实现一般均衡的过程及证券在其中的作用，提出了资产定价的随机贴现思想。随后随机贴现模型理论体系就处于不断完善过程中。汉森和理查德明确使用“随机贴现因子”这一术语。科克伦(Cochrane)提出了一个随机贴现因子(Stochastic Discount Factor, SDF)定价模型，这个模型是将资产价格表示为资产未来收益与其随机贴现因子乘积的条件期望值。这个理论是效用理论和消费者选择理论在金融领域的应用，模型从市场的一般均衡出发，在金融资产的未来支付与现价之间建立了一般性联系，给出了资产定价的一般逻辑。其显著的一个特征就是可以将所有的资产定价模型，如资本资产定价模型(CAPM)、多因素定价模型等纳入这个一般化的理论框架中。

一般均衡与无套利均衡都是在完全竞争市场经济的假设的基础上建立和发展起来的，但是，在现实社会中并不存在完全竞争的市场经济，市场效率受到极大的限制。萨缪尔森认为："市场效率的两大限制：市场不灵和不能被接受的收入分配。"

一般均衡是相对于局部均衡而言，以市场上所有商品的价格、供给和需求都是相互影响、相互制约为前提，考察各种商品的价格、供给和需求同时达到均衡状态时的价格与产量决定，追求社会福利的最大化。因此，一般均衡主要用于商品市场上的经济活动。针对不同经济活动，衍生出许多不同的一般均衡模型，推动了经济的发展。

一般均衡的适用范围非常广，可以解决各种不同的问题。正是由于无套利均衡分析方法的出现，使金融学成为经济学中的一个独立分支，使金融活动变成"可以计算的"。无套利均衡分析方法极大促进了金融衍生产品的出现，推动现代金融学的发展。

在商品市场，市场的参与者在价格失衡时，只能有限地调整自己的供求状况。但是在金融市场上，一个投资者不需要知道其他信息，他只需要知道投资的金融资产收益率以均衡利率(即在无套利状态下的收益率)为标准来衡量是高还是低。因此，在金融市场上，只要出现套利机会，每一个参与者就必然会进行套利。

现代资产组合理论为风险管理提供了一个重要的结论，就是资产组合可分散风险，这是现代风险管理的基石。金融资产负债管理的对象就是一个由资产和负债构成的庞大的资产负债组合，现代资产组合理论为金融资产负债组合的调整提供了理论依据。

【相关阅读】

那些未能获诺贝尔经济学奖的"无冕之王"

诺贝尔经济学奖被认为是世界经济学领域的最高奖项。自1969年以来，已经有70多位经济学家摘取了诺奖桂冠。

尽管获奖者都是经过层层严格评选最后胜出，但在群星璀璨的经济学界，难免有些学者与诺贝尔经济学奖擦肩而过。比如，2012年Lionel McKenzie辞世时，这位一般均衡的创立者竟然还没有获得瑞典的奖励。

最近几年，瑞典的诺贝尔经济学奖委员会似乎偏重技术和应用路线，使一些经济学领域的基础性和开拓性贡献者迟迟不能获奖。2014年，梯若尔(Jean Tirole)作为理论派大师获此殊荣，也提醒我们关注经济学世界里其他的"无冕之王"，期待他们不要等得太久。

哈佛大学Dale Jorgenson系统地阐述了以资本服务的租金价格为基础的新古典投资理论，以及从增加投资中物化的新技术方面解释了生产率的变动。1971年，他因为投资的计量经济学模型而获得美国经济学会的克拉克奖。他还担任过美国经济学会会长和世界计量经济学会会长。

哈佛大学RobertJ. Barro是一位高产并具开拓性的经济学家，他在宏观经济学、增长理论和货币理论等诸多领域做出了巨大贡献。巴罗早年是非均衡宏观经济学领域的领头人，随后投入轰轰烈烈的理性预期革命中，成为理性预期学派的奠基者之一。后来，他的兴趣转向增长研究。在公共财政领域，他还提出了著名的巴罗—李嘉图等价定理。

纽约大学 Paul M. Romer 是新增长理论最重要的创建者。在罗默 1983 年的博士论文中，发表在 1986 年的《政治经济学期刊》(*The Journal of Political Economy*)上，提出了“内生经济增长理论”，探讨了纠正新古典经济增长模型局限性的一些可能途径的论文，重新激起了经济学界对经济增长理论的兴趣。

麻省理工学院 Stephen A. Ross 是当今世界上最具影响力的金融学家之一，研究过经济与金融领域的多个重大课题，在套利定价理论、期权定价理论、利率的期限结构、代理理论等方面均做出过突出贡献，发表了近百篇经济与金融方面的论文，出版了四部教材。他的关于风险和套利的思想已成为许多投资公司的基本投资理念。

耶鲁大学 Peter C. B. Phillips 目前担任美国耶鲁大学经济系和统计系教授、奥克兰大学杰出校友暨经济学客座教授、约克大学经济学客座教授等职务。Phillips 教授同时还是国际顶尖学术杂志《计量经济学理论》的主编，他的主要研究领域为理论计量经济学、金融计量经济学、时间序列和面板数据计量经济学，并长年从事应用宏观经济学方面的研究。Phillips 教授在计量经济学多个领域都做出了开创性的贡献，并在当今世界计量经济学界享有盛誉。

麻省理工学院 Jerry A. Hausman 为该学院经济学教授，主要的研究领域为计量经济学和应用经济学。Jerry A. Hausman 教授是世界上最杰出的计量经济学家之一，计量经济学中耳熟能详的 Hausman Test 就是他首先提出来的；Hausman 教授也是世界上首屈一指的通信和电信产业经济学家，同时也在消费者行为、公司行为、公共政策等应用经济学领域发表了大量的论文。Jerry A. Hausman 教授所获的各种学术奖项和荣誉难以计数，其中包括 1980 年获得计量经济学会授予的弗里茨奖章以及 1985 年的克拉克奖。

哈佛大学 Andreu Mas-Colell，1944 年生，在西班牙完成大学教育，1972 年获得明尼苏达大学经济学博士。1972—1981 年在加州大学伯克利分校经济系任教，担任经济学和数学助理教授、副教授、正教授，1979 年晋升为数学和经济学正教授。1981 年转入哈佛经济系做正教授，1988 年晋升为讲座教授，1995 年被西班牙 Universitat Pompeu Fabra 挖走，现为该校经济学教授。1993 年担任经济计量学会主席。

法国图卢兹大学 Jean Tirole 于 2014 年获得诺贝尔奖。纵观 Tirole 20 多年学术生涯中所做出的贡献，足令任何经济学家瞠目：300 多篇高水平论文，11 部专著，内容涉及经济学的任何重要领域——从宏观经济学到产业组织理论，从博弈论到激励理论，到国际金融，再到经济学与心理学的交叉研究，梯若尔都做出了开创性的贡献。智慧的光芒和热量洒向经济学每一个研究领域。梯若尔纵横驰骋，尽情挥洒，激情所至，堪称天下无敌。

麻省理工学院 Whitney Newey 教授目前是麻省理工学院经济系主任，他曾经担任国际顶尖学术杂志 Econometrica 联合主编，研究专注于理论经济学领域，对计量经济学理论，特别是一般矩估计(GMM)和广义经验似然检验(GEL)的发展做出了巨大的贡献。值得一提的是，Whitney Newey 的博士生导师是大名鼎鼎的 Jerry A. Hausman。

哈佛大学 Oliver S. Hart 教授的研究领域是契约理论、企业理论、公司金融和法律经济学，他是不完全契约理论和企业的产权理论的开创者之一，并且至今仍是该领域的领军人物之一。他与 Grossman 以及与 Moore 的论文奠定了当代企业理论的基础，并为企业理论确立了一个基于契约理论的分析框架。他的《企业、契约与金融结构》已是企业理论的经典教科书。

资料来源：东方财富网. 那些未能获诺贝尔经济学奖的“无冕之王”[EB/OL].(2014-10-13). http://www.howbuy.com/news/2014-10-13/2637443.html.

本章小结

本章主要讲述了金融理论的发展、投资组合理论、投资组合理论的发展。完成本章的学习，应该理解和掌握以下内容。

(1) 真正现代意义上的金融学要回溯到 1952 年。芝加哥大学的一名博士生马科维茨在他的博士论文里提出了一个简单的框架来解决这个问题。哈瑞·马科维茨提出的理论是一个叫投资组合的理论，就像地球产生于宇宙黑洞的爆炸一样，马科维茨的投资组合理论被称为是现代金融学的大爆炸，也被称为“华尔街第一次革命”。

(2) 夏普进一步在一般均衡的框架下，假定证券市场中所有投资人都有相同的初始偏好，以“风险—收益”函数来决策，从而推导出单个证券投资组合的期望受益率与相对风险程度间的关系。

(3) 资本资产定价模型是第一个关于金融资产定价的均衡模型，同时也是第一个可以进行计量检验的金融资产定价模型。模型的首要意义是建立了资本风险与收益的关系，明确指明证券的期望收益率就是无风险收益率与风险补偿两者之和，揭示了证券报酬的内部结构。

(4) 无套利定价最关键在于复制，即用一组资产组合来复制另一组组合，复制的结果必须是两个组合未来产生的现金流特征一致，收益率一致。也就是说，这两个资产组合具有相同的资产价格，无法进行套利交易，市场处于均衡状态。

(5) 由于 CAPM 模型是静态的，且把无风险收益率和市场组合收益率作为外生变量，所以在实证研究领域一直被质疑。卢卡斯(Lucas)和布里登(Breeden)提出了消费资本资产定价模型(CCAPM)，CCAPM 的不同之处就是用资产收益同消费增长率之间的协方差描述风险，即消费 β。

(6) 罗斯的 APT 模型脱离了 CAPM 模型的风险与回报逻辑，将“利用套期定价”的概念利用到了最大限度。正如罗斯本人指出的，套利理论推理并非他的这一理论的独特之处，实际上它是几乎所有的金融理论的基本逻辑和方法。

(7) 一般均衡理论的理论基础是均衡价格论，均衡价格论主要关注的是不同商品之间的交换比例，或不同商品相对价格的确定问题。这种相对价格不仅取决于商品本身的供求关系，而且取决于相关商品的价格，从而取决于相关商品的供求关系。无套利均衡分析方法，源于公司财务理论(MM 理论)，是经济学一般经济均衡思想的继承及其在金融学领域的重大发展。

(8) 现代资产组合理论为风险管理提供了一个重要的结论，就是资产组合可分散风险，这是现代风险管理的基石。金融资产负债管理的对象就是一个由资产和负债构成的庞大的资产负债组合，现代资产组合理论为金融资产负债组合的调整提供了理论依据。

案例分析

Q 因子模型可用于量化投资管理

近日，由上海金融与法律研究院主办的鸿儒论道第 86 期——量化投资模型在资产管理中的策略与应用活动在沪举行。美国俄亥俄州立大学费雪商学院金融学讲席教授张橹在活动上介绍，量化投资模型是金融学中用来预测股票未来收益率的经济计量模型。涉及两个问题，一是有哪些常用的量化投资模型；另一个是如何应用量化投资模型。在资产定价中的量化投资模型中，实证文献、金融与会计学的异常文献中积累了很多资本资产定价模型(CAPM)不能解释的现象。所以，大量的异常现象证明有必要寻求比资本资产定价模型更好的量化投资模型。因此，2015 年，张橹和其他专家提出了 Q 因子模型，从资产定价角度，投资与盈利是股票预期收益率的关键决定因素。Q 因子模型的优点是，基于很强的经济学基础，即公司金融的净现值(NPV)原则。Q 因子模型在量化投资管理中有很大应用空间，期盼把多年的量化金融研究成果运用在全球资产管理。

1. 从 CAPM 模型到 Q 因子模型

现代金融学大致分为两部分，公司金融和资产定价。其中，公司金融研究公司最优实体投资与融资等问题，资产定价研究股票预期收益率与最优证券组合等问题。2015 年我和侯恪惟教授等人发表了一个论文提出了“Q 因子模型”。

在实证文献、金融与会计学的异常文献当中积累了很多资本资产定价模型不能解释的现象。所以，大量的异常现象证明有必要寻求比 CAPM 更好的量化投资模型。

2015 年我们提出了 Q 因子模型，根据这个模型，股票 I 的预期风险溢价由 4 个因子决定。第一个是市场因子，市场因子可以吸收近一半的宏观方面的市场风险溢价因素；第二个因子是市值因子(股票市场在市场上的体量/规模)；我们还加入了两个新的因子，一个是投资因子，准确地说是“实体投资”而不是“金融投资”，例如，你盖一个工厂，这是实体投资不是金融投资；最后一个因子是“盈利因子”，即利润÷账面资本，这是一个会计盈利率的概念。

Q 因子模型有很坚实的实体投资理论基础。在经济学理论中，有一个是实体投资经济学理论。股票收益率回归到 Q 因子模型 4 个因子的收益率。如果这个模型表现很好，非正常收益率在统计上应该为 0，说明有很多量化投资余地。证明 Q 因子模型的因子在实证中非常强大，各种不同的异常变量其实都是投资因子和盈利因子的不同组合。Q 因子模型也获得了 Fama 和 french 的认可，他们把 Q 因子模型相似的投资与盈利因子加入三因子模型中得到了五因子模型。

2. 投资与盈利是股票预期收益率的关键决定因素

Q因子模型的优点是，基于很强的经济学基础，即公司金融的净现值（NPV）原则。净现值原则说的是：如果实体项目现值大于投资成本，就可以投资实体项目，否则就不要投。例如，你是实体公司的CEO，有很多实体项目可以进行投资。当然你最先投资的是最好的项目，即投资成本低，现值高，这样盈利率也高，但投资的项目越来越多，投资成本会慢慢越来越高，盈利率会越来越低。投资最后一个项目时，该项目投资成本＝项目现值，也就是净现值（NPV）是0。

传统的资产定价理论都从个人投资者的角度，最优证券组合和实体经济没有关系，但是这个模型做了很多年，有很多异常情况。所以我们开辟了一个新的途径，在这里我们得出，折现率＝盈利率÷投资成本。相对于盈利率，投资越多的公司，折现率越低，股票预期收益率越低。然后相对于投资，盈利率越高的公司，折现率越高，股票预期收益率越高。所以我们看问题的角度有一个比较大的转变。总结一下，从资产定价角度看，投资与盈利是股票预期收益率的关键决定因素。这揭示了为什么要建立投资因子和盈利因子的经济学基础。

应用Q因子模型，选择股票的法则是：投资中等市值股票，即在纽约证券交易所市值排名20％～50％的公司，好处是低交易成本和高流动性，从而不会对股价产生太多影响。而在这些股票中，应该投资那些低投资股票（即实体投资在30％以下的股票）和高盈利股票（即盈利在70％以上的股票）。在这操作下，1967年的1美元的投资能在2015年涨到9402美元，带来丰厚利润。

我们期盼把多年的量化金融研究成果运用在全球资产管理。此前也考虑了很多如何把Q因子模型在中国市场上应用的问题。我们有全球51个国家的样本，中国是唯一很多因子模型不能运行的国家。不仅仅是我们的Q因子模型，甚至是价值投资、动量投资这些在美国市场都运用了20多年的模型，在中国市场运用的也不是很好。但是我们正在分析、做一些修改，相信还是可以在中国应用的，因为基本分析方式还是相似的。

资料来源：张橹. Q因子模型可用于量化投资管理[EB/OL].（2016-06-17）. http://www.shfinancialnews.com/xww/2009jrb/node5019/node5036/node5045/userobject1ai162909.html.

【问题讨论】 试讨论Q因子模型与CAPM模型有什么联系。

思 考 题

1. 什么是投资组合理论？
2. 马科维茨的理论为何被称为“华尔街第一次革命”？
3. 夏普对马科维茨的理论做了哪些改进？
4. 资本资产定价模型的公式是什么？
5. CAPM有何不足？
6. 什么是ICAPM和CCAPM？

第 15 章　金融理论的发展(二)

【本章学习目标】

1. 了解有效市场理论。
2. 理解行为金融学。
3. 掌握有效市场理论与行为金融学的对比讨论。

【导入案例】

金融设计师：尤金·法玛

“金融学是经济学中最成功的一个分支”，当被问及对金融学的看法时，芝加哥大学商学院的尤金·法玛(Eugene F. Fama)教授从不掩饰他的自豪感。

法玛是全世界知名度最高的经济学家之一，堪称金融经济学领域的思想家。20 世纪 50 年代，在马科维茨、莫迪利安尼和米勒等经济学家促使金融学成为一门严肃科学的时代，法玛就是一员猛将。细数一下今天的金融学理论，市场效率、资产定价、期权定价和公司财务等理论，哪一项能跟法玛撇清关系呢?

1. 开启有效市场假说

第一台功能强大的计算机诞生后，米勒、罗伯茨、戴尔瑟和曼德勃罗都相继于 20 世纪 50 年代加入股票市场行为的研究。几乎在同时，西德尼·亚历山大(Sidney Alexander)、保罗·库特勒(Paul Cootner)、莫迪利安尼和保罗·萨缪尔森等人在麻省理工学院展开金融问题的研究。

进入芝加哥大学的第二年，法玛就开始在米勒的指导下做博士论文研究，主题是关于股票市场价格行为的研究。1965 年，博士论文的成果分别发表在《商业杂志》和《金融分析家杂志》上，与萨缪尔森等人一同开启了有效市场理论的研究。

在法玛的框架中，追求自身利益最大化的理性投资者相互竞争，都试图预测单只股票未来的市场价格，所以竞争导致单只股票的市场价格反映了已经发生和尚未发生，但市场预期会发生的事情。在一个有效的证券市场，由于信息对每个投资者都是均等的，因此任何投资者都不可能通过信息处理获取超额收益，即信息不能被用来在市场上获利，这就是著名的有效市场假说。法玛 1966 年又在《商业杂志》发表文章，以 1957—1962 年道琼斯工业指数的 30 只股票的样本对先前的研究进行修正，新的研究结果仍然支持他们原来的论点，即各期股价不存在相关性。

法玛的研究将竞争均衡引入资本市场研究，为后期资本资产定价模型等研究奠定了基础。风险和收益的交换一直是投资理论的主要内容，但真正指明二者关系还在于有效市场假说的提出，二者之间均衡关系确立的过程就是资本资产定价形成的过程。

有效市场理论在理论研究和业界掀起了较大轰动，大批学者沿着市场的有效性和是否可预测发表了很多优秀论文。包括法玛在内的早期研究，因为没有可用的美国股票数据，所以市场有效性的检验并不理想。经过菲舍尔(Larry Fisher)多年的艰辛工作，美国股票数据库终于能够为学术研究提供方便，但美国芝加哥大学证券价格研究中心(CRSP)创始人吉姆·劳丽(Jim Lorie)担心如果没有人去用该数据库，可能断送CRSP的资金来源。在吉姆·劳丽的鼓动下，法玛和他的合作者做了一篇分割式研究的文章。

这是第一例股票价格对特殊市场信息做出调整问题的研究。这种事件研究很快变成了行业惯例，直到今天还充满活力，仍然是检验市场有效性的主要方式。事件研究还发现了一个实际应用：计算法律案件中的损害赔偿。这次分割式研究值得赞赏的地方还在于，它用新的方法证实了有效市场假说。然而这都无法改变有效市场假说成为理论和实践中最富争议的话题，比如巴菲特就曾讥讽说，"如果市场是有效的，我早就回家挤牛奶了"。

1963年法玛加盟芝加哥大学不久，迈克·詹森和理查德·罗尔(Richard Roll)也到芝加哥大学攻读博士学位，成为圈中一员。1976年，迈克·詹森和威廉·麦克林(William Meckling)出版了投资和融资决策中代理问题的经典论文。

当迈克·詹森到芝加哥大学宣讲他的论文时，他一开口便称他的理论会完全摧毁公司金融领域的"白色圣经"，也就是法玛和米勒于1972年出版的《金融理论》。"我和米勒都认为他的分析深刻且有见地，但事实上我们书中的第四章已经讨论了股东和债券持有人的代理问题。"法玛如是回应。

受迈克·詹森和威廉·麦克林的影响，法玛在20世纪70年代末开始转向代理问题的研究。早期的多数论文强调代理问题，但法玛感兴趣的是竞争的力量如何导致机制变化，进而最后解决代理问题。1980年，法玛在这一领域的处女作以《代理问题与企业理论》为题发表在《政治经济学杂志》。法玛将管理与承担风险两种职能归给企业家，而企业也就成为一系列契约，所以自然被作为分离的要素来处理。企业为来自其他企业的竞争所约束，被迫改进有效监督整个队伍及其个别成员业绩的手段。20世纪80年代，米勒和法玛连续合作了三篇文章，研究了代理问题与剩余索取权问题。他们分析了不同的组织形式所具有的剩余索取权的特征，作为控制不同组织所特有的代理问题的有效方法制度，得出了关于各类组织在生产活动中能够生存下来的剩余索取权条件。

2. 领军"新货币经济学浪潮"

代理问题之后，法玛将焦点转向货币理论。20世纪80年代初，电子货币让传统货币理论看上去破绽百出，一批经济学家重新为货币理论寻找微观基础，法玛就是这股被称作"新货币经济学浪潮"中的领军人物。

1980年1月，法玛在《货币经济学》杂志上发表了一篇题为《金融理论中的银行业》的文章。法玛认为，金融资产的交易媒介是对实际资产的要求，当代理人简单地将一系列实际资产用来交换其他一系列实际资产，这种资产的交易只是一种物物交换的高级形式。资产交易可能影响相对价格，但一般不会对绝对价格水平产生影响。

法玛设想了一种不需要使用货币的竞争性支付体系——"纯粹的记账交易系统"。在这种系统中，交易可以完全避免现金媒介，"任何实质的交易媒介或购买力暂栖所的概念均告消失"。法玛考虑可以"由政府垄断发行一种不附息的法偿货币"，社会可以用这种法偿货币的单位作为“计价商品”。此时银行应客户请求将“存款”转换为“现金”,而过程就像共同基金应客户请求将一种金融资产转换为另一种金融资产一样。

三年后,法玛在《货币经济学》杂志发表《金融中介和价格水平控制》一文,重申了他的设想,坚持认为外在货币对于维持账户交易系统是不必要的。在法玛看来,外在货币也只是一种商品,如果有它存在,可以用它作为“计价品”,但没有它也完全可以。

很难想象没有资产定价模型的金融学是什么模样。早期在芝加哥大学或其他课堂上,投资课程主要教授债券分析——如何选择被低估的股票。1963 年,法玛在芝加哥开授的第一门课程就专注于讲授马科维茨的投资组合模型和夏普的资产价格模型。

资本资产定价模型第一次明确了风险的定义,以及它是如何实现预期收益的。由于缺乏切实可行的风险与预期收益模型,这方面的研究一直进展不畅。例如,莫迪利安尼和米勒开创性的论文使用了逃离风险类型,表明财务决策不会影响企业的市场价值。他们定义的风险类别是与公司相关的现金流量净额相关。这是有局限性的,导致学者们多年对他们的分析和结论争论不休,问题就出在缺乏正式的风险定价模型和风险定义,也没有搞清楚风险与预期收益的关系。

资料来源:董金鹏. 金融设计师:尤金·法玛[EB/OL]. (2013-10-25). http://business.sohu.com/20131025/n388934321.shtml.

【思考提示】 请说明尤金·法玛的有效市场理论对金融市场有何影响。

15.1 有效市场理论

15.1.1 有效市场理论的基础——随机游走

证券投资作为市场经济的重要组成部分,深深地受到欧美自由放任经济学派的影响,这一影响主要体现在有效市场假说上。在证券投资领域中,有效市场假说理论有着自身独特的理论发展轨迹。

自从股票市场诞生以来,研究股票价格的预测方法就是证券市场研究的一个永不过时的主题,从 20 世纪初开始,就陆续有数学家、经济学家和金融学家发现了股价的随机游走现象,从而奠定了有效市场理论的基础。

随机游走,这一概念接近于布朗运动,是布朗运动的理想数学状态。随机游走本来是“物理上布朗运动”相关的分子,还是微观粒子的运动形成的一个模型。现在学术界大多时候谈论的随机游走假说是数理金融中最重要的假设,它把有效市场的思想与物理学中的布朗运动联系起来,由此而来的一整套的随机数学方法成为构建数理金融的基石。

随机游走是指基于过去的表现,无法预测将来的发展步骤和方向。这一术语应用到股市上,则意味着股票价格的短期走势不可预知,意味着投资咨询服务、收益预测和复杂的图表模型全无用处。若将这一术语的逻辑内涵推向极致,就像是让一只戴上眼罩的猴子,随意向报纸的金融版面掷一些飞镖,选出的投资组合就可与投资专家精心挑选出的一样出色。这让华尔街的精英们仿佛失去了价值,但“随机游走”就是有这样独特的魅力,不断地吸引着数学家、经济学家、金融学家等的关注。

法国数学家巴契理耶(Bachelier)对股票投资有着浓厚的兴趣,在他1900年完成的博士论文《投机理论》中,他用多种数学方法研究股票价格的规律,发现除非有新的基本面信息出现导致股价变化,否则股价的变动完全是随机的。

1953年,美国统计学家肯德尔(Kendall)第一次将计算机应用于分析股票与期货价格,他也发现股票价格变化是随机的,股价历史上的波动信息无法用来预测未来股价。

随机游走就是任何无规则行走者所带的守恒量都各自对应着一个扩散运输定律,核心就是无规则行走和扩散。

其中无规则行走在任意尺度上都具有相似结构。例如,一个棋子在二维格子上游动,每一定时间以相同概率移动到其相邻位置,其轨迹即二维随机轨迹,同样可以扩展到三维。

对无规则行走的数学处理使用了过于简化的假设,扩散定律是普适的,只要给定独立随机行走的某种分布,它就不依赖于具体的模型。涨落是随机的、混沌的,无规则行走的结果就是扩散,这包括物质扩散、动量扩散、热量扩散等。这也意味着结晶学、天文学、生物学、气象学、流体力学、经济学都可以用到扩散定律。

无规则行走只是布朗运动的理想状态。在很多系统都存在不同类型的无规则行走,他们都具有相似结构。单个的随机事件我们不可预测,但随机大量的群体行为,却是精确可知的,这就是概率世界的魅力,在偶然中隐含着必然。随机性造成了低尺度下的差异性,但在高尺度下又表现为共同的特征的相似性。按照概率的观点"宇宙即是所有随机事件概率的总和"。

股票市场由无数的投资者构成。每个投资者被个人经验、感情和不完全信息所左右,其决策立足于其他投资者的决策以及汇总的信息中的随机事件,在经济学上研究这样的决策的就是博弈论。虽然单个投资者的行为不可预测,但长期来看,股票价格做某种带漂移的无规则行走。驱动这个行走的包括投资者的突发奇想、自然灾难、公司倒闭,以及其他不可预知的新闻事件。例如,2016年11月9日美国总统大选结果出炉,希拉里败落,A股一只叫"川大智胜"的股票神奇般地涨了逾6%,而另一只股票"西仪股份"却随着大选结果的陆续公布大跌近9%。

为什么行走会是随机的?假如一个分析员发现12月末股价会上扬,到1月初在下跌,一旦这种规律被市场参与者得知自然人们会选择这段时间内抛出股票,这一行为导致了股票下跌,消除了这种效应的可能。股票的公平原则即要求公开信息资源,使一个投资者没有更多战胜其他投资者的有用信息。在信息完全公开的情况下长时间的股票曲线应该近似于一维无规则行走。

15.1.2 尤金·法玛与有效市场理论

经济学家尤金·法玛是金融经济学领域的思想家。在前人研究股价随机游走的基础上,法玛在他1965年完成的博士论文中提出了股票市场有效性的理论,即股票价格的历史不会重复发生,不存在能够预测未来股价形态的分析方法。

市场有效性理论的确立,是以法玛在1970年发表的《有效资本市场:对理论和实证工作的评价》为标志。按照法玛的表述,资本市场的主要作用是分配经济中的资本存量,在一个对信息反应富有效率的股票市场中,股价能够充分、迅速地反映全部可以获得的信息。

通常来说，在理想化的市场中价格提供了资源配置的准确信号，也就是说，在这个市场中公司能够做出生产投资决策，投资者能够挑选股票，而这些股票价格均及时充分地反映了所有相关信息。

这意味着，如果你从报纸上看到特朗普赢得总统大选，别以为依靠在下午茶休息时间购进黄金期货你就能够发财，因为按照有效市场理论，在报道该消息的同时，甚至在此以前，黄金价格就已经上涨了。

市场参与者会立即做出反应，并将证券的价格抬高到应有的高度。简而言之，在每一个时点上，市场都已经消化了可以得到的全部最新消息，并且将它包含在股票价格或其他投机价格中。有效市场理论认为市场价格已经包含所有的可以得到的信息。依靠查看过去的信息或以往价格变化的形式来赚钱是不可能的。

有效市场假设认为在一个充满信息交流和信息竞争的社会里，一个特定的信息能够在股票市场上迅速被投资者知晓。如果股票市场上的有关信息对每个投资者都是均等的，而且每个投资者都能根据自己掌握的信息及时地进行理性的投资决策，那么任何投资者都不可能获得超额收益，这种市场就是"有效市场"。有效市场理论的主要倡导者之一克拉克·弗兰西斯指出，由于资本市场上各种证券价格能充分反映所有可能获得的信息，而且价格信号又是资本市场中资本有效配置的内在机制，所以"一个有效率的资本市场会迅速准确地把资本导向收益最高的企业"。

有效市场假说完全可以看作自由放任经济学派在证券投资领域的体现，有效市场假说认为，市场的有效性来自投资分析师和高度专业化的投资者对信息的充分竞争，竞争确保了证券价格可以充分、及时地反映所有可获得的信息，而自由放任经济学派者认为经济的有效性来自商人之间和企业之间的激烈竞争。有效市场假说认为，作为一般的投资者，既然无法从证券分析中获得超额收益，就应该消极地买入并持有指数基金，这与自由放任经济学派主张政府应该消极地不干涉市场行为是非常接近的。

法玛指出有效市场具有如下特征：特定信息在股票市场能够迅速被投资者知晓；股票价格在任何时候都能充分及时地反映全部有价值的信息，市场价格代表着证券的真实价值；投资者所获得的收益只能是与其承担风险相匹配的那部分正常收益，不可能得到非正常报酬；在有效率的市场中，公平原则得以充分体现，资源配置更为合理和有效。但是法玛注意到，有效市场需要有两个前提：投资者须具有对信息加工分析和正确判断证券价格的能力，所有影响证券价格的信息都是自由流动的。

格罗斯曼斯·蒂格利茨(Grossman Stigliz)在1980年用恒定的绝对风险规避效用函数建立了理论模型，证明了无成本信息是市场有效性成立的充分必要条件。马尔基(Malkie)于1992年补充说，如果证券价格能够充分并且正确反映所有相关信息，那么市场是有效的，如果一些信息的披露不影响证券的价格，那么市场在这些信息集上是有效的。进一步，市场有效就意味着不可能利用信息集的偏差来获得经济利润。

15.1.3 有效市场理论的假设前提

任何经济学理论都有假设前提。主流经济学有个基本假设：人是理性的。人通过审慎思考，做出理性决策，谋求自己的利益最大化。有效市场理论是以如下假设为前提的。

(1) 信息公开及时有效,有关证券的信息能够充分、顺利、真实、及时地在市场上流动和传递;整个市场没有摩擦,即不存在交易成本和税收;所有资产完全可分割,可交易;没有限制性规定。

(2) 整个市场充分竞争,所有市场参与者都是价格的接收者。信息从公开到被接收完全有效,即被公开的信息能够充分准确、及时地被关注该证券的投资者所获得。

(3) 信息成本为零,信息接收者对所获得信息做出一致的、合理的、及时的价值判断。

(4) 信息的接收者依据其判断实施投资完全有效,即每一个关注该证券的投资者能够根据其判断,做出准确、及时的行动。一旦证券市场具备了这几个条件,那么,任何人都不可能从资本所得上获得收益,只能从企业盈利上获得收益。

15.1.4 有效市场理论的三类细分市场

法玛认为,影响证券价格的信息可以分为三类:第一类信息是所有公开信息、所有内部信息;第二类信息是第一类信息中已公开的部分;第三类信息是第二类信息中对证券市场历史数据进行分析得到的信息。

按照所获得信息的分类不同,有效市场理论将有效率的资本市场细分为三种类型:弱式有效市场、半强式有效市场和强式有效市场。

1. 弱式有效市场

在弱式有效市场中,现行的证券价格充分反映了有关过去价格和过去收益的一切信息,由拥有历史信息的所有投资者的集体判断而形成。证券价格的未来走向与其历史变化之间是相互独立的,服从随机游走理论、在弱式有效市场上,投资者无法依靠对证券价格变化的历史趋势的分析(这种分析主要表现为对证券价格变化的技术分析)所发现的所谓证券价格变化规律来始终如一地获取超额利润,投资者无法利用过去所包含的信息获得超额利润。

也就是说,弱式有效市场假说认为市场价格已充分反映出所有过去历史的证券价格信息,包括股票的成交价、成交量、卖空金额、融资金额等。因为这些信息已免费公开于投资大众,假如这些历史信息中隐藏有关股票未来表现的信息,则投资大众会迅速地挖掘这些资料,采取买卖交易行为,使股价变动充分地反映出这些信息,所以利用移动平均线和K线图等手段分析历史价格信息的技术分析法是无效的。

对弱式有效市场假说的大量实验检验表明,扣除交易成本后,市场基本上是弱式有效的。弱式有效市场假说成立,证券市场的历史资料将失去作用,技术分析无用武之地,但基本分析尚可挖掘一些低价高值的股票。

必须注意的是,投资者不能解读全部公开信息并不等于每一个公开信息都不能解读。弱式有效市场对投资者不能解读公开信息的程度有一个最低的限制:投资者至少应该能够解读历史价格信息。这样,在一个弱式有效市场上,存在着两类信息——公开信息和"内幕信息",三类投资者——掌握"内幕信息"和全部公开信息并能正确解读这些信息的投资者、只能解读全部公开信息的投资者、不能解读全部公开信息但至少能够解读历史价格信息的投资者。

可见,在弱式有效证券市场上,极少数人控制着"内幕信息",大部分人只能获得公开信息。在所有获得公开信息的投资者中,又只有少数人能够正确解读全部的公开信息,而且能够由此制定出投资决策并把它贯彻到自己的买卖行为中，大部分投资者至少能够解读历史价格信息但不能解读全部公开信息。

2. 半强式有效市场

在半强式有效市场中，现行的证券价格不仅能反映过去价格和过去收益的一切信息，而且还融汇了一切可以公开得到的信息，如关于各公司公开的财务状况报表、股票送配的公告等。投资者不仅无法从历史信息中获得超额利润，也无法通过分析当前的公开信息获得超额利润。除了证券市场以往的价格信息之外，半强式有效市场假设中包含的信息还包括发行证券企业的年度报告、季度报告等在新闻媒体中可以获得的所有公开信息，依靠企业的财务报表等公开信息进行的基础分析法也是无效的。

3. 强式有效市场

强式有效市场是信息处理能力最强的证券市场，其证券价格所包括的信息面最广，价格在充分反映过去收益和报酬以及一切可获得的公开信息之外，还反映非公开的内幕信息。在该市场上，有关证券产品的任何信息一经产生，就得以及时公开，一经公开就能得到及时处理，一经处理，就能在市场上得到反馈。信息的产生、公开、处理和反馈几乎是同时的。同时，有关信息的公开是真实的、信息的处理是正确的、反馈也是准确的。

强式有效市场假说中的信息既包括所有的公开信息，也包括所有的内幕信息，例如，企业内部高级管理人员所掌握的内部信息。如果强式有效市场假设成立，上述所有的信息都已经完全反映在当前的价格中，所以，即便是掌握内幕信息的投资者也无法持续获取非正常收益。在强式有效市场上，每一位交易者都掌握了有关证券产品的所有信息，而且每一位交易者所占有的信息都是一样的，每一位交易者对该证券产品的价值判断都是一致的，并且都能将自己的投资方案不折不扣地付诸实施。

因此，对于强式有效证券市场来说，不存在因证券发行者和投资者的非理性所产生的供求失衡而导致的证券产品价格波动，证券的价格反映了所有即时信息。任何投资者即使拥有非公开信息也无法获得超额利润。

4. 三层细分市场的异同

在一个弱式有效市场上，除了信息的公开程度存在着差别之外，投资者对公开信息的理解和判断也存在着专业性和非专业性的区别。一般的投资者对公开信息的理解处于比较浅的层次，很难对公开信息的价值做出全面、正确和理性的判断。只有那些专业投资者和机构投资者才有能力全面、正确和理性的解读并判断出公开信息所包含的真正价值。结果，在弱式有效市场上，除了通过掌握“内幕信息”可以获得超额利润之外，那些专业性的投资者就可以利用他们在信息分析上的专业优势获得额外的利润。

弱式有效市场的信息处理能力仅次于半强式有效市场。在该市场上，不仅信息从产生到被公开的效率受到损害，即存在“内幕信息”，而且投资者对信息进行价值判断的效率也受到损害。并不是每一位投资者对所披露的信息都能做出全面、正确、及时和理性的解读和判断。只有那些掌握专门分析工具的专业人员才能对所披露的信息做出全面、正确、及时和理性的解读和判断，并在此基础上做出有效的投资决策，再通过他们的买卖行为把自己对全部公开信息的解读和判断贯彻到市场中。一般的投资公众却很难把握企业公开信息所包含的真正价值，对分析工具的应用水平也不如专业投资者。因此，他们解读和判断信息价值的能力以及做出有效投资决策的可能性都不如专业投资者。这样，一般公众投资者对公开信息的解读和判断都是打了折扣的，由此所做出的投资决策并不能体现出市场所提供的全部公开信息的内涵，根据这种投资决策所采取的投资行为，以及由此导致的市场价格的变化，也就不可能反映全部的公开信息。

强式和半强式有效市场的区别就在于信息公开的效率是否受到影响，即是否存在未公开的“内幕信息”。在强式有效市场上，信息一经产生即被公开，不存在信息公开的不完整性，任何处于信息源头的人都不可能因对该信息的先期占有或内幕占有而获得额外的利润。而在半强式有效证券市场上，信息公开是不完整的，涉及证券产品价格的信息是有意识、有选择地公开，存在没有被公开的“内幕信息”。

如果掌握“内幕信息”的人不能参加交易，那么能够参加交易的人能是另外两类——“能解读全部公开信息的投资者”“不能解读全部公开信息但至少能够解读历史价格信息的投资者”，投资者根据自己对公开信息的解读程度做出投资决策并进行投资。结果，如果市场上没有出现任何新的信息，证券产品的市场价格就反映了所有投资者对历史价格信息的理性价值判断。一旦市场上出现任何新的信息，价格就会发生比较大的变化，但是，随着新信息在市场上的不断扩散并且被全部投资者所吸收，市场价格将在一个新的水平上趋同。

如果允许少数掌握“内幕信息”的投资者也参加交易，那么，市场价格的变化将更加复杂。存在基于“内幕信息”形成的“内幕交易价格”和基于对公开信息解读程度不同而形成的不断变化着的市场价格。随着“内幕信息”的公开化和新信息在市场上的不断扩散并且被全部投资者所吸收，市场价格会不断趋同，价格趋同的速度同时取决于“内幕信息”的扩散速度和新信息的吸收速度。

弱式有效市场与强式有效市场、半强式有效市场的共同点是他们都能保证信息从被公开到被接收的高效率和投资者实施自己的投资决策的高效率。

强式有效市场和半强式有效市场也是有共同点的，这两个市场除了信息公开的效率不同外，从信息被公开到被接收的效率、投资者对所接收到的信息的价值判断的效率、投资者根据其价值判断实施其投资决策的效率这三个方面的效率是相同的。

所以根据有效市场假说，投资者不能从证券分析中获得超额收益，投资者只需采用消极投资策略，即买入并持有指数基金，就能获得较高的长期收益。

证券市场不仅为相关证券确立投资价值，重要的是反映了它所代表的实物资产的价值。但并非所有的市场都能合理反映资产价值。如果市场是无效的，资产价格就有可能偏离资产的真实价值。所以，有效市场理论本质上就是资产价格或价值理论。信息与套利行为、资本市场结构与竞争效率直接影响市场的有效性。当所有相关信息都为交易者获取，并转化为相应的资产选择行为，信息才能对价格发生影响。因此，获取信息的便利和成本、对信息的开发和利用效率都直接决定了市场有效性的高低。同时，市场参与者获取信息，是为了在运用信息在套利交易中获取投资收益。市场的缺陷正是通过套利交易在短期内能得到修正，因此套利交易是市场有效性的必要条件。此外，不同的市场条件和市场环境，会有不同的信息获取方式和套利行为，从而也会对市场有效性发生影响。

【相关阅读】

希勒：绝不投资京沪房产

我绝对不会投资北京或者上海的房产。2013年，诺贝尔经济学奖获得者罗伯特·希勒在谈及中国的房地产时如是说。

对美国互联网以及房地产泡沫进行了准确的预测，希勒被冠以"泡沫"先生，但其预言的中国房地产泡沫破灭，时至今日仍没有大规模兑现。

不过希勒也曾多次强调，泡沫很难在短时间内发生。究竟应当相信中国房市的资产价值并非泡沫，还是笃定"泡沫"先生希勒认为的——是泡沫就一定会破？

1. 知名学者到畅销作家

罗伯特·希勒是与生俱来的学者。第二次世界大战后出生的他成长于一个工程师家庭，他的学生时代是在美国东北部、密歇根州最大的城市底特律市度过的。21岁的希勒完成了大学学业，在密歇根大学毕业并获得了学士学位。

不满足于大学的希勒继续深造，1968年，希勒只用了1年时间就完成了研究生学业，并师从1985年诺贝尔经济学奖得主莫迪利安尼，开始博士进修。

博士毕业之后，希勒曾在宾夕法尼亚大学沃顿商学院和明尼苏达大学任教，1982年加入耶鲁大学以来，希勒便扎根耶鲁，传道授业。

在成为诺贝尔经济学奖获得者之前，希勒在耶鲁就已经成为明星教授。他在学术研究上的独辟蹊径，令他的授课风格深受学生喜欢。他讲授的宏观经济学、金融市场等课程，每次都是座无虚席。因此在耶鲁校内，希勒早已是诺贝尔经济学奖的热门人选。

相对于耶鲁"明星教授"这一头衔，希勒更加广为人知的则是其对美国股市以及房地产泡沫的神奇预测。

2000年，《非理性繁荣》一书出版，在该本著作中，希勒预言了美国即将面临互联网泡沫带来的股市风险。极具争议性的立论令该书上架短短两周，就登上《纽约时报》畅销榜。

2. 危机预言者

《非理性繁荣》中的预测随即得到应验，美国纳斯达克指数即应声跌破5000点，当年度更惨遭腰斩，至今仍徘徊在这个高点下方。

希勒的研究方法，是通过比较美国近140年来的股票本益比，得出的结论是美国股票指数过度翻扬，已与实际情况背离，随时面临泡沫破裂的风险。历史的推演印证了希勒的预言，也因此奠定了其大师地位。

在随后的几年内，希勒继续着他神奇的预测。

2005年，希勒指出，从长期看，美国的房价上涨并不能跑赢通货膨胀，正常情况下，房价本身不应该远远高于建筑成本。转眼到了2006年年底、2007年年初，市场的表现再次印证了希勒的观点。

同年，《非理性繁荣》再版，希勒再次强调："房价与股价的进一步上涨最终将导致市场的严重下跌。从长期看，消费者信心将会受到影响，并很有可能导致全球大萧条。可怕的是，这种极端情况很难避免。"

2006年8月，在给《华尔街日报》撰写的一则文章中，希勒警告说："市场目前极具风险，金融市场存在大量泡沫，市场陷入大萧条的时间很可能早于我们的预期。”

2007年9月，这一时间刻度已经接近雷曼兄弟破产。希勒再次警告，房地产市场、金融市场即将崩盘。

支撑希勒每次成功的预言背后，是两套其自创的数据分析体系。其一是他与另一位经济学家卡尔·凯斯(Karl Case)共同创立的[标准普尔/凯斯-希勒房价指数(S&P/Case-Shiller Home Prices Indices)]，被视为全球最权威的美国房市指标。

另外，在股票市场上，希勒也建立CAPE(景气调整后的本益比)。以标准普尔500指数目前的市场价格，除以过去10年的平均盈余，且经过通膨调整，所得出的比率用来检视股价波动。

如此密集、大胆而又准确到令人发指的预测，令希勒享誉全球。2009年，凭借其在金融领域的前沿研究，希勒荣获德意志银行奖。他的研究对于资产定价理论的发展具有重大影响，同时也影响着该领域的实证应用及资产价格制定。

自此，希勒在风险警示、金融市场波动、泡沫与危机等领域获得了来自学术界、实证领域乃至政府管理层的关注。

2013年，功成名就的希勒接到了来自诺贝尔奖颁奖现场评委会打来的电话，因其在“资产价格实证分析方面的贡献”，他与另外两名经济学家(美国经济学家尤金·法玛和拉尔斯·彼得·汉森)共同获得了2013年诺贝尔经济学奖。

希勒喜出望外，甚至对此结果并无准备。他谦虚表示：“虽然很多人都表示希望我能获得诺奖，但我深知，还有很多经济学家都具备这个实力。”

3. “折戟”中国

对美国市场神预测的希勒同样非常关注中国市场，然而到目前为止，其对中国房地产泡沫的预测却至今仍未兑现。希勒的屡次预言成真是否会在中国失效？

早在2009年，希勒就关注了中国的房地产市场。他认为，从20世纪90年代以后，房地产市场的繁荣进一步促进了经济的发展，但同时也为危机的出现培育了沃土。

中国尤其如此，甚至在2005—2008年，房地产市场出现了非常热的局面。

希勒曾经表示：“高房价的存在由泡沫的心理支撑。很多人对此心甘情愿，但是泡沫心理不会长期存在，也会发生改变。万一发生泡沫，那些以数十倍甚至百倍于自己收入购房的投资者，很有可能在未来蒙受巨大的损失，这种投机心理一定是非理性的。”

希勒在2011年表示：“中国房地产现在泡沫严重，如果和美国一样泡沫破裂，这将会对中国经济产生打击。”

然而中国的房地产市场并没有因希勒的预言而一语成谶。

当然，希勒曾经面对过关于预言为何仍未实现的质疑，对此，他曾在书中解释：“投机泡沫不会像短篇故事、小说或戏剧那样结束。不存在将所有线索同时推向令人难忘结局的剧终场景。在真实世界中，我们永远不知道故事什么时候结束。”

对于中国的房地产市场，希勒已经“不敢”轻易断言，甚至表示需要再多做功课。但是谁又敢轻易忽视这位成功预言美国互联网泡沫、金融危机、房地产崩盘的“先知预言”呢？

资料来源：英才杂志．希勒：绝不投资京沪房产[EB/OL]．(2016-10-07)．http://business.sohu.com/20161007/n469656270.shtml.

15.2 行为金融学

15.2.1 凯恩斯的选美理论

在选美比赛中，如果想要猜中哪个女孩会得到冠军，那么在投票时就应该选大家都投票的那个，而不能选那个长得像梦中情人的美女。这诀窍就是要猜准大家的选美倾向和投票行为。

那么在金融市场投资问题上，不论是炒股票、炒期货，还是买基金、买债券，也不要去买自己认为能够赚钱的金融品种，而是要买大家普遍认为能够赚钱的品种，哪怕那个品种根本不值钱，这道理同猜中选美冠军就能够得奖是一模一样的。这就是凯恩斯的选美理论。

把凯恩斯的选美的思维方式应用于股票市场，那么投机行为就是建立在对大众心理的猜测上。例如，你可能并不看好某只股票，可是你还是会去买进，因为你预期有人会花更高的价钱从你那儿把它买走。这就是人们常说的博傻理论。马尔基尔(Burton G. Malkiel)把凯恩斯的这一看法归纳为最大笨蛋理论：你之所以完全不管某个东西的真实价值，即使它一文不值，你也愿意花高价买下，是因为你预期有一个更大的笨蛋，会花更高的价格，从你那儿把它买走。投机行为的关键在于判断市场中是否有比自己更傻的笨蛋，只要自己不是最大的笨蛋就是赢多赢少的问题。如果再也找不到愿出更高价格的更大笨蛋把它从你那儿买走，那你就是最大的笨蛋，炒股炒成了股东。

在金融市场投资方面，凯恩斯的选美理论其实是用来分析人们的心理活动对投资决策的影响。但大多数基本面分析人士和经济学家拒绝考虑市场参与者的心理因素，技术派分析人士由于固守"市场交易行为都是理性的"这样一个定式，也往往对交易者的心理因素不进行详细的分析，他们喜欢套用各种公式，喜欢用既定的模式，只相信数学的力量。

从亚里士多德哲学，到欧几里得数学，再到牛顿的经典物理学，西方科学发展的逻辑体系，一直体现着这样的观念：即认为事物是线性发展的，有因必有果，只要掌握足够的变量，便能精准预言事物发展。

这种观念同样影响着经济学。18世纪早期，经济学的创立者之一——亚当·斯密，赋予了经济人两个特质：一是自利；二是理性。"理性人"受一只"看不见的手"指导，通过理性决策寻求自身利益最大化，无数个人充分博弈，形成市场，市场表面看似混乱而毫无拘束，但"看不见的手"最终使市场进入"均衡"。

亚当·斯密的思想余泽深远，200多年的时间里面，从亚当·斯密、李嘉图、萨伊、穆勒、马尔萨斯、马歇尔到凯恩斯、米尔顿·弗里德曼、萨谬尔森、卢卡斯、斯蒂格利茨，大师辈出，流派林立。但经济学的理论大厦里面，始终以"理性人"假设为基石。"理性人"假设，使经济学形成了一套严密且自洽的知识体系，主流经济学家们甚至认为，经济学可以同物理学一样，建立模型或数学方程式，并对现实世界做出解释。

越来越多的活生生的现实让金融研究学者开始怀疑，开始探寻，开始看见了人们的心理活动对金融市场产生的影响。

15.2.2 夏皮诺实验

从实际情况来看，金融市场参与者的行为动机各不相同。他们的心智、受教育程度、投资动机、思维方式、风险偏好和交易视野可能完全不同。虽然大家普遍认为人们在自愿交易时是理性的，但实际上，不得不承认的是人只有在有限的情况下，才能够做到理性。

夏皮诺是美国纽约的一位心理医生，他曾经主持过两个非常著名的实验。这两个实验有力地揭示了行为主体面临不同环境时明显的决策偏向性。每个实验都有两个选择，参加实验的人只可以从中选择一个答案。

1. 第一个实验是“得到”实验

选项 A：有 75%的机会得到 1000 美元，但有 25%的机会什么都得不到；

选项 B：确定得到 700 美元。

尽管一再向参加实验的人解释，从统计概率的角度上来说，选择 A 能得到 750 美元（1000×75%+0×25%=750 美元），可还是有 80%左右的人选择了 B。这个实验显示出，面对盈利状态时的选择，大多数人都选择确定的“得到”，而不愿意选择那些可能更多但有风险的“得到”。说明投资者在获利情况下风险规避意识明显对自己的决策行为有更大的影响力。西方谚语“二鸟在林，不如一鸟在手”，中国的成语“落袋为安”，都体现了在获利状态下的保守思想。

2. 第二个实验是“失去”实验

选项 C：有 75%的机会失去 1000 美元，但有 25%的机会什么都不会失去；

选项 D：确定失去 700 美元。

结果是 75%左右的参加者选择了 C，他们为了搏 25%的什么都不失去的机会。宁愿承受理论上可能更多的损失，说明对深处逆境面对亏损选择的投资者来说，承认错误平仓止损对他们来说是非常痛苦的选择，只要投资者理论上仍有解套出局甚至获利的机会，一般投资者仍会选择去冒这个险。面对亏损选择的投资者风险偏好明显增大。

在“夏皮诺实验”下，传统金融学中的理性人假设在现实生活中遭到了质疑，大多会做出的是非理性选择。因为人在面临不同处境时常常会抛弃理性人假说中的最优选择，往往这种非理性选择成为现实生活中的常态，而理性选择却成为非常态。由于这种奇特的现实与理论反差的存在，经济学家开始关注现实金融活动中人的行为特征，逐渐结合心理学形成了经济学的一个重要分支——行为金融学。

15.2.3 行为金融学的形成

在法玛的有效市场之后，两位心理学家为金融学研究打开了另外一扇大门。1979 年，美国普林斯顿大学的心理学教授丹尼尔·卡尼曼（Daniel Kahneman）和特沃斯基（Tversky）发表了题为《期望理论：风险状态下的决策分析》的文章，建立了人类风险决策过程的心理学理论，成为行为金融学发展史上的一个里程碑。通过一系列的实验证明，长期以来主宰金融经济学的“理性人”的假定常常受到约束。相反，人类的理性决策过程往往受到个人偏好、社会规范、观念习惯的影响，因而导致“理性预期”出现系统性的偏差。

美国经济学家卡尼曼与特沃斯基提出的理论的核心是，一般人在面临获得时总是尽可能规避风险，而在面临损失时又喜欢冒一下险的非理性心理因素。

举个例子，一般情况下，10 000 元的月薪一定比 9000 元的月薪令人愉快。可是，如果有两种情形，一种是你的同事都拿 11 000 元而你只拿 10 000 元，另一种是你同事都拿 8000 元而你拿 9000 元，这种情形下，可能 9000 元给你带来的满足感要远大于 10 000 元。这个就是著名的"决策参考点"理论。

除此之外，卡尼曼和特沃斯基还发现了人类在决策中会体现出如"损失规避""框架效应"等系统性的特征，这些特征构成了"预期理论"的基础。

卡尼曼的核心理论是前景理论，这个理论有以下三个基本原理：大多数人在面临获得的时候是风险规避的；大多数人在面临损失的时候是风险偏爱的；人们对损失比对获得更敏感。卡尼曼因为"将来自心理研究领域的综合洞察力应用在了经济学中，尤其是在不确定情况下的人为判断和决策方面做出了突出贡献"，摘得 2002 年度诺贝尔经济学奖的桂冠。

行为金融理论试图刻画决策人真实但常常是直觉的行为，不管这些行为是貌似合理还是不合理，并以此为基础对决策前、决策中和决策后的情形做出预测。这与行为评估紧密相关，尤其是对资本市场参与者的行为评估，由于决策行为可以预测，也就对其他人有了可资利用的经济价值。

就像猜选美冠军不仅要考虑参赛选手的容貌、观众的喜好等正常因素外，还必须考虑贿赂、丑闻等异常情况一样，行为金融理论除了研究信息吸收、甄别和处理以及由此带来的后果外，它还研究人们的异常行为，用来观察非理性行为对其他市场参与者的影响程度。通过对市场交易者各种行为的研究，行为金融学对有效市场理论的三个假设提出了质疑。

对于有效市场理论中的投资者是理性的假设，行为金融学提出要用投资者的正常行为取代理性行为假设，而正常的并不等于理性的；对于投资者的非理性行为，行为金融学认为，非理性投资者的决策并不总是随机的，常常会朝着同一个方向发展；有效市场理论认为套利可以使市场恢复效率，价格偏离是短暂现象，行为金融学认为，套利不仅有条件限制，套利本身也是有风险的，因此不能发挥预期作用。

在行为金融学框架下，市场有效是不现实的假设，由于存在着种种套利限制和投资人的行为性偏误，市场定价总是存在着"错误"，投资者应该果断地采取主动进攻型策略，寻找低买高卖的机会。

基于卡尼曼等人发展的理论，一些金融学家开始引入心理学关于人的行为的一些观点，解释金融产品交易的异常现象，比如从众心理、噪声交易、泡沫等，这些理论形成了现代金融理论中的行为学派。

15.2.4 行为金融理论之处置效应

哈森·谢夫林(Hersh Shefrin)和迈尔·斯塔特曼(Meir Statman)在 1985 年时指出在股票市场上投资者往往对亏损股票存在较强的惜售心理，即继续持有亏损股票，不愿意实现损失；投资者在盈利面前趋向回避风险，愿意较早卖出股票以锁定利润，即出现处置效应的现象。

1998 年,美国行为金融学家奥登(Odean)在研究了 10 000 个人投资者的交易记录后发现,投资者更可能卖出那只上涨的股票,这让人看来那么不可思议。当股票价格高于买入价(参考点)(即主观上处于盈利)时,投资者是风险厌恶者,投资者会希望锁定收益;而当股票价格低于买入价,就是投资者在主观上处于亏损时,投资者就会转变为风险喜好者,不愿意认识到自己的亏损,拒绝发生亏损。当投资者的投资组合中既有盈利股票又有亏损股票时,投资者倾向于较早卖出盈利股票,而将亏损股票保留在投资组合中,回避现实损失,这就是所谓的"处置效应"。

处置效应是指投资者趋于过长时间地持有正在损失的股票,而过快地卖掉正在盈利的股票。处置效应是资本市场中一种普遍存在的投资者非理性行为。普通投资者比专业投资者更容易受到处置效应的影响,但是可以通过学习避免处置效应的影响。

"处置效应"是一种比较典型的投资者认识偏差,表现为投资者对投资盈利的"确定性心理"和对亏损的"损失厌恶心理"。当投资处于盈利状态时,投资者是风险回避者,愿意较早平仓锁定利润,在行为上表现为急于平掉敞口头寸;当投资者处于亏损状态时,投资者是风险偏好型的,愿意继续持有仓位,在行为上表现为不愿轻易平仓导致亏损。

经典金融理论将投资者的决策行为视为黑箱,抽象为一个投资者追求预期效用最大化的过程,不会受主观心理及行为因素左右。大量的实验研究证明人们会系统背离预期效用理论,而且人们并不只是偶然背离理性,而是经常性地、系统性地背离。以期望理论为代表的行为金融理论放松经典金融理论中的假设,认为投资者并不具有完全理性,而只有有限理性,并对人们很多偏离理性的投资决策行为进行了更贴近实际的合理解释。"处置效应"是投资者非理性行为的一种市场现象,并且是行为金融理论的重要组成部分。

一个初入市场的交易者往往依靠自己的直觉交易,新手缺少对市场的了解,造成了对市场行为理解的偏差和错误。程序化交易之所以出现就在于人有着某些先天很难克服甚至无法克服的缺陷,即人的主观认识偏差。程序化交易可以通过一些机械化的交易策略来约束人的主观交易冲动,从而达到控制人在市场中的情绪波动,更客观、冷静地观察市场行为。很多投资人在成为著名"金融大鳄"之前,几乎都经历过似乎是无法避免的重创甚至破产,通常可以在他们的自传或者介绍中得到证实。即便是身经百战的投资大师也有难以克服的人性弱点,而约束自己的弱点是减少自己犯错误的概率,也就保证了自己的安全。

通常在追踪趋势的过程中,趋势的演进难免伴随着很多的"噪声",这些"噪声"常常令投资者怀疑是否出现了趋势即将终止的信号。此时不管是持有盈利还是亏损仓位的投资者都变得焦躁不安起来。盈利的投资者会害怕一旦趋势真的终止,自己已有的利润会被市场所吞噬。看着本属于自己的盈利慢慢减少,这种痛苦令投资者坐立不安。

"处置效应"就阐述了获利环境下强烈的风险规避意识最终会让大多数投资者选择落袋为安,平仓了结。如果此时投资者运用程序化交易来指导自己的投资决策,在平仓信号未出现,即某种客观标准下趋势仍在继续的情况下就可以安心持仓甚至适量加仓。对自己交易系统的理解和信心能够帮助投资者控制人内心某些很难抗拒的弱点——恐惧和贪婪。通过客观的交易规则抵消和过滤投资者在市场中无法避免的情绪波动。

由于自尊心和虚荣心的作怪,人通常都是容易接受自己愿意接受的事物和观点,表现在一旦建立方向性的仓位,投资者很容易相信对自己有利的信息而忽视甚至排斥对自己不利的信息，很难接受自己之前主要趋势的判断是错误的这个事实，行情演变过程中的“噪声”一出现，利用“噪声”来证明自己之前判断正确是大多数投资者的通病。

那么市场能否保持理性呢？《非同寻常的大众幻想与群众性癫狂》的作者查理斯·麦基这样认为“投资群体往往不具备理性思考的能力”。人类趋利避害的本性，往往在群体中得到放大造成类似追涨杀跌的“羊群效应”。当经济前景一片大好时，物品供不应求，库存迅速被消耗，企业往往选择迅速扩大生产经营规模，而体现经济预期的资本市场更是提前反映了这一乐观前景，从而形成一波上涨走势。这种一致预期看涨市场又会影响参与其中的投资者，从而形成乐观情绪、投资买入交替的上升式螺旋，直到资本价格远远脱离基本面，有一天泡沫破灭。

同样在经济不景气时，容易形成悲观情绪、卖出观望的下降式螺旋。但往往在极度悲观的情绪中，也孕育着新机遇的到来。

所以投资者的处置效应倾向并不一定意味着投资者是非理性的，它可能与投资者采取反向投资策略有关。当股价上涨后，投资者可能降低股价进一步上涨的预期，售出股票也在情理之中；当股票价格下跌，投资者可能预期股价反转的可能性加大，也有理由继续持有亏损股票。

15.2.5 行为金融学的发展

由于卡尼曼等人开创了“期望理论”的分析范式，成为20世纪80年代之后行为金融学的早期开拓者，金融学家们开始探讨“非理性预期”下的资产定价、投融资决策行为——行为金融学由此在20世纪80年代后蓬勃发展。行为金融学融合了金融学、心理学、人类学等综合理论，力图揭示金融市场的非理性行为和决策规律。美国芝加哥大学的理查德·H. 泰勒(Thaler)和美国耶鲁的罗伯特·希勒(Shriller)是这一新兴领域的翘楚。

泰勒1995年起任芝加哥大学商业研究生院行为科学与经济学教授、决策研究中心主任至今。研究主要集中于心理学、经济学等交叉学科，属于“经济学帝国主义”的开疆拓荒者，被认为是现代行为经济学和行为金融学领域的先锋经济学家，并且在储蓄和投资行为研究具有很深的研究造诣。他已经发表了大量高水平的论文和专著，其中代表著作有《赢者的诅咒》和《准理性经济学》。另有和哈佛大学法学院教授卡斯·桑斯坦(Cass Sunstein)合著的行为经济学类书籍《轻推》(Nudge)。

泰勒教授揭示了经济生活中广泛存在的各种反常现象，经济主体的实际选择及行为与基于自利经济人和效用最大化假设的一般经济学理论所作预测的不一致，而先前出现的主流经济学理论辩护对这些系统性不一致现象的解释力却非常有限。阐释了市场并不总是按照我们设想的那样，有效率地运行。泰勒认为，认识到这些貌似黑白颠倒的经济行为，将会促使经济学家以及组织中的决策者采取更为和谐的人性观点。正如亚当·斯密所宣称的，尽管人性是自私的，但我们的本性中有些东西会促使我们去享受，甚至提升别人的欢乐。

罗伯特·希勒(Robert J. Shiller)，经济学教授，现就职于耶鲁大学Cowles经济学研究基地。现任美国国家经济研究局助理研究员、美国艺术与科学院院士、计量经济学会会员、纽约联邦储备银行学术顾问小组成员。

罗伯特·希勒对全球主要股票市场有着独到的分析。凭借基本面分析，以一部《非理性繁荣》准确预测了互联网泡沫。

希勒在经典文献《股价与红利变化》中，指出了股票价格作为未来红利的现值较之红利本身存在着过度波动，红利本身的不确定性无法解释股价的过度波动。虽然在模型与数学方法上，希勒的处理存在一定的瑕疵(如折现因子为常数、非平稳的数据等)，但是后续一系列对时变折现因子与有效市场假说联合假设的检验，则进一步确证了希勒的洞察。事实上，在同一时期，法玛也对相关问题进行了实证考察。然而，对结果的分析和解释上，他与希勒出现了分歧。希勒强调了投资者的行为影响，并在后续工作中利用投资者调查等证据强调社会心理学的重要性；而法玛则拒绝接受这一观点，认为从长期来看风险溢价表现出波动变化是再正常不过的事情。

希勒认为，现代经济生活中的每一个人都面临许多实体经济风险，例如，经济增长缓慢、失业率提高、通货膨胀率升高乃至个别地区或工业部门的衰落，一个包含各种风险信息并能对这些信息进行及时处理的数据库系统构成了金融新秩序的物质基础。在这个超强数据库的帮助下，全球市场中的所有交易风险以及各种获利机会都会及时得到反应，并从此创造出新型的金融工具。然后人们通过在金融市场上交易这些新型工具来分散和化解这些实体经济风险。

希勒认为股票市场是不稳定的，股价的时涨时落决定了人们不可能从其中获得稳定的收益；同时由于股票市场吸引了人们过多的注意力，因而人们不可避免对于一些实体经济中的因素缺乏必要的关注，比如我们的人力资本给我们带来的收入或者是自身拥有的房地产带来的收入等。这些因素都属于实体经济的范畴，对我们生活质量有着更加深远的影响。随着经济全球化进程的不断加深，这些实体经济因素面临的风险以前所未有的速度急剧增大。

事实上，每一个社会成员都有可能成为这些经济不确定因素的牺牲品。这些实体经济风险可能影响我们的工作、我们的住宅、我们的社区乃至我们整个国家的经济。

15.2.6 演化证券学

2010年，中国演化分析专家吴家俊在其专著《股市真面目》及一系列研究成果中，创造性提出股票市场是“基于人性与进化法则的复杂自适应系统”理论体系，首次建立了演化证券学的基本框架和演化分析的理论内涵。该学说运用生命科学原理和生物进化思想，以生物学范式全面和系统阐释股市运行的内在动力机制，为解释股市波动的各种复杂现象，构建科学合理的投资决策框架，提供了令人信服的依据。

作为股市波动逻辑的生物学解读，EAS认为股市波动归根结底是生物本能和进化法则共同作用的产物，其运行趋势、形态和轨迹是一种多维度协同演化的历史进程；股市波动的行为表现，既不是传统经济学认为的线性、钟摆式的“机械运动”，也不是随机漫步理论认为的毫无规则的“布朗运动”，而是一种特殊、非线性、复杂多变的“生命运动”；股市波动的复杂性是由其生命运动的本质属性所决定的，其典型特征包括代谢性、趋利性、适应性、可塑性、应激性、变异性、节律性等。这就是为什么股市波动既有一定规律可循，又难以被定量描述和准确预测的最根本原因。

作为一个全新的认识论和方法论体系，演化证券学摒弃证券市场行为分析中普遍流行的数学和物理学范式，突破机械论的线性思维定式和各种理想化假设，重视对"生物本能"和"竞争与适应"的研究，强调人性和市场环境在股市演化中的重要地位；认为股市波动在本质上是一种特殊的、复杂多变的"生命运动"。比较常用的演化证券学模型，主要有：MGS模型、BGS模型、AGS模型、PGS模型、IGS模型、VGS模型、RGS模型等。

当前，除了学科内部的纵深发展外，金融学领域的学科交叉与创新发展的趋势非常明显。作为介于生物学和证券学之间的边缘交叉学科，演化证券学已成为证券投资界的新兴研究领域，对于揭示股票价格形成机制及其演变规律，推动现代金融理论的多学科融合发展，都具有十分重要的理论和实践意义。

行为金融学尽管已经提出了许多富有成效的成果，一些新的研究结论和思想也在广泛应用中，但作为一个新的研究领域，行为金融学还需要不断充实和完善。但有一点可以肯定的是：如果技术分析是建立于心理分析的基础之上，运用行为金融理论的分析结论，再结合基本面分析的长处，金融投资理论就会更加实用。

15.3 有效市场理论与行为金融学的对比讨论

2013年10月瑞典皇家科学院将诺贝尔经济学奖授予了法玛、彼得汉森和希勒三位经济学家，以表彰他们在资产定价实证研究上的开创性贡献。毋庸置疑，资产的定价是理解金融市场运行、工作的关键，其实证分析是考察、研究金融市场运行特征和规律的基础。然而，法玛作为"有效市场假说"的提出者与行为金融研究先驱希勒的共同获奖则进一步凸显了资产定价领域由来已久的分歧与争论，有论者甚至认为这一观点相左的获奖组合是瑞典皇家科学院有意为之。

当年泰勒和卡尼曼、特沃斯基等人联手，从心理学领域切入经济学，挑战主流经济学"理性人"的假设，通过种种鲜活的实证研究，给主流经济学"松了松土"，却促进了经济学的发展，使经济学对于现实世界的解释力得到增强。法玛提出有效市场理论，认为市场价格永远是对的，投资者不可能战胜市场。泰勒的研究却发现，一段时间内表现最差的股票，在接下来的一段时间，会跑赢此前表现最好的股票，也会好于大市。

有效市场假说认为资产的价格及时、充分地反映了市场中的所有信息。然而，这一论述并没有揭示市场传播、反映其信息内容的机理，以及资产价格所反映的市场具体信息涵盖。毫无疑问，资产价格对信息如何反映是评价市场效率的前提。也就是说，我们需要一个基准模型以度量市场在均衡情形下的价格变化，进而考察、检验市场反映信息的效率。

著名科学哲学家托马斯·库恩(Thomas Kuhn)认为，在科学研究中，存在着一个专家集团普遍接受的共同信念，即所谓"范式"，它包括科学概念、规律、形而上学理论、解题模型、范例、应用及工具等在内。当用现有范式无法解释现实中大量反常现象时，范式就受到威胁。危机到来，革命开始，范式改变。

以法玛为首的有效市场学派认为，市场是有效的，但其风险溢价随着时间而波动变化；希勒等则认为投资者的行为使市场存在错价，使市场并不那么有效。市场存在着一些理性风险模型无法合理解释的实证事实，也存在着一些实证现象表现为风险溢价与行为错价的混合。

通常来讲市场情绪就是在市场中占有主导地位的大众心理。表现在指数上升时，投资者比较乐观且愿意投资，在指数下跌中，投资者相对谨慎愿意持有现金或观望。有效市场的假设前提之一是市场中的所有投资者都致力于寻求相关信息以使自己的投资获利，即投资者都是理性的。但是我们的市场常常反应过度，令人不知所措。

在评论 2013 年的诺贝尔经济学奖结果时，一些评论认为，法玛被誉为有效市场假设理论之父，而来自耶鲁的希勒则恰恰是公认的有效市场理论的质疑者，因而法玛教授和希勒教授的观点是相左的。

但事实上，仔细研究法玛与希勒的理论前提，就不难发现，两人的理论并非是截然相反的。因为法玛教授主要是从信息是否完全或者对称来研究市场如何达到均衡即市场有效，而希勒教授的理论则认为由于投资者的非理性行为，会导致市场整体出现“非理性”——非理性的繁荣或萧条，即市场偏离均衡。法玛教授的观点是，如果信息是完全的或对称的，证券价格就可以迅速、全面、准确地体现市场中的信息，市场就会趋于均衡达到有效状态。

而希勒教授的理论则认为，由于人类的心理和决策过程中的“动物精神”，股票市场经常会出现泡沫和泡沫破裂的现象，市场经常会偏离均衡状态，但长期来看价格终将回归到由基础资产盈利能力确立的基本价值，即“均值回归”。因此，只能说，由于两者理论假设的前提不同，他们不同的理论是对同一研究对象不断探索的阶段性成就，讲出了同一现象不同的侧面。

风险与行为之间的争论拓宽、丰富了我们对证券资产价格变化的认知与理解。在市场价格形成与实际交易过程中，证券资产的价格总是同时受到理智与情感的驱使，理性与非理性的作用对资产价格的波动变化均能够产生显著的贡献。

尽管对一些结果无法达成广泛的共识，但围绕着“有效市场假说”的实证研究拓宽了人们对市场的认知和理解，产生了许多坚实的结果，深刻地影响着市场实践。

“有效市场假说”是实证考察、检验市场价格形成与定价效率的基础，塑造了资产定价领域的研究方法与方向，对学术和市场实践均产生了巨大的影响。正如法玛所言，真实市场是不可能完全有效的。因而，在这个意义上，可以认为“有效市场假说”是理解、认知真实市场的标尺与基准，对其实证检验有助于揭示市场的风险溢价或行为错价特征，对于市场各类参与主体如投资者、监管者等均具有重要的现实意义。监管当局应当进一步规范市场信息披露机制，加大信息透明、公开的力度，通过提高市场信息的质量促进市场效率的提升。

毋庸置疑，在可预见的未来，对“有效市场假说”的检验分析仍然是我们考察资产价格波动变化的启明星，是我们对真实市场理解的投射、参照支点。“有效市场假说”丰富了我们对风险、市场异象的理解，明确了风险、对风险态度以及行为因素对资产价格的影响。因而，无论对于那些期以战胜市场的投资者，或是规范市场以期更为有效的监管者，“有效市场假说”均是不可忽视的思想利器。

有效市场理论对三种类型的效率市场划分表明，证券价格总是不同程度地反映各类经济信息。对三个市场各自信息来源的分析表明，价格反映市场信息的范围越来越广，反映的速度越迅速，投资者就越难通过证券来图谋超额利润，投机行为也难以奏效，而价格将趋于相对稳定。此时，平均利润能更充分得到体现，资金便有效地被导向各生产领域。

在现实中，并非所有投资者均有正确的判断能力，市场信息也并不是都能自由流动，特别是内幕信息难以获得，证券市场很难达到强势有效。为此，法玛提出需要在以下两个方面着力：需要对投资者进行分类，加强对投资者教育；需要进行强制性信息披露。前者成为西方投资者分类管理的理论基础，后者则成为西方强制性信息披露的理论渊源。

有效市场理论对完全资本市场假定进行了修正，放弃了市场完全竞争的假定，更接近于资本市场的现状，其描述和结论也更符合实际。因此有效市场理论对证券监管具有十分重要的理论意义，为资本市场的运转与管理提供了新的理论依据——由于资本市场是不完全的，因而对资本市场进行管制就是必需的。

同时，有效市场理论表明，有效率的市场应该具备信息完全性和分布对称性，所有市场参与者在特定时点上掌握的信息应该是一样的。这就为证券监管的强制信息披露制度提供了充分的理论依据，也为证券监管行为指明了监管目标和方向。同时，以信息为核心的市场有效性概念为衡量政府对证券市场的监管绩效提供了评价标准。如果实证数据显示市场有效性越强，就证明监管获得的净收益越大。

科学发展，其实就是一个寻求"解释"的过程。当主流经济学无法解释很多现象时，行为经济学的诞生，可以看作一个必然现象。当然现今成型的行为金融学模型还不多，研究的重点还停留在对市场异常和认知偏差的定性描述和历史观察上，以及鉴别可能对金融市场行为有系统影响的行为决策属性。

从 1980 年以后，金融学进入更微观的"摩登时代"(modern period)，和微观经济学的融合变得更加紧密。研究市场交易机制的微观结构领域，借鉴了心理学研究的行为金融学，资产定价领域的"寻找定价因子"等，都登上主流金融学的舞台，星辰流转，星河灿烂。

【相关阅读】

金融投资热点——智能化

2016 年 3 月，由谷歌研发的人工智能程序 AlphaGo 战胜了围棋九段高手李世石，社会一片哗然，甚至有人开始惊呼"人脑"即将被"计算机"所取代。

人工智能尚处于不断发展的初级阶段，替代论未免有所夸大，但不可否认的是人工智能已经成为当前科技更新的一个热点领域，并已开始逐渐进入我们的日常生活中。比如无人驾驶、语音识别、智能家居和 3D 打印等技术的逐步成型，都为不同行业的发展注入了强大生命力。而当此人工智能崛起的风口浪尖，金融业也势必会迎来人们热切的关注目光，自然就有人会问，在投资领域"计算机"又是否有其独到的地方呢？

众所周知，当前金融行业发展的一个大趋势就是大数据化，这便意味着从前通过手绘 K 线图，或者查阅相关报纸来了解股市动态的行为已经一去不复返了。只要投资者愿意，无论是上市公司发布的临时公告，还是交易所公开的秒钟级别行情数据，甚至是遥远美洲大陆上的会议讨论结果，都会及时、准确，乃至"无延时"地推送到投资者的终端界面上，以帮助投资者构建一个信息几乎完全对称的投资环境。

转念一想，随着投资者订阅的数据信息量越来越大，谁又能真正做到时时刻刻关注，并将所有信息都加以处理和运用，即使有这样的人存在，相信也绝不会是大多数。所幸计算机技术的快速发展为人们在大数据背景下做出更有效的投资决策提供了可能。

计算机技术在金融投资中的最初应用也仅仅局限于数据处理，即通过程序设计等方法将海量数据提炼成人类能够更好理解的标准化信息，以便投资者能够更加方便、快捷地加以运用。之后随着金融理论的快速发展，包括资本资产定价模型、BS模型等经典定量模型的推出，尤其是行为金融领域的异军崛起，更是将计算机技术在金融领域的应用向前推进了一大步，同时也催生了当前炙手可热的量化投资技术，即人们发现基于特定金融理论或统计模型产生的交易策略同样能够在资本市场中获得不俗的投资业绩。

但金融投资的智能化发展之路还远未停止，因为考虑到大多数量化模型只是局限在特定样本区间内的局部最优模型，而随着时间推移，很多假设不变的恒量可能会发生本质变化，进而导致模型的逐步失效。为此不少人开始着力于开发更加智能的投资体系，并不惜引入人工智能领域的深度学习理论，在用模型指导交易的同时也用数据训练模型，以追求资产的长期稳健增值，其中自然不乏佼佼者。

尽管就目前而言，我们很难断定在投资领域“计算机”就一定能够战胜“人脑”，毕竟每一个量化模型都需要相当长的时间进行跟踪和检验，但相信随着人工智能技术的不断深化，会有越来越多的人投身到智能投资的研究中，而“计算机”也有望在投资领域获得属于自己的一席之地。

资料来源：中信建投证券顺德营业部. 金融投资热点——智能化[EB/OL].（2016-11-03）. http://business.sohu.com/20161103/n472243673.shtml.

本章小结

本章主要讲述了有效市场理论、行为金融学和有效市场理论与行为金融学的对比讨论。完成本章的学习，应该理解和掌握以下内容。

(1) 法国数学家巴契理耶(Bachelier)对股票投资有着浓厚的兴趣，在他1900年完成的博士论文《投机理论》中，他用多种数学方法研究股票价格的规律，发现除非有新的基本面信息出现导致股价变化，否则股价的变动完全是随机的。

(2) 在前人研究股价随机游走的基础上，法玛在他1965年完成的博士论文中提出了股票市场有效性的理论，即股票价格的历史不会重复发生，不存在能够预测未来股价形态分析方法。

(3) 按照所获得信息的分类不同，有效市场理论将有效率的资本市场细分为三种类型：弱式有效市场、半强式有效市场和强式有效市场。

(4) 在金融市场投资问题上，不论是炒股票、炒期货，还是买基金、买债券，也不要去买自己认为能够赚钱的金融品种，而是要买大家普遍认为能够赚钱的品种，哪怕那个品种根本不值钱，这道理同猜中选美冠军就能够得奖是一模一样的。这就是凯恩斯的选美理论。

(5) 美国经济学家卡尼曼与特沃斯基提出的理论的核心是，一般人在面临获得时总是尽可能规避风险，而在面临损失时又喜欢冒一下险的非理性心理因素。

(6) 基于卡尼曼等人发展的理论，一些金融学家开始引入心理学关于人的行为的一些观点，解释金融产品交易的异常现象，比如从众心理、噪声交易、泡沫等，这些理论形成了现代金融理论中的行为学派。

(7) 处置效应是指投资者趋于过长时间地持有正在损失的股票，而过快地卖掉正在盈利的股票。处置效应是资本市场中一种普遍存在的投资者非理性行为。普通投资者比专业投资者更容易受到处置效应的影响，但是可以通过学习避免处置效应的影响。

案例分析

市场是有效的吗

近日，芝加哥大学布斯商学院的两位著名教授尤金·法玛和理查德·泰勒就"市场是否有效"这个话题展开了激烈的讨论，并引起了强烈的反响。

Fama(尤金·法玛)：简单来说，有效市场假说认为：价格可以反映所有可用信息。要验证这种假说或许会很难，但这其实是一个非常简单的假说。

Thaler(理查德·泰勒)：我想要从中特别提出两点进行讨论，首先你能否"跑赢"市场，其次是价格是否正确。

Fama：这是一种模型，因此并不是完全真实的。事实上，没有哪种模型是完全准确的。它们只是近似于我们的真实世界。可是问题是："在什么情况下，它们才是贴近的近似值呢?"我认为这些模型几乎在任何情况下都是非常贴近的近似值。我从没听说过有投资者因为处在强式有效市场就停止交易。针对价格与特定信息之间关系的测试有很多种，其中有一条假说似乎非常准确，即价格会根据信息做出快速调整。这种模型虽然并非完全正确，但确实符合大多数实际应用。

Weitzman：Richard Thaler，你以1987年股灾为例，股票价格下跌25%即被视为一个例子来说明价格在某些情况下会出现错误。但有效市场难道不是无法预测的吗?

Thaler：是的，但无法预测并不代表合理。我觉得没有人会认为当天全球经济价值下跌了25%。其实那天什么都没有发生，也没有爆发第三次世界大战。

Fama：当时人们都在讨论可能到来的经济衰退，可那实际上并没有发生。事后想来，那是一个巨大的错误。而事后来看，每个价格都是错的。

Thaler：那周有两个交易日创造了历史最大涨幅的纪录，其余三天则创下了跌幅最大的纪录。可实际上，大家除了都在讨论股市波动如此疯狂之外，什么事情都没有发生。这一事件可以让我们间接衡量市场效率。这是耶鲁大学Robert Shiller首创的分析方法。他提出："价格的波动难以用某种理性的流程来解释。"

Fama：Shiller的模型是基于"预期回报不会随时间而变化"这一主张。但我们知道预期回报当然会变动。避险措施会随时间发生巨大变化。在熊市中，会有大量的避险行为，而在牛市期间，这类行为则少得多。这些都会影响资产定价和预期回报。

Fama：泡沫是什么？上涨？下跌？还是再反弹？

Thaler：我们都同意要完全确定某一样东西是不是泡沫几乎是不可能的。但我们能确定的是，在拉斯维加斯、亚利桑那州的斯科茨代尔以及佛罗里达南部这些房地产价格上涨幅度最大的地区，人们对未来房产价格升值的预期也是最高的。这种预期或许有其原因，但我对此表示怀疑。

第二个例子是CUBA基金。该封闭式共同基金虽然贴着CUBA的标签，但显然无法在古巴投资。首先那样做会违反法律，其次古巴也没有证券(可以投资)。在很长一段时间内，CUBA基金的交易价格会在净资产价值的基础上享受10%～15%的折扣。这就意味着可以用85～90美元购买价值100美元的资产。然而突然有一天，CUBA基金的出售价格出现了70%的溢价。因为奥巴马总统在那天宣布希望同古巴恢复正常外交关系。如果在前一天购买某种证券需要90美元，第二天则需要花上170美元，我认为这就是泡沫！

Fama：那不过是轶事。轶事和凭证是有区别的，对吧？我并不否认有问题的地方就会有轶事。就泡沫而言，我希望有一种系统的方式来辨别它们。简单来说，你必须能够预测泡沫终究会破裂。人们目前尝试过的所有验证方法都没有取得成功。因此，从统计学上说，我们还没有找到确定泡沫的方法。

Thaler：没有任何方法可以证明我们中的哪个人所持观点正确。这些仅仅是我们验证价格是否能反映其内在价值的少部分事例。CUBA基金以75%的溢价销售并不能反映真实的价格。我认为，如果证券交易价格超过本身的合理估值就是泡沫。

Weitzman：如果金融市场是无效的，那么最大的无效体现在哪里呢？

Thaler：这取决于我们采纳哪种定义。你在什么情况下最有可能跑赢市场？选择小型公司？进入发展中国家的市场？即便符合这些条件，活跃的理财经理具有的优势也并不大。

Fama：通常，越是以系统性验证的事物，越能够说明市场无效的程度，例如，会计人员早已了解价格会根据公布的收益信息迅速调整，但未必彻底，也不足以借此获利。但那又怎样呢？这种缓慢的调整仍可以表明市场对于信息并不完全有效。整个惯性现象给我带来了问题。这可以通过风险来解释，但如果这是风险，这种价格变化对我来说过于迅速，导致其无法体现在任何资产定价模型中。

关键并非是该市场有效。市场并非有效，那仅仅是一种模型。问题在于"它们有多无效"？相比轶事，我更倾向于系统性指标，例如，价格未能根据收益公告或走势实现彻底调整，因为轶事往往是大家都感兴趣的东西，而非证据。

Fama：价值型股票其实比成长型股票更具风险。除非你能告诉我为什么这种差异来源相比其他差异来源更容易形成不同的每股价格，否则你无法真正确定风险。我认为目前这还是一个悬而未决的问题。

Thaler：我非常同意这种说法。我一直在找寻为什么价值型股票反而比成长型股票更具风险的原因，但毫无头绪。我认为价值型公司看起来很吓人，而它们也因此获得溢价。

Fama：它们并不一定看起来吓人。另一种说法是大家都不喜欢价值型股票。经济学家不会去争论偏好。价值型股票的公司往往没有什么投资机会，盈利能力也不强。对我来说，投资者的偏好比起错误定价的理论更具吸引力。因为至少在标准经济框架内，错误的定价最终会自主进行修正，但偏好则会始终保持。

Weitzman：那么行为科学对于经济有何影响？

Fama：20年前，我对于行为金融学的评价是，它不过是有效市场的一个分支。因为它们所做的一切不过是抱怨有效市场模型。对于行为金融学，我或许是最重要的人，因为没有我和有效市场模型，也就没有什么行为金融学。我依然坚持认为没有成熟的、可测试的行为主义资产定价模型。

Thaler：有效市场假说依然是标准。所有经济模型都是如此，但人们不会以那种方式做出决定。在我的管理决策课程中，我会在课程结束时向学生说明我的原则，其中一条就是“忽略沉没成本，然后假设别人不会那样做”。这就是我的人生哲学。我相信理性模型，但我觉得很多人把它搞砸了。如果我们能将人们真正的投资行为方式包含在模型内，而不是仅考虑具有非凡头脑和出色自控能力的少数“经济精英”的投资行为，我们就能建立更多、更具预测能力的模型。说实话，我不觉得有谁能够做到这一点。

Thaler：这并非是哥白尼革命，地心说显然是错误的，日心说才是正确的。这更像是工程学。由于存在许多的假设前提，单纯的物理学无法让你建造出一座桥，这时你就需要工程学。行为主义理论与经济学的关系就是如此。

资料来源：杜珂. 市场是有效的吗[EB/OL].（2016-08-07）. http://opinion.caixin.com/2016-08-07/100975180.html.

【问题讨论】 有效市场是无法预测的吗？

思考题

1. 什么是“随机游走”？
2. 有效市场理论的三类市场是什么？
3. 强式有效市场与半强式有效市场有何异同？
4. 什么是凯恩斯选美理论？
5. “夏皮诺实验”向我们揭示了什么？
6. 什么是处置效应？

第 16 章　国际金融机构

【本章学习目标】

1. 了解国际金融机构发展历史。
2. 理解国际金融组织、区域性金融机构。
3. 掌握亚洲基础设施投资银行(亚投行)。

【导入案例】

朱民告别 IMF 后亮相复旦：这世界的关联性竟如此“恐怖”

朱民去哪儿了？——这个问题恐怕是各界自 2016 年 7 月以来都在问的问题。

国际货币基金组织(IMF)前副总裁朱民在 2016 年 7 月任期结束后正式离开了 IMF，面对此前 IMF 总裁拉加德的极力挽留，朱民仍然选择了回归祖国，他也是 IMF 管理层的第一位中国籍官员。

11 月 4 日，这个疑问终于解开——当日，朱民登陆复旦大学，出席复旦管理学院将举行的“2016 复旦全球领袖论坛”，题为“重塑未来”。

当被第一财经记者问及，未来是否会在国内继续从事学术研究时，朱民笑称：“我暂时先需要休息，我快累死了。”其实，2015 年朱民在被问及退任后将会做什么时，他也做过类似的回答——“我头发都白了，结束 IMF 工作就该退休了。”

不难想象，朱民在担任 IMF 副总裁期间，工作和研究任务异常繁重。他任职伊始，全球金融危机余震不断，欧债危机愈演愈烈，希腊、葡萄牙、爱尔兰等国相继爆发银行业危机。朱民任职期间负责 97 个国家的宏观督导，需要批审 90 多个国家每年的宏观报告。他所主管的重点区域和国家，包括美国、印度、澳大利亚等大国，以及拉美的秘鲁、中东的埃及和众多的北欧及中亚国家。

在当天的论坛的论坛上，朱民仍然展现了国际学者的风范，并以近一年来其与 IMF 研究团队所做的全球经济、金融市场关联性研究为基础，继今年冬季达沃斯论坛后，再度向外界发出预警——世界越来越你中有我、我中有你，密切关联。金融危机以后，全球金融市场的关联性远远超过过去。如果市场互动性大大加强，就会产生流动性风险，从而产生恐慌。“摆在政策制定者、公司、个人面前的挑战便是——当巨大波动来临之时，你要如何判断这只是一场巨大的波动，还是一场潜在的危机，各方必须做好预案，避免成为被动、无辜的受害者。”

朱民的观点具备强大的统计数据支撑。根据 IMF 团队的测算，美国的 GDP 下降 1 个百分点，对于法国的直接影响只有 0.1 个百分点。然而，美国的变化影响到全球其他国家，从而再反过来对法国造成的间接影响则被成倍放大，高达 0.4 个百分点，瞬间变成了直接影响的4倍。这也反映了全球的相互溢出效应(spill-over effect)不可忽视。

此外,朱民称,“随着新兴市场经济体不断崛起,其也会对发达国家产生反‘回溢效应’”。例如,发达国家GDP下降1个百分点,就会引起新兴市场经济体0.44个百分点GDP的下降,“而新兴市场经济体的GDP下降1个百分点,会对发达经济体造成0.2个百分点的影响,对日本产生0.5个百分点GDP的影响”。

以中国为例,之所以过去一年来频频有外媒将“中国经济放缓拖累全球”作为标题,尽管这有失偏颇,但却说明了世界越来越高度关联。朱民解释称:“中国是全球第二大经济体,特别还是制造业大国,中国经济增速放缓的冲击是巨大的。如果中国投资降低一个百分点,对如中国台湾、马来西亚、韩国等贸易伙伴的打击高达约0.6~0.7个百分点,对智利、赞比亚、沙特等大宗商品出口国的冲击也十分显著。如智利,其对中国的出口量巨大。”

“当前中国投资占GDP的比重为14.5%,根据IMF测算,这一比重还需要下降10个百分点,达到3%~4%的水平。如果中国降10个百分点GDP的投资,那么上述这些国家要降低多少?马来西亚真的能够降6%的GDP吗?他们当前的GDP甚至还不到6%。”朱民表示。

当然,朱民也认为:“他们不会真的这样,因此这些国家就必须要调整。也就是说,当中国经济再平衡时,所有的国家都需要跟着中国的再平衡来调整对中国的关系。”

其实,这只是全球关联性的一部分,更为可察觉的、“恐怖”的影响其实恰恰就发生在过去一年的金融市场。

危机以后的市场互动性远超从前。朱民称,根据其团队的统计,“危机前,各个产品的关联度分布很广,市场流动性还是均匀分布,有0.8、0.9等,也有0或负,呈正态分布,处于流动性的安全区域;然而在危机后,所有金融产品都变得高度相关,都达到0.8左右,即所有数字都流向分布的同一端,进入流动性紧张区域”。

“直观上理解,如果所有人在恐慌时都想抛售,那么市场出现同向运动,必定会出现流动性紧张。上述发现则是第一次在统计意义上用数据证明了这一危机后的‘新常态’。应该说这是一张极为‘恐怖’的图片。”

“过去一年,我们发现了巨大的市场波动,”朱民称,衡量波动是一个严格的统计概念,“如果是在1个标准差的范围内波动,这是正常的;如果是2个标准差,就是剧烈波动;而如果超过2个,市场就会发生危机。”

但是,如果将这“2个标准差”的概念放在过去一年,根本是“小巫见大巫”。朱民称,“美国股市在2015年出现了6个标准差的波动,这是1928年以来不曾发现的;欧元兑瑞郎出现了9个标准差的波动,这是1999年欧元成立以来的最大波动;美国债券市场出现了7.2个标准差的波动,这是1962年以来的最大波动,远远超过历史的平均水平。”

“当金融市场的巨大波动来临时,所有宏观政策都面临严峻挑战,也许你只能接受。那么这究竟只是一个巨大的波动,还是危机的前兆?没有任何历史数据和理论框架能告诉你哪一个才是真的,所以深层次的结构变化对全球经济、金融造成了巨大挑战,群结构的变化产生了大量互动,使全球经济如此紧密地联系在一起,因此没有任何一个国家还能有独立的宏观经济金融政策,必须接受他国的政策影响。但真正的新挑战在于,当全球流动性紧缩、恐慌来临时,如何第一时间判断这是一场巨大的波动,还是一个危机的前夕,当前没有人能给我们答案。”

朱民更是表示，希望这个答案能够诞生在当前的广大学生、未来的研究人员中。

面对这个高度关联、剧烈波动频发的全球“新常态”，朱民称，“当前你在哪里、体量大小都不重要，你的实力是最根本的，你必须知道你归属于哪个群，你对世界的影响是通过你所在的那个群，以及你的群与世界如何勾连所实现的，这个世界是如此紧密联系在一起，互动、溢出、冲击变成了β（β系数是用以度量一项资产系统性风险的指标），你必须知道冲击从哪里来，必须要有预案，避免成为被动、无辜的牺牲者。这是当今全球经济金融的挑战。”

而这对于每一个人和公司的启迪在于，“个人和公司都需要认真分析——你在哪一个群？与世界如何关联？如何做好预案来预防外部冲击？世界变得越来越不确定、越来越充满挑战，也越来越有趣”。

朱民最后也称，“托马斯·弗里德曼说‘世界是平的、是快的’，我说世界更是互动的，当世界发生根本变化时，我们看世界的角度也必须变化，这才是赢者的基础，因此今天的主题是——重塑未来，这就是我们重塑世界的起点”。

资料来源：周艾琳. 朱民告别 IMF 后亮相复旦：这世界的关联性竟如此“恐怖”[EB/OL]. (2016-11-04). http://www.yicai.com/news/5150840.html.

【思考提示】 请说明世界经济越来越紧密的联系体现在哪些方面。

16.1 国际金融机构发展历史

国际金融机构就是从事国际金融管理和国际金融活动的超国家性质的大型组织机构，世界多数国家的政府之间通过签署国际条约或协定而建立的、从事国际金融业务、协调国际金融关系、维系国际货币和信用体系正常运作的超国家金融机构。

按范围可分为全球性国际金融机构和区域性的国际金融机构。区域性金融机构包括两种，一种是成员国主要在区域内，但也有区域外的国家参加，如亚洲开发银行、泛美开发银行、非洲开发银行等；另一种是完全由区域内的国家组成，例如，欧洲中央银行、欧洲投资银行、阿拉伯货币基金、伊斯兰发展银行、西非发展银行、阿拉伯发展基金等。

在第一次世界大战以前没有国际金融机构。因为当时全球大部分国家实行的是金本位制度，有自动调节机制，汇率稳定，加上主要资本主义国家的国际收支多呈顺差，各国都处于经济上升发展阶段，货币信用和国际结算制度尚未建立健全。因此，在当时的情况下，国际金融机构没有产生的需要。

在第一次世界大战之后，战胜国集团为处理战后德国赔款问题，结束国际金融的混乱秩序，于 1930 年 5 月在瑞士巴塞尔成立了国际清算银行，这是最早的国际金融机构。为适应国际经济发展的需要，曾先后出现各种进行国际金融业务的政府间国际金融机构。

第二次世界大战后建立了布雷顿森林国际货币体系，打破了金本位制度，为响应新制度的实施，建立了几个全球性国际金融机构，作为实施这一国际货币体系的组织机构。

1957 年到 20 世纪 70 年代，欧洲、亚洲、非洲、拉丁美洲、中东地区的国家为发展本地区经济的需要，通过互助合作方式，先后建立起区域性的国际金融机构，如泛美开发银行、亚洲开发银行、非洲开发银行等。

这些国际金融组织的出现，能够协调多方进行商讨国际经济、金融领域中的重大事情，协调各国间的相互关系。在一些国家的经济发展过程中提供短期资金，在一定程度上缓和了这些国家的国际收支危机。为饱受战争之害、百废待兴的国家提供长期发展资金，促进一些国家尤其是发展中国家的经济发展。另外，在稳定汇率、保证国际货币体系的运转、促进国际贸易方面也起到了一定作用。

近年来，国际货币基金组织等的声音日渐弱化，随着亚洲经济的崛起，特别是中国经济的突出表现，这两年由中国牵头的亚洲基础设施投资银行(即亚投行)引得各方关注和期待。

16.2 国际金融组织

16.2.1 国际货币基金组织

国际货币基金组织成立的宗旨是帮助会员国平衡国际收支，稳定汇率，促进国际贸易的发展。其主要任务是，通过向会员国提供短期资金，解决会员国国际收支暂时不平衡和外汇资金需要，以促进汇率的稳定和国际贸易的扩大。其职责是监察货币汇率和各国贸易情况，提供技术和资金协助，确保全球金融制度运作正常。

国际货币基金组织的最高权力机构是理事会，由各会员国委派理事和副理事各 1 人组成。执行董事会是负责处理基金组织日常业务的机构，共由 23 人组成。

国际货币基金组织的资金来源，除会员国缴纳的份额以外，还有向会员国借入的款项和出售黄金所获得的收益。国际货币基金组织的主要业务是：发放各类贷款，商讨国际货币问题，提供技术援助，收集货币金融情报，与其他国际机构往来。

1944 年，联合国赞助的财金会议于美国新罕布什尔州的布雷顿森林举行。

1944 年 7 月 22 日，会议上签订了成立国际货币基金协议。国际货币基金的主要设计者是费边社成员约翰·梅纳德·凯恩斯(John Maynard Keynes)、美国副财政部长亨利·迪克特·怀特(Harry Dexter White)。

1945 年 12 月 27 日，国际货币基金协议条款付诸实行。货币金融会议上通过的“国际货币基金协定”，于 1945 年 12 月正式成立，总部设在美国首都华盛顿，属联合国的一个专门机构。

1946 年 5 月，国际货币基金组织(IMF)正式成立，是第二次世界大战之后重建计划的一部分。

1947 年 3 月 1 日正式运作。按照“国际货币基金协定”，凡是参加 1944 年布雷顿森林会议，并在协定上签字的国家，称为创始会员国。在此以后参加基金组织的国家称为其他会员国。两种会员国在法律上的权利和义务并无区别。国际货币基金组织成立之初，只有 44 个会员国，至 1997 年年底，已发展到 184 个会员国。我国是创始会员国之一。

1969年由国际货币基金组织创设的一种储备资产和记账单位——特别提款权(Special Drawing Right,SDR),又称"纸黄金",这是一种IMF专门分配给会员国的使用资金的权利。

会员国在发生国际收支逆差时,可用它向基金组织指定的其他会员国换取外汇,以偿付国际收支逆差或偿还基金组织的贷款,还可与黄金、自由兑换货币一样充当国际储备。但由于其只是一种记账单位,不是真正货币,使用时必须先换成其他货币,不能直接用于贸易或非贸易的支付。因为它是国际货币基金组织原有的普通提款权以外的一种补充,所以称为特别提款权。

1980年4月17日,国际货币基金组织正式恢复我国的合法席位。我国向基金组织委派理事、副理事和正、副执行董事。当时,我国在基金组织的份额为12亿特别提款权,后增至33.85亿特别提款权。

2015年年末,国际货币基金组织(IMF)2010年份额和治理改革方案拖延多年后,终于获得美国国会通过,迎来即将生效的曙光。根据该方案,IMF的份额将增加一倍,约6%的份额将向有活力的新兴市场和代表性不足的发展中国家转移。由此,中国跻身IMF第三大成员国,而印度、俄罗斯和巴西也均进入前十位。

2016年10月1日,人民币正式加入国际货币基金组织(IMF)特别提款权(SDR)货币篮子,一些国际金融组织、境外央行等境外央行类机构和金融机构增加境内人民币债券资产的配置。IMF总裁拉加德发表声明称:"货币篮子扩容对于IMF、中国和国际货币体系来说,都是历史性里程碑。"

新的货币篮子包含美元、欧元、人民币、日元和英镑5种货币,人民币权重为10.92%;美元、欧元、日元、英镑权重分别为41.73%、30.93%、8.33%、8.09%。IMF每周计算SDR利率,并将于10月7日公布首次使用人民币代表性利率,即3个月国债收益率计算的新SDR利率。

16.2.2 世界银行

世界银行(Word Bank,WB),又称"国际复兴开发银行",世界银行的宗旨是通过提供和组织长期贷款和投资,解决会员国战后恢复和发展经济的资金需要。

根据协定,凡参加世界银行的国家必须是国际货币基金组织的会员国,但国际货币基金组织的会员国不一定都参加世界银行。世界银行建立之初,有39个会员国,到目前为止,已增至181个会员国。凡会员国均须认购世界银行的股份,认购额由申请国与世界银行协商,并经理事会批准。一般情况下,一国认购股份的多少是根据其经济和财政实力,并参照该国在基金组织缴纳份额的大小而定。世界银行会员国的投票权与认缴股本的数额成正比例。我国向世界银行缴纳的股份大约占世界银行股金总额的1/3。

世界银行的最高权力机构是理事会,由每一会员国委派理事和副理事各一名组成。理事会每年9月同国际货币基金组织联合举行年会。执行董事会是世界银行负责组织日常业务的机构,它由21人组成。

世界银行的资金来源除会员国缴纳的股份以外,还有向国际金融市场借款、出让债权和利润收入。其主要业务活动是提供贷款、技术援助和领导国际银团贷款。

1944年世界银行成立，由国际复兴开发银行、国际开发协会、国际金融公司、多边投资担保机构和国际投资争端解决中心五个成员机构组成。

1946年6月开始营业，总行设在美国首都华盛顿。我国是世界银行创始会员国之一。

1947年5月9日，世界银行批准了第一批贷款，向法国贷款2.5亿美元，转换后的价值依然是世界银行提供的数额最大的一批贷款。

1980年5月5日，世界银行正式恢复了我国的代表权。

1980年5月15日，中国在世界银行和所属国际开发协会及国际金融公司的合法席位得到恢复。

1980年9月3日，世界银行理事会通过投票，同意将中国在该行的股份从原7500股增加到12 000股。中国在世界银行有投票权。在世界银行的执行董事会中，中国单独派有一名董事。中国从1981年起开始向世界银行借款。此后，中国与世界银行的合作逐步展开、扩大，世界银行通过提供期限较长的项目贷款，推动了中国交通运输、行业改造、能源、农业等国家重点建设以及金融、文卫环保等事业的发展，同时还通过本身的培训机构，为中国培训了大批了解世界银行业务、熟悉专业知识的管理人才。

1987年年底，我国政府与世界银行达成协议，共同开展对我国企业改革、财税、住宅、社会保险和农业方面的项目研究。

20世纪90年代初开始，随着苏联的瓦解，世界银行也开始向东欧国家和苏联国家贷款。

1992年11月1日之前，世界银行执行董事人数为22名，其中17名是通过选举产生的。1992年，鉴于有多个新成员国加入世界银行，当选执行董事人数增加到20名。俄罗斯和瑞士等国的两个新增席位使执行董事总数达到24名。

2001年1月，世界银行在古吉拉特邦地震后，向印度提供约6亿美元的贷款用于重建。在实施防洪和森林防火措施方面，世界银行还设计了一些灾害管理项目。

2004年5月，由世界银行主办、中国协办的上海全球扶贫大会是双方开展国际发展合作的典范。大会推动了国际社会对全球扶贫理念和实践的再认识，并推动了国际社会为减贫而行动的共识。

2007年12月，中国首次宣布向世界银行软贷款窗口国际开发协会捐款3000万美元，受到国际社会的普遍好评，标志着双方合作迈上新的里程碑。

2008年和2009年，中国与世界银行成功合作举办了两届“中非共享发展经验高级研讨会”。研讨会阐释了中国在改革与发展过程中所面临的挑战、采取的措施以及取得的成就，对比非洲国家不同的经济、历史和文化背景，促进发展经验与模式的相互借鉴，不仅受到与会非洲国家代表的高度好评，而且被世界银行视为南南合作的成功范例。

2008年5月，我国经济学家林毅夫，被正式任命为世行首席经济学家，这是世界银行自1945年成立以来第一次任命来自发展中国家的人士担任首席经济学家，也充分说明了世界银行对中国发展成就和经验的认可。

在2010年开始的任期内，世界银行执行董事增加1名，总数达到25名。

2010年4月25日，世界银行发展委员会春季会议通过了发达国家向发展中国家转移投票权的改革方案，这次改革使中国在世行的投票权从2.77%提高到4.42%，成为世界银行第三大股东国，仅次于美国和日本；韩国则从1%提高至1.6%。

2016年2月20日，世界银行同意拨款4.5亿美元，资助菲律宾成效显著的“有条件现金给付”扶贫项目。此项目将为数百万家庭提供基本医疗与教育，直到2019年为止。

2016年7月18日世界银行行长金墉宣布，美国经济学家保罗·罗默将接替考希克·巴苏担任世行首席经济学家兼高级副行长。

自1944年成立以来，世界银行已从一个单一的机构发展成为一个由五个联系紧密的发展机构组成的集团。世界银行的使命已从通过国际复兴开发银行促进战后重建和发展演变成为通过与其下属机构密切协调推进世界各国的减贫事业。

16.2.3 国际开发协会

国际开发协会(IDA)是世界银行的一个附属机构，凡是世界银行会员国均可参加该机构。到目前为止，国际开发协会共有160个会员国。

国际开发协会的宗旨是，专门对较贫困的发展中国家提供条件极其优惠的贷款，加速这些国家的经济建设。国际开发协会每年与世界银行一起开年会。国际开发协会的资金来源除会员国认缴的股本以外，还有各国政府向协会提供的补充资金、世界银行拨款和协会的业务收入。

国际开发协会的资助一般采取贷款方式，同时也采取其他资助形式。其资助方式主要有两种，一种是从规定认缴的资金角度由该款衍生和作用本金、利息或其他费用而得资金中提供；或者在特殊情况下，由提供给协会的补充资金中，及由该款衍生的作为本金、利息或其他费用而得来的资金中提供；第二种是在注意到有关地区的经济状况和发展前景以及资助项目的性质和要求后，国际开发协会可按其认为适当的方式和条件提供资助。

国际开发协会对会员国(包括在协会会员国内某一地区的政府及其下属政治部门)领土内的公私实体，以及国际或区域性组织提供资助。在对实体而非对会员国贷款时，协会可斟酌情况，要求适当的政府担保或其他担保。在特殊情况下，协会可提供外汇供当地开支使用。

1960年9月，国际开发协会成立，总部设在美国首都华盛顿。

1980年，中国恢复了在世界银行集团的合法席位，并同时成为国际开发协会的成员国。中国在国际开发协会的投票权为411 541票表决权，占总投票权的2.04%。

截至1999年7月，协会共向中国提供了约102亿美元的软贷款。从1999年7月起，国际开发协会停止对中国提供贷款。

2007年12月，我国向国际开发协会捐款3000万美元。

2010年12月，我国承诺向国际开发协会第16次增资捐款5000万美元和按照世界银行法律条款双倍加速偿还IDA借款，并在此基础之上自愿额外一次性提前偿还10亿美元借款。对于我国自愿额外一次性提前偿还的10亿美元，世界银行折合成约1.1亿美元计入我国向国际开发协会的直接捐款。

2014年，据《喀麦隆论坛报》7月30日报道，喀麦隆总统保罗·比亚24日签发总统令，授权经济、计划和领土整治部长与国际开发协会签署协议，贷款4590万个特别提款权，约合7100万美元，用于实施多式联运项目。

2016年9月，国际开发协会在法国尼斯举办的首届"水资源保护与再利用国际大会"上颁布了杰出专家奖、卓越事业领导奖以及工业技术和创新领导者三项大奖，获奖者为来自美国、亚洲和欧洲的一些个人或企业。

2016年9月，国际开发协会宣布，首次获得穆迪和标准普尔授予的Aaa/AAA(稳定)公共信用等级。信用评级将使国际开发协会能通过资本市场筹资，资助世界上77个最贫困国家开展各种改变生活的投资项目，包括提供清洁水源和能源，为难民创造机会，应对自然灾害及公共卫生危机等。

2016年10月底，世界银行集团行长金墉宣布任命保加利亚籍克里斯塔利娜·格奥尔基耶娃为国际复兴开发银行和国际开发协会首席执行官。克里斯塔利娜·格奥尔基耶娃将于2017年1月2日上任履职。

16.2.4 国际金融公司

国际金融公司(IFC)是世界银行的一个附属机构，但本身具有独立的法人地位。专注于私营部门的全球最大发展机构。国际金融机构(IFC)通过投融资、动员国际金融市场资金以及为企业和政府提供咨询服务，帮助发展中国家实现可持续增长。

国际金融公司的宗旨主要是，配合世界银行的业务活动，向成员国特别是其中的发展中国家的重点私人企业提供无须政府担保的贷款或投资，鼓励国际私人资本流向发展中国家，以推动这些国家的私人企业的成长，促进其经济发展。

国际金融公司的资金来源主要是会员国缴纳的股金，其次是向世界银行和国际金融市场借款。其主要业务活动是对会员国的私人企业贷款，无须政府担保。参加国际金融公司的会员国必须是世界银行的会员国。到目前为止，已有174个会员国。国际金融公司的宗旨是，鼓励会员国(特别是不发达国家)私人企业的增长，以促进会员国经济的发展，从而补充世界银行的活动。

1956年7月，国际金融公司成立。1957年，它同联合国签订协定，成为联合国的一个专门机构。

1956年7月25日，国际金融公司首任总裁罗伯特·加纳在其就职演说的开场白中谈到，国际金融公司是首个将推动私营企业发展作为其主要目标的政府间组织。

1980年，中国恢复了在世界银行的合法席位，同时成为国际金融公司的成员国。中国在国际金融公司认购股份24 500股，折合2450万美元，占国际金融公司法定股本总额的1.03%。中国在国际金融公司的投票权为24 750票表决权，占总投票权的1.02%。

1985年，自国际金融公司批准第一个对华项目起，至2011年年底，国际金融公司在中国共投资了218个项目，并为这些项目提供了54.3亿美元的资金，其中，41.5亿美元为自有资金，10亿美元来自银团中的其他银行，2.8亿美元为国际金融公司所提供的担保。

20世纪90年代以来，我国与国际金融公司的业务联系不断密切，其资金已成为我国引进外资的一条重要渠道。

2005年10月，国际金融公司在中国国内市场首次发行本国货币的熊猫债券，该支11.3亿元人民币、期限为10年的债券是在银行间市场面向机构投资者发行的。国际金融公司将债券收益向广州发展实业有限公司、安徽海螺水泥公司及北京和睦家医院进行了融资。

2006 年,国际金融公司购买了杭州联合银行 5%的股权,是外资入股中国农村合作银行的第一例。这一创新项目将为中国农村信用社的改革和重组提供有价值的、第一手的实践经验。

2016 年,中国网财经 11 月 8 日讯,中国农业银行与世界银行国际金融公司绿色金融合作启动仪式暨首期培训讲座在北京举行。这是国内大型商业银行与 IFC 在绿色金融领域的首度合作,翻开了国内外金融机构绿色金融合作的新篇章。

16.2.5 国际投资争端解决中心

国际投资争端解决中心(The International Center for Settlement of Investment Disputes,ICSID)的宗旨和任务是,制定调解或仲裁投资争端规则,受理调解或仲裁投资纠纷的请求,处理投资争端等问题,为解决会员国和外国投资者之间争端提供便利,促进投资者与东道国之间的互相信任,从而鼓励国际私人资本向发展中国家流动。该中心解决争端的程序分为调停和仲裁两种。

第二次世界大战以后,新独立的发展中国家纷纷对涉及重要自然资源和国民经济命脉的外资企业实行征收或国有化,引起了发达国家与发展中国家之间的矛盾和纠纷。为了解决此类矛盾纠纷,从 1962 年起,在世界银行主持下,专家们开始起草《关于解决国家和其他国家国民投资争端公约》(1965 年华盛顿公约)草案。

1965 年,在经过各类国家的激烈论战和多次修改后,《关于解决国家和其他国家国民投资争端公约》(华盛顿公约)终于正式通过,并于当年 3 月 18 日在华盛顿开放签署。1965 年世界银行向成员国提交了公约文本供签署批准。根据公约第 5 条,ICSID 的理事会由各国指派的世界银行理事组成,世界银行的行长担任理事会主席。

1966 年,国际投资争端解决中心根据 1966 年 10 月正式生效的《华盛顿公约》成立,其办公地点设在美国首都华盛顿特区的世界银行内,是一个国际性法人组织,提供针对国际投资争端的调解和仲裁。

1966 年 10 月 14 日,荷兰作为第 20 个国家完成了批准手续,满足了《华盛顿公约》对缔约国数目的最低要求,《华盛顿公约》开始生效,中心也开始运作。

截至 1994 年 3 月,共有 130 个国家签署了《华盛顿公约》,其中有 111 个国家已正式核准,成为正式缔约国。

1990 年 2 月 9 日,中国签署了《华盛顿公约》,并于 1993 年 1 月 7 日正式核准。在批准文件中,中国指出"中国仅考虑把由征收和国有化产生的有关补偿的争议提交'中心'管辖"。

截至 2005 年年底,《华盛顿公约》的签字国达到 155 个,其中缔约国 142 个。

16.2.6 多边投资保证机构

1988 年,多边投资保证机构(MIGA)成立,是世界银行附属机构,是世界银行集团里成立时间最短的机构。多边投资保证机构的执行副总裁向世界银行集团行长报告。多边投资保证机构共有151个会员国。1990年签署第一笔担保合同。

多边投资担保机构的宗旨是向外国私人投资者提供政治风险担保,包括征收风险、货币转移限制、违约、战争和内乱风险担保,并向成员国政府提供投资促进服务,为发展中国家的外国私人投资提供政治风险和非商业风险的保险,并帮助发展中国家制定吸引外国资本直接投资的战略。

多边投资保证机构的任务是通过向投资商和贷款式提供政治风险担保来推销外国直接投资,并通过提供技术和资源来帮助新兴国家吸引和保留投资。

作为担保业务的一部分,多边投资担保机构也帮助投资者和政府解决可能对其担保的投资项目造成不利影响的争端,防止潜在索赔要求升级,使项目得以继续。多边投资担保机构还帮助各国制定和实施吸引并保持外国直接投资的战略,并以在线服务的形式免费提供有关投资商机、商业运营环境和政治风险担保的信息。

16.2.7 国际清算银行

国际清算银行(Bank for International Settlements,BIS),根据1930年1月20日在荷兰海牙签订的海牙国际协定,由英国、法国、意大利、德国、比利时和日本六国的中央银行,以及代表美国银行界利益的摩根银行、纽约花旗银行和芝加哥花旗银行三大银行组成的银团联合创立。两位深谋远虑而又备受争议的中央银行家——时任英格兰银行行长蒙塔古·诺曼和德意志帝国银行行长亚尔马·沙赫特是它的主要设计者。

国际清算银行成立之初的宗旨是,处理第一次世界大战后德国赔款的支付和解决对德国的国际清算问题。1944年,根据布雷顿森林会议决议,该行应当关闭,但美国仍将它保留下来,作为国际货币基金组织和世界银行的附属机构。此后,该行的宗旨转变为,增进各国中央银行间的合作,为国际金融业务提供额外的方便,同时充当国际清算的代理人或受托人。

国际清算银行的最高权力机构是股东大会,由认缴该行股金的各国中央银行代表组成,每年召开一次股东大会。董事会领导该行的日常业务。董事会下设银行部、货币经济部、秘书处和法律处。

国际清算银行的资金来源主要是会员国缴纳的股金,另外,还有向会员国中央银行的借款以及大量吸收客户的存款。其主要业务活动是:办理国际结算业务;办理各种银行业务,如存款、贷款和贴现业务;买卖黄金、外汇和债券;办理黄金存款;商讨有关国际货币金融方面的重要问题。国际清算银行作为国际货币基金组织内的十国集团(代表发达国家利益)的活动中心,经常召集该集团成员和瑞士中央银行行长举行会议,会议于每月第一个周末在巴塞尔举行。

现在世界各国的国际储备约有1/10存放在国际清算银行。各国中央银行在该行存放的外汇储备,货币种类可以转换,并可以随时提取而无须声明理由。这对一些国家改变其外汇储备的结构,实现多样化提供了一个很好的途径。在国际清算银行存放黄金储备是免费的,而且可以用作抵押,从国际清算银行取得黄金价值85%的现汇贷款。

1930年5月,国际清算银行成立,行址设在瑞士的巴塞尔。截至2014年国际清算银行(BIS)已经拥有60个央行成员。素有“央行中的央行”之称。

1984年,中国与国际清算银行建立了业务联系,中国人民银行自1986年起与国际清算银行建立了业务方面的关系，办理外汇与黄金业务。

1996 年 9 月，国际清算银行决定接受中国、印度、韩国、新加坡、巴西、墨西哥、俄罗斯、沙特阿拉伯和中国香港九个国家和地区的中央银行或行使中央银行职能的机构为机关成员。这是国际清算银行 25 年来首次接纳新成员。原有的 32 名成员中有 26 个欧洲国家的中央银行，其余 6 家为加拿大、澳大利亚、日本、土耳其和南非的中央银行与代表美国利益的摩根银行。

1996 年 11 月，中国人民银行正式加入国际清算银行，中国人民银行是该行亚洲顾问委员会的成员，周小川行长担任该委员会主席。中国认缴了 3000 股的股本，实缴金额为 3879 万美元。

2005 年 6 月 1 日，经过追加购买，中国共有国际清算银行 4285 股的股本。

2006 年 7 月，中国人民银行周小川行长出任国际清算银行董事。

【相关阅读】

世界银行行长强调落实《巴黎协定》：消除极端贫困和战胜气候变化缺一不可

近日，在《巴黎气候变化协定》生效之际，世界银行行长金墉发表声明强调，《巴黎协定》已成为世界银行业务工作的主导原则，消除极端贫困与战胜气候变化密切相关，缺一不可。

金墉在声明中说，“2016 年 11 月 4 日是人类历史上的一个决定性时刻，首个遏制地球升温的全球协定生效。迄今《巴黎协定》批准国家数量已达创纪录的 90 多个，现在将成为我们未来所依靠的利器。然而，即便拥有在巴黎做出的承诺和令人鼓舞的行动，如果不加快速度、达到需要的规模，我们仍无法实现将地球升温控制在 1.5 摄氏度的愿望。在联合国气候变化公约第 22 届缔约方大会召开之际，我们必须同一年前一样保持紧迫感。随着时间一天天过去，气候的挑战日益严峻”。

金墉在声明中指出，为了实现《巴黎协定》所确定的目标，需要在以下 5 个方面立即采取行动。

第一，将气候目标纳入每个国家的发展规划。在未来 15 年，世界各地的基础设施投资总额将突破 900 亿美元，其中大部分在发展中国家。确保这些都是低碳和具有气候韧性的投资，有助于促进可持续的经济增长，这是实现消除贫困目标和促进共享繁荣的关键所在。各国现在可以利用《巴黎协定》来推动气候智慧型政策行动，比如碳定价，以吸引合适的基础设施投资。在后巴黎时代，增长不能不计代价。

第二，加快清洁能源转型。国际能源署不久前调高了可再生能源五年增长预测，原因是关键国家给予了有力支持，以及可再生能源成本大幅降低。事实上，可再生能源 2015 年已超过煤炭，成为世界发电装机容量的最大来源。在此基础上再接再厉，需要将亚洲作为特别关注和行动的重点，因为亚洲的能源需求不断增加，而且有些国家继续以煤炭作为解决方案。让这些国家走上低碳能源之路，再逐渐削减氢氟碳化合物，可以获得巨大的成效。因此，世界银行需要帮助各国在高碳能源和可再生替代能源之间做出正确选择。必须“跟着碳走”，必须将优惠融资引导到能带来最大收效的领域。

第三，帮助各国加强应对气候冲击的韧性。如果不采取大规模的气候行动，到2030年就会有1亿多人陷入极端贫困。这就是为什么需要加强社区、经济和生态系统的韧性。各国需要在提高供水效率、发展气候智慧型农业、建立早期预警系统、降低灾害风险和加强社会保护等方面采取有效措施，以提高经济应对气候冲击的韧性。否则，已经取得的减贫成果可能消失。

第四，构建绿色金融体系。各国需要一个兼顾气候风险与机遇的、符合需要的全球金融体系，这对于各国动员应对气候变化所需的数万亿美元私人资本至关重要。各国越来越多地看到机构投资者将气候方面的考虑纳入决策过程。不过，很多发展中国家仍需要大量优惠融资来兑现其气候计划。捐款国在巴黎做出了庄严承诺，现在必须将这些承诺化为行动。

第五，金墉强调，《巴黎协定》现在已成为世界银行集团业务工作的主导原则。消除极端贫困和战胜气候变化密切相关，缺一不可。

资料来源：严雪. 世界银行行长强调落实《巴黎协定》：消除极端贫困和战胜气候变化缺一不可[EB/OL]. (2016-11-07). http://news.takungpao.com/world/roll/2016-11/3388959.html.

16.3 区域性金融机构

16.3.1 欧洲投资银行

1957年3月25日，根据《欧洲共同体条约》(即罗马条约)的有关条款，组成了欧洲金融机构——欧洲投资银行(European Investment Bank，EIB)，该行是欧洲经济共同体各国政府间的一个金融机构，行址设在卢森堡。欧洲投资银行成立之初，资本为10亿美元，由六个成员国即联邦德国、法国、意大利、比利时、荷兰和卢森堡按比例分摊。

《罗马条约》第130条规定，欧洲投资银行不以营利为目的，其业务重点是对在共同体内落后地区兴建的项目、对有助于促进工业现代化的结构改革的计划和有利于共同体或几个成员国的项目提供长期贷款或保证；也对共同体以外的地区输出资本，但贷款兴建的项目须对共同体有特殊意义(如改善能源供应)，并须经该行总裁委员会特别批准。对与共同体有联合或订有合作协定的国家和地区，一般按协定的最高额度提供资金。

欧洲投资银行的宗旨是，为了欧洲共同体的利益，利用国际资本市场和共同体本身的资金，促进共同市场平衡而稳定地发展。该行的主要业务活动是，在非营利的基础上，提供贷款和担保，以资助欠发达地区的发展项目，改造和使原有企业现代化以及开展新的活动。其资金来源主要是向欧洲货币市场借款。

欧洲投资银行是股份制的、企业性质的金融机构。董事会是其最高权力机构，由成员国财政部长组成的董事会，负责制定银行总的方针政策，董事长由各成员国轮流担任；理事会负责主要业务的决策工作，如批准贷款、确定利率等，管理委员会负责日常业务的管理；此外还有审计委员会。

16.3.2 欧洲复兴开发银行

1989年10月，法国总统密特朗倡议建立欧洲复兴开发银行，受到欧美各国的积极响应。

1991 年 4 月 14 日，欧洲复兴开发银行（European Bank for Reconstruction and Development，EBRD）成立，总部设在伦敦。主要任务是帮助欧洲第二次世界大战后重建和复兴。该行的作用是帮助和支持东欧、中欧国家向市场经济转化。

1991 年，该银行拥有 100 亿欧洲货币单位（约合 120 亿美元）的资本。欧盟委员会（前欧洲共同体委员会）、欧洲投资银行和 39 个国家在银行中拥有股权。美国拥有最大股份，占 10%，其次是法国、德国、意大利、日本和英国各占 8.5%，东欧国家总共拥有股份 11.9%。

从 1994 年在俄罗斯开办中小企业贷款业务到 2005 年，欧洲复兴开发银行已经扩张到 22 个国家，共发放 53.5 万笔小额贷款，合计 40 亿美元，累计贷款回收率达 99.5%，逾期 30 天以上回收贷款的比率仅占 0.63%，是目前国际上进行中小企业贷款比较成功的银行之一。

1998 年，欧洲复兴开发银行在哈萨克斯坦启动了小企业计划（KSBP 项目），帮助当地商业银行开展针对微小型企业的规模化的贷款业务。

截至 1998 年 5 月 31 日，欧洲复兴开发银行已核准 574 件计划案，包括欧洲复兴开发银行本身资金 139 亿欧币，并将另行筹募 312 亿欧币。在核准的 574 件计划案中，496 件已完成签署手续，欧洲复兴开发银行承诺提供其本身资金 112 亿欧币。全部承诺金额（451 亿欧币）的 68%系用于私有产业计划案。

截至 2000 年 5 月，欧洲复兴开发银行共拥有 61 个成员，其中包括中东欧及独联体等 26 个受惠国。欧洲复兴开发银行资本额为 200 亿欧币，其中 30%已入账。此外，欧洲复兴开发银行也在全球资本市场募集资金。

2015 年 10 月，中国已正式申请加入“欧洲复兴开发银行”。

2015 年 12 月 14 日，欧洲复兴开发银行理事会通过接受中国加入该行的决议。

2016 年 1 月 15 日，我国国务院决定加入《欧洲复兴开发银行成立协定》并接受欧洲复兴开发银行理事会通过的《关于中国成员资格的决议》。外交部部长王毅签署了加入书，外交部出具了法律意见函，中国人民银行行长周小川签署了股本认购函等函件。这意味着中国加入欧洲复兴开发银行的相关法律程序已经完成，中国正式成为欧洲复兴开发银行成员。

16.3.3 美洲开发银行

1959 年 12 月 30 日，美洲开发银行（Inter-American Development Bank，IADB）成立，也叫泛美开发银行，这是世界上成立最早和最大的区域性、多边开发银行。总行设在华盛顿，分支机构设在拉美各成员国首都，巴黎和伦敦设有办事处。美洲开发银行是美洲国家组织的专门机构，其他地区的国家也可加入，但非拉美国家不能利用该行资金，只可参加该行组织的项目投标。

美洲开发银行的宗旨是，动员美洲内外资金，为拉丁美洲国家的经济和社会发展提供项目贷款和技术援助，以促进拉美经济的发展。美洲开发银行的资金来源主要是会员国认缴的股金、向国际金融市场借款和较发达会员国的存款。

中国于1993年向美洲开发银行正式提出了入行申请,并于2004年重申了这一申请。中国于2009年1月正式成为美洲开发银行第48个会员国,同时也是亚洲地区第四个参加该组织的国家。

1994年4月,美洲开发银行第35届年会决定进行第八次普遍增资,核定股本增加400亿美元。增资中,拉美成员国将部分表决权让给了日本和欧洲成员国,以换取这些国家更多的资金。美国、加拿大和拉美国家分别让出4.6%、0.37%和3.87%的股份。但美国仍是最大的股东。美洲其他国家则拥有54%的投票权。日本的股份从占总股本1%上升到5%。欧洲成员国的股份从占6%上升到11%。成员国决定拨出10亿美元作为特别业务基金。

2005年4月,第46届年会在日本冲绳举行,会议呼吁各国深化经济改革,稳定宏观经济,推动地区经济社会发展和一体化进程,消除贫困和地区不平衡。大会通过2005—2008年度总额为380亿美元的新贷款框架文件,同意实行灵活的贷款条件,推动内部改革。

2006年4月,第47届年会在巴西贝洛奥里藏特举行。会议呼吁各国抓住近几年本地区经济转好的时机,建立更有效的公共管理机制,加快基础设施建设,努力缩小贫富差距,推动可持续发展。各方强调应加大扶持私营部门发展的力度,使之成为消除地区贫困和不平衡发展的重要力量。

2010年3月,第51届年会在墨西哥坎昆举行,通过《坎昆宣言》,就美洲开发银行增资、援助海地等达成一致。

2011年3月,第52届年会在加拿大卡尔加里举行,会议向各成员国报告了有关普遍增资和发展战略的落实情况,并选举出2011—2014年各选区执行董事。

2016年10月30日,美洲开发银行(BID)驻尼加拉瓜代表梅洛表示,美洲开发银行预计2017年为尼提供2.5亿～2.6亿美元援助,用于支持尼卫生、交通、能源和生产部门发展。

16.3.4 亚洲开发银行

亚洲开发银行(Asian Development Bank,ADB)是一个致力于促进亚洲及太平洋地区发展中成员经济和社会发展的区域性政府间金融开发机构。它不是联合国下属机构,但它是联合国亚洲及太平洋经济社会委员会(联合国亚太经社会)赞助建立的机构,同联合国及其区域和专门机构有密切的联系。其资金来源主要是会员国缴纳的股金、亚洲开发基金和在国际金融市场上发行债券。

1966年11月24日,亚洲开发银行创建,在日本东京正式成立,同年12月开始营业,总部位于菲律宾首都马尼拉。

1967年,亚洲开发银行成立了技术援助特别基金。

1986年10月1日,亚洲开发银行理事会会议决定,在为亚洲开发基金增资36亿美元时将其中的2%拨给技术援助特别基金。

1986年2月17日,亚洲开发银行理事会通过决议,接纳中国为亚行成员国。

1986年3月10日,中国正式加入亚洲开发银行。按各国认股份额,中国居第三位(6.44%),日本和美国并列第一(15.60%)。按各国投票权,中国也是第三位(5.45%);日本和美国并列第一(12.78%),在这个组织中都是第一大出资国,拥有一票否决权。

1988 年 3 月 10 日,亚洲开发银行理事会决定成立日本特别基金。以赠款的形式,资助在会员国或地区成员的公营、私营部门的开发项目;以单独或联合赠款的形式,对亚洲开发银行向公营部门开发项目进行贷款的技术援助部分予以资助。

1998 年,亚洲开发银行第一次向我国提供纯技术援助,金额 351 万美元,用于黑龙江、吉林的水灾后重建工作。亚洲开发银行还提供 770 万美元,用于帮助中国制定咨询行业政策和法规框架。

截至 2009 年 5 月,日本和美国同为亚洲开发银行最大股东,各持有 15.571%的股份和拥有 12.756%的投票权。

2000 年 5 月 23 日,亚洲开发银行决定建立"日本扶贫基金",用于资助亚洲开发银行的扶贫项目。该项基金是根据日本大藏大臣宫泽喜一在亚洲开发银行第 33 届年会上的提议建立的。日本计划向亚洲开发银行捐款 100 亿日元,用于帮助亚洲开发银行发展中成员的扶贫项目和其他社会发展项目。

2000 年 6 月 16 日,亚洲开发银行驻中国代表处在北京成立。

截至 2001 年年底,亚洲开发银行对中国技术援助赠款承诺额共 1.96 亿美元,其中,2001 年为 1240 万美元,涉及 20 个项目。

2008 年 8 月,亚洲开发银行董事会任命中国进出口银行副行长赵晓宇为亚洲开发银行副行长。

截至 2013 年 12 月底,亚洲开发银行有 67 个成员,其中 48 个来自亚太地区,19 个来自其他地区。

2015 年 12 月 11 日,亚洲开发银行已批准向中国提供一笔总额为 3 亿美元的政策性贷款(PBL),帮助中国解决长期困扰首都北京及周边地区的空气污染问题,这是亚洲开发银行首次向中国提供政策性贷款。

2016 年 3 月,由中国山东省财政厅、中国发改委联合申报的泉城绿色现代无轨电车公交示范项目,成功入围亚洲开发银行贷款新一轮三年滚动备选项目规划,这也是中国山东省首个将由亚洲开发银行贷款支持建设的交通项目。

16.3.5 非洲开发银行

非洲开发银行(African Development Bank,AFDB)是非洲最大的地区性政府间开发金融机构,成立宗旨在促进非洲的社会及经济发展,共有 53 个非洲国家及 24 个非非洲区国家为其会员。

非洲开发银行的宗旨是为会员国的经济和社会发展提供资金,协调各国发展计划,促进非洲经济一体化。其资金来源主要是会员国认缴的股本以及向国际金融市场借款。

1963 年 7 月,非洲高级官员及专家会议和非洲国家部长级会议在喀土穆召开,通过了建立非洲开发银行的协议。

1964 年 9 月,非洲开发银行正式成立,1966 年 7 月开始营业,行址设在科特迪瓦首都阿比让。2002 年,因科政局不稳,临时搬迁至突尼斯至今。

1970 年 11 月设立非洲投资与开发国际金融公司,总公司设在瑞士日内瓦。目的是促进非洲企业生产力的发展。股东是国际金融公司以及美国和欧洲、亚洲各国约 100 家金融和工商业机构。法定资本 5000 万美元，认缴资本 1259 万美元。

1972 年，在经济合作与发展组织援助下设立非洲开发基金。由非洲开发银行和 22 个非洲以外的工业发达国家出资。其宗旨与职能是协助非洲开发银行对非洲 29 个最贫穷的国家贷款，重点是农业、乡村开发、卫生、教育事业等。此项基金对非洲国家提供长达 50 年的无息贷款（包括 10 年宽限期），只收取少量手续费。其业务由非洲开发银行管理，其资金来源于各成员国认缴的股本。

1976 年，由非洲开发银行和尼日利亚政府共同建立尼日利亚信托基金。主要目的是与其他基金合作，向成员国有关项目提供贷款。期限 25 年，包括最长为 5 年的宽限期。

1976 年 2 月建立非洲再保险公司，1977 年 1 月开始营业。其宗旨是加速发展非洲保险业。总公司设在拉各斯。法定资本 1500 万美元，该行出资 10%。

中国于 1985 年 5 月加入非洲开发银行。截至 2006 年年底，中国在非洲开发银行持股 24 230 股，占总股份的 1.117%。

1996 年，中国与非洲开发银行签订了 200 万美元的双边技术合作协定。截至 2006 年年底，中国在该协定项下共资助咨询专家 27 人，在 8 个非洲国家开展 14 个项目，拨付资金 120 万美元左右。

截至 2006 年年底，非洲开发银行核定资本相当于 329 亿美元，实收资本相当于 325.6 亿美元。其中非洲国家的资本额占 2/3。这是使领导权掌握在非洲国家中所做的必要限制。

2016 年 10 月 24 日，韩国联合通讯社报道，韩国政府决定，提供 100 亿美元的金融合作一揽子计划以加强与非洲的经济合作。韩国企划财政部表示，非洲开发银行、韩国进出口银行等机构于 10 月 24 日至 27 日，召开第五届部长级韩国—非洲经济合作会议，主要讨论传授韩国经济开发经验、开展韩国与非洲资源开发合作、韩国国内企业进入非洲市场等议题。

2016 年 11 月 3 日，据尼日利亚《卫报》报道，非洲开发银行负责人表示，将为尼日利亚提供 6 亿美元贷款支持。该计划是 2016—2017 年财政方案的一部分，旨在帮助尼日利亚促改革，提效率，反腐败和经济多元化，并将有利于缓解外汇压力。因尼日利亚政府承诺将兴建基础设施，上述资金将在电力、住房和交通建设方面提供帮助。

根据非洲开发银行 2016 年经济展望报告，非洲国内生产总值预计将从 2015 年的 3.6%下降到 2016 年的 1.9%，但将在 2017 年反弹到 3.2%。非洲开发银行的苏丹代表表示，这种反弹是“世界经济复苏和商品价格逐步上升”的结果。

16.3.6 加勒比开发银行

加勒比开发银行（Caribbean Development Bank，CDB）是地区性、多边开发银行，该行的宗旨是促进加勒比地区成员国经济的协调增长和发展，推进经济合作及本地区的经济一体化，为本地区发展中国家提供贷款援助。

加勒比开发银行的资金来源有两个渠道，一是成员认缴股本和借款，称为“普通资金来源”，目前加勒比开发银行“普通资金来源”除了成员实缴股本外，借入资金的主要渠道为欧洲投资银行、泛美开发银行、世界银行和国际金融市场；二是成员和非成员的捐款，称为“特别资金来源”,“特别资金来源”又分为两类,一类为“特别发展基金”,是加勒比银行的软贷款窗口,其资金来源为每四年一次的成员捐资,它着重向加勒比开发银行借款国的社会和经济发展优先领域提供贷款和赠款;另一类为“其他特别基金”,来源为加勒比开发银行成员和其他机构所提供的有附带条件的资金,加勒比开发银行按出资人的意向,以符合加勒比开发银行宗旨为原则加以使用和管理。

1969 年 10 月 18 日,16 个加勒比国家和 2 个非本地区成员在牙买加金斯敦签署协议,成立加勒比开发银行。

1970 年 1 月 26 日,协议生效,于 1 月 30 日,加勒比开发银行理事会成立大会在拿骚举行。总部设在西印度群岛的巴巴多斯首都布里奇顿。

1997 年 5 月 22 日,加勒比银行在第 27 届理事会年会上接纳中国为其第 26 个成员。中国在加勒比银行取得了与法、意、德同等的地位,认缴股本 6235 股,占总股本的 5.51%。其中,1365 股为实缴股本,4870 股为待缴股本。

1998 年 1 月 20 日,在完成缴纳股本和捐资手续后,中国在加勒比银行的成员国地位正式生效。法国退出加勒比银行后,中国在加勒比开发银行的份额提高到 5.77%。

2013 年 12 月,穆迪投资者服务公司宣布将加勒比开发银行的信用评级展望从“负面”上调至“稳定”,高级无担保评级维持“Aa1”。

2015 年 12 月 31 日,巴西加入加勒比开发银行,成为加勒比开发银行的第 28 名成员。

2016 年 5 月 18 至 19 日,中国人民银行副行长陈雨露率团出席了在牙买加蒙特哥贝举行的加勒比开发银行第 46 届理事会年会。陈雨露在开幕式上代表区外成员国致辞,并与理事们就促进加勒比地区中小企业发展、改善私人部门投资环境和加快经济转型等议题进行深入讨论。

2016 年 8 月 25 日,据圭亚那当地媒体《圭亚那时报》《斯塔布鲁克报》报道,法国开发署将向加勒比地区提供 3300 万美元信贷资金用于该地区应对气候变化和可持续基础设施建设,其中至少一半的资金将投向工程项目。另外,法国开发署还将提供 300 万欧元的无偿援助用于相关项目的可行性研究。相关协议已由法国开发署与加勒比开发银行(CDB)于 2016 年 7 月签署。这是加勒比开发银行首次从法国开发署获得资金。

16.4 亚洲基础设施投资银行

16.4.1 亚洲基础设施投资银行的筹建

亚洲基础设施投资银行(Asian Infrastructure Investment Bank,AIIB)简称亚投行的想法萌芽于 2012 年年底。2013 年 4 月,在中国国际经济交流中心及多部门的谏言下,亚投行得到我国中央高层的批示,相关部委也陆续介入,事情终于上了快车道。

2013 年 9 月和 10 月,中国国家主席习近平在访问中亚和东南亚时先后提出共建“丝绸之路经济带”和“21 世纪海上丝绸之路”等的重大倡议,亚洲基础设施投资银行开始进入国家战略,成为“一带一路”战略中的金融抓手。另一方面,亚洲基础设施这一短板需要由专门的金融机构来助力。据统计，2020 年前，亚洲国家每年需要投入基础设施建设上的费用多达上万亿美元，这是现有金融组织无法提供的，缺口很大。

2013 年，习近平与印度尼西亚第六任总统苏西洛会晤时，由习近平主席首倡，2014 年 10 月 24 日由 20 个亚洲、1 个大洋洲国家在北京通过签署《筹建亚投行备忘录》，创立亚洲基础设施投资银行。

2014 年 11 月 28 日，筹建亚洲基础设施投资银行首次谈判代表会议在云南昆明举行。会议由中国财政部副部长史耀斌主持，22 个亚投行意向创始成员国的首席谈判代表出席会议。亚投行筹建临时多边秘书处秘书长金立群出席会议。

会议着重讨论了亚投行首席谈判代表会议的议事规则和工作计划、亚投行筹建临时多边秘书处的组建方案、工作程序等事项，并为正式启动亚投行章程谈判做准备。22 个亚投行意向创始成员国商定了接纳新意向创始成员国的程序和规则。

2015 年 1 月 15 日至 16 日，筹建亚洲基础设施投资银行第二次谈判代表会议在印度孟买举行。

会议对临时多边秘书处首席律师起草的亚投行章程草案进行了第一次审议。亚投行临时多边秘书处秘书长金立群向会议报告了秘书处建设及亚投行筹建进展情况。会议决定有意愿作为创始成员加入的国家需在 2015 年 3 月 31 日前正式提出申请，经现有意向创始成员国同意，即可参与亚投行筹建进程。各方计划在数轮磋商后，于 2015 年年中商定亚投行章程终稿并签署。

2015 年 3 月 30 日至 31 日，筹建亚洲基础设施投资银行第三次谈判代表会议在哈萨克斯坦阿拉木图举行。会议由筹建亚投行谈判代表会议常设主席、中国财政部副部长史耀斌和会议联合主席、哈萨克斯坦国民经济部部长艾博拉特·杜萨耶夫共同主持，29 个亚投行意向创始成员国谈判代表和亚投行多边临时秘书处秘书长金立群出席会议。香港特别行政区派员作为中国政府代表团成员参加了会议。

2015 年 4 月 27 日至 28 日，筹建亚洲基础设施投资银行第四次谈判代表会议在北京举行。会议由筹建亚投行谈判代表会议常设主席、中国财政部副部长史耀斌主持，55 个亚投行意向创始成员国谈判代表和亚投行多边临时秘书处秘书长金立群出席会议（孟加拉国和尼泊尔因故缺席）。香港特别行政区派员作为中国政府代表团成员参加了会议。

会议欢迎德国、意大利、法国、伊朗、阿联酋、马耳他、吉尔吉斯斯坦、土耳其、西班牙、韩国、奥地利、荷兰、巴西、芬兰、格鲁吉亚、丹麦、澳大利亚、埃及、挪威、俄罗斯、瑞典、以色列、南非、阿塞拜疆、冰岛、葡萄牙和波兰 27 个国家成为亚投行新的意向创始成员国，就多边临时秘书处起草的《亚投行章程（草案）》修订稿进行了深入和富有成效的讨论并取得显著进展。金立群秘书长向会议报告了亚投行筹建工作进展情况。根据亚投行筹建工作计划，各方计划于 2015 年年中商定亚投行章程终稿并签署，之后经成员国批准生效，年底前正式成立亚投行。

2015 年 5 月 20 日至 22 日，筹建亚洲基础设施投资银行第五次谈判代表会议在新加坡举行。会议由筹建亚投行谈判代表会议常设主席、中国财政部副部长史耀斌与新加坡财政部副常秘余秉义共同主持，57 个亚投行意向创始成员国谈判代表和亚投行多边临时秘书处秘书长金立群出席会议。香港特别行政区派员作为中国政府代表团成员参加了会议。

2015年8月24日,筹建亚洲基础设施投资银行第六次谈判代表会议在格鲁吉亚首都第比利斯举行。与会的54个亚投行意向创始成员国谈判代表(阿曼、斯里兰卡和瑞士因故缺席)按照公开、透明、择优的原则,通过共识选举中方提名人选、现任亚投行多边临时秘书处秘书长金立群先生为亚投行候任行长。候任行长将在亚投行首次理事会上被任命为行长。

2015年9月28至29日,筹建亚洲基础设施投资银行第七次首席谈判代表会议在德国法兰克福举行。会议由筹建亚投行首席谈判代表会议常设主席、中国财政部副部长史耀斌和会议联合主席、德国首席谈判代表舒克内希特共同主持,亚投行意向创始成员国谈判代表和亚投行候任行长金立群等出席会议。香港特别行政区派员作为中国政府代表团成员参加了会议。

2015年11月3日至4日,筹建亚洲基础设施投资银行第八次首席谈判代表会议在印度尼西亚首都雅加达举行。会议由筹建亚投行首席谈判代表会议常设主席、中国财政部副部长史耀斌和会议联合主席、印度尼西亚首席谈判代表哈迪延托共同主持,亚投行意向创始成员国谈判代表和亚投行候任行长金立群等出席会议。香港特别行政区派员作为中国政府代表团成员参加了会议。

2015年6月29日,《亚洲基础设施投资银行协定》(以下简称《协定》)签署仪式在北京举行。亚投行57个意向创始成员国财长或授权代表出席了签署仪式,其中已通过国内审批程序的50个国家正式签署《协定》。根据《协定》规定,此次未签署协定的意向创始成员国可在2015年年底前签署。中国财政部部长楼继伟作为中方授权代表签署《协定》并在仪式上致辞。

2015年8月21日,马来西亚驻华大使扎伊努丁作为政府全权代表在北京签署《亚洲基础设施投资银行协定》。马来西亚成为《亚投行协定》第51个签署方。

2015年9月29日,泰国驻华大使醍乐堃·倪勇作为政府全权代表在北京签署《亚洲基础设施投资银行协定》,泰国成为《亚投行协定》第52个签署方。

2015年10月9日,波兰驻华大使林誉平作为政府全权代表在北京签署《亚洲基础设施投资银行协定》,波兰成为《亚投行协定》第53个签署方。

2015年10月27日,丹麦外交大臣克里斯蒂安·延森作为政府全权代表在北京签署《亚洲基础设施投资银行协定》,丹麦成为《亚投行协定》第54个签署方。

2015年12月31日,菲律宾驻华大使巴西里奥作为政府全权代表在北京签署《亚洲基础设施投资银行协定》。至此,亚洲基础设施投资银行57个意向创始成员国已全部签署《亚洲基础设施投资银行协定》。

2016年2月5日,亚洲基础设施投资银行通过官方网站公布了五位副行长的人选及分工。

截至2016年8月31日,亚投行有57个正式成员国。正式申请加入亚投行的国家已经超过20家。到2016年年底,亚投行成员国将超过90家。

2016年11月10日第八次中英经济财金对话在伦敦举行;英国财政部当天宣布,英国将向亚洲基础设施投资银行额外注资4000万英镑,投入帮助发展中国家进行基础设施项目筹备的专门基金;英国成为继中国之后第二个向这个专门基金注资的国家。

16.4.2 亚洲投资银行的运行及人才

2016 年 1 月 16 日，备受瞩目的亚洲基础设施投资银行开业仪式在北京钓鱼台国宾馆举行。开业仪式的举行意味着在历经 800 多天的筹备筹建后，全球迎来了首个中国倡议设立的多边金融机构开张运营。

中国财政部部长楼继伟被选举为亚投行首届理事会主席，金立群当选亚投行首任行长。来自英国、韩国、印度、德国、印度尼西亚五个国家的优秀人才成了亚投行的首届副行长。其中，英国的丹尼·亚历山大爵士(Danny Alexander)任董事会秘书；来自韩国的洪起泽博士(Kyttack Hong)任首席风险官；印度的潘笛安博士(D. J. Pandian)任首席投资官；来自德国的冯阿姆斯贝格博士(Joachim von Amsberg)负责政策与策略；而首席行政官拉克齐博士(Luky Eko Wuryanto)则来自印尼。从五位副行长之前的工作履历来看，他们都曾有在本国政府或者如世界银行这样的多边金融机构任职的经历。丹尼·亚历山大、潘笛安、拉克齐等副行长还具备基础设施项目运营的经验。

来自英国的丹尼·亚历山大，担任副行长兼董事会秘书，是英国财政部首席秘书。丹尼·亚历山大爵士有超过 20 年的专业背景，曾在 2010—2015 年供职于英国财政部，担任首席秘书，负责执行英国联合政府的紧缩计划。英国担任八国集团(G8) 轮值主席国期间，他曾在推动财税、贸易等领域发挥积极作用。丹尼爵士是资深谈判专家，善于在不同合作方之间担当沟通者角色。他曾主持了英国基础设施政策的制定与出台，协助创建了英国绿色投资银行，并且在英国基础设施保障计划的出台和实施中做出贡献。据亚投行官网介绍，董事会秘书职务将成为亚投行理事会、董事会和高管之间"沟通枢纽"和顾问，并就银行的最大利益提出建议。

韩国的洪起泽，担任副行长兼首席风险官，曾掌管韩国产业银行(KDB)主席兼首席执行官，领导了韩国产业银行、韩国产业银行金融集团及韩国金融公司的合并重组，最终成立新的韩国产业银行。在上述合并重组过程中，他主要负责监督组织机构调整和人力资源管理工作。他是一名经济学家和金融专家，在公共服务方面工作长达 30 年。此外，作为在三星信用卡公司、东洋证券公司等多个金融机构的外部董事，他在这一领域经验十分丰富。洪博士还曾担任《经济发展》杂志的主编。据了解，副行长兼首席风险官的主要职责是负责风险管理事务，包括业务和金融风险，以帮助亚投行实现财政的可持续性。

来自印度的潘笛安，副行长兼首席投资官，在印度各级政府任职 30 年。潘笛安曾在印度的国家和国际能源、基础设施、金融和工业等部门担任过关键职务，在吸引电力、民航、港口、电信领域外资的政策体系开放中，扮演过关键角色，并曾任古吉拉特邦政府首席秘书等要职。此外，他还建立了古吉拉特邦能源研究与管理研究所，并担任过多家国有企业的领导职务。潘笛安曾任职的古吉拉特邦是印度现任总理莫迪的家乡，莫迪曾在古吉拉特邦担任部长长达 12 年。据亚投行官方网站的介绍称，副行长兼首席投资官的主要责任是领导银行投资项目的规划，监督可持续的投资战略，确保投资的有效性和相关性，保证亚投行的运行效率。

德国的冯阿姆斯贝格，负责政策和战略领域的副行长，堪称世行"老兵"。冯阿姆斯贝格博士担任世界银行负责开发性金融的副行长，负责管理和完善国际开发协会的相关工作。此外，他还有担任世界银行负责运营政策和国家事务副行长的经历。值得一提的是，他在世界银行供职 25 年，在此期间，曾经兼顾负责印度尼西亚和菲律宾的相关业务。他的主要职责是推动并监督亚投行战略议程的落实，推动亚投行业务投资领域策略和相关程序的完善，支持并监督亚投行的各类运营政策。

最后介绍一位来自印度尼西亚的拉克齐，副行长兼首席行政官，在基础设施项目领域经验丰富。拉克齐博士在印度尼西亚政府任高级职位长达 20 年，他曾担任经济事务部协调副部长，负责完善协调基础设施建设，协调区域发展以及经济事务等。在他的领导下，印尼加速重点基础设施交付委员会监督并协调了总价值超过 1000 亿美元的 225 项国家战略部署项目，以及 22 个总价值超过 850 亿美元的重点项目。据悉，亚投行首席行政官主要负责规划、落实并监督人力资源和信息技术方面的工作，同时兼顾设施管理和服务管理。

作为国际金融机构，亚投行治理架构由理事会、董事会和管理层组成。亚投行实行三级领导机制，最高决策机构是理事会，一般由各国财长组成，平时的主要决策由执行董事会执行，但具体运作则由行长等高管团队来管理。由所有成员国代表组成的理事会是其最高决策机构，参与亚投行的治理和重大事项决策。亚投行首届理事会主席楼继伟曾经明确表示，在人力资源管理上，中方将与各成员国一道，确保亚投行按照公开、透明的多边程序，在全球范围内择优选聘包括管理层在内的各级员工。

亚投行的定位属于开发性银行，但在运行上将更加商业化，重点是支持亚洲地区的基础设施建设。亚投行不仅有利于亚洲地区的基础设施建设和助力经济发展，更加体现了一种大局思维，让新兴市场国家不再受制，也把中国在世界经济舞台的地位再次拉升了一个档次，带动中国产业升级，推动中国金融服务业的改革发展和国际化接轨，这是一个新的起点。

亚投行的成立宗旨是向亚太国家和地区基础设施建设提供融资支持，促进亚太区域互联互通和经济一体化进程，增加亚太国家间的合作力度。

由于亚投行架构、政策尚待各成员国协商细化，目前仅知将设立理事会、董事会和管理层三重架构和监督机制，但具体细节仍不清楚；投票权方面，亚投行凸显地域特色，即亚太区域内会员占总投票权比 75%，非亚太区域会员占比 25%。

亚投行法定资本暂定为 1000 亿美元，初始认缴资本 500 亿美元，实缴资本为认缴资本 20%，原则上认缴资本和成员国 GDP 挂钩，中国曾承诺在初始阶段认缴资本最高可达 50%，以确保亚投行得以启动，但倘若各会员国认缴踊跃，则中国无须认缴如此高的比重。

据行长金立群透露，亚投行预计 2016 年二季度开始贷款，首批贷款计划将在 2016 年年中左右批准。初期投资重点领域包括能源与电力、交通和电信、农村和农业基础设施等。

亚投行虽然办公楼还未建成，但第一个项目已经有了着落。亚投行成立后的第一个目标就是投入“丝绸之路经济带”的建设，其中一项就是从北京到巴格达的铁路建设。

【相关阅读】

亚投行 PK 三大国际金融机构　被逼出来的另起炉灶

在既有的发挥同样功能的世界银行、IMF(国际货币基金组织)和亚洲开发银行的基础上，为何还需要亚投行？

这背后除了亚洲巨大的基础设施建设巨大资金缺口外，更多是新旧国际金融秩序的迭代更替，反映的不光是全球经济重心持续向亚洲倾斜的发展趋势，更是中国崛起，重新确立其世界地位的迹象。

PK 亚开行，日美控制的亚开行"迫使中国另起炉灶"。

当然会有人问亚洲基础设施建设有亚开行(亚洲开发银行)提供贷款，为何还要"另起炉灶"成立亚投行。

首先，亚开行数据，亚洲基础设施建设有8万亿美元的资金需求，仅印度就有1万亿美元资金缺口，但亚开行每年只能提供约100亿美元的资金，这对8万亿美元(年均8000亿美元)的需求简直是杯水车薪。

其次，自20世纪60年代创立以外，亚开行的"话事权"始终被美国和日本掌控。日本虽并没有亚开行的正式否决权，但是和美国联手控制着近1/4的投票权，远远超过其他任何成员国。中国的投票权份额约为6%。

因此，美国驻亚开行特使的 Curtis S. Chin 表示，日本迟迟不愿让其他国家在亚开行掌握更大的发言权，迫使中国"另起炉灶"。

这一点可以从亚开行行长已连续9届由来自日本前大藏省、财务省以及日本银行高官等担任可以看出。

另外，以IMF和世行(世界银行)为核心的世界金融体系，是第二次世界大战后由美国领导的西方世界所建立的，这一体系对战后的世界经济恢复发挥重要作用，这是毋庸置疑的，但其所反映的价值观和所代表的利益，毋庸置疑也是西方的。而且更具体的，是美国的利益代表。

社科院世经所副研究员李众敏曾发布学术报告对世行的问题进行全面汇总：一是世行的效率，认为世行是一个缺乏效率的官僚机构；二是美国对世界银行的垄断；三是发展中国家投票权不足。

其中美国对世行的垄断包括如下几个方面。

(1) 独家否决权。在大部分情况下，世行的决策采取3/4多数通过的原则，所以美国在大多数决策中并不具有独家否决权。但是，《世界银行章程》规定修改章程必须要85%的多数通过，所以美国对世行拥有事实上的否决权。且根据《布雷顿森林协议法案》，世行章程的修改还需要美国国会的通过。

(2) 总部在美国。总部设在投票权最多的国家，这是《世界银行章程》所规定的。到目前为止，美国的投票权仍然是第一位的(16.17%)，而且比第二位的日本(9.52%)高出6.65个百分点。

(3) 美国人当行长的潜规则。IMF方面，美国的垄断也体现在成员国投票份额上面。IMF成员国的投票份额按照加权公式计算，一国GDP占比重为50%，开放程度占30%，经济波动性占15%，国际储备占5%。其中GDP权重的计算60%按目前市场汇率计算，40%按照购买力平价计算。

目前美国在IMF的投票权占15%，对决议拥有绝对的控制权，而中国在IMF的投票份额仅为美国的1/4。根据IMF的官方数据库数据，2014年按照购买力平价计算，中国的经济总量已经超过美国,位居全球第一。

不过即便如此,国际货币基金组织的规则要求,任何治理结构上的变化都需要得到组织内最大同时也是最有权力的权益持有者美国的批准。也因此,任何替代性的选择都还是需要得到美国政府的支持。

当然IMF自身也在谋求改革,从发达国家中分出6%的比例给新兴国家,方案在2012年到期日时未能获得美国国会通过,并拖延至今依然未能解决。

除了美国操控的否决权和投票权外,世行和IMF的贷款也广为发展中国家诟病。贷款条件如要求信贷国家采取私有化、对外开放、货币自由兑换、财政紧缩、降低赤字率等侵犯主权的条款,甚至打包人权条款,使很多发展中国家并不愿意接受。

资料来源:腾讯财经综合. 亚投行PK三大国际金融机构　被逼出来的另起炉灶[EB/OL].(2015-03-28). http://finance.qq.com/a/20150328/009032.htm.

本章小结

本章主要针对国际金融机构进行了详细的阐述,涉及了国际金融机构发展历史、国际金融组织、区域性金融机构和亚洲基础设施投资银行(亚投行)。完成本章的学习,应该理解和掌握以下内容。

(1) 国际金融机构就是从事国际金融管理和国际金融活动的超国家性质的大型组织机构,世界多数国家的政府之间通过签署国际条约或协定而建立的、从事国际金融业务、协调国际金融关系、维系国际货币和信用体系正常运作的超国家金融机构。

(2) 国际货币基金组织成立的宗旨是,帮助会员国平衡国际收支,稳定汇率,促进国际贸易的发展。其主要任务是,通过向会员国提供短期资金,解决会员国国际收支暂时不平衡和外汇资金需要,以促进汇率的稳定和国际贸易的扩大。其职责是监察货币汇率和各国贸易情况,提供技术和资金协助,确保全球金融制度运作正常。

(3) 1944年世界银行成立,由国际复兴开发银行、国际开发协会、国际金融公司、多边投资担保机构和国际投资争端解决中心五个成员机构组成。同时成立的国际金融机构是国际货币基金组织,也属于联合国的一个专门机构。

(4) 国际金融公司是世界银行的一个附属机构,但本身具有独立的法人地位。专注于私营部门的全球最大发展机构。国际金融机构通过投融资、动员国际金融市场资金以及为企业和政府提供咨询服务,帮助发展中国家实现可持续增长。

(5) 国际投资争端解决中心的宗旨和任务是,制定调解或仲裁投资争端规则,受理调解或仲裁投资纠纷的请求,处理投资争端等问题,为解决会员国和外国投资者之间争端提供便利,促进投资者与东道国之间的互相信任,从而鼓励国际私人资本向发展中国家流动。该中心解决争端的程序分为调停和仲裁两种。

(6) 1988年,多边投资保证机构(MIGA)成立,是世界银行附属机构,是世界银行集团里成立时间最短的机构。MIGA的执行副总裁向世界银行集团行长报告。多边投资保证机构共有151个会员国。1990年签署第一笔担保合同。

(7) 国际清算银行根据1930年1月20日在荷兰海牙签订的海牙国际协定，由英国、法国、意大利、德国、比利时和日本六国的中央银行，以及代表美国银行界利益的摩根银行、纽约花旗银行和芝加哥花旗银行三大银行组成的银团共同联合于创立。两位深谋远虑而又备受争议的中央银行家——时任英格兰银行行长蒙塔古·诺曼和德意志帝国银行行长亚尔马·沙赫特是它的主要设计者。

(8) 1957年3月25日，根据《欧洲共同体条约》(即罗马条约)的有关条款，组成了欧洲金融机构——欧洲投资银行，该行是欧洲经济共同体各国政府间的一个金融机构，行址设在卢森堡。主要由成员国分摊，也从共同体内外资本市场筹措，还有成员国提供的特别贷款。欧洲投资银行成立之初，资本为10亿美元，由六个成员国即联邦德国、法国、意大利、比利时、荷兰和卢森堡按比例分摊。

(9) 1991年4月14日，欧洲复兴开发银行成立，总部设在伦敦。主要任务是帮助欧洲战后重建和复兴。该行的作用是帮助和支持东欧、中欧国家向市场经济转化。

(10) 1959年12月30日，美洲开发银行成立，也叫泛美开发银行，这是世界上成立最早和最大的区域性、多边开发银行。总行设在华盛顿，分支机构设在拉美各成员国首都，巴黎和伦敦设有办事处。

(11) 1966年11月24日，亚洲开发银行创建，在日本东京正式成立，同年12月开始营业，总部位于菲律宾首都马尼拉。

(12) 非洲开发银行是非洲最大的地区性政府间开发金融机构，成立宗旨在促进非洲的社会及经济发展，共有53个非洲国家及24个非非洲区国家为其会员。

(13) 2013年，习近平与苏西洛会晤时，由习近平主席首倡、2014年10月24日由20个亚洲、1个大洋洲国家在北京通过签署《筹建亚投行备忘录》，创立亚投行。

(14) 2016年1月16日，备受瞩目的亚洲基础设施投资银行开业仪式在北京钓鱼台国宾馆举行。开业仪式的举行意味着在历经800多天的筹备筹建后，全球迎来了首个中国倡议设立的多边金融机构开张运营。

案例分析

人民币国际化驶入快车道：9月全球支付额环比增10%

随着人民币2016年10月1日被正式纳入国际货币基金组织(IMF)特别提款权(SDR)货币篮子，人民币跻身国际权威机构认可的国际储备货币和"可自由使用货币"俱乐部，在国际货币体系中的地位不断上升，人民币国际化驶入了快车道。

美国《华尔街日报》日前报道称，环球同业银行金融电信协会(SWIFT)最新发布的9月人民币追踪报告显示，目前已有101个国家使用人民币作为其贸易货币之一，使用人民币开展贸易的国家持续增加，无疑是对中国推动人民币国际化努力的有力支持。

1. 离岸人民币市场蓬勃发展

据统计，过去两年来，在对中国内地和香港进行直接支付时，人民币占比超过10%的国家新增7个,总数已达到57个。路透社称,10%的里程碑是SWIFT用来衡量对中国内地和香港用人民币支付结算的一个门槛。在使用人民币支付的101个国家中,支付额占比达12.9%,较2014年10月的11.2%提升近2%。

"随着越来越多的国家选择使用人民币开展贸易,人民币离岸市场呈现蓬勃发展之势。"《华尔街日报》如此评价。

欧洲地区人民币支付清算超过半数在英国进行,英国已超越新加坡成为第二大离岸人民币清算中心。SWIFT 2016年4月统计显示,2014年3月至2016年3月,英国的人民币支付额增加21%,英国与中国内地和香港的全部支付业务中,有40%以人民币结算。人民币是该支付通道中使用最普遍的货币,远远超过紧随其后的港元(24%)和英镑(12%)。

中国建设银行(伦敦)有限公司董事长李彪对本报记者表示,截至2016年10月底,建行在英国的人民币清算行清算量已超过11.5万亿元,是亚洲地区以外最大的人民币清算行。最新数据显示,2016年8月,欧洲与中国内地和香港间所有人民币直接支付,有67.3%在英国清算。

伦敦金融城政策主席包默凯很高兴看到人民币成为世界上最常使用的支付货币之一。他对本报记者表示,这是又一个新的指标,见证了离岸人民币市场作为一个整体正在蓬勃发展壮大。

伦敦金融城相信,伴随着人民币债券的发行、人民币在全球贸易以及对外直接投资中使用的增加,人民币作为储备货币地位不断提升,人民币国际化的不断推进将为人民币全面融入全球金融体系铺平道路。"作为世界领先的离岸人民币中心,伦敦已做好准备进一步促进人民币国际化。"

新加坡离岸人民币市场发展同样迅速。新加坡是东南亚人民币存款最多的国家。截至2016年6月底,新加坡人民币存款总额达1420亿元。虽然被伦敦赶超,新加坡依然是区域内提供离岸人民币产品和服务的中心。

汇丰银行最新发布的人民币国际化研究报告显示,新加坡企业使用人民币的比例从2015年的15%增加至2016年的26%,是中国以外使用人民币最大的群体。

韩国政府近年来积极推进人民币离岸中心建设,计划将首尔打造成亚洲仅次于中国香港的人民币离岸中心。据韩国银行统计,2016年第三季度,韩国出口贸易中人民币结算金额达22.39亿美元,占比1.84%;进口贸易中人民币结算金额为9.73亿美元,占比0.95%。

韩国政府表示,将积极鼓励韩国企业在对华贸易中使用人民币结算,努力把人民币在韩中贸易项下的结算比例提升至20%。

2. 对国际金融体系意义重大

SWIFT的报告称,人民币继续保持全球第五大货币地位,且支付额占比增加到2.03%,这一数据在8月还是1.86%。和8月相比,9月全球人民币支付额增加10.02%,这一增速高出所有货币平均增速近1%。

"人民币国际化不仅对中国非常重要,对整个国际金融体系也意义非凡。"包默凯对本报记者表示,由于市场对以人民币计价的商品和服务需求旺盛,我们看到大量的双边商业关系在英国蓬勃发展。英中两国政府签署一系列合作协议,两国企业在技术、产能等方面的合作不断增加，这有助于增强两国市场的创新和竞争力。“这也是为什么伦敦金融城一直支持英国长期发展离岸人民币市场，这符合两国企业的共同利益。”

李彪分析认为，随着中国企业“走出去”步伐加快，英国已成为中国在欧洲最大投资目的地，中资企业需要在英国进行筹融资，并进行有关外汇及大宗商品的套期保值。

李彪认为，客观需求使人民币国际化发展前景乐观。沪伦通的推进是一个很好的例子。全球企业可以以伦敦为平台，通过沪伦通投资中国，同样，中国企业与投资者也可以利用此机制在英国市场寻找筹资与投资机会。

从2016年6月起，新加坡金融管理局(央行)将人民币金融投资纳入新加坡官方外汇储备。其发布的公告称，此举是对中国金融市场稳定发展和自由化进程的认可，也反映出机构投资者在其全球投资组合中对人民币资产的接受度日益提高。

新加坡金融管理局副局长罗惠燕表示，将人民币金融投资纳入新加坡官方外汇储备是及时举措。这表明中国金融改革开放不断向深层次迈进，人民币越来越受到国际社会的认可。

韩国西江大学经营学教授丁有信认为，在宏观层面上，人民币国际化有利于降低韩国汇率波动风险。人民币国际化的逐步推进将推动韩国贸易项下及资本项下结算的货币多元化，这将在一定程度上分散风险，有利于金融市场的稳定。在微观层面上，随着中韩自贸协定(FTA)的正式生效，使用人民币开展贸易将为韩国对华进出口企业提供极大便利。

“随着韩中两国贸易额的逐年增长以及两国金融合作的不断深入，人民币国际化在韩国的发展前景值得期待。”中国交通银行首尔分行总经理南光赫表示。

资料来源：人民日报. 人民币国际化驶入快车道：9月全球支付额环比增10%[EB/OL]. (2016-11-05). http://finance.ifeng.com/a/20161105/14987514_0.shtml.

【问题讨论】 试讨论人民币被纳入特别提款权对国际金融体系有何意义。

思 考 题

1. 世界银行的宗旨是什么？
2. 世界银行集团包括哪些成员机构？
3. 国际投资争端解决中心的任务是什么？
4. 亚投行与亚洲开发银行有何不同？

参考文献

[1] 许文新. 金融市场学[M]. 上海：复旦大学出版社，2007.

[2] 俞乔. 金融衍生产品——衍生金融工具理论与应用[M]. 北京：清华大学出版社，2007.

[3] 卫新江. 金融监管学[M]. 北京：中国金融出版社，2005.

[4] 吴晓求. 中国资本市场：全球视野与跨越式发展[M]. 北京：中国人民大学出版社，2008.

[5] 张亦春. 现代金融市场学[M]. 2版. 北京：中国金融出版社，2007.

[6] 郑鸣，王聪. 现代投资银行研究[M]. 北京：中国金融出版社，2002.

[7] 朱新蓉. 金融市场学[M]. 北京：高等教育出版社，2007.

[8] 米什金. 货币金融学[M]. 北京：中国人民大学出版社，2006.

[9] 霍文文. 金融市场学教程[M]. 上海，复旦大学出版社，2005.

[10] 杜金富. 金融市场学[M]. 大连：东北财经大学出版社，2003.

[11] 穆怀朋. 金融市场学[M]. 北京：中国金融出版社，2005.

[12] 代鹏. 金融市场学导论[M]. 北京：中国人民大学出版社，2002.

[13] 朱宝宪. 金融市场[M]. 辽宁：辽宁教育出版社. 2003.

[14] 王兆星. 金融市场学[M]. 北京：中国金融出版社，2004.

[15] 龚明华. 金融创新，金融中介与金融市场[J]. 金融研究，2005(10).

[16] 叶麦穗. 人民币击穿"铁底"，一大波上市公司损失过亿[J]. 21世纪经济报道，2016-11-16.

[17] 李芳丽，熊邓灵. 浅析中国金融市场的现状与发展前景[J]. 科学咨询：科技·管理，2011(10)：18-19.

[18] 王春峰，万海晖. 金融市场风险测量模型——VaR[J]. 系统工程学报，2000，15(1)：67-75.

[19] 庞金波. 金融市场学[M]. 北京：科学出版社，2014.

[20] 彼得，罗斯，马奎斯. 金融市场学[M]. 陆军，译. 北京：机械工业出版社，2009.

[21] 史树林，乐沸涛，陈宗胜，等. 融资租赁制度概论[M]. 北京：中信出版社，2012.

[22] 刘澜飚. 融资租赁理论与实务[M]. 北京：人民邮电出版社，2016.

[23] 张腊凤. 中国股票市场资产增长效应的研究[M]. 湖北：武汉大学出版社，2015.

[24] 乔德里. 债券市场导论[M]. 3版. 杨农，蒋敏杰，译. 北京：清华大学出版社，2013.

[25] 易荣华. 证券市场相对效率评价——理论与实证[M]. 北京：经济科学出版社，2015.

[26] 邢莹莹. 黄金本位制黄金市场[M]. 北京：经济科学出版社，2014.

[27] 邹辉文. 资产定价原理[M]. 北京：经济科学出版社，2010.

[28] 郭多祚. 数理金融[M]. 北京：清华大学出版社，2012.

[29] 尹海员. 行为金融学[M]. 西安：陕西师范大学出版社，2015.

[30] 艾蔚. 国际金融[M]. 上海：上海交通大学出版社，2014.

[31] 扈企平. 资产证券化(理论与实务)[M]. 郑磊，译. 北京：机械工业出版社，2014.

[32] 弗兰克，法博齐，科塞瑞. 资产证券化导论[M]. 宋光辉，刘璟，朱开屿，译. 北京：机械工业出版社，2014.

[33] 王伟，华惠川. 基金实战指引[M]. 北京：中国金融出版社，2016.

[34] 沈开涛. 保险市场基础知识[M]. 北京：北京大学出版社，2015.

[35] 孙祁祥. 中国保险市场热点问题评析[M]. 北京：北京大学出版社，2016.

[36] 图米. 揭秘外汇市场(技巧估值与策略)[M]. 李佳彬，黄钟文，译. 上海：上海财经大学出版社，2013.

[37] 威廉，夏普．投资组合理论与资本市场[M]．郑磊，译．北京：机械工业出版社，2016.
[38] 拉斯汀．多资产投资（现代投资组合管理实践）[M]．孙静，郑志勇，李韵，译．北京：电子工业出版社，2015.
[39] 邹辉文．资产定价原理[M]．北京：经济科学出版社，2010.
[40] 姜礼尚，徐承龙，任学敏，等．金融衍生产品定价的数学模型与案例分析[M]．2版．北京：高等教育出版社，2013.
[41] 托马斯．消费信用模型——价利润与组合[M]．李志勇，译．北京：中国金融出版社，2016.
[42] 韩立岩，部慧．金融资产风险与定价[M]．北京：机械工业出版社，2015.
[43] 盛积良．基于PBF合同的代理投资与资产定价研究[M]．北京：科学出版社，2012.
[44] 宋斌，郭冬梅，张冰洁．巴黎期权的定价模型与数值方法研究[M]．北京：清华大学出版社，2016.
[45] 施密德．信用风险定价模型理论与实务[M]．2版．张树德，译．上海：上海世纪格致出版社，2014.
[46] 王晓翌．流动性与资产定价——基于中国公司债券的研究[M]．北京：中国社会科学出版社，2016.
[47] 齐安甜，马小莉．国债期货理论与实务[M]．北京：中国金融出版社，2014.
[48] 张勇．证券投资学[M]．北京：科学出版社，2016.